MARTIN RANG
unter Mitarbeit von Anneliese Sprengler

Der Christusglaube

Entfaltung und Widerspruch
in zwanzig Jahrhunderten

Ein Quellenbuch

9., völlig neubearbeitete Auflage

VANDENHOECK UND RUPRECHT IN GÖTTINGEN

UNSER GLAUBE

Unterrichtswerk für die evangelische Unterweisung

Herausgegeben von Martin Rang

Ausgabe A, Band 3 (Neufassung)

Ausgabe A für höhere Schulen

Band 1: Martin Rang, Biblische Geschichte/Bilder aus der Kirchengeschichte. Unterstufe. *Dieser Band wird sowohl an höheren Schulen [Ausgabe A] wie an Realschulen [Ausgabe B] benutzt.*

Band 2: Martin Rang, Die Kirche in Vergangenheit und Gegenwart. Mittelstufe

Band 3: Martin Rang unter Mitarbeit von Anneliese Sprengler, Der Christusglaube. Entfaltung und Widerspruch in zwanzig Jahrhunderten. Ein Quellenbuch (Neufassung). Oberstufe

Band 4: Otto Weber, Die Botschaft der Bibel. Oberstufe

Quellentexte zum Religionsunterricht

1. Jesus Christus in unserer Welt. Zur heutigen kirchlichen Lehre und Verkündigung (M. Timm). – 2. Glaube und Naturwissenschaft (G. Süßmann). – 3. Außerchristliche Religionen der Gegenwart (W. Tebbe). – 4. Historischer und Dialektischer Materialismus (E. Thier). – 5. Christliche Ethik (H.-H. Schrey). – 6. Weltweite Christenheit. Zur Ökumene und Weltmission (H. G. Schweigart).

2. *Folge: Befragter Glaube. Herausgegeben von R. Kakuschke und G. Wischmann.*
11. Gespräch mit dem Atheismus (B. u. R. Kakuschke, G. Wischmann). – 12. Reden von Gott (B. u. R. Kakuschke, G. Wischmann, W. Trutwin). – 13. Der Anspruch Jesu (B. u. R. Kakuschke, G. Wischmann, W. Trutwin). 14. Frieden auf Erden (W. Trutwin). – 15. Verantwortete Sexualität (K. Breuning, W. Trutwin, E. Pfannkuche). – 16. Juden und Christen (W. Trutwin, G. Wischmann). – 17. Politische Ethik (H. Assig, W. Trutwin). — 18. Wege zur Bibel (W. Trutwin, N. Heinrichs). — 19. Glück und Heil (R. Kakuschke, W. Trutwin, G. Wischmann).

Ausgabe B für Realschulen

Band I: Martin Rang, Biblische Geschichte/Bilder aus der Kirchengeschichte. Unterstufe.

Band II/1: Ernst Ohliger, Gottes Volk in allen Völkern. Kirchengeschichte

Band II/2: Ernst Ohliger, Zeugnis der Bibel. Einführung in die Bibel. Mit einem lebenskundlichen Anhang

---

1973. Gesamtherstellung: Hubert & Co., Göttingen

ISBN 3-525-77128-2

INHALT

I. Die alte und die mittelalterliche Kirche

II. Die Reformation

III. Die katholische Kirche im Zeitalter der Gegenreformation

IV. Die Aufklärung

V. Die Philosophen des deutschen Idealismus

VI. Theologische Neubesinnung

VII. Der Atheismus

VIII. Die Kirche im 20. Jahrhundert

IX. Die protestantische Theologie

I. DIE ALTE UND DIE MITTELALTERLICHE KIRCHE

Älteste Zeugnisse kirchlichen Lebens

1. Aus dem Ersten Clemensbrief

Der 1. Clemensbrief ist ein Mahnschreiben der römischen an die korinthische Gemeinde, das wahrscheinlich ein römischer Presbyter, mit Namen Clemens, verfaßt hat, und zwar 95 oder 96 n. Chr. Der Brief ist in griechischer Sprache abgefaßt, was Rückschlüsse auf die völkische Zusammensetzung der römischen Gemeinde zuläßt. Der Brief handelt sowohl von Fragen der Glaubenslehre wie von der *Verfassung der Kirche* und vom Verhältnis zur staatlichen *Obrigkeit* (Vgl. Röm. 13).

Unsern *Aposteln* ward vom Herrn das Evangelium verkündet, Jesus Christus ward von Gott ausgesandt. Christus also von Gott her, und die Apostel von Christus her: dies ist in schöner Ordnung nach dem Willen Gottes geschehen. Als nun die Apostel ihre Aufträge empfangen hatten, durch die Auferstehung des Herrn Jesus Christus mit Gewißheit erfüllt und im Worte Gottes bestärkt waren, zogen sie in der Freudigkeit des heiligen Geistes hinaus, um die frohe Botschaft von der Nähe des Gottesreiches zu verkündigen. In Dorf und Stadt predigten sie und setzten die Erstlinge davon, nach Prüfung durch den Geist, zu *Bischöfen* und Diakonen ein...

Auch wußten unsere Apostel durch unsern Herrn Jesus Christus im voraus, daß es Streit um das Bischofsamt geben würde. Eben deshalb setzten sie die Erwähnten ein und gaben Befehl, daß, wenn diese entschlummerten, andere erprobte Männer ihr Amt übernähmen. Männer also, die von den Aposteln oder späterhin von anderen bewährten Männern unter Zustimmung der ganzen Gemeinde eingesetzt werden und die untadelig der Herde Christi gedient haben, – solche Männer von ihrem Amte abzusetzen, halten wir für Unrecht...

*

Laß uns deinem allmächtigen und herrlichen Namen und unsern *Herrschern und Fürsten* auf Erden gehorsam sein. Du, Herr, hast ihnen kraft deiner erhabenen und unsagbaren Macht die Königsgewalt gegeben, auf daß wir der Herrlichkeit und Ehre, die du ihnen verliehen hast, innewerden und uns ihnen unterordnen. Gib ihnen, Herr, Gesundheit, Frieden, Eintracht, Wohlergehen, daß sie die Herrschaft, die du ihnen verliehen hast, ohne Fehl führen. Denn du, himmlischer Herr, König der Äonen, gibst den Menschensöhnen Herrlichkeit und Ehre und Gewalt über das, was auf Erden ist. Richte du, Herr, ihren Sinn nach dem, was gut und wohlgefällig vor dir ist, damit sie in Frieden und Sanftmut die Herrschaft, die du ihnen verliehen hast, fromm führen und deiner Gnade teilhaftig werden.

2. Aus der Apostellehre

In Ägypten oder Syrien ist eine *Kirchenordnung* entstanden, die man für ein Vermächtnis der Apostel hielt und darum Zwölfapostellehre nannte. Entstehungszeit nach 100 n. Chr. (bis etwa 150 n. Chr.).

Wenn ihr am Herrnsonntage versammelt seid, so brecht das Brot und dankt, nachdem ihr dabei eure Übertretungen bekannt habt, damit euer Opfer rein sei. Jeder aber, der mit seinem Genossen im Streite liegt, soll nicht mit euch zusammentreten, bis sie sich versöhnt haben, damit euer Opfer nicht entweiht werde ...

In betreff der Eucharistie danket also; zuerst in betreff des Kelches:

> Wir danken dir, unser Vater,
> für den heiligen Weinstock Davids, deines Knechtes,
> welchen du uns kundgetan hast durch deinen Knecht Jesus.
> Dir sei Preis in Ewigkeit!

Ferner in betreff des gebrochenen Brotes:

> Wir danken dir, unser Vater,
> für das Leben und die Erkenntnis,
> die du uns kundgetan hast durch Jesus, deinen Knecht.
> Dir sei Preis in Ewigkeit!
> Wie dieses gebrochene Brot zerstreut war auf den Bergen
> und zusammengebracht eins wurde,
> so laß deine Kirche von den Enden der Erde in dein Reich
> zusammengebracht werden,
> denn dein ist die Herrlichkeit und die Kraft durch
> Jesus Christus in Ewigkeit.

Nachdem ihr euch aber gesättigt habt, danket also:

> Wir danken dir, heiliger Vater,
> für deinen heiligen Namen,
> dem du eine Wohnstätte bereitet hast in unsren Herzen,
> und für die Erkenntnis, den Glauben und die Unsterblichkeit,
> die du uns kundgetan durch Jesus, deinen Knecht.
> Dir sei Preis in Ewigkeit!
> Du, allmächtiger Herrscher, hast alles erschaffen um deines Namens willen,
> Speise und Trank hast du den Menschen gegeben, damit sie dir danken;
> uns aber hast du gespendet geistliche Speise und Trank
> und ewiges Leben durch deinen Knecht.
> Vor allem danken wir dir, weil du mächtig bist.
> Dir sei Preis in Ewigkeit.
> Gedenke, Herr, deiner Kirche,
> sie zu erlösen von allem Bösen,
> und sie zu vollenden in der Liebe,
> und führe sie, die geheiligte, von den vier Winden zusammen in dein Reich,
> das du ihr bereitet hast.

Denn dein ist die Kraft und die Herrlichkeit in Ewigkeit.
Es komme die Gnade und es vergehe diese Welt.
Hosianna dem Gotte Davids.
Wer heilig ist, der komme herzu; wer es nicht ist, der tue Buße.
Maranatha[1]. Amen!

Die Gnosis

Die Welt, in die das Christentum eintrat, war religiös „pluralistisch"; neben dem sehr äußerlichen Kaiserkult und den überlieferten völkischen Kulten hatten die Mysterienreligionen und ähnliche Kulte Einfluß gewonnen; sie kamen übrigens, wie das Christentum selbst, sämtlich aus dem Orient. Die meisten dieser Religionen waren wie das Christentum „Erlösungsreligionen", welche dem einzelnen Gläubigen Erlösung aus der Verstrickung mit der Welt und ein jenseitiges seliges Dasein versprachen. „Erlösung" aber wurde von ihnen durchweg als Erlösung vom *Leibe* und der sinnlichen Existenz verstanden. Es lag nahe, daß der christliche Erlösungsglaube dementsprechend umgedeutet wurde, sodaß das „Reich Gottes" nicht die Herrschaft Gottes auch in dieser Welt bedeutet, sondern eine immaterielle Geisteswelt. Dementsprechend trat an die Stelle des *Glaubens* die *Erkenntnis* (Gnosis): daher der Name für diese Bewegung, die im 2. und 3. Jahrhundert großen Einfluß in der Kirche gewann. Diese christliche Gnosis bildete freilich keine einheitliche Schule und Lehre, aber gemeinsam war den verschiedenen gnostischen Richtungen die Verachtung der materiellen Welt und die Scheidung der „Pneumatiker" (Pneuma = Geist) von den „Hylikern" (Hyle = Materie). Christus hat den Pneumatikern den Weg zur Erlösung durch die rechte Erkenntnis offenbart. („Erkenntnis" ist hier also nicht die philosophische Vernunfteinsicht, sondern die Offenbarung höherer Weisheit, daher auch die Form der Mitteilung: nicht logische Darlegung, sondern Hymnus).

Mit dieser Anschauung traten die Gnostiker in unüberbrückbaren Gegensatz zu folgenden Grundüberzeugungen des christlichen Glaubens:

1. zum alt- und neutestamentlichen *Schöpfungsglauben.* Nicht der gute Gott hat die materielle Welt geschaffen, sondern der „Demiurg" (Handwerker, Schöpfer), ein niederer Gott oder gar ein abgefallener Engel. Darum kann auch das alttestamentliche Gesetz, das sich ja auf materielle Dinge bezieht, nicht vom guten Gott herrühren.

2. zum neutestamentlichen *Erlösungsglauben.* Für den Gnostiker ist der Leib der eigentliche Quell der Sünde und also Erlösung von der Sünde = Erlösung von der Leiblichkeit. Wie kommt es zu dieser Erlösung? Bei Erschaffung der Welt sind Elemente der oberen, pneumatischen Welten in die Materie eingeschlossen worden und drängen nun zurück in ihre Geistesheimat. Das sind die Seelen der Pneumatiker. Nicht alle Menschen tragen Geistessubstanz in sich, viele sind ganz stofflich (Hyliker) und gelangen nie zur Erkenntnis höherer Welten. Aber die Pneumatiker sind zur Erkenntnis bestimmt (Umdeutung der christlichen Prädestinationslehre); Christus, eine göttliche Kraft, die der gute Gott ausgestrahlt hat, lehrt sie die Gnosis und zeigt ihnen den Weg des Aufstiegs. Christus selbst ist ganz geistig und körperlos. Daher ist er auch nicht leibhaft und wirklich gekreuzigt und gestorben („Doketismus"). Vgl. dagegen Nr. 5 und 8.

---

[1] Aramäisches Wort, das auch 1. Kor. 16,22 vorkommt: „Unser Herr, komm!" (Vgl. auch Offb. 22,20). Daß dieses aramäische Wort in griechischen Texten gebraucht wird, zeigt, daß es bereits liturgische Formel war.

3. Der Naassenerhymnus

Besonders deutlich wird die Zwischenstellung der Seele zwischen der oberen, geistigen Welt und der unteren, die hier „Chaos" genannt wird, im *Naassenerhymnus*. „Naassener" bedeutet „Schlangenbrüder". Die Schlange spielte in ihren Geheimkulten eine besondere Rolle. Der Hymnus stammt aus Kleinasien.

Allgemeines Gesetz des Alls war der erstgeborene Geist;
das zweite aber war des Erstgeborenen ausgegossenes Chaos.
Als dritte aber empfing die Seele in Mühsal das Gesetz.
Deshalb hat sie angezogen eine flüchtige Gestalt
und quält sich bei ihrem Treiben, vom Tode beherrscht.
Bald hat sie die Herrschaft und schaut das Licht,
bald weint sie, ins Elend gestoßen,
bald wird sie beweint und freut sich,
bald weint sie und wird gerichtet,
bald wird sie gerichtet und stirbt,
bald weiß sie keinen Ausweg mehr, unglücklich über das Böse,
umherirrend gerät sie ins Labyrinth.
Das sprach Jesus: Siehe her, Vater!
Diese Sucht nach Bösem auf der Erde
entfernt sie von deinem Geiste.
Sie aber sucht dem bitteren Chaos zu entfliehen
und weiß nicht, wie sie hindurchkommen soll.
Deshalb sende mich, Vater!
Mit den Siegeln in der Hand will ich hinabsteigen,
alle Äonen will ich durchwandern,
alle Mysterien will ich erschließen,
die Gestalten der Götter will ich zeigen,
und den verborgenen heiligen Weg,
der Gnosis heißet, tu' ich kund.

4. Das Lied von der Erlösung

Zu den schönsten und charakteristischsten gnostischen Schriften gehört der folgende Hymnus, der sich in den sog. Thomasakten findet, einer gnostischen Schrift, die von den angeblichen Taten des Apostels Thomas berichtet.

Der Königsohn, dem der Hymnus in den Mund gelegt wird, ist offenbar *Christus*. Er ist vom Osten, dem Reiche des Lichtes, ausgesandt, um in Ägypten, das hier als Sinnbild der materiellen Welt erscheint, die Perle zu holen und in das Lichtreich seines Vaters heimzubringen. Die Perle ist Sinnbild der Seele. Wenn sich der Königsohn mit einem schönen Jüngling verbindet, so soll damit angedeutet werden, wie sich der pneumatische Christus (der Gottessohn) auf den Menschen Jesus herabläßt.

Als ich ein Kind war und in meinem Königreich, in meines Vaters Haus wohnte, zufrieden mit dem Reichtum und dem Überfluß meiner Ernährer, da rüsteten meine Eltern[1] mich aus und entsandten mich aus dem Osten, meiner Heimat, und sie nahmen von dem Reichtum unseres Schatzes und banden mir eine reiche und doch leichte Last auf, die ich selbst zu tragen vermochte ... Und sie zogen mir mein glänzendes Kleid aus, das sie mir in ihrer Liebe gemacht hatten, und die purpurne Toga, welche abgemessen und gewoben war nach meiner Gestalt. Und sie schlossen einen Vertrag mit mir und schrieben ihn in mein Herz, daß er nicht vergessen werden sollte: „Wenn du hinabgehst nach Ägypten und die Eine Perle holst, welche mitten in der von der lautzischenden Schlange umringten See liegt, so sollst du dein glänzendes Kleid und deine Toga wieder anziehen ... und sollst Erbe sein in unserm Königreich." Und ich verließ den Osten und kam herab ... Ich kam herab nach Ägypten ... Ich kam gerade auf die Schlange zu, ich hielt mich rings um ihre Wohnung auf, abwartend bis sie einschlafen würde und ich meine Perle von ihr nehmen könnte. Und als ich einsam und allein war, fremd den dortigen Menschen, da sah ich einen schönen liebenswürdigen Jüngling ... und er kam und schloß sich mir an, und ich machte ihn zu meinem intimen Freunde ... Ich warnte ihn vor den Ägyptern und vor der Gemeinschaft mit den Unreinen ... Aber man fand heraus, daß ich nicht ihr Landsmann war, und sie machten sich an mich mit ihren Listen und gaben mir ihre Speise zu essen. Da vergaß ich, daß ich ein Königssohn war und diente ihren Königen, und ich vergaß die Perle, um derentwillen meine Eltern mich gesandt hatten ... und fiel in tiefen Schlaf. Aber alles, was mir widerfuhr, merkten meine Eltern und waren betrübt über mich ... und sie schrieben mir einen Brief ...: „Von deinem Vater, dem König der Könige, und deiner Mutter, der Herrscherin des Ostens, dir, unserm Sohn in Ägypten, unsern Gruß! Wach' auf und erhebe dich von deinem Schlafe ... Bedenke, daß du ein Sohn von Königen bist! Sieh, in wessen Sklaverei bist du geraten! Erinnere dich der Perle, um derentwillen du nach Ägypten entsandt wurdest ..." Der Brief flog wie ein Adler ... Bei seinem lauten Rauschen erwachte ich ... Ich erinnerte mich, daß ich ein Sohn königlicher Eltern war, und meine vornehme Geburt behauptete ihre Natur. Ich erinnerte mich der Perle, um derentwillen ich nach Ägypten gesandt war, und ich begann, die lautzischende Schlange zu bezaubern. Ich wiegte sie in Schlaf und lullte sie in Schlummer, denn ich nannte den Namen meines Vaters über ihr ... und den Namen meiner Mutter, der Königin des Ostens, und ich nahm die Perle weg und wendete mich, um heimzukehren zu meines Vaters Hause. Und ihr schmutziges und unreines Gewand streifte ich ab und ließ es zurück in ihrem Sande, und ich nahm stracks meinen Weg, um zum Lichte unserer Heimat, des Ostens, zu gelangen ... Und mein lichtes Kleid, welches ich abgelegt hatte, und die mit demselben zusammengefaltete Toga hatten meine Eltern mir entgegengesandt ... Es war geziert mit Gold und Beryllen, Rubinen, Achaten und Sardonyxen von verschiedener Farbe. Und es war kunstfertig gewebt, und mit Diamantensteinen waren alle seine Nähte befestigt, und das Bild des Königs der Könige war überall ganz darauf gemalt, und seine Farben schillerten wie die Saphirsteine ... Mit der Schönheit seiner Farben schmückte ich mich, und ich hüllte mich ganz

[1] Mit der Mutter ist vermutlich der Hl. Geist gemeint, der weiblich gedacht wurde.

in meine Toga von glänzenden Farben. Ich bekleidete mich selbst damit und kam empor zu dem Tore der Begrüßung und Huldigung. Ich beugte mein Haupt und verehrte den Glanz meines Vaters, der es mir gesandt hatte, denn ich hatte ausgerichtet seine Befehle, und auch er hatte gegeben, was er verheißen hatte ...

5. Ignatius gegen die Gnostiker

Ignatius, Bischof des syrischen Antiochia, wurde bei einer Christenverfolgung verhaftet und zur Hinrichtung nach Rom gebracht (um 110). Auf dem Wege dorthin verfaßte er Briefe an verschiedene Gemeinden, in denen er vor allem vor den gnostischen Irrlehrern und ihrer „doketischen" Deutung des Kreuzestodes warnt. Man erkennt hier deutlich gewisse Formeln des späteren *Glaubensbekenntnisses* wieder (vgl. Nr. 8).

Ich preise Jesum Christum, unsern Herrn, der wahrhaft ist aus dem Geschlecht Davids nach dem Fleisch, Sohn Gottes nach dem Willen Gottes, wahrhaft geboren aus einer Jungfrau, getauft von Johannes; wahrhaft unter Pontius Pilatus und Herodes ans Kreuz genagelt, auf daß er ein Zeichen aufrichte in Ewigkeiten durch seine Auferstehung für die Heiligen und Gläubigen. Denn all das hat er gelitten um unseretwillen, auf daß wir gerettet werden, und wahrhaftig hat er gelitten, wie er auch wahrhaftig sich selber auferweckt hat, nicht wie gewisse Ungläubige sagen, er habe nur zum Schein gelitten, die da selbst nur Schein sind ...

Dieses nun lege ich euch ans Herz, Geliebte. Ich stehe für euch auf der Wache vor den Bestien in Menschengestalt, denen ihr womöglich nicht einmal begegnen sollt, nur für sie beten, ob sie sich vielleicht bekehren möchten, was freilich ein schweres Ding ist. Darüber aber hat Jesus Christus, unser wahrhaftiges Leben, Gewalt. Wenn nämlich diese Dinge nur zum Schein von unserm Herrn vollbracht wurden, dann bin ich auch nur zum Schein gefesselt. Weshalb habe ich mich auch dem Tode ausgeliefert, zum Feuer, zum Schwert, zu wilden Tieren? Doch nahe dem Schwert ist nahe bei Gott, inmitten der Tiere heißt mitten in Gott sein, wenn es im Namen Jesu Christi geschieht. Um mit ihm zu leiden, will ich alles erdulden; denn er ist in mir möchtig geworden. Ihn verleugnen einige aus Unkenntnis oder vielmehr sie werden von ihm verleugnet, da sie Anwälte mehr des Todes als der Wahrheit sind. Nicht die Weissagungen überzeugen sie und nicht das Gesetz Mosis, ja nicht einmal das Evangelium. Was hilft es mir, wenn mich einer lobt, meinen Herrn aber lästert, indem er ihn nicht als Fleischträger bekennt? Wer das nicht tut, ist selbst ein Todträger ... Lasse niemand sich irren! ... Lernt sie nur kennen, die über die uns zugekommene Gnade Jesu Christi abweichend lehren. Nach dem Liebesmahl fragen sie nicht, noch nach der Witwe noch nach den Bedrängten oder Gefesselten, noch nach den Hungernden oder Dürstenden. Vom Herrenmahl halten sie sich fern, weil sie nicht bekennen, daß das Abendmahl das Fleisch ist unseres Heilandes Jesu Christi. Die nun gegen die Gabe Gottes reden, die sterben an ihren Fragen. *Brief an die Smyrnäer.*

Heidnische Polemik

Die heidnische Polemik gegen das Christentum ist uns nur durch die christlichen Schriften erhalten, die darauf antworteten, vorwiegend in indirekter Form, indem die christlichen Apologeten bekannte Einwände und Vorwürfe aufgriffen und zu widerlegen suchten, seltener in direkten Zitaten aus heidnischen Schriften. So sind uns Auszüge aus der Streitschrift des Philosophen *Celsus* „Wahres Wort" (um 180) in der Gegenschrift „Contra Celsum" erhalten, die der alexandrinische Theologe *Origines* (185–254) verfaßt hat. Für die indirekte Wiedergabe bringen wir einen Auszug aus der Schrift des *Minucius Felix* (um 200) „Oktavius", in der der Rechtsanwalt Cäcilius die geläufigen Einwände der heidnischen Seite vorbringt, aber von seinem Gesprächspartner Oktavius widerlegt und überzeugt wird.

6. Aus Celsus' „Wahres Wort"

Bei den Christen gilt das Gebot: Kein Gebildeter komme heran, kein Weiser, kein Kluger, denn als Böses gilt dies bei uns; sondern wenn einer unwissend, unverständig, ungebildet, wenn einer unmündig ist, er komme mutig heran! Indem sie auf solche Weise diese als ihres Gottes würdig bekennen, so ist klar, daß sie nur die Einfältigen, die Niedrigen und Unverständigen, die Sklaven und Weiblein, den Dieb, den Einbrecher, den Giftmischer, den Tempelräuber sowie die Kindlein überreden wollen und können. Was ist es denn Böses, gebildet, beredt und klug zu sein? Wieso hindert dies an der Erkenntnis Gottes? Ist's nicht vielmehr zur Erreichung der Wahrheit förderlich?

*

Die, welche zu den anderen Mysterien einladen, verkündigen vorher: Wer nur lauter von jedem Frevel, wer sich keines Bösen bewußt ist, wer immer gut und gerecht gelebt hat: – Hören wir aber, welche diese herbeirufen: Wer nur immer ein Sünder, wer unverständig, wer unmündig, kurzum wer unglückselig ist, dem steht das Reich Gottes offen! Dem Sünder also! Den Sündern, sagen sie, ist Gott gesandt worden. Wie? Den Sündlosen ist er nicht gesandt worden? Ist es denn etwas Böses, nicht gesündigt zu haben? Den Ungerechten also, der sich selbst wegen Schlechtigkeit gedemütigt hat, nimmt Gott an; den Gerechten aber, wenn er mit Tugend von Anfang an zu ihm aufgeblickt hat, den nimmt er nicht an? Sie sagen solches zur Ermunterung der Sünder, denn es sind Leute, die keinen braven und rechtschaffenen Mann gewinnen können.

*

Jesus hat seine Entstehung aus einer Jungfrau selbst erdichtet. In Wahrheit stammt er aus einem jüdischen Dorf und von einem bäurischen, armen, um Lohn spinnenden Weibe. Von ihrem Gatten, seinem Berufe nach einem Zimmermann, wurde sie verjagt, nachdem sie des Ehebruchs überführt worden war. Vom Manne verstoßen und ehrlos umherirrend, gebar sie dann heimlich Jesus als Sohn eines gewissen Soldaten Panthera. Dieser selbst ging später nach Ägypten, versuchte sich dort mit etlichen Wundertaten, und kam, voll Stolz auf diese Kräfte in die Heimat zurück und erklärte sich unter Berufung auf sie öffentlich als Gott. Die Jungfraugeschichte selbst erinnert lebhaft an hellenische Mythen von Danae, Melanippe, Auge, Antiope[1].

*

Wodurch seid ihr Jesu zugefallen als durch seine Voraussage, er werde nach seinem Tode auferstehen? Nun wohl, wir wollen sogar glauben, das sei zu euch gesagt worden! Wie viel andere aber setzen solche Phantastereien in die Welt und überreden törichte Zuhörer und suchen damit ihren Vorteil! Sagt man doch dasselbe bei den Skytyten von Zamolxis, dem Schüler des Pythagoras und in Italien von Phythagoras selbst und von Orpheus, von Protesilaos in Thessalien, von Herakles und von Theseus[2]. Oder meint ihr, die Erzählungen der anderen seien Mythen, bei euch aber soll der Ausgang des Dramas glaubwürdig und wahr sein: sein Schrei am Pfahl, als er den Geist aufgab, das Erdbeben und die Sonnenfinsternis? Daß er, der im Leben sich selbst nicht helfen konnte, wieder auferstand und die Zeichen seiner Strafe, die durchbohrten Hände, vorzeigte: wer hat es gesehen? Ein halb rasendes Weib, wie ihr selber sagt, und vielleich noch der eine oder andere von der Betrügergesellschaft, der zu solchen Träumen veranlagt war! Wäre Jesus wirklich auferstanden, so hätte er sich, wenn er seine göttliche Kraft offenbaren wollte, gerade seinen Feinden, seinem Richter und überhaupt allen zeigen müssen.

7. Aus dem „Octavius“ des Minicius Felix

Sie sagen, nach ihrem Tode, wenn sie bereits Staub und Asche geworden sind, würden sie wieder neugeboren. Diese Lüge glauben sie einander mit unglaublicher Vertrauenseligkeit. Ein doppelter Unsinn: dem Himmel und seinen Gestirnen, die wir so zurücklassen, wie wir sie finden, den Untergang anzukündigen, uns selbst aber nach Tod und Vernichtung ein ewiges Leben in Aussicht zu stellen, während wir doch vergehen, wie wir entstehen ...

Urteilt doch, ihr Unseligen, nach den Erfahrungen in eurem Leben, was nach dem Tode euer Los sein wird! Der größere Teil von euch leidet Not, friert, hungert, plagt sich ab. Euer Gott duldet das und tut, als sähe er es nicht. Er will oder er kann den Seinigen nicht helfen, also ist er entweder machtlos oder ungerecht. Der du von einer Unsterblichkeit nach dem Tode träumst, merkst du noch nicht, wie es um dich steht, wenn dich eine lebensgefährliche Krankheit durchschauert, das

---

[1] Danae und Antiope galten als Geliebte des Zeus, Auge des Herakles, Melanippe des Aeolus.

[2] Zamolxis, von Geburt ein Gete (Volk an der unteren Donau) wurde von seinen Landsleuten als Gott verehrt; Theseus holte Persephone, Orpheus Eurydike aus der Unterwelt; Protesilaos wurde, auf Bitten seiner Gattin, für kurze Zeit aus der Unterwelt entlassen.

Fieber dich durchglüht, wenn du von Schmerz geplagt wirst? Erkennst du noch nicht deine Hinfälligkeit? Euch treffen drohende Erlasse, Folter, Hinrichtung am Kreuz oder in Feuersgluten. Wo ist da jener Gott, welcher den Wiederauflebenden helfen kann, aber nicht den Lebenden?

Herrschen nicht die Römer ohne euern Gott, sind sie nicht ohne ihn Herren des ganzen Erdkreises und auch eure Gebieter? Ihr dagegen seid stets in Sorge und Angst und ohne alle Vergnügen, auch die ehrbarsten: ihr besucht keine Schauspiele und nehmt an den öffentlichen Prozessionen und Gastmählern nicht teil.

Das Glaubensbekenntnis der Kirche

Bekenntnisformeln verschiedenster Art finden sich bereits im Neuen Testament. Neben eingliedrigen Formeln wie „Jesus ist Christus“ (Apg. 17,3) oder „Herr ist Jesus“ (1. Kor. 12,3) findet sich die dreigliedrige Form (Matth. 28,19), die besonders als Taufformel Geltung gewann und das Schema abgab für das älteste kirchliche Glaubensbekenntnis, das wohl schon im 2. Jahrhundert in der römischen Kirche benutzt wurde („Romanum“). Das uns geläufige „apostolische“ Glaubensbekenntnis stellt eine etwas spätere Form dieses Bekenntnisses dar; die Zusätze zum 2. Artikel zeigen eine antignostische Tendenz (vgl. auch Nr. 5).

8. Das „Romanum“

Ich glaube an Gott, den Vater, den Allmächtigen.
Und an Christus Jesus, seinen eingeborenen Sohn, unsern Herrn,
der geboren ist aus dem Heiligen Geist und Maria der Jungfrau[1],
der unter Pontius Pilatus gekreuzigt wurde und begraben,
am dritten Tage auferstanden ist von den Toten,
aufgefahren gen Himmel, sitzend zur Rechten des Vaters,
von dannen er kommen wird zu richten die Lebendigen und die Toten.
Und an den Heiligen Geist, eine heilige Kirche,
Vergebung der Sünden, Auferstehung des Fleisches.

War mit solcher Glaubensformel der Glaubensinhalt im großen und ganzen festgelegt und dem Laien in einprägsamer Form vermittelt, so führte doch die weitere theologische Arbeit zu immer neuen Fragen und Auseinandersetzungen. Besonders langdauernd und erbittert war der Streit, der im 4. Jahrhundert um das Dogma von der Gottheit Christi und das Verständnis der Trinität ausbrach und der an die beiden Namen Arius und Athanasius geknüpft ist.
Arius (Priester in Alexandrien, † 336) behauptete nicht etwa, Jesus sei bloßer Mensch gewesen, sondern er sah in ihm ein Mittelwesen zwischen Gott und Mensch, wie sie die alten heidnischen Göttermythen gekannt hatten. So nah der „Sohn“ dem „Vater“ steht, so ist er doch geschaffen, was gehört zu den „Kreaturen“, wenn er sie auch alle weit überragt.

---

[1] … natus est de Spiritu sancto et Maria virgine.

Seine Gegner wandten ein: Wie darf dann der Gläubige Christus im Gebet anrufen? „Jene, die behaupten, daß Gottes Sohn, der aus dem Vater ist, ein Geschöpf sei, unterscheiden sich in nichst von den Heiden, da sie dem Geschöpf mehr dienen als Gott dem Schöpfer" (vgl. Röm. 1,25) – diese Worte werden von *Antonius* berichtet, dessen Ansehen in Ägypten sehr groß war. Er sah wie viele in der Christusauffassung des Arius nichts anderes als das Wiederaufleben des heidnischen Polytheismus in christlichen Begriffen.

Worum es dem *Athanasius* (Bischof von Alexandrien, † 373) bei seinem Kampfe gegen die arianische Lehre ging, war aber noch mehr: das Wesen der *Erlösung* schien ihm durch sie verleugnet. Die Not des Menschen besteht für Athanasius vor allem in seiner Vergänglichkeit – diese Not kann nur behoben werden, indem der unvergängliche Gott in die Menschheit eingeht. Darum ist für Athanasius das tiefste Wunder das der *Inkarnation*, der Menschwerdung Gottes; auf ihr allein beruht unsere Erlösung: „Er wurde Mensch, damit wir Götter würden".

Man sieht, daß dieser Glaubensstreit nicht auf theologischer Spitzfindigkeit beruhte, sondern die Grundfragen des christlichen Glaubens betraf, auch wenn er schließlich auf eine Formel gebracht wurde, wonach es um einen einzigen Buchstaben ging: *homoi-usios* = wesensähnlich oder homo-usios = wesensgleich.

9. Athanasius, De incarnatione verbi

Als Gott, der das Menschengeschlecht durch sein Wort geschaffen hat, die Schwäche ihrer Natur ansah, wie sie nicht fähig wären, aus sich selbst ihren Schöpfer zu erkennen noch überhaupt eine Vorstellung von Gott zu erlangen ..., erbarmte er sich wiederum des Menschengeschlechtes, und wollte ihnen seine Erkenntnis nicht vorenthalten, damit ihnen nicht auch das Leben unnütz wäre. Denn welchen Gewinn haben die Geschöpfe, die ihren Schöpfer nicht kennen? Oder wie wären sie vernünftige (logische) Wesen, wenn ihnen das Wort (der Logos) des Vaters unbekannt ist, in dem sie doch auch entstanden sind?[1] ... Darum übergab er ihnen sein eigenes Bild, unseren Herrn Jesus Christus, und gestaltete sie nach seinem Bild. (XI, 1–2).

Deshalb kam das Wort selbst zu uns, damit es, wie es Bild des Vaters ist, den Menschen nach (diesem) Bild schaffen könnte. Das hätte nun wiederum auf keine andere Weise geschehen können, als wenn der Tod und das Verderben vernichtet wurden. Daher nahm er mit Recht einen sterblichen Leib an, damit numehr auch der Tod in ihm vernichtet werden konnte und die Menschen nach (seinem) Bild wiederum erneuert würden. (XIII, 7–8).

Deshalb zog der Heiland einen Leib an, damit der Leib dem Leben verhaftet wäre und nicht mehr als sterblich im Tode verharre, sondern die Unsterblichkeit anzöge und nach der Auferstehung hinfort unsterblich bliebe. (XLIV, 6).

Er wurde Mensch, damit wir Götter würden (vgl. Joh. 10,34), und er offenbarte sich im Leib, damit wir die Erkenntnis des unsichtbaren Vaters gewinnen sollten, und er litt den Frevelmut der Menschen, damit wir Erben der Unsterblichkeit würden. (LIV, 3).

---

[1] Anspielung an die Schöpfungsgeschichte, in der es immer heißt: Gott *sprach* und es geschah.

10. Das „Konstantinopolitanum"

Das Konzil von *Nicäa,* das der Kaiser *Konstantin* 325 zur Entscheidung des Streites einberufen ließ, entschied gegen Arius. Da die Streitigkeiten aber auch nach dem Konzil nicht zur Ruhe kamen, mußte 381 durch *Theodosius* ein neues Konzil einberufen werden. Dieses tagte in *Konstantinopel* und bestätigte das Bekenntnis von Nicäa. Außerdem kam noch ein neues Bekenntnis gegen Arius und seine Anhänger zustande, das auch die kirchliche Lehre über den heiligen Geist einbezog. Dieses wird Nicäno-Konstantinopolitanum genannt und heute noch in unserer Kirche an Festtagen gesprochen. Vergleichen wir seinen zweiten Artikel mit der Lehre des Arius, so finden wir, daß sich dessen Thesen hier in umgekehrtem Sinne genau widerspiegeln. Noch ausgesprochener als das Apostolikum ist es ein Abwehrbekenntnis.

Ich glaube an einen einigen, allmächtigen Gott den Vater, Schöpfer Himmels und der Erden, alles, das sichtbar und unsichtbar ist.

Und an einen einigen Herrn Jesus Christus, Gottes einigen Sohn, der vom Vater geboren ist vor der ganzen Welt, Gott von Gott, Licht vom Licht, wahrhaftigen Gott vom wahrhaftigen Gott, geboren, nicht geschaffen, mit dem Vater in einerlei Wesen, durch welchen alles geschaffen ist, welcher um uns Menschen und um unserer Seligkeit willen vom Himmel gekommen ist und leibhaftig geworden durch den Heiligen Geist von der Jungfrau Maria und Mensch geworden; auch für uns gekreuzigt unter Pontio Pilato, gelitten und begraben und am dritten Tage auferstanden nach der Schrift, und ist aufgefahren gen Himmel und sitzet zur Rechten des Vaters. Und wird wiederkommen mit Herrlichkeit, zu richten die Lebendigen und die Toten. Des Reich kein Ende haben wird.

Und an den Herrn, den heiligen Geist, der da lebendig macht, der vom Vater (und dem Sohn)[1] ausgeht, der mit dem Vater und dem Sohn zugleich angebetet und zugleich geehrt wird, der durch die Propheten geredet hat. Und eine einige, heilige, christliche, apostolische Kirche. Ich bekenne eine einige Taufe zur Vergebung der Sünden und warte auf die Auferstehung der Toten und ein Leben der zukünftigen Welt.

Augustin

An der Schwelle der abendländischen Theologie des Mittelalters steht führend und richtungweisend Augustin (354–430). Während die Theologen des Ostens die Erlösung vor allem als Erlösung von der *Vergänglichkeit* sahen, steht für Augustin im Mittelpunkt des Heils-

---

[1] Diese Worte gehören *nicht* zum ursprünglichen Text. Ihre Einfügung hatte man erst in der spanischen, dann auch in der fränkischen Kirche vorgenommen. Sie führte zum Streit um das „filioque", das Karl der Gr. 809 offiziell bestätigen ließ. Der Papst Leo III. ließ zum Protest in der Peterskirche zwei silberne Tafeln mit dem ursprünglichen Text aufstellen, obwohl er doch die Lehre, die durch das „filioque" ausgedrückt wurde, nicht mißbilligen konnte. Das Bekenntnis war für ihn zur unantastbaren Formel erstarrt. Erst Kaiser Heinrich II. entfernte die Tafeln. In der Ostkirche ist das „filioque" bis heute nicht ins Konstantinopolitanum aufgenommen.

geschehens die Erlösung von der *Sünde.* Sünde und Gnade sind die Pole, um die seitdem die abendländische Theologie kreist, sowohl die protestantische wie die katholische. Von dieser Polarität aus sah Augustin auch seine eigene innere Entwicklung; von hier aus entwickelte er seine Lehre von der Prädestination wie auch seine Geschichtstheologie mit ihrer scharfen Unterscheidung von Gottesstaat und Weltstaat.

Augustins Theologie ist bis heute von größtem Einfluß auf die protestantischen und die katholischen Theologen gewesen. Die Reformatoren beriefen sich bei ihrem Kampf gegen die mittelalterliche Werkfrömmigkeit auf Augustins Lehre von Sünde und Gnade – die ja ihrerseits auf der des Paulus gründet. Aber auch innerhalb der römisch-katholischen Kirche hat sich der „Augustinismus" immer wieder durchgesetzt, so z. B. bei Pascal. Mit der Schilderung seiner (plötzlichen) Bekehrung in den „Bekenntnissen" galt Augustin als Kronzeuge für das im Methodismus und Pietismus geforderte Bekehrungs- und Erweckungserlebnis Und endlich ist der mittelalterliche Konflikt zwischen Papst und Kaiser nicht zu verstehen ohne Augustins Lehre vom Gottesstaat und seinem Kampf mit dem Weltstaat.

11. Positive Wertung der platonischen Philosophie

Augustin schildert in seinen „Bekenntnissen", wie er seine Jugend in eitlem Ehrgeiz, als Rhetor zu glänzen, und in sinnlichen Ausschweifungen verbrachte. Da war es die Lektüre einer (uns verlorenen) philosophischen Schrift Ciceros, die eine erste Wandlung in ihm bewirkte.

Unter solchen (lasterhaften) Freunden studierte ich damals, in meiner leicht verführbaren Jugend, die Lehrbücher der Beredsamkeit, in der ich glänzen wollte. So kam ich denn auch nach der üblichen Studienordnung an ein Buch eines gewissen Cicero, dessen glänzenden Stil so ziemlich alle bewundern, weniger seinen Geist. Diese seine Schrift aber enthält eine Aufforderung zur Philosophie und heißt Hortensius. Dieses Buch gab meiner ganzen Sinnesart eine andere Richtung, lenkte meine Gebete hin zu dir, o Herr, und änderte meines Wünschens und Sehnens Inhalt. Plötzlich sanken mir alle eitlen Hoffnungen in nichts zusammen; mit unglaublicher innerer Glut verlangte ich nach unsterblicher Weisheit, und schon begann ich mich zu erheben, um zu dir zurückzukehren.

Wie brannte ich, o mein Gott, wie inbrünstig verlangte ich, von dieser Erde mich aufzuschwingen zu dir, und ich wußte nicht, was du mit mir vorhattest! Denn die Weisheit ist bei dir; die Liebe zur Weisheit aber ists, was die Griechen Philosophie nennen, und diese entzündete jene Schrift in mir. *Bekenntnisse III,4.*

Wenn nun aber die Weisheit Gott selbst ist, durch den alles erschaffen worden ist, so ist der wahre Philosoph in Liebe Gott zugetan. Jedoch die Sache, die mit dem Worte Philosophie bezeichnet wird, findet sich nicht in allen, die sich mit diesem Namen brüsten; deshalb muß unter denen, deren Anschauungen uns aus schriftlichen Quellen zugänglich sind, eine Auswahl getroffen werden; ich lasse mich hier nur auf die Meinungen ein, die eine Beziehung zur Theologie haben, d.h. um dieses griechische Wort zu erklären, zum Begriff oder zur Lehre von der Gottheit. . . . Sie nähern sich der Wahrheit bereits mehr, denn sie bekennen sich zu einem über jegliche Art von Seele erhabenen Gott, der nicht nur die sichtbare

Welt, Himmel und Erde, sondern auch jede Seele erschaffen hat und die mit Vernunft begabte Seele, wie die Menschenseele, durch Teilnahme an seinem unwandelbaren und unkörperlichen Lichte glückselig macht. Daß man diese Philosophen die Platoniker heißt, ein Name, der sich von dem Lehrmeister Plato ableitet, weiß jeder, der auch nur obenhin von diesen Dingen gehört hat. *Gottesstaat, 8,1.*

... Auch von der Glückseligkeit lehrten die Platoniker, daß der Mensch nicht im Genuß von Leib oder Geist, sondern im Genusse Gottes glückselig sei; Gott genießend, nicht wie man den Leib oder wie der Geist sich selbst genießt, sondern wie etwa das Auge das Licht genießt ... So erklärte Plato, das Zielgut (des menschlichen Strebens) bestehe darin, der Tugend gemäß zu leben, und könne nur dem zuteil werden, der Kenntnis von Gott habe und ihm ähnlich zu werden strebe, und nur aus diesem Grunde sei man glückselig; deshalb spricht er auch unumwunden aus, philosophieren heiße Gott lieben. *Gottesstaat, 8,8.*

12. Ohnmacht und Zwiespalt des unerlösten Menschen

Weshalb wurde Augustin, der die platonische Philosophie so hoch schätzte, nicht Platoniker, sondern Christ? Die Antwort geben seine „Bekenntnisse" ebenso wie alle seine theologischen Schriften: Weil er in erschütternder Weise die Wahrheit des Wortes zu spüren bekam, das einst Paulus über den unerlösten Menschen gesagt hatte: „Wollen habe ich wohl, aber das Gute vollbringen kann ich nicht: denn das Gute, das ich will, das tue ich nicht, aber das Böse, das ich nicht will, das tue ich ..." (Röm. 7,18f.). Die Ohnmacht des bloßen Wissens und Wollens gegenüber der Macht der Sinnlichkeit, der Gewohnheit, der Triebhaftigkeit: das war das Neue, was Augustin gegenüber der griechischen Philosophie erfuhr und erkannte. Damit war Augustin über jedes flach rationalistische Verständnis der Menschennatur erhaben; kein Denker vor ihm hat so wie er das Rätselhafte des menschlichen Fühlens, Denkens und Wollens sich eingestanden: „Wahrlich, ein unendlicher Abgrund ist der Mensch; du hast seine Haare, o Herr, gezählt und sie gehen bei dir nicht verloren; aber leichter fürwahr ist es, seine Haare als die Empfindungen und Neigungen seines Herzens zu zählen!"

Ein Mensch, der so wie Augustin die menschliche Ohnmacht gegenüber der Sünde erfahren hatte, mußte aufs tiefste von der Frage beunruhigt werden, was denn eigentlich das *Böse* sei und woher es stamme. Er sah, welche Rolle das Böse im Leben des einzelnen Menschen wie in der Geschichte der Völker spielt. Was lag da näher, als in ihm eine eigenständige geistige Macht oder „Natur" zu sehen, gleich unsprünglich und gleich mächtig wie das Gute. Solchen *Dualismus* hatte einst Zarathustra (im 8. Jahrhundert v. Chr.) in Persien vertreten; der „Parsismus" lehrte die Existenz zweier gleich ursprünglicher Gottheiten, des „guten" und des „bösen" Geistes, die in dauerndem Kampfe liegen; der Mensch aber steht in der Entscheidung, welchem von beiden Geistern er folgen will. Gedanken dieser alten persischen Religion wurden in der christlichen Gnosis wieder lebendig (vgl. S. 11ff.). In derselben Zeit wirkte in Persien *Mani* (215–273), der eine eigene Religion zu gründen suchte, in der er christliche und parsistische Elemente verband. Licht und Finsternis stehen sich, nach Manis Überzeugung, als zwei selbständige Mächte oder Reiche gegenüber; alles Körperliche gehört dem Reich der Finsternis, alles Geistige dem des Lichtes an. Das Böse ist also eine selbständige Macht; der Körper ist als solcher böse. Manis Anhänger, die Manichäer, breiteten sich in Persien und auch in Nordafrika und Italien aus. Augustin stand lange Zeit unter dem Einfluß dieser Manichäer.

Daß diese Lehre dem christlichen Glauben an Gott als dem allmächtigen Schöpfer widerspricht, ist klar. Vor allem hebt sie die persönliche Verantwortung des Menschen für seine Sünde auf; was in seinem sündigen Tun und Begehren zum Ausdruck kommt, ist ja nun nicht mehr sein eigener böser Wille, sondern eine in ihm wirksame böse Natur. In der Widerlegung dieser Lehre fand Augustin eine Hilfe an der griechischen Philosophie. Diese hatte gelehrt: Es gibt kein *absolutes* Böses; der Mensch sucht das Böse nicht um des Bösen, sondern um eines Gutes willen (er stiehlt z.B. nicht, um zu stehlen, sondern, um ein Gut zu gewinnen). Des Menschen Fehler liegt nur darin, daß er das wahre Gut – Gott – nicht über die niederen Güter stellt. Bösesein heißt also, sich von Gott, dem ewigen Lichte, abwenden und den vergänglichen Kreaturen anhangen, die doch Gottes Licht nur widerspiegeln. „Ich hatte dem Lichte meinen Rücken und mein Angesicht dem Beleuchteten zugekehrt, so daß mein Gesicht selbst, mit dem ich das Erleuchtete schaute, nicht erleuchtet war". *Bekenntnisse IV,16.*

Augustins Lehre vom Bösen müssen wir verbinden mit seiner Lehre vom *Willen*. Augustin ist überzeugt, daß das Wesen des Menschen im Wollen oder im Begehren liegt. Augustin gebraucht dafür auch den Ausdruck *Liebe*, nämlich die Neigung oder Richtung des Herzens. Wie das „Schwergewicht" den Körper notwendig in diese und keine andere Richtung zieht, so die Liebe: „Mein Gewicht ist meine Liebe; durch sie werde ich gezogen, wohin ich gezogen werde" – (Bek. XIII, 9), und dies gilt so lange, bis ein Wesen seinen ihm zugewiesenen Ort in der Weltordnung findet. Der „Ort" des Menschen aber ist bei Gott. „Fecisti nos ad te, et inquietum est cor nostrum, donec requiescat in te" (Du hast uns zu dir hin geschaffen und unruhig ist unser Herz, bis es ruhet in dir). *Bekenntnisse I,1.*

Die Bekehrung eines römischen Rhetors, Victorinus mit Namen, hatte auf Augustin einen tiefen Eindruck gemacht und seine Sehnsucht, sich Gott ebenfalls ganz hinzugeben, mächtig gesteigert.

Danach seufzte auch ich; aber ich war geschlagen, nicht in fremde Eisenbande, sondern in die Bande meines eisernen Herzens. Mein Wollen hielt der Feind in seinen Händen, daraus hatte er eine Kette geschmiedet, durch die er mich gebunden hatte. Denn aus dem verkehrten Willen entsteht die Begierlichkeit, und wenn man der Begierlichkeit dient, so wird sie zur Gewohnheit, und wenn man der Gewohnheit keinen Widerstand leistet, so wird sie zum Zwang. So hielt mich harte Sklaverei in ihren Banden. Der neue Wille aber, der in mir aufkeimte, dir um deinetwillen zu dienen, war noch nicht imstande, den älteren durch lange Gewohnheit stark gewordenen zu überwinden. So stritten zwei Willen, ein alter und ein neuer, ein fleischlicher und ein geistiger, miteinander und ihr Zwiespalt zerriß meine Seele ... *Bekenntnisse VIII,5.*

Der Geist befiehlt dem Körper und findet sogleich Gehorsam; der Geist befiehlt sich und stößt auf Widerstand. Der Geist befiehlt, daß die Hand sich bewege, und diese gehorcht mit solcher Leichtigkeit, daß man die Akte des Befehlens und Gehorchens kaum auseinanderhalten kann. Und der Geist ist doch Geist und die Hand nur Körper. Der Geist befiehlt sich selbst, und doch tut er nicht, was er befiehlt. Woher dieser ungeheuerliche Sachverhalt? Aber er will nicht ganz, deshalb befiehlt er auch nicht ganz ... Denn wenn er ungeteilt wäre, so brauchte er nicht erst zu befehlen, er solle da sein, weil er dann schon da wäre. Zum Teil wollen zum Teil nicht wollen ist aber kein ungeheuerlicher Sachverhalt, sondern eine Krankheit der Seele, weil nicht die ganze Seele sich aufrichtet, da sie von der Wahrheit emporgezogen, von der Gewohnheit aber herabgezogen wird. *Bekenntnisse VIII,9.*

13. Die rechte Liebe

Man fällt böslich ab und nicht zu Bösem, d.h. zu bösen Naturen; böslich aber deshalb, weil der Abfall gegen die *Rangordnung* der Naturen ist; von dem, was im höchsten Sinne ist, hinweg zu dem, was in geringerem Grade ist. Die Habsucht ist doch nicht ein Gebrechen, das am Golde haftet, sondern ein Gebrechen des Menschen, der das Gold verkehrt liebt, und die Unkeuschheit ist nicht ein Gebrechen schöner Leiber, sondern der Seele, die leibliche Schönheit verkehrt liebt, und die Ruhmsucht ist nicht ein Gebrechen des Menschenlobes, sondern der Seele, die das Menschenlob verkehrt liebt. Und so wird jeder, der das Gute irgendeines Gegenstandes verkehrt liebt, an diesem Guten böse und unselig, da er eines Besseren verlustig geht. *Gottesstaat, 12,8.*

Mit der körperlichen Schönheit verhält es sich wie mit dem Geld: wenn man sie, die gewiß ein von Gott erschaffenes Gut ist, aber doch nur ein vergängliches, leibliches, ganz niedriges Gut, schlecht liebt, unter Hintansetzung Gottes, des ewigen, innerlichen, immerwährenden Gutes, so ist das gerade so, wie wenn die Habsucht aus Liebe zum Gold von der Gerechtigkeit abweicht; die Sünde liegt also nicht im Gold, sondern im Menschen. Und dasselbe gilt von jedem geschaffenen Ding. Jedes ist gut, kann aber gut oder schlecht geliebt werden: gut, wenn die rechte Ordnung bewahrt wird, schlecht, wenn sie gestört wird ... Man kann daher die Tugend nach meiner Ansicht kurz und gut definieren als *die rechte Ordnung der Liebe. Gottesstaat, 15,22.*

Wenn die Körper dir gefallen, so preise Gott in ihnen und lenke deine Liebe von ihnen zu ihrem Schöpfer. Wenn dir aber die Seelen gefallen, so liebe sie in Gott, weil auch sie nur in ihm Halt und Beistand finden. In Gott also liebe sie und sprich zu ihnen: „Ihn lasset uns lieben“. *Bekenntnisse IV,12.*

*

Von allen wertvollen Dingen sagen wir, daß sie uns teuer sind, und wir haben recht. Teuer, was will das anders sagen als wertvoll? Wenn aber das Teuerste am wertvollsten ist, was ist dann teurer als die *Liebe,* meine Brüder? Welches ist denn ihr Preis? Der Preis für das Korn ist euer Geld; der Preis für einen Acker ist euer Silber; der Preis für eine Perle ist euer Gold – aber der Preis für die Liebe seid ihr selbst! Wenn ihr euch einen Acker oder eine Perle kaufen wollt, sucht und findet ihr bei euch das notwendige Geld; wenn ihr aber die Liebe erwerben wollt, so muß man *euch* suchen, *euch* finden. Und warum solltet ihr fürchten, euch selbst zu geben? Ihr habt vielleicht Furcht, euch zu verlieren, wenn ihr euch gebt? Aber gerade, wenn ihr euch nicht gebt, werdet ihr euch verlieren[1]. Die Liebe selbst lehrt

[1] Matth. 10,39.

es durch den Mund der Weisheit; sie hat das Wort gesprochen: „Gib dich selbst." Höret auf das, was die Liebe durch den Mund der Weisheit sagt: „Mein Sohn, gib mir dein Herz" (Sprüche 23,26). „Gib mir" sagt sie; und was? „Dein Herz!" Alles stand übel, als dieses Herz von *dir* abhing und *dir* gehörte; du ließest es durch Eitelkeiten, durch unzüchtige und verderbliche Liebe wegreißen. Nimm es weg von da! Aber wohin es bringen? Wohin es legen? „Gib *mir* dein Herz", spricht die Weisheit; laß es mir gehören und du wirst es nicht verlieren. Sehet jetzt, ob Er euch nur ein klein wenig Eigenliebe lassen will, der gesagt hat: „Du sollst den Herrn, deinen Gott, lieben aus deinem ganzen Herzen und deiner ganzen Seele und deinem ganzen Denken!" (Mt. 22,37) Was bliebe diesem Herzen übrig, um sich selbst zu lieben? Was bliebe dir von deiner Seele? „Von *ganzem* Herzen", sagt uns Gott, dein Schöpfer verlangt dich ganz. *Aus einer Predigt.*

14. Gespräch über die Seligkeit

Als aber der Tag nahte, an dem meine Mutter aus diesem Leben scheiden sollte – Du kanntest diesen Tag, wir nicht –, da geschah es, wie ich glaube durch Deine geheime Fügung, daß ich und sie an ein Fenster gelehnt standen, das eine Aussicht auf den Garten innerhalb des Hauses bot, das wir bewohnten; dort in Ostia war es am Tiber, wo wir fern vom Lärm der Welt nach den Anstrengungen einer langen Reise Kräfte für die Seefahrt sammelten. Wir unterhielten uns also allein in gar süßem Gespräch und fragten uns, wie wohl das ewige Leben der Heiligen sein würde ...

Als nun unser Gespräch zu dem Ergebnis geführt hatte, daß auch die höchste Lust, die uns durch die Sinne vermittelt wird, neben der Lieblichkeit jenes Lebens keine Erwähnung verdient, da erhoben wir uns mit noch heißerer Sehnsucht und durcheilten die ganze Stufenleiter der Körperwelt und des Himmels, von dem Sonne, Mond und Sterne auf die Erde herableuchten. Und immer weiter stiegen wir auf, in innerlicher Weise deine Werke bedenkend, bewundernd und besprechend, und so kamen wir schließlich zu unserm Geiste. Auch über ihn schritten wir hinaus, um in die Sphäre der Wahrheit zu gelangen, wo Leben gleich Wahrheit ist ... Und während wir nur davon redeten und danach verlangten, berührten wir sie leise in einem Augenblick höchster Herzenserhebung; dann seufzten wir auf und kehrten wieder zur Erde zurück, zu Worten, die Anfang und Ende haben.

Wir sprachen also: Es schweige in einem Menschen der Sturm des Fleisches, es schweige jede Vorstellung von Land, Wasser und Luft, ja selbst die Seele, ihrer selbst vergessend, erhebe sich über sich ... ja alles, was entsteht und vergeht, schweige völlig ... Wenn also alle verstummten, da sie ihr Ohr auf ihren Schöpfer gerichtet haben, und wenn nunmehr er allein spräche, nicht durch sie, sondern durch sich selbst, so daß wir sein Wort nicht aus eines Menschen oder eines Engels Zunge noch im Donner des Gewitters noch durch Rätsel und Gleichnisse vernähmen, sondern ihn selbst, gleichwie wir uns jetzt erheben und in reißendem Gedankenfluge die ewige Weisheit berührt haben; wenn endlich dieser Zustand anhielte und alle

Vorstellungen niederer Art verschwänden und nur diese eine den Schauenden mit innerlicher Wonne erfüllte – wäre dies nicht der Zeitpunkt, von dem geschrieben steht: „Geh ein in die Freude deines Herrn“ (Mt. 25,21).

So sprach ich, und an jenem Tage, als über solchen Gesprächen die Welt, die da vor uns lag mit all ihren Freuden, jeden Reiz verloren hatte, sagte meine Mutter: „Mein Sohn, ich für meine Person werde an nichts mehr Freude empfinden. Was ich nun hier noch tun soll und warum ich hier bin, weiß ich nicht, da ich von dieser Zeitlichkeit nichts mehr erhoffe. Nur um dich vor meinem Tode als katholischen Christen zu sehen, wollte ich einzig und allein noch eine Zeitlang am Leben bleiben. Über mein Hoffen hinaus hat Gott mir meine Bitte erfüllt, da ich dich jetzt als seinen Knecht erblicke, der aller irdischen Glückseligkeit entsagt hat. Was tue ich nun noch hier? *Bekenntnisse IX,10.*

15. Der Streit um die Willensfreiheit

Mit seiner Betonung von der sittlichen Ohnmacht des Menschen und von der erlösenden Gnade Gottes stand Augustin im Gegensatz nicht nur zu dem idealistischen Menschenbild der platonischen Philosophie, sondern auch zu der kirchlichen Werkfrömmigkeit, wie sie sich insbesondere im Mönchtum verkörperte. In Konsequenz seiner Gnadenlehre betonte Augustin die Anschauung von der göttlichen Vorherbestimmung oder *Prädestination,* wie sie an vielen Stellen der Evangelien und vor allem in den Paulusbriefen ausgesprochen ist, freilich erst von Augustin in voller Konsequenz durchgeführt wurde.

Über diese Lehre kam es zum Streit mit dem Priester *Pelagius* (ca. 360–418), einem gebürtigen Briten, der eine Zeit lang in Rom wirkte, und seinem Schüler Caelestius. Pelagius, ein strenger Asket, war entsetzt über den Verfall der Sitten in dem „christlichen“ Rom und er fürchtete, die Betonung der göttlichen Gnade bestärke die Menschen in ihrem sittenlosen Leben. Es gelte umgekehrt ihnen einzuschärfen, daß sie Gottes Gebote nicht nur erfüllen sollen, sondern auch erfüllen können und daß ihr ewiges Schicksal nicht von einem unerforschlichen Ratschluß Gottes, sondern von ihrem eigenen Wollen und Tun abhängt. Der menschliche Wille ist *frei,* d.h. ebenso fähig sich zum Guten wie zum Bösen zu wenden. „Wir behaupten, daß der Mensch stets sowohl sündigen wie nicht sündigen kann“.

Augustin wandte dagegen ein: erstens werde damit das Wesen des Böseseins, der Sünde verkannt, und zweitens werde damit Gottes Gnade nebensächlich.

Augustin hatte ja die Macht der bösen Gewohnheit gekannt (vgl. Nr. 12), die den Menschen knechtet; für ihn bestand die Sünde nicht in einer Summe von *einzelnen* Sünden, sondern in einer „Krankheit der Seele“, einer Krankheit, die vor allem den Willen ergriffen hat und lähmt. *Frei* war der Wille des Menschen *vor* dem Sündenfall; Adam vermochte nicht zu sündigen (posse non peccare); der heutige, der wirkliche Mensch aber hat diese Freiheit nicht, sodaß er gar nicht anders kann als sündigen (non posse non peccare). Das gilt für alle Menschen, als „Kinder Adams“, auch für das noch unschuldige Kind. Daher sind alle vor dem heiligen Gott verurteilt, eine „massa perditionis“.

Auf dem Hintergrund dieser düsteren Auffassung wird nach Augustins Überzeugung erst die Allmacht der göttlichen Gnade sichtbar. Der Mensch ist ganz und gar auf sie angewiesen. Und eben darin besteht für Augustin das Wesen der *Erlösung*, daß der Mensch sich von sich abwendet und Gott zuwendet, d.h. ihn liebt. Nach der Anschauung des Pelagius dagegen ist der Mensch gerade in seinem Willen und in seinem Streben nach Heiligkeit von Gott *unabhängig*. Ein Anhänger des Pelagius, Julian, hat diese Ansicht in die Formel gefaßt: Homo libero arbitrio emancipatus a Deo". Um diese unsere absolute Abhängigkeit von Gottes Gnade konsequent herauszustellen, hat sich Augustin nicht gescheut zu lehren, daß Gott *vor* allem unserm Tun, ja vor unserer Geburt (!) das Schicksal der Menschen bestimmt habe, indem er aus der „massa perditionis" einige zur Erlösung auswählt, während er die anderen ihrem Verderben überläßt. Luther und Calvin haben diese Lehre von der „doppelten Prädestination" wieder aufgegriffen, weil sie ihnen die Konsequenz des „sola fide" zu sein schien (vgl. Nr. 51). Die katholische Kirche hat zwar die Ansicht des Pelagius verworfen, aber die des Augustin zu mildern gesucht, indem sie einen Kompromiß – oder eine Synthese – der beiden extremen Positionen erstrebt, so daß zwar Gottes Gnade den Anfang der Erlösung mache, aber in deren Verlauf der Mensch mit seinem guten Willen mitwirke (vgl. Nr. 59).

Pelagius:

So oft ich über die Sittenlehre und über den Verlauf eines heiligen Lebens reden muß, so pflege ich zuerst die Kraft und Fähigkeit der menschlichen Natur nachzuweisen und aufzuzeigen, was sie leisten kann, und so das Gemüt des Hörers zu den Idealen der Tugenden aufzureizen. Denn es soll ihm von rechtem Nutzen sein, wenn er zu solchen Dingen angetrieben wird, von denen er vorher meinte, daß sie ihm völlig unmöglich seien. Wir vermögen nämlich niemals den Weg der Tugenden zu betreten, wenn wir nicht von der Hoffnung als Gefährtin geleitet werden ... Das Gute der Natur muß für desto vollkommener erklärt werden, je vollkommener das Leben eingerichtet werden soll, damit das Herz nicht um so schlaffer und träger zur Tugend sei, je weniger es sich zutraut und, während es die in ihm wohnenden Kräfte nicht kennt, diese Kräfte auch nicht zu haben glaubt. *Brief an die Nonne Demetrias.*

Wir haben gesagt, daß der Mensch ohne Sünde sein und Gottes Gebote erfüllen kann, wenn er will. Diese Fähigkeit hat Gott ihm nämlich verliehen. Wir haben indessen nicht gesagt, daß es irgendjemanden gibt, der von der Kindheit bis zum Alter niemals gesündigt hat, wohl aber, daß er, wenn er von den Sünden bekehrt ist, durch eigene Kraft und mit der Gnade Gottes ohne Sünde sein kann. *Akten von Diospolis, 415.*

Augustin über die Lehre des Pelagius:

... eine neue Häresie, eine Feindin der Gnade Christi, wagt es, sich gegen die Kirche Christi zu erheben, eine Häresie, von Menschen vertreten, die es wagen, der Schwachheit des menschlichen Vermögens so viel zuzuschreiben, daß sie behaupten, allein das gehöre der Gnade Gottes zu, daß wir mit freiem Willen und mit der Fähigkeit, nicht zu sündigen, geschaffen seien und die Gebote Gottes, die von uns auch erfüllt werden sollten, empfangen hätten. Im übrigen bedürften wir keiner göttlichen Hilfe, um diese Gebote zu beobachten und zu erfüllen. Nötig hätten wir allerdings die Vergebung der Sünden, da wir das, was in der Vergangenheit von uns falsch gemacht sei, nicht wieder ungeschehen machen könnten. Um uns aber vor künftigen Sünden zu hüten und sie zu überwinden und alle Versuchungen kraft der Tugend zu überwinden, dazu genüge der menschliche Wille in seiner natürlichen Fähigkeit – ohne irgendeine Hilfe der göttlichen Gnade. Auch hätten die kleinen Kinder die Gnade des Heilandes nicht nötig, durch welche sie in der Taufe aus dem Verderben erlöst werden, darum, weil sie von Adam keine verdammliche Erbsünde in sich trügen[1]. *Brief an den Priester Hilarius, 416.*

*

Können die Menschen, denen Gott Erlösung und sein ewiges Reich versprochen hat, durch die Verdienste ihrer Werke ihre verlorene gute Natur wiedergewinnen? Unmöglich! Was kann der Verdorbene Gutes tun, wenn er nicht von dem Verderben erlöst ist? Kann er es vielleicht mit seinem freien Willen? Auch das ist unmöglich! Denn indem der Mensch seinen freien Willen mißbrauchte, hat er sich selbst und seinen freien Willen verdorben. Denn ebenso wie ein Selbstmörder sicher im Augenblick, da er den Schlag gegen sich tut, lebt, aber im nächsten Moment nicht mehr lebt und sich danach auch nicht wieder zum Leben erwecken kann, so ging der freie Wille verloren, als die Sünde den Sieg davontrug, obwohl die Sünde mit freiem Willen begangen wurde. *Handbüchlein.*

Seine Gnade hat Gott in Christus uns geschenkt, die wir *vorbestimmt* sind nach dem Ratschluß dessen, der alles wirkt. Und wie er auf diese Weise bewirkt, daß wir zu seiner Gemeinde kommen, so bewirkt er auch, daß wir nicht abfallen. *Von der Gnadengabe des Beharrens.*

Die Zahl und Menge der Heiligen ist also eine ganz bestimmte nach dem Vorherwissen Gottes. Denen, die Gott lieben – welche Liebe er ihnen durch die Ausgießung des Heiligen Geistes ins Herz gegeben hat – müssen alle Dinge zum besten dienen, als solchen, die nach Gottes Ratschluß berufen sind. Denn die er vorherersehen hat, die hat er auch dazu bestimmt, daß sie dem Bild seines Sohnes gleichförmig würden, damit er der Erstgeborene sei unter vielen Brüdern. Die er aber vorbestimmt hat, die hat er auch berufen ..., die er aber berufen hat ..., die hat er auch gerechtfertigt; die er aber gerechtfertigt hat, die hat er auch verherrlicht (Röm. 8,28–30). *Brief an den Bischof Paulinus, 417.*

Alle, die durch Gottes Vorherwissen und Vorbestimmung bestimmt, berufen, gerechtfertigt, verherrlicht werden, sind nicht nur bevor sie wiedergeboren, sondern bevor sie überhaupt geboren wurden, bereits Gottes Söhne und können nicht verloren gehen. *Verdienst u. Gnade.*

---

[1] Caelestius hatte in der Tat behauptet, die neugeborenen Kinder seien sündlos. Da nun die Taufe, auch der Kinder, als „Bad" der Reinigung und der Wiedergeburt verstanden wurde, widersprach seine These der üblichen Anschauung und löste den Streit aus. Obwohl die Kindertaufe die Erbsündenlehre eigentlich voraussetzt, haben später Pelagius und Caelestius sich zu ihr bekannt.

16. Gottesstaat und Weltstaat

Es gibt für Augustin nur ein schroffes Entweder – oder: entweder von Gott zur Seligkeit auserwählt oder von Gott verworfen. Die Auserwählten bilden daher eine in sich geschlossene Gemeinschaft: den „Staat Gottes" (civitas dei); die anderen bilden den Staat dieser Welt (civitas mundi oder auch civitas diaboli). Beide Staaten sind für Augustin übersinnliche (metaphysische) Größen: zum Gottesstaat gehören auch die Engel, im Weltstaat wirken die Dämonen. Aber konzentriert ist der Gegensatz in den beiden großen geschichtlichen Mächten, die jahrhundertelang miteinander gerungen hatten: Römerreich und christliche Kirche. Noch wurde ihr kompromißreicher Friedensschluß nicht einfach als natürlich, sondern als spannungsreich empfunden. Noch wußte die Christenheit, daß sie in dieser Welt Pilgerin war.

Augustin war ein gläubiger und gehorsamer Diener seiner *Kirche*, deren Autorität ihm unumstößlich feststand. Er hat einmal in einer gegen die Manichäer gerichteten Schrift gesagt: „Ich würde dem Evangelium nicht glauben, wenn mich nicht die Autorität der katholischen Kirche dazu bewöge". Er hat, wie Cyprian, den Grundsatz vertreten, daß außerhalb der Kirche keine Hoffnung auf Erlösung bestehe. Denn Gott führe seine Erwählten gewißlich in seine Gemeinde. Nur Lieblosigkeit und Hochmut könne einen Christen veranlassen, sich von der Kirche zu trennen. Aber Augustin war sich wohl bewußt, daß in dieser Kirche, auch unter ihren Führern, viele waren, die nicht zum „Gottesstaat" gehören. Er unterschied zwischen der sichtbaren Kirche, in der Erwählte und Verworfene zusammenleben, und der unsichtbaren Kirche der Erwählten; freilich besteht diese nach seiner Auffassung nur innerhalb der sichtbaren.

Ist das Kennzeichen des Gottesstaates Dienen und Leiden, so das des Weltstaates Selbstliebe und Herrschen. Eigentlich müßte freilich die Bürgerschaft Gottes herrschen. Denn Gott hat ja mit der Auferstehung die ganze Welt Christus untertan gemacht; darum ist es billig, daß auch seine gläubigen Diener herrschen. Und im Letzten ist es auch so, daß Christus und seine Gemeinde die Welt überwunden haben und ihre Richter sind. Sobald die Kirche die Einschränkungen, die Augustin dieser These zufügte, und seinen Lobpreis der leidenden Kirche vergaß, konnte sie hierauf ihren Herrschaftsanspruch auch in der Welt ableiten – was denn auch im Mittelalter geschah.

a) Der Gegensatz

Zweierlei Arten der Liebe schufen die beiden Staaten, den irdischen Staat brachte nämlich die Selbstliebe hervor, die bis zur Verachtung Gottes führte, den himmlischen Staat dagegen die Gottesliebe, die bis zur Selbstverachtung führt. Daher rühmt sich jener in sich selbst, dieser im Herrn. Der eine hebt sein Haupt empor mit eigenem Rühmen, der andere spricht zu Gott: „Du bist mein Ruhm und hebst mein Haupt empor" (Ps. 3,4). *Gottesstaat, 14,28.*

Wir haben die Menschheit in zwei Gruppen geteilt, deren eine die umfaßt, die nach dem Menschen leben, die andere dagegen die, die nach Gott leben; wir nennen diese beiden Gruppen in übertragenem Sinne die zwei *Staaten,* d.i. die zwei menschlichen Gemeinschaften, von denen die eine bestimmt ist, mit Gott ewig zu herrschen, die andere dagegen mit dem Teufel ewige Strafe zu leiden ...

Zuerst wurde von unsern Stammeltern *Kain* geboren, der zum Menschenstaat gehört, nachher *Abel,* der zum Gottesstaat gehört. Wie wir nämlich am einzelnen Menschen die Erfahrung machen, „daß nicht das, was geistig ist, das erste ist, sondern was seelisch[1], danach erst das Geistige" (1.Kor. 15,46) – weshalb jeder, aus verdammter Wurzel entspringend, zuerst von Adam her böse und irdisch gesinnt ist, und erst später, durch die Wiedergeburt in Christus, gut und geistig wird –, so ist auch beim ganzen Menschengeschlecht zuerst der Bürger dieser Welt geboren worden und nachher erst der Fremdling in dieser Welt und Bürger des Gottesstaates ... Es wird also zwar nicht aus jedem bösen Menschen ein guter werden, aber jeder gute Mensch war vorher böse ... Es steht nun geschrieben, daß Kain einen Staat (eine Stadt)[2] gründete (1. Mose 4,17). Abel dagegen, der Fremdling, gründete keinen. Denn der Staat der Heiligen ist jenseitig. *Gottesstaat, 15,1.*

Der erste Gründer des Weltstaates also war ein Brudermörder ... Es ist daher nicht zu verwundern, daß lange hernach bei der Gründung jenes Staates, der das Haupt dieses Weltstaates, von dem wir sprechen, werden sollte, diesem Urbild ein Abbild gleicher Art entsprach. Denn auch hierbei hat, wie ein Dichter dieses Staates sagt, „Bruderblut die ersten Mauern gerötet" – nur daß hier der Ermordete ebenso wie der Mörder Bürger des Weltstaates war ... Das nun, was zwischen Remus und Romulus vorging, hat gezeigt, wie der Weltstaat wider sich selbst uneins ist; was sich dagegen zwischen Kain und Abel zutrug, hat die Feindschaft zwischen den *beiden* Staaten, dem Gottesstaat und dem Menschenstaat, offenbar gemacht. Kampf herrscht also zwischen Bösen und Bösen und ebenso zwischen Bösen und Guten; Kampf aber zwischen Guten und Guten, wenn sie vollkommen sind, ist ausgeschlossen. *Gottesstaat, 15,5*

b) Die Gemeinsamkeit

So wenig es jemand gibt, der nicht das Verlangen hätte, sich zu freuen, ebensowenig gibt es jemand, der nicht das Verlangen hätte, *Frieden* zu haben. Will doch selbst eine Kriegspartei nichts anderes als durch den Krieg zu einem ruhmreichen Frieden gelangen. In der Absicht auf den Frieden also führt man selbst die Kriege. *Gottesstaat, 19,12.*

So strebt auch der Erdenstaat, der nicht aus dem Glauben lebt, nach dem Frieden auf Erden und nach der Eintracht seiner Bürger. Und der himmlische Staat oder vielmehr der Teil davon, der in diesem sterblichen Dasein pilgert, muß sich gleichfalls dieses Friedens bedienen, bis eben dieses sterbliche Dasein, für das ein solcher Friede nötig ist, sein Ende erreicht. Und so leistet er unbedenklich, so lange er an der Seite des Erdenstaates sozusagen das Gefangenenleben seiner Pilgerschaft führt, den Gesetzen des Erdenstaates Gehorsam, jedenfalls denen, durch die geregelt wird, was der Erhaltung des sterblichen Lebens förderlich ist. Es besteht sonach Eintracht zwischen beiden Staaten inbezug auf die das vergängliche Leben betreffenden Dinge. *Gottesstaat, 19,17.*

---

[1] Griech. „psychikon" bedeutet im paulinischen Sprachgebrauch soviel wie *leib*-seelisch und steht im Gegensatz zu „pneumatikon" (geistig), womit zugleich der *göttliche* Geist gemeint ist.

[2] Das von Augustin gebrauchte Wort civitas kann ebensowohl „Staat" wie „Stadt" bedeuten.

Solange also die beiden Staaten miteinander vermischt sind, bedienen auch wir uns des Friedens Babylons ... Darum hat auch der Apostel die Kirche ermahnt, für die Könige und die Obrigkeit zu beten, mit der ausdrücklichen Bemerkung, „damit wir ein ruhiges und stilles Leben führen mögen in aller Gottseligkeit und Ehrbarkeit (1. Tim 2,26). Und als der Prophet Jeremia dem alten Gottesvolk die Gefangenschaft ankündigte, ermahnte er es, gehorsam nach Babel zu gehen und dort für Babel zu beten, mit der Begründung: „Denn ihr Friede ist euer Friede."
Gottesstaat, 19,26.

Die mittelalterliche Kirche

17. Kaiser und Papst

Die Idee des „Gottesstaates", wie sie von Augustin formuliert worden war, wirkte in den folgenden Jahrhunderten weiter und bestimmte zu einem großen Teil die mittelalterliche Geschichte. Der Kampf zwischen Kaiser und Papst ist nur verständlich, wenn man beachtet, daß *beide* sowohl geistliche wie weltliche Macht beanspruchten. Die Vorstellung nämlich, daß es rein *weltliche* Angelegenheiten gebe, die unabhängig von den religiösen Anschauungen entschieden werden könnten, war dem Mittelalter fremd. Die Könige und Kaiser glaubten sich vielmehr von Gott berufen, das „christliche Volk" nicht nur gegen äußere Feinde zu schützen, sondern auch für sein *geistliches* Heil zu sorgen. Als Herrscher des „christlichen Volkes" galt eigentlich Christus selbst, der von seinem göttlichen Vater zum ewigen König gesalbt war (vgl. Ps. 45,8); auf mittelalterlichen Bildern wird er daher oft mit Krone und Szepter dargestellt. Seit Philipp empfingen die fränkischen Könige, nach dem Vorbild der alttestamentlichen Könige, die Salbung mit dem geweihten Öl. Später wurde diese Sitte auch auf deutschem Boden geübt. Diese Zeremonie will zeigen, daß der irdische König Abbild und Stellvertreter des himmlischen Königs ist.

Eben darum fühlten sich die mittelalterlichen Herrscher von Gott beauftragt, auch die kirchlichen Angelegenheiten ihrer Länder zu regeln. Solange das Papsttum verhältnismäßig schwach und vielfach verachtet war, wie weithin im frühen Mittelalter, trafen sie dabei kaum auf Widerstand. Als aber im Zuge der großen Reformbewegung, die durch das reformierte Mönchtum (Cluny, Cîteaux) eingeleitet und zum Siege geführt wurde, das Papsttum neues Selbstbewußtsein gewann, mußte es zum Konflikt kommen. Die Päpste des Mittelalters brauchten dabei nur auf die Ansprüche zurückzugreifen, die die Päpste früherer Zeiten gegenüber den oströmischen Kaisern vertreten hatten.

Ermahnung an den König bei Übergabe der Herrscherinsignien:

Empfange den *Stab* der Macht und der Gerechtigkeit, durch den du imstande sein sollst, die Frommen zu erfreuen, die Gottlosen zu schrecken, den Irrenden den Weg zu weisen, den Gefallenen die Hand zu reichen, die Stolzen zu vernichten und die Demütigen zu erhöhen. Und Jesus Christus sei dein Ratgeber ... Mögest du in allen Dingen ihm folgen, von dem der Prophet David weissagte: „Dein Thron, o

Gott, währt von Ewigkeit, das Szepter deines Reiches ist ein Szepter der Gerechtigkeit" (Ps. 45,7). Ihm nachfolgend, mögest du Gerechtigkeit lieben und Unrecht hassen, denn darum hat dich Gott gesalbt nach dem Beispiel dessen, den er vor der Welt gesalbt hat mit dem Öl der Freude vor seinen Genossen (Ps. 45,8): Jesus Christus, unsern Herrn ...

Empfange die *Krone* des Königreiches, welche dir von den Händen der Bischöfe – obwohl sie unwürdig sind – auf das Haupt gesetzt wird. Und du mögest erkennen, wie sie ein Sinnbild für den Ruhm der Heiligkeit, für Ehre und machtvolles Handeln ist. Du wirst wissen, daß du durch sie Teilhaber unseres Amtes bist[1]. So nämlich, wie wir die Hirten und Lenker der Seelen in inneren Dingen sind, so sollst du in den äußeren Dingen der wahre Statthalter Gottes (cultor Dei) und starke Verteidiger gegen alle Feindschaften der Kirche Christi sein. Immer mögest du als guter Führer und Lenker des Reiches erscheinen, das dir von Gott anvertraut ist, damit du unter den ruhmreichen Glaubenshelden, mit den Edelsteinen der Tugend geschmückt, und mit dem Lohn ewiger Seligkeit gekrönt, mit dem Erlöser und Heiland Jesus Christus, dessen Namen und Stellvertretung (!) du innehast, ohne Ende in Herrlichkeit regieren mögest. *Mainzer Krönungsordnung, 961 n. Chr.*

Papst Gelasius I. an den Kaiser Anastasius I. (494)

Zwei sind es, erhabener Kaiser, durch die an oberster Stelle diese Welt regiert wird: die geheiligte Autorität der Bischöfe und die kaiserliche Gewalt. Von diesen beiden ist die Last der Priester um so schwerer, als sie auch für die Könige vor Gottes Gericht Rechnung abzulegen haben. Denn Ihr wißt es, allergnädigster Sohn: Wohl überragt Ihr an Würde das ganze Menschengeschlecht; dennoch beugt Ihr fromm den Nacken vor den Amtswaltern der göttlichen Dinge und erwartet von ihnen die Mittel zum Seelenheil. So erkennt Ihr auch, daß Ihr beim Empfang der Sakramente ... der demütig Nehmende, nicht aber der Befehlende seid. In diesen Dingen seid Ihr also vom Urteil der Priester abhängig und dürft sie nicht Eurem Willen unterjochen wollen. Wenn nämlich im Bereich der staatlichen Ordnung auch die Vorsteher der Religion willig anerkennen, daß Euch die kaiserliche Herrschaft durch göttliche Anordnung übertragen ist und deshalb auch sie Euren Gesetzen Gehorsam zu leisten haben ... wie freudig, so frage ich Euch, muß man dann denen gehorchen, die zur Spendung der schauervollen Mysterien gesetzt sind? Darum:
Wie auf den Bischöfen schwere Verantwortung lastet, wenn sie im Dienst der Gottheit schweigen, wo sie reden sollten, so bedeutet es für die Hörenden schwere Gefahr, wenn sie (was Gott verhüte) hochmütig werden, wo sie gehorchen sollten.

Und wenn sich schon allen Priestern insgesamt, falls sie die göttlichen Dinge würdig verwalten, die Herzen der Gläubigen demütig hingeben müssen, um wieviel mehr ist dann den Bischöfen jenes Stuhles Beistand zu zollen, welche die höchste Gottheit erwählte, alle Bischöfe zu überragen, und welche auch in der Folgezeit die gesamte Kirche immerdar in kindlicher Verehrung gefeiert hat.

---

[1] Erstaunlich ist der Gedanke, daß der König durch die Krönung zum Teilhaber des bischöflichen Amtes wird. Das Königsamt wird als geistliches Amt verstanden.

Daraus ziehe nun Eure fromme Majestät die einleuchtende Folgerung: daß niemand zu keiner Zeit und aus was immer für einem Vorwand stolz sich erheben dürfe über das einzigartige Amt jenes Mannes, den Christi Befehl selbst allen als Haupt gegeben und den die heilige ehrwürdige Kirche immerdar gläubig bekannt hat und auch heute demütig anerkennt als ihr Oberhaupt. Was durch göttliches Recht fest gegründet ist, kann wohl von menschlicher Anmaßung angegriffen werden – niemals aber und von keiner Gewalt wird es besiegt.

Aus dem „Dictatus papae" Gregor VII. (1075)

(1) Die römische Kirche ist von dem Herrn allein gegründet worden.
(2) Der römische Bischof allein darf der allgemeine Bischof genannt werden.
(3) Nur er kann Bischöfe absetzen oder wieder in die Gemeinschaft der Kirche aufnehmen[1].
(7) Er allein darf, wenn es die Zeit erfordert, neue Gesetze geben ...
(8) Er allein darf sich der kaiserlichen Insignien bedienen.
(9) Des Papstes Füße allein haben alle Fürsten zu küssen.
(10) Sein Name allein darf in den Kirchen genannt werden.
(11) Dieser Name ist einzig in der Welt.
(12) Dem Papst ist es erlaubt, Kaiser abzusetzen.
(16) Keine Synode darf ohne seine Einwilligung als eine allgemeine bezeichnet werden.
(18) Sein Anspruch darf von niemanden in Frage gestellt werden; er selbst darf die Urteile von allen verwerfen.
(19) Er selbst darf von niemanden gerichtet werden.
(20) Niemand unterstehe sich, einen zu verurteilen, der an den Apostolischen Stuhl appelliert.
(21) Alle wichtigeren Angelegenheiten einer jeden Kirche sollen dem Apostolischen Stuhl übertragen werden.
(22) Die römische Kirche hat sich nie geirrt und wird nach dem Zeugnis der Schrift nie in Irrtum verfallen.
(24) Nach der Entscheidung des römischen Bischofs und mit seiner Erlaubnis ist es den Untertanen gestattet, Klage zu erheben.
(27) Er vermag Untertanen von ihrer Treueverpflichtung gegen Ungerechte zu entbinden.

Innozenz III.: Ich bin über das Haus Gottes gesetzt, damit mein Verdienst wie meine Stellung alles überrage ... Mir ist vom Propheten gesagt: Ich habe dich über Völker und Königreiche gesetzt ... (Jer. 1,10). Von mir heißt es beim Apostel: Ich will dir des Himmelreiches Schlüssel geben, alles, was du auf Erden binden wirst, soll auch im Himmel gebunden sein (Mt. 16,19) ... Der Knecht, der über das ganze Haus gestellt

[1] Man erkennt hier wie auch an anderen Stellen (vgl. Nr. 7, 16, 19–21), daß sich der Herrschaftsanspruch der mittelalterlichen Päpste auch gegen die (territorial gebundenen) Bischöfe richtete.

ist, ist der Stellvertreter Christi, der Nachfolger Petri, der Gesalbte des Herrn, der Gott Pharaos; er ist in die Mitte gestellt zwischen Gott und die Menschen, diesseits von Gott, jenseits vom Menschen, geringer als Gott, größer als ein Mensch, welcher über alle richtet und von niemand gerichtet wird, wie die Stimme des Apostels verkündet: „der Herr ist es, der mich richtet" (1.Kor. 4,4).

Wie Gott, der Schöpfer des Alls, zwei große Lichter an die Feste des Himmels gesetzt hat, ein größeres, um den Tag, eine kleineres, um die Nacht zu regieren, so hat er an das Firmament der allgemeinen Kirche ... zwei hohe Würden gesetzt: eine größere, die über die Seelen, gleichsam die Tage, herrsche, und eine kleinere, welche die Körper, gewissermaßen die Nächte, regiere. Diese sind die priesterliche und die königliche Macht. Ferner wie der Mond, der doch nach Größe und Art, nach Stellung und Wirkung geringer ist als die Sonne, sein Licht von ihr empfängt, so empfängt die königliche Macht von der priesterlichen Gewalt den Glanz ihrer Würde. Je fester sie ihren Blick aber auf ihre Würde richtet, mit desto schwächerem Licht wird sie geschmückt, je mehr sie aber davon absieht, desto mehr gewinnt sie an Glanz.

Bonifatius VIII. Die Bulle „Unam sanctum", die Bonifatius VIII. 1302 anläßtlich eines Streites mit dem französischen König verfaßte, bringt die Idee von der Weltherrschaft des Papstes noch einmal in krasser Weise zum Ausdruck.

Daß zwei Schwerter zu ihrer (der Kirche) Verfügung stehen, ein geistliches und ein weltliches, lehren uns die Worte des Evangeliums. Denn als die Apostel sagten: Sieh, hier sind zwei Schwerter! (Lk. 22,28) – sie meinten damit: in der Kirche – antwortete der Herr nicht: Es ist zu viel!, sondern: Es ist genug! Wer leugnet, daß auch das weltliche Schwert in der Gewalt Petri ist, der achtet fürwahr schlecht auf das Wort des Herrn: „Stecke dein Schwert in die Scheide!" (Mt. 26, 52). Beide sind also in der Gewalt der Kirche, das geistliche und das materielle Schwert. Aber dieses ist *für* die Kirche, jenes dagegen *von* der Kirche zu führen. Jenes liegt in der Hand des Priesters, dieses in der Hand der Könige und Soldaten, von denen es auf den Wink und nach dem Gutachten des Priesters (des Papstes) zu führen ist. Es muß aber das eine Schwert dem anderen unterstehen und die weltliche Gewalt der geistlichen unterworfen sein. Denn der Apostel sagt: „Es ist keine Obrigkeit, sie sei denn von Gott; wo aber Obrigkeit ist, die ist von Gott geordnet." – Sie wäre aber nicht geordnet, wenn nicht das eine Schwert dem anderen unterstünde ... Daß aber die geistliche Gewalt an Würde und Adel jede weltliche überragt, müssen wir um so klarer bekennen, als das Geistliche überhaupt wertvoller ist als das Weltliche ... Denn fürwahr, die geistliche Macht hat die weltliche einzusetzen und über sie zu richten, wenn sie nicht gut ist ...

Wenn also die weltliche Gewalt irrt, wird sie von der geistlichen gerichtet werden, wenn aber die geistliche auf einer niedern Stufe irrt, wird sie gerichtet von der, die über ihr steht, irrt aber die höchste, so wird sie allein von Gott, nicht von einem Menschen, gerichtet werden können, wie der Apostel bezeugt: „Der geistliche Mensch richtet alles; er selbst aber wird von niemand gerichtet" (1.Kor. 2,15). Es ist aber diese Gewalt, obwohl sie einem Menschen gegeben ist und von einem Menschen geübt wird, keine menschliche, sondern vielmehr eine göttliche, nach

Gottes Wort dem Petrus gegeben, ihm und seinen Nachfolgern in Christus selbst, den er bekannt hatte, als der Herr zu Petrus sprach: „Was du auf Erden“ usw. (Mt. 16,19). Wer sich also dieser von Gott so geordneten Gewalt widersetzt, der widersetzt sich Gottes Ordnung ... Also erklären, sagen, bestimmen und lehren wir, daß die Unterwerfung unter den römischen Papst für jedes menschliche Wesen heilsnotwendig ist.

18. Das Mönchtum

Aus der Regel des hl. Benedikt

Lausche, mein Sohn, den Lehren des Meisters, neige das Ohr deines Herzens, nimm willig hin die Mahnung deines liebreichen Vaters und erfüll sie im Werke, damit du in der Mühsal des Gehorsams heimkehrst zu dem, den du in der Trägheit des Ungehorsams verlassen hattest.

An dich richtet sich also jetzt mein Wort, der du dem Eigenwillen entsagst und die herrlichen Heldenwaffen des Gehorsams ergreifst, um für Christus, den Herrn, den wahren König, zu streiten... (Prolog).

Die *erste* Stufe der Demut ist nun, die Gottesfurcht stets vor Augen haben und sich vor allem hüten, sie je zu vergessen, vielmehr jederzeit all dessen eingedenk bleiben, was Gott befohlen hat ... Der Mensch denke daran, daß Gott immerdar vom Himmel auf ihn herniederschaut, daß sein Tun und Lassen allerorts klar vor Gottes Auge steht und von den Engeln zu jeder Zeit ihm gemeldet wird ... Um sorgsam zu wachen über seine verkehrten Gedanken, spreche ein braver Bruder immer zu sich: „Dann wandle ich makellos vor Dir, wenn ich mich vor meiner Bosheit in acht nehme.“ (Ps. 17,24).

Dem Eigenwillen aber zu folgen, ist uns verwehrt, da uns die Schrift sagt: „Wende dich ab von dem Begehren deines Herzens“ (Sir. 18,30). Auch flehen wir zu Gott im Gebete, daß sein Wille an uns geschehen möge. Mit Recht werden wir also davor gewarnt, unserm Eigenwillen zu folgen ... Was aber die Begierden des Fleisches anlangt, sollen wir Gott immer gegenwärtig wissen; betet doch der Prophet zum Herrn: „Vor Dir ist all das Verlangen meines Herzens.“ (Ps. 37,10).

Man muß sich also deshalb vor der bösen Begierde hüten; denn der Tod lauert vor der Pforte der Lust ...

Die *zweite* Stufe der Demut ist, den eigenen Willen nicht lieben und sich in der Befriedigung seiner Wünsche nicht gefallen, vielmehr jenes Wort des Herrn zur Richtschnur nehmen: „Ich bin nicht gekommen, meinen Willen zu tun, sondern den Willen dessen, der mich gesandt hat.“ (Joh. 6,38) ...

Die *dritte* Stufe der Demut ist, aus Liebe zu Gott in vollkommenem Gehorsam sich dem Obern unterwerfen und so den Herrn nachahmen, von dem der Apostel sagt: „Er ward gehorsam bis in den Tod.“ (Phil. 2,8)

Die *vierte* Stufe der Demut ist, in diesem Gehorsam bei herben und widrigen Dingen, ja, sogar bei angetaner Unbill, mit Stillschweigen und Selbstbeherrschung die Geduld bewahren, ausharren, nicht ermatten oder sich entziehen, sagt doch die Schrift: „Wer ausharret bis ans Ende, wird gerettet werden." (Mt. 10,22) ... Um uns zu belehren, daß der Gläubige dem Herrn zulieb alles, selbst Widriges ertragen muß, sagt die Schrift im Namen der Dulder: „Um Deinetwillen werden wir hingemordet den ganzen Tag, werden geachtet wie Schlachtschafe." (Röm. 8,36) ... Auch in Widerwärtigkeiten und Unbilden erfüllen sie durch Geduld das Gebot des Herrn: Auf eine Wange geschlagen, bieten sie auch die andere dar, des Rockes beraubt, geben sie auch den Mantel dazu, zu einer Meile genötigt, gehen sie gleich zwei, ertragen mit dem Apostel Paulus falsche Brüder und segnen, die sie schmähen.

Die *fünfte* Stufe der Demut ist, alle schlimmen Gedanken, die im Herzen aufsteigen, und das im Verborgenen begangene Böse in demütigem Bekenntnis seinem Abte bekennen ...

Die *sechste* Stufe der Demut erreicht der Mönch, wenn er sich mit dem Allerniedrigsten und Geringsten zufrieden gibt und bei allem, was man ihm aufträgt, in sich einen schlechten und untauglichen Arbeiter sieht ...

Die *siebte* Stufe der Demut ist, sich nicht bloß mit Worten als den letzten und geringsten bezeichnen, sondern auch im tiefsten Herzensgrund hiervon überzeugt sein ...

Hat also der Mönch alle diese Stufen der Demut erstiegen, dann wird er bald zu jener Gottesliebe gelangen, die in ihrer Vollkommenheit die Furcht vertreibt. In der Kraft dieser Liebe wird er dann alles, was er früher nur unter dem Drucke der Furcht einhielt, von jetzt an mühelos aus Gewohnheit beobachten, als wäre es ihm zur zweiten Natur geworden ..., aus Liebe zu Christus, aus guter Angewöhnung und aus Freude an der Tugend. Das wird der Herr in seiner Huld an seinem Diener durch den Heiligen Geist offenbaren, wenn er sich gereinigt hat von Fehlern und Sünden.

Aus der 2. Regel des hl. Franziskus

Die Regel und das Leben dieser Brüder ist dieses: Leben in Gehorsam, in Keuschheit und ohne Eigentum und der Lehre und der Fußspur unseres Herrn Jesus Christus folgen, der sagt: „Willst du vollkommen sein, so gehe hin und verkaufe alles, was du hast und gib es den Armen, und du wirst einen Schatz im Himmel haben; und komm, folge mir nach." (Mt. 19,21): „Wer mir nachfolgen will, der verleugne sich selbst und nehme sein Kreuz auf sich und folge mir nach." (Mt. 16,24).

... alle Brüder sollen ärmliche Kleider tragen und können diese mit grobem Tuch und andern Stücken flicken, wofür sie den Segen Gottes empfangen; denn der Herr sagt im Evangelium: „Die kostbare Kleider haben, üppig leben und sich weichlich anziehen, sind an den Höfen der Könige." (Mt. 11,8).

... Alle Brüder sollen sich bestreben, unserem Herrn Jesus Christus in seiner Demut und Armut nachzufolgen und daran zu denken, daß wir von der ganzen Welt nichts zu haben brauchen, als, wie der Apostel sagt: „Wenn wir Nahrung und Kleidung haben, laßt uns damit zufrieden sein." (1. Tim. 6,8), Und sie sollen sich freuen, wenn sie mit geringen und verachteten Leuten verkehren, mit Armen, Schwachen, Kranken, Aussätzigen und solchen, die am Wege betteln.

Und wenn es notwendig ist, sollen sie um Almosen ausgehen und mögen sich nicht schämen, sondern vielmehr bedenken, daß unser Herr Jesus Christus, der Sohn des lebendigen und allmächtigen Gottes, sich nicht schämte, für uns arm und Fremdling zu werden. Auch er, die seligste Jungfrau und seine Jünger lebten von Almosen.

Wir sollen fest davon überzeugt sein, daß nichts zu uns gehört als unsere Laster und Sünden ... Hüten wir uns also, Brüder, vor jeglicher eitler Ruhmsucht und vor Stolz. Und bewahren wir uns vor der Weisheit dieser Welt und vor der Klugheit des Fleisches; denn der Trieb des Fleisches drängt ungestüm nach vielen Worten, aber wenig nach Werken, und sucht nicht die innere Frömmigkeit und Heiligkeit des Geistes, sondern wünscht eine Religiosität und Vollkommenheit, die den Menschen in die Augen fällt ... Der Geist des Herrn jedoch strebt nach Demut und Geduld, nach reinem, einfältigem und wahrem Seelenfrieden ...

19. Die Messe

a) Das Opfer

Wir müssen die jetzige Zeit, da wir sehen, wie vergänglich sie ist, mit ganzem Herzen verachten und Gott das tägliche Opfer der Tränen sowie das *tägliche Opfer seines Fleisches und Blutes* darbringen. Dieses ist nämlich das Opfer, das auf einzige Weise von dem ewigen Untergang rettet, indem es in uns auf geheimnisvolle Art den Tod Christi erneuert. Obwohl dieser von den Toten auferstanden ist und nicht mehr stirbt und der Tod keine Macht mehr über ihn hat (Röm. 6,9), obwohl er in sich selbst unsterblich und unverweslich lebt, wird er dennoch in diesem Mysterium des heiligen Opfers für uns dargebracht. Denn sein Leib wird dort genommen, sein Fleisch wird ausgeteilt zum Heil des Volkes. Sein Blut wird nun aber nicht in die Hände der Ungläubigen, sondern in den Mund der Gläubigen gegossen. Bedenken wir darum, wieviel dieses Opfer für uns bedeutet, das zu unserer Erlösung das Leiden des eingeborenen Sohnes immer wieder nachbildet. Welcher von den Gläubigen könnte Zweifel hegen, daß sich in der Stunde des Opfers auf die Stimme des Priesters die Himmel öffnen, daß bei diesem Mysterium Jesu Christi die Chöre der Engel gegenwärtig sind, daß oben und unten sich verbinden, das Irdische dem Himmlischen vereint wird und eins wird aus Sichtbarem und Unsichtbarem? *Gregor der Große (590–604).*

b) Die Wandlung

Schon in den Worten Gregors klingt die Vorstellung von der Wandlung der Elemente (Brot und Wein) in Leib und Blut Christi an. Dogmatisch war diese Vorstellung freilich noch nicht festgelegt. Jedoch drängte die allgemeine Frömmigkeit im Laufe der Jahrhunderte immer mehr in diese Richtung. 1215 endlich, auf dem 4. Laterankonzil, erhob Papst Innocenz III. die „Transsubstantiationslehre" zum Dogma. Er faßte sie in ein Bekenntnis, das sog. „Innocentianum", das einige Katholiken später mit den großen Bekenntnissen der christlichen Kirche (Apostolicum, Nicaenum, Athanasianum) in eine Linie stellten.

Es gibt nur eine allgemeine Kirche der Gläubigen, außerhalb derer überhaupt niemand erlöst wird. In ihr ist ein und derselbe zugleich Priester und Opfer: Jesus Christus, dessen Leib und Blut im Sakrament des Altars unter der Gestalt des Brotes und Weines wahrhaft enthalten ist, indem durch die göttliche Macht das Brot in den Leib und der Wein in das Blut verwandelt wird, so daß wir, um das Geheimnis der Einigung vollständig zu machen, selbst von dem Seinen annehmen, was er von uns angenommen hat. Und dieses Sakrament kann auf keinen Fall jemand anders bewirken als der Priester, der rechtmäßig eingesetzt ist nach dem Schlüsselamt der Kirche, das Jesus Christus den Aposteln und ihren Nachfolgern selbst eingeräumt hat. *Laterankonzil 1215.*

Weil aber Christus, unser Erlöser, gesagt hat, daß das, was er unter der Gestalt des Brotes darbrachte, wahrhaftig sein Leib sei, so war es in der Kirche Gottes immer die Überzeugung, und jetzt erklärt es diese heilige Synode von neuem: Durch die Konsekration des Brotes und des Weines findet die Wandlung der ganzen Substanz des Brotes in die Substanz des Leibes Christi, unseres Herrn, und der ganzen Substanz des Weines in die Substanz seines Blutes statt ... *Konzil von Trient.*

c) Der Priester

Weil nur der geweihte Priester Recht und Macht hat, das Opfer der Messe zu vollziehen und dabei als Stellvertreter Christi handelt, ist ihm nach katholischer Anschauung eine einzigartige Würde verliehen.

... Ich will jetzt ein großes Ding aussprechen. Und wenn das möglich wäre, daß unsere Fraue, Sankt Maria, Gottes Mutter, jetzt da auf der schönen Wiese wäre und alle Heiligen und alle die Engel, die es nur gibt, das Feld einnehmen würden, und ich des wert wäre, daß ich dasselbe Himmelsgesinde da sehen sollte, und ich ginge des Weges, und ich wollte sie sehr gerne sehen – und wisset, daß ich sie sehr gerne und über die Maßen gerne wollte sehen – und ein *Priester* ginge mir entgegen und *trüge unseren Herrn* zu einem Siechen, so wollte ich mich dem Priester zukehren, der unseren Herrn da trüge, und wollte vor ihm eher auf meine Knie fallen als vor meiner Frau Sankt Marien und allen Heiligen und allem himmlischen Heer. Wie gerne ich sie auch sähe und obwohl ich sie noch nie sah, so wollte ich doch unserem Herrn mehr Ehren bieten und andächtiger, da ihn der Priester trägt ... Und darum sollt ihr ihn andächtig ehren und anrufen und sollt die Priester desto fleißiger ehren, weil Gott sie dazu geordnet hat vor aller Welt, daß sie ihn berühren und er ihnen so vertraut ist und sie ihn alle Tage in ihrer Seele empfangen. Das sollt ihr alles an den Priestern ehren; denn ihnen hat Gott große Würde und Ehre verliehen. *Berthold von Regensburg † 1272.*

20. Buße und Beichte

Neben der Messe war die Beichte Kernpunkt des frommen Lebens. Ursprünglich war die *Privatbeichte* nur unter Mönchen Sitte gewesen, aber die iroschottischen Mönchsmissionare hatten sie unter das Volk getragen und zur Zeit Karls d. Gr. war sie schon allgemein gebräuchlich. Das 4. Laterankonzil 1215 legte jedem Gläubigen die Privatbeichte mindestens einmal jährlich als Zwang auf. Alle „Todsünden", d.h. die Übertretung der zehn Gebote, müssen in der Beichte gewissenhaft bekannt werden, während inbezug auf die „läßlichen" Sünden kein Beichtzwang besteht.

Von den Büßenden müssen alle Todsünden, deren sie sich nach fleißiger Prüfung bewußt sind, in der Beichte vorgetragen werden ... Die läßlichen Sünden, durch die wir von der Gnade Gottes nicht ausgeschlossen werden ..., mögen ohne Schuld verschwiegen und durch viele andere Mittel gesühnt werden. *Konzil von Trient.*

... Das andere in der Beichte, damit euch der Teufel verführet, das ist auch ein gar schädliches Irrsal. Damit haben sie manch tausend Seelen zur Hölle geführet, daß ihnen nimmermehr Rat wird. Das heißet: *verschweigen* in der Beichte und nur das Kleine sagen und das Geringfügige. Alle, die das Große verschweigen in der Beichte und nur das Kleine sagen und das Unnütze, wie die Gott verdammen will, das hat er uns gezeiget im alten Bund. Es war ein König im alten Bund, der hieß Saul; den hieß unser Herr in ein Land ziehen und sprach zu ihm: „Zieh hin, Saul, in das Königreich und schlachte mir alles, was in dem Lande Lebendiges ist, schlachte *alles,* daß es sterbe, die Leute klein und groß, Frau und Mann, das Kind in der Wiege: laß ihrer keinen am Leben bleiben!" Da zog er hin und erschlug nur das Kleine und das Geringe, die Reichsten und die Höchsten an Ehren und Gut, die nahmen sie gefangen, er und die Seinen, und die schönsten Rinder und Rosse behielten sie. Ebenso tun alle, die das Große verschweigen und das Kleine sagen und wähnen, sie könnten Gott betrügen wie der König Saul. Da unser Herr sprach: „Sage an, Saul, hast du alles erschlagen?" „Ja, Herr", sprach er. „Nein", sprach unser Herr, „du hast mein Gebot übertreten; darum will ich dich verstoßen von dem Reich." Nun sehet, was für eine klare Rede und was für ein gleichhaftes Bild das ist! Gott, der sieht in alle Herzen, du kannst vor ihm nichts verbergen, sei es auch nur so groß, wie ein Hirsekorn! Darum sage es gänzlich heraus, so groß es auch sei. Magst du das ein wenig beschönigen, das da gemein ist, aber in der Weise, daß es der Priester doch verstehe, das erlaubet man dir wohl ... Denn seinen Arzt soll niemand betrügen; denn der betrüget seinen liebsten Freund und Helfer. Ihm sollst du alle deine Sünden sagen, lauter und lückenlos: darum heißt es lautere Beichte. *Berthold von Regensburg.*

21. Ablaß und Fegfeuer

Die Buße umfaßt nach katholischer Auffassung drei Teile: die Reue, die Beichte und die genugtuenden Bußwerke (contritio cordis, confessio oris, satisfactio operis). Wird eine Sünde nicht durch diese dreiteilige Buße in diesem Leben getilgt, so muß sie im jenseitigen Leben durch die Pein des Fegfeuers gebüßt werden. Seit dem 11. Jahrhundert bildete sich nun der Brauch heraus, daß die Satisfaktions*werke* erlassen werden können, so bespielsweise durch die Beteiligung an einem Kreuzzug oder auch durch Geldspenden. Man nannte dies „Ablaß“ (Erlaß der von der Kirche geforderten Bußwerke) und stützte diese Lehre auf die Behauptung, die Heiligen hätten in ihrem Leben einen Überschuß an frommen Bußwerken gesammelt; über dieses überschüssige Verdienst der Heiligen verfüge die Kirche wie über einen Schatz, den sie an ihre Glieder austeilen könne.

Galt zunächst nur die Ansicht, daß damit die Buß*übungen* (satisfactio operis) erlassen seien, so verschwammen schließlich die Begriffe und man sprach auch von einem Erlaß der *Schuld.* Das Konzil von Trient hielt zwar an Lehre und Brauch des Ablasses fest (wie übrigens noch neuerdings das 2. Vatikanische Konzil), wandte sich aber, unter dem Eindruck der reformatorischen Kritik, gegen Mißbräuche. Obwohl die katholische Kirche den Ablaß nicht abgeschafft hat, so spielt er doch heute in ihr kaum noch eine Rolle. Auch die Lehre vom Fegfeuer ist ganz in den Hintergrund getreten. Im Mittelalter aber beherrschten beide Vorstellungen zumindesten die Volksfrömmigkeit.

Man muß aber glauben, daß es vor dem Gericht ein *Reinigungsfeuer* für gewisse leichte Vergehen gibt. Die Wahrheit sagt nämlich, wenn jemand den Heiligen Geist gelästert hat, wird ihm nicht in dieser und auch nicht in der künftigen Welt vergeben (Mt. 12,31). Aus diesem Satz kann man erkennen, daß einige Sünden in dieser Welt, andere aber in der künftigen vergeben werden können. Was nämlich von der einen Sache verneint wird, muß folgerichtig von den übrigen bejaht werden. Aber, wie ich vorher sagte, man muß glauben, daß dies nur für geringe und ganz kleine Sünden geschehen kann, wie z.B. häufiges unnützes Reden, übermäßiges Gelächter oder eine Sünde in der Fürsorge für häusliche Angelegenheiten ... Da Paulus sagt, Christus sei das Fundament, fügt er hinzu: „So aber jemand auf diesen Grund baut Gold, Silber, edle Steine, Holz, Heu, Stoppeln, so wird eines jeglichen Werk offenbar werden: der Tag wird's klar machen. Denn es wird durchs Feuer offenbar werden; und welcherlei eines jeglichen Werk sei, wird das Feuer bewähren. Wird jemandes Werk bleiben, das er darauf gebaut hat, so wird er Lohn empfangen. Wird aber jemandes Werk verbrennen, so wird er Schaden leiden; er selbst aber wird selig werden, so doch wie durch's Feuer.“ (1. Kor. 3,12ff.) Dieses kann freilich auch von dem Feuer der Trübsal, das uns in diesem Leben zuteil wird, verstanden werden. Wenn es aber jemand auf das Feuer der künftigen Reinigung anwendet, so ist sorgfältig zu beachten, daß er nicht gesagt hat, der könne durch das Feuer gerettet werden, der auf diesen Grund Eisen, Erz oder Blei baut, d.h. schwere Sünden, ..., sondern nur der, der Holz, Heu und Stroh darauf setzt, d.h. ganz kleine und leichte Sünden, welche das Feuer leicht vertilgt. *Gregor der Große.*

Was ist *Ablaß*? Ich antworte: Es ist Nachlassung oder Verzeihung der Schuld. Nicht der Schuld der Todsünde – wenn einer soll Ablaß erlangen, so muß er vorher ledig sein von *Todsünden* – auch nicht der Schuld der *ewigen Pein*; denn in der Hölle ist gar keine Erlösung. Aber es ist Verzeihung der *zeitlichen Pein*, die einer schuldig ist zu bezahlen nach wahrer Reue und Beichte. Wenn du deine Sünde bereuest und sie beichtest, so wird dir die ewige Pein verwandelt *in eine zeitliche Pein* und du bist verpflichtet, dafür genug zu tun. Diese zeitliche Pein nimmt dir ab der Ablaß aus einem fremden Verdienst, der dir gegeben wird und dargereicht aus dem Schatz der Kirche ...

Dazu so hat auch die Mutter der heiligen christlichen Kirche aufgeschlossen ihren Schatz des überschwenglichen Verdiensts unsers Herrn Jesu Christi in seinem heiligen Leiden und aller lieben Heiligen Gottes. Das ist der Ablaß, durch den wir mögen ablegen solche Pein. *Geiler von Kaisersberg, 1512.*

Da die Macht, Ablässe zu erteilen, der Kirche von Christus zuerkannt worden ist und sie diese Macht seit den ältesten Zeiten ausgeübt hat, lehrt und schreibt die heilige Synode vor, daß der für die Christenheit äußerst heilsame und durch die Autorität der heiligen Konzilien gebilligte Brauch in der Kirche beizubehalten ist ... Die Mißbräuche aber, die sich eingeschlichen haben und die der Anlaß sind, daß der erhabene Name der Ablässe von den Ketzern gelästert wird, wünscht sie gesäubert und berichtigt und bestimmt durch dieses Dekret allgemein, daß alle unrechtmäßigen Geldzahlungen zu ihrer Erlangung, woraus in der Christenheit die meiste Ursache zu Mißbräuchen entstanden ist, abzuschaffen sind. *Konzil von Trient.*

Die Scholastik

Die Eigenart der Scholastik

Im hohen und späteren Mittelalter waren die Bettel- oder Predigerorden, vor allem die Dominikaner und Franziskaner, die wesentlichen Träger der theologischen Wissenschaft. Sie wirkten an den neu entstandenen Universitäten, die die alten Klosterschulen ersetzten. Gewiß weicht die Art der Wissenschaft, die dort getrieben wurde, von unserer heutigen Wissenschaft völlig ab; was aber die Strenge der Begriffsbildung, die logische Konsequenz und Systematik der Darstellung anbetrifft, war die Wissenschaft jener Zeit nicht weniger „wissenschaftlich" als es die heutige ist.

Freilich, der mittelalterliche Denker war nicht wie ein moderner Denker darauf aus, die Wahrheit zu *finden;* die Wahrheit *war* gefunden, ja sie war längst ausgesprochen und formuliert: in den Schriften der Kirchenväter und der alten Philosophen, vor allem des Aristoteles. Der mittelalterliche Wissenschaftler ging also nicht wie der heutige von der Kritik aus, sondern von der Anerkennung der Autorität und Tradition. Diese Wissenschaft war „Schulwissenschaft" – daher der Name – nicht nur in dem Sinne, daß sie in den hohen Schulen gelehrt wurde, sondern auch in dem Sinne, daß alle, Schüler wie Lehrer, sich nur als Schüler der verehrten Autoritäten der früheren Zeit fühlten.

Es fragt sich, worin denn eigentlich die Denkarbeit des scholastischen Denkers bestand, wenn doch das Ergebnis seiner Untersuchung von vorneherein feststand? Sein Hauptbemühen war darauf gerichtet, die überlieferten Lehrsätze der Kirche und die Aussprüche der Väter in ein geschlossenes *System* zu bringen und als logisch folgerichtig zu erweisen. Dabei verfuhr man vielfach so, daß (scheinbar?) sich widersprechende Thesen der „Väter" oder anderer Theologen konfrontiert wurden, um daraus zu einer Synthese zu gelangen (dialektische Methode).

Der erste bedeutende Scholastiker war der Erzbischof **Anselm von Canterbury** (1033–1109). Er glaubte, Vernunft und göttliche Offenbarung so völlig miteinander in Einklang bringen zu können, daß sich alle Glaubenseinsichten auch als vernünftige Einsichten erweisen müßten. In seiner Schrift „Cur deus homo?“ (Warum wurde Gott Mensch?), die in Form eines Gespräches mit seinem Schüler Boso abgefaßt ist, will er darlegen, daß auch der Opfertod Christi ein notwendiges Postulat der Vernunft sei.

Das Verhältnis von Vernunft und Offenbarung (Glaube) fand bei dem größten der scholastischen Theologen, **Thomas von Aquin** (1225–1274, italienischer Grafensohn, Dominikanermönch und Theologieprofessor an den Universitäten Paris und Neapel) eine Lösung, die seitdem für die katholische Kirchenlehre maßgebend geblieben ist. Thomas unterschied streng zwei verschiedene Arten religiöser Wahrheiten: solche, die der unverbildeten *Vernunft* zugänglich sind, und solche, die nur durch göttliche *Offenbarung* zugänglich werden. Zur ersten gehört das Dasein Gottes, das also „beweisbar“ ist, wobei Thomas sich auch darauf beruft, daß es von allen bedeutenden Denkern, auch den heidnischen, anerkannt wurde, insbesondere von *Aristoteles.* Dessen Schriften wurden damals, durch Vermittlung arabischer Denker, erst in ihrer Gesamtheit im Abendland bekannt. So wurde der heidnische Philosoph Aristoteles zum „praecursor Christi in naturalibus“ (Vorläufer Christi in der natürlichen Erkenntnis). Auf dieser „natürlichen“ oder allgemein-menschlichen Gotteserkenntnis baut sich nun, gleichsam als ein zweites Stockwerk, die „übernatürliche“ Gotteserkenntnis auf, die uns allein durch die Offenbarung gegeben ist und das göttliche Erlösungswerk (2. und 3. Artikel) betrifft. Aber ist diese Erkenntnis auch nicht aus der Vernunft abzuleiten, so steht sie doch nicht im Widerspruch zur Vernunft. Genau so verhält es sich mit der *Ethik.* Auf den Geboten der „natürlichen“ Sittenlehre, die dem unverbildeten sittlichen Bewußtsein evident sind – ihre vollkommenste Darstellung hat auch sie nach der Meinung von Thomas durch Aristoteles gefunden – baut sich die spezifisch christliche Ethik, mit ihren Kardinaltugenden Glaube, Hoffnung, Liebe, als eine zweite, höhere Stufe auf. Um diese christlichen Tugenden zu erfüllen, reicht die Natur des Menschen nicht mehr aus, sondern bedarf es der Eingießung der göttlichen Gnade, die aber nur erfolgt, wenn die Tugendforderungen der ersten Stufe erfüllt sind. Auch hier also der Versuch, das christliche Leben als eine höhere Stufe auf eine natürliche, d. h. der Natur (dem Wesen) des Menschen gemäße Daseinsweise aufzubauen. Vgl. dazu das völlig andere Verständnis der menschlichen Wirklichkeit bei Augustin und bei den Reformatoren.

Die Scholastiker waren Gelehrte und erstrebten in ihrer Weise wissenschaftliche Erkenntnis und Beweisführung. Aber ihr eigentliches Ziel ging über solche intellektuelle Arbeit hinaus und war die unmittelbare Gotteserkenntnis oder *Gottesschau.* Nicht der Denkprozeß oder gar das religiöse Suchen und Streben, sondern die alle dem überlegene Einsicht gilt als die höhere, die eigentlich geistige Existenz (vgl. im Gegensatz hierzu Lessings Ausspruch S. 136). Wie Gottes Wesen selbst vollkommene Ruhe ist – ein Grundgedanke der aristotelischen Philosophie –, so besteht die höchste Seligkeit in der von keinem Streben mehr beunruhigten vernünftigen Betrachtung Gottes. Hier liegt der Punkt, an dem die *Mystik* anknüpft.

22. Anselm von Canterbury

A: Sündigen ist also nichts anderes, als Gott nicht das geben, was man ihm schuldig ist. So muß also jeder, der sündigt, die Ehre, die er Gott geraubt hat, zurückerstatten; und das ist die Genugtuung, die jeder Sünder Gott leisten muß. (I, XI)
Dem Maß der Sünde muß die Genugtuung entsprechen ... Was willst du nun geben für diese Sünde?

B: Reue, ein zerschlagenes Herz, Demut, Entbehrungen aller Art und vielerlei körperliche Mühen und Barmherzigkeit im Geben und Vergeben und Gehorsam.

A: Was gibst du bei alledem Gott? Wenn du Gott etwas gibst, was du ihm schuldig bist ..., so darfst du das nicht als etwas ansehen, was du ihm als Genugtuung für die Sünde leistest. Alles, was du aufzählst, bist du ihm sowieso schuldig. (I, XX)

A: (Genugtuung kann nun nicht geleistet werden), wenn nicht jemand da ist, der Gott für die Sünde des Menschen etwas Größeres bezahlt als alles das ist, was Gott ist.

B: Das steht fest.

A: Auch muß derjenige, der Gott von dem Seinen etwas geben könnte, das alles übertrifft, was unter Gott ist, größer sein als alles, was nicht Gott ist.

B: Ich kann es nicht leugnen.

A: Nichts aber ist über allem, was nicht Gott ist, außer Gott selbst.

B: Das ist wahr.

A: Also kann diese Genugtuung niemand leisten als Gott.

B: Das folgt daraus.

A: Aber es darf sie auch kein anderer leisten als der Mensch, weil sonst nicht der Mensch genugtut.

B: Nichts erscheint gerechter.

A: Wenn also die Genugtuung geschehen soll, die niemand leisten kann als Gott und niemand schuldig ist als der Mensch, so muß sie notwendig der Gottmensch leisten ... *(II, VI) Cur deus homo.*

Anselms Gedanken kehren übrigens in den theologischen Betrachtungen, auch auf protestantischer Seite, nicht selten wieder, um das Geheimnis der Erlösung verständlich zu machen. So z.B. bei Johann Gerhard (1582–1637):

Der arme Mensch hatte den unendlichen Gott mit seiner Sünde erzürnet, darum war er in ein unendlich Übel geraten. Solch unendlich Übel konnte nicht anders als mit dem unendlichen Gut bezahlet und weggenommen werden, nun aber ist außer Gott nichts unendlich gut, darum wurde Gott Mensch, auf daß der Mensch bezahlen konnte in Kraft der unendlichen Gottheit und auf daß diese göttliche Bezahlung den Menschen zugute käme wegen der persönlichen Vereinigung und also der göttlichen Gerechtigkeit genug geschehe. Dies ist die wunderliche Beschaffenheit der göttlichen Gerechtigkeit und Barmherzigkeit. Ein Mensch hatte gesündigt, ein Mensch sollte bezahlen, aber es mangelt am Vermögen. Gott konnte bezahlen, aber Er war's nicht schuldig, darum wurde Gott Mensch, auf daß also die Bezahlung dem Menschen zugute käme, weil sie vom Menschen herkam und zugleich völlig wäre, weil sie von Gott herrührte. *Postille.*

23. Thomas von Aquin

a) Der Gottesbeweis

Ich behaupte, daß das Dasein Gottes auf fünffachem Wege bewiesen werden kann.

Der *erste* und klarere Weg ist der dem Gebiet der Bewegung entnommene. Denn es ist gewiß und durch die Sinneswahrnehmung verbürgt, daß manches in dieser

Welt bewegt wird. Aber alles, was bewegt wird, wird durch ein anderes bewegt... und dieses wieder durch ein anderes. Man kann hier aber nicht ins Unendliche fortgehen. Denn sonst wäre kein erstes Bewegendes und folglich auch kein anderes Bewegendes ... Man muß also notgedrungen bei einem ersten Bewegenden ankommen, das von keinem anderen bewegt wird, und dieses erkennen alle als Gott.

Der *zweite* Weg ist der aus dem Begriff der wirkenden Ursache. Wir finden, daß in dem Sinnlichen um uns eine Ordnung der wirkenden Ursachen besteht, aber es ist nicht möglich, daß etwas wirkende Ursache seiner selbst sei, weil es dann früher als es selbst wäre, welches unmöglich ist. Es ist aber auch nicht möglich, daß es mit den wirkenden Ursachen ins Unendliche fortgeht, weil bei allen wirkenden Ursachen das Erste die Ursache des Mittleren, und das Mittlere die Ursache des Letzten ist, ob das Mittlere nun aus mehreren Gliedern besteht oder nur eins ist. Wird aber die Ursache aufgehoben, so wird auch die Wirkung aufgehoben. Ist also unter den wirkenden Ursachen kein Erstes gewesen, so kann es auch kein Letztes und kein Mittleres geben. Ginge es aber mit den wirkenden Ursachen ins Unendliche fort, so würde es keine erste wirkende Ursache geben, und so würde es weder eine letzte Wirkung noch mittlere Wirkungsursache geben, was offenbar falsch ist. Also muß man irgendeine erste wirkende Ursache setzen, die alle Gott nennen...

Der *vierte* Weg wird von den Stufen genommen, die sich in den Dingen finden. Man findet nämlich in den Dingen ein mehr und weniger Gutes und Wahres und Edles und so dergleichen mehr. Das Mehr und Weniger wird aber von Verschiedenem ausgesagt, sofern es sich in verschiedener Weise einem Etwas nähert, das am meisten ist, wie z. B. mehr warm ist, was sich dem am meisten warm mehr nähert. Es gibt also etwas, was am wahrsten und besten und edelsten und folglich am meisten seiend ist ... und das nennen wir Gott.

Der *fünfte* Weg wird von der Lenkung der Dinge genommen. Wir sehen, daß manches, was der Erkenntnis ermangelt, nämlich die natürlichen Körper, auf ein Ziel hin wirkt, was daraus hervorgeht, daß sie immer oder meistens auf dieselbe Weise wirken und das erreichen, was das beste ist. Daraus ist offenbar, daß sie nicht durch Zufall, sondern aus einer Absicht heraus zum Ziele gelangen. Das aber, was keine Erkenntnis hat, kann nur in der Weise auf ein Ziel zustreben, daß es von einem Erkennenden und Denkenden gelenkt wird, wie der Pfeil von dem Schützen. Also ist ein Denkendes, durch das alle natürlichen Dinge zum Ziel geordnet werden, und das nennen wir Gott ... *Summa Theologica I, 2.3.*

b) Einzelaussprüche

a) Gott als Ursprung und Ziel der Kreatur

Als der wesenseigene Name Gottes gilt „der Seiende“[1], da es ihm allein eigen ist, daß seine Wesenheit nicht etwas anderes ist als sein Sein.

Das Sein selbst hat den Charakter des Guten. „Gut“ und „seiend“ sind vertauschbare Begriffe.

---

[1] 2. Mose 3,14 (In der Vulgata: „Ego sum qui sum“).

Alles, was ist, und sei es auf welche Weise auch immer, sofern es seiend ist, ist es gut.

Alles Unvollkommene strebt zur Vollendung. Ein jedes Wesen, das seine eigene Vollendung erstrebt, strebt nach Göttähnlichkeit.

Alle Wesen streben, indem sie ihre eigene Vollkommenheit erstreben, zu Gott; denn die Vollkommenheiten aller Dinge sind Bilder des göttlichen Seins.

Gott und was in Gott ist, *hat* nicht ein Ziel, sondern *ist* das Ziel.

b) Über das Böse

Kein Wesen wird böse genannt, sofern es seiend ist, sondern sofern es eines Seins *verlustig* ist.

Wie unter dem Wort „gut" das Vollkommene verstanden wird, so unter dem Wort „böse" nichts anderes als der Verlust des Vollkommenseins.

Von niemandem kann das Böse um seiner selbst willen erstrebt werden. Es gibt keine Begehrenskraft, die sich nicht auf ein Gut richtete. Niemals wird das Böse geliebt, es sei denn unter dem Gesichtspunkt des Guten, d.h. sofern es zwar in einer bestimmten Hinsicht ein Gut ist, aber als schlechthin Gutes aufgefaßt wird.

Wie das Gute von Natur früher ist als das Böse, das seinen Verlust bedeutet, so sind auch die Regungen der Seele, deren Gegenstand das Gute ist, von Natur früher als die Regungen, deren Gegenstand das Böse ist, und die deshalb aus jenen entspringen. Und darum haben Haß und Traurigkeit ihre Ursache in einer Liebe, einem Verlangen, einer Lust.

Alles Böse wurzelt in einem Guten und alles Falsche in einem Wahren.

Das Böse wirkt nicht, es sei denn aus der Kraft des Guten.

Gutes ohne Böses kann es geben; Böses aber ohne Gutes kann es nicht geben.

Wenn auch das Böse stets das Gute mindert, so vermag es dieses doch niemals völlig aufzuzehren. Und weil auf diese Weise immer ein Gutes übrigbleibt, so kann es nicht etwas gänzlich und vollkommen Böses geben.

In der Welt findet sich nichts, das ganz und gar böse wäre. In jeglichem sündigen Tun verbleibt etwas Gutes. Es ist unmöglich, daß durch die Sünde das Gute unserer Natur völlig aufgehoben würde.

Würde das Böse aus einigen Bereichen des Alls hinweggenommen, so würde viel von der Vollkommenheit des Alls dahinschwinden. Erwächst doch dessen Schönheit aus dem geordneten Beieinander von Gutem und Bösem, indem das Böse aus verarmenden Guten entspringt und dennoch, kraft der Vorhersicht des All-Lenkenden, aus dem Bösen Gutes folgt – wie auch der Liedgesang seine Süße empfängt aus den Zwischenzeiten des Schweigens.

c) Die Glückseligkeit

Gott hat alle Menschen um der Glückseligkeit willen geschaffen.

Naturhaft begehrt die geistbegabte Kreatur, glückselig zu sein. Darum kann sie nicht wollen, nicht glückselig zu sein. Ein jeder Mensch ordnet, was immer er will, auf seine Glückseligkeit hin. Diese selbst ist es, die nicht um eines anderen willen ersehnt wird, und in welcher die Bewegung der Sehnsucht zur Ruhe kommt.

Des menschlichen Lebens letztes Ziel ist: Glückseligkeit. „Mensch auf dem Wege" heißt einer deswegen, weil er zur Glückseligkeit strebt; „Mensch am Ziel" aber heißt einer deswegen, weil er die Glückseligkeit schon erreicht hat.

Der Wille begehrt mit Notwendigkeit das letzte Ziel, so daß er nicht vermöchte, es nicht zu begehren. Herr unseres Tun sind wir, sofern wir uns für dies oder jenes zu entscheiden vermögen. Entscheidung aber gibt es nicht über das Ziel, sondern nur über das, was zum Ziele führt. Das Verlangen nach dem letzten Ziel ist darum nicht unter den Dingen, deren wir Herr sind.

Aus diesem Grunde heißt es, wir seien „auf dem Wege", weil wir zu Gott streben, welcher das äußerste Ziel unserer Glückseligkeit ist. Auf diesem Wege aber schreiten wir um so viel voran, als wir Gott näherkommen ... Es verbindet sich aber der Mensch mit Gott kraft seines Willens.

d) Natur und Gnade

Gott heiligt uns nicht ohne uns.

Der göttlichen Vorsehung ist es eigen, das Wesen der Dinge nicht zu verderben, sondern es zu wahren.

Die Geschenke der Gnade fügen sich auf solche Weise zur Natur, daß sie diese nicht aufheben, sondern vollenden. Darum auch löscht das Licht des Glaubens, das gnadenhaft in uns einströmt, das Licht der natürlichen Erkenntnis nicht aus, das unsere natürliche Mitgift ist.

Die Gnade zerstört nicht die Natur, sondern setzt sie voraus und vollendet sie.

Die naturhafte Neigung ist der Anfang der Tugend. Das Naturhafte ist das Fundament für die Tugenden, für die gnadenhaft geschenkten wie für die erworbenen.

e) Die Gottesschau

Weil die Seele unmittelbar von Gott geschaffen ist, darum wird sie nicht glückselig zu sein vermögen, wenn sie nicht unmittelbar Gott schaut.

Das naturhafte Verlangen nach Wissen kann in uns nicht gestillt werden, bis daß wir die erste Ursache erkennen. Die erste Ursache aber ist Gott. Es ist also das letzte Ziel der mit geistiger Erkenntniskraft begabten Kreatur, Gott zu schauen in seiner Wesenheit.

Der menschlichen Seele Ziel und äußerste Vollendung ist: erkennend und liebend die ganze Ordnung der geschaffenen Dinge zu durchschreiten und vorzudringen zum ersten Urgrund, welcher Gott ist.

In der Erkenntnis der göttlichen Dinge findet der Geist des Menschen, wiewohl er nur ein Geringes davon zu fassen vermag, dennoch mehr sein Sehnen, seine Liebe und seine Lust als in der vollkommenen Erkenntnis, die er von den niederen Dingen haben mag.

Die Gottesschau hat die Unveränderlichkeit der Erkenntniskraft und des Willens zur Folge. Der Erkenntniskraft: wenn die erste Ursache erreicht ist, in welcher alles erkannt werden kann, so findet das Suchen des Geistes sein Ende. Die Beweglichkeit des Willens aber hört auf, weil, wenn das letzte Ziel erreicht ist, das die Fülle allen Gutseins in sich faßt, nichts mehr übrig bleibt, das zu ersehnen wäre.

Je näher ein Wesen zu Gott ist, der ganz und gar unbeweglich ist, desto weniger veränderlich ist es und desto beharrender.

Die Mystik[1]

Mystik und Scholastik. Wenn das oberste Ziel des scholastischen Denkers die Schau Gottes ist, dann stimmt er darin mit dem Mystiker überein. Es ist also falsch, Scholastik und Mystik als Gegensätze zu betrachten. Der bedeutendste der mittelalterlichen Mystiker, Meister Eckehart, zeigt sich in seinen *lateinischen* Schriften vielmehr durchaus als Schüler der scholastischen Philosophie, insbesondere des Thomas von Aquin, wie ja auch sein Orden, die Dominikaner, die bedeutendsten scholastischen Theologen hervorgebracht hat. Wir müssen daher die mittelalterliche Mystik eher als einen Nebenzweig der scholastischen Theologie auffassen, worin die umständliche und schwerverständliche theologische Reflexion auf *einen* Punkt konzentriert und vereinfacht ist: die Vereinigung der Seele mit Gott. Dieser Vereinfachung und Verinnerlichung entspricht auch die *Sprache:* Deutsch statt Latein (das die Nonnen, an die die Predigten Eckeharts gerichtet waren, nicht beherrschten), bilderreich, gefühlvoll und eindringlich.

„Christliche" Mystik. Der Mystiker geht von der Überzeugung aus, daß zwischen der Seele und Gott eine innere Verbindung, ja eine geheimnisvolle Identität besteht. Was uns von Gott trennt, ist unser Ich, genauer: unser Eigenwille und ichbezogenes Streben, sogar das nach unserem eigenen Seelenheil. Da Gott allein ursprüngliches Sein zukommt, so bedeutet Eigenwille oder Bösesein des Menschen so viel wie Mangel an Sein und umgekehrt Selbstaufgabe oder „Zunichtewerden" gerade Gewinn wirklichen Seins.

Wird aber nicht in dieser Lehre die Realität der *Sünde* und die der *Erlösung* verflüchtigt? Hier fehlt in der Tat das Bewußtsein, daß Gott der *Fordernde* ist; darum finden wir nichts von dem Erschrecken Luthers oder Calvins vor Gottes Majestät und Heiligkeit und also auch nichts von ihrem Verständnis des Evangeliums, daß wir nur in *Christus* uns Gott nähern und mit ihm Gemeinschaft haben können.

Die Frage liegt daher nahe, ob die Anschauung der mittelalterlichen Mystiker noch eigentlich christlich ist oder nur ein christliches Gewand trägt. Wie uns die Religionsgeschichte

[1] Wort und Begriff stammen aus der *griechischen* Philosophie. Das Verb „myein" heißt „die Augen schließen"; inbezug auf die „Mysterien" bedeutet es die Abwendung von der sinnlichen Welt, um der inneren Erleuchtung teilhaft zu werden, und wird alsbald gebraucht im Sinne von „einweihen" (in die göttlichen Geheimnisse). In der alten Kirche wurde das Wort „Mysterion" insbesondere von den Sakramenten gebraucht, ganz besonders von dem des Abendmahls (S. 36). Das „Mysterium" des Abendmahls und die sich im Genuß der Hostie vollziehende Einswerdung von Christus (Gott) und Mensch hat denn auch bei allen zur Mystik neigenden Denkern eine besondere Rolle gespielt.

zeigt, ist die Mystik eine *interreligiöse* Erscheinung. Es gab Mystiker nicht nur in der katholischen Kirche und im Protestantismus, es gab Mystiker und mystische Lehren in der älteren indischen Religion („Upanischaden", nach 500 v. Chr.), im Buddhismus, im Hinduismus, in China („Taoismus"), im Islam, ja im Judentum (Chassidismus, 18.– 19. Jahrhundert).

Nun ist die „Christlichkeit" der Mystiker, die der christlichen Kirche angehören, offensichtlich unterschiedlich. Nicht nur die katholische Kirche hat hier sehr verschieden geurteilt, indem sie beispielsweise einzelne Sätze Eckeharts verurteilte, während sie andere Mystiker heilig sprach. Auch vom protestantischen Standpunkt aus ergibt sich eine recht verschiedene Wertung. Luther hat Tauler und die „Deutsche Theologie" sehr hoch geschätzt und deren Einfluß ist zumindest in seinen frühen Schriften deutlich spürbar. Die romanische Mystik dagegen erscheint vom reformatorischen Standpunkt aus als sehr fremdartig.

24. Meister Eckehart

Eckehart (geb. 1260) stammte aus einem adligen Geschlecht: Hochheim (bei Gotha). Er trat früh in den Dominikanerorden ein, in dem er bald zu den führenden theologischen Lehrern gehörte („Magister", daher „Meister"). Eckehart lehrte in Straßburg und in Köln. Auch Nonnenklöster und Beginenhäuser waren seiner Seelsorge anvertraut; dazu kam ein wachsender Kreis von Bürgern, die den in deutscher Sprache abgefaßten Predigten lauschten.

Die Kühnheit gerade dieser Predigten mußte natürlich Widerspruch hervorrufen. Trotzdem konnte Eckehart jahrelang ungehindert wirken. 1326 wurde jedoch auf Betreiben des Erzbischofs von Köln das Inquisitionsverfahren gegen ihn eröffnet. Vom Inquisitionsgericht wurden eine Anzahl seiner Thesen als ketzerisch verworfen. Eckehart behauptete, daß es sich dabei um ein Mißverständnis handele. In der Form nachgebend, in der Sache festbleibend hatte er erklärt: „Ohne damit einen einzigen meiner Sätze preiszugeben, verbessere und widerrufe ich alle die, von denen man imstande sein wird nachzuweisen, daß sie auf fehlerhaftem Vernunftgebrauch beruhen." Er appellierte gegen das Verdammungsurteil an den Papst, der damals in Avignon residierte, und beabsichtigte, sich selbst vor dem päpstlichen Stuhle zu rechtfertigen. Es kam nicht mehr dazu; 1327 ist Eckehart gestorben und erlebte so auch nicht mehr die Verurteilung seiner Lehre durch eine päpstliche Bulle.

Die Leute sollten nicht immer so viel nachdenken, was sie wohl *tun* sollten, sie sollten lieber bedenken, was sie *sein* sollten. Wären sie nur gut und ihre Art, so möchten ihre Werke sehr leuchten. Bist du gerecht, so sind auch deine Werke gerecht. Denke nicht, dein Heil zu setzen auf ein Tun: man muß es setzen auf ein Sein. Denn die Werke heiligen uns nicht, sondern wir müssen die Werke heiligen ... Entnimm hieraus, wie man allen Eifer darauf richten muß, daß man ein Guter sei: nicht so sehr, was man tue, sondern wie der Grund der Werke sei. Der Grund aber, auf dem es beruht, ob des Menschen Wesen gut sei, der Grund zugleich, von dem des Menschen Werke ihren Wert empfangen, ist: ob unser Gemüt gänzlich zu Gott gekehrt sei. Darauf setz all dein Studieren, daß Gott in dir groß werde. Suche Gott, so findest du Gott und alles Gute dazu ...

Alle Werke, die du auf äußeren Anstoß wirkst, die sind alle tot. Darum, wenn deine Werke leben sollen, so muß dich Gott anrühren in dem Allerinnigsten deiner

Seele. Dort allein ist Leben. Darum leben auch nur die Werke, die du aus deinem Grunde vollbringst.

*

Viele Leute sprechen: „Wir haben guten Willen!“ Sie haben aber nicht Gottes Willen. Sie wollen ihren Willen haben und wollen unsern Herrn lehren, er hab es so und so zu machen. Das ist durchaus kein guter Wille. Bei Gott muß man forschen nach dessen Willen. Darauf ist Gott überall aus, daß wir das Wollen aufgeben ... Nichts in der Welt macht uns zu wahren Menschen als Willenshingabe. Ohne sie haben wir mit Gott überhaupt nichts zu schaffen ...

Ob sie sich's bewußt sind oder nicht, die immer nur auf Stimmung und große Erlebnisse aus sind: Eigenwille ist das, weiter nichts! ...

Überhaupt beruht ja alles Wesenhafte an uns einzig und allein auf einem Zunichte werden ... Alle Gaben, die Gott uns jemals gab, natürliche wie Gnadengaben, gab er uns immer nur unter der stillen Bedingung, daß wir uns nicht als Eigentümer fühlen dürften. Und um uns das nun gehörig einzuschärfen, darum nimmt er uns oft beides, so leibliches wie geistiges Gut ... Was meint aber Gott, wenn er denen so eifrig nachstellt? Daß er selbst an ihre Stelle rücken will! Je enger unser Aneignen der Welt, umso lockerer halten wir ihn; und je weniger wir die Welt festhalten, umso eigener haben wir ihn samt allem, was er bieten kann. Als daher unser Herr von allen Gründen zur Seligkeit reden wollte, da setzte er „Armut des Geistes“ zum Haupt ihrer aller: sie eröffnet die Reihe, zum Zeichen, daß alle Seligkeit und Vollkommenheit samt und sonders ihren Ursprung habe in „Armut des Geistes“ ...

Daß ich aus meinem Selbst ausgehe um seinetwillen, dawider will Gott mit allem, was er ist und leisten mag, uneingeschränkt mein eigen sein: recht mein wie sein, nicht weniger noch mehr. Wiederum darf es auch nicht auf diese Gegengabe abgesehen sein: nicht einmal zwischendurch darf das Auge darauf abirren, als ob man je solches gewinnen soll. Reine Liebe zum Guten, das ist der einzige Weg ...

*

Stätte der Liebe ist allein der Wille: wer mehr Willen hat, der hat auch der Liebe mehr. Aber *wer* davon mehr habe, das weiß keiner vom andern, das liegt verborgen in der Seele: weil *Gott* verborgen liegt im Grunde der Seele. In diesem Sinne fällt die Liebe ganz und gar in den Willen: wer mehr Willen hat, der hat auch mehr Liebe.

Nun ist da aber noch ein zweites: ein Ausbruch und Auswirkung der Liebe, das denn freilich sehr ins Auge sticht als Innigkeit, Andacht und Jubilieren. Aber ehrlich gesagt: das Beste ist das keineswegs! Denn es stammt mitunter auch nicht aus Gottesliebe, sondern aus bloßer Natürlichkeit, daß man dergleichen schmelzende Gefühle zu kosten bekommt. Es kann des Himmels Einfluß sein, es kann aber auch sinnlich eingetragen sein, und die dergleichen häufiger erleben, die sind darum noch lange nicht die Besten ... Angenommen aber, es sei eitel Gottesliebe, so ist das doch nicht die beste Seite daran. Denn solchen Jubilus muß man zuweilen unterbrechen für ein Besseres an Liebe: um zwischendurch ein Liebeswerk zu üben, wo man seiner gerad bedarf, zu geistlicher, weltlicher oder auch rein leiblicher Förderung. Wie ich auch sonst gesagt habe: wär eines in solcher Verzückung wie weiland Sankt Paulus und wüßte einen siechen Menschen, der eines Süppleins von ihm bedürfte, ich achte es weit besser, du ließest von Liebe und Verzückung und dientest Gott in einer größeren Liebe.

25. Johann Tauler

Tauler (1300–1361) gehörte wie Eckehart dem Dominikanerorden an; er lebte in Straßburg. Als Seelsorger galt seine Arbeit vor allem den sogenannten „Gottesfreunden": das waren Männer und Frauen des Laienstandes, die in innerer Abgeschiedenheit lebten. Während das Klosterleben mit der äußerlichen Befolgung der Ordensregel Tauler enttäuscht hatte, fand er in diesem Kreise Widerhall und innere Befriedigung. Daneben hat er, ähnlich wie sein Lehrer Eckehart, auch in Nonnenklöstern als Seelsorger gewirkt.

Nun sprach unser Herr: „Viele Könige und Propheten wollten es sehen, und sie sahen es nicht." Unter den Propheten verstehen wir die großen, ungestümen, vernünftigen Geister, die mit Subtilität in ihrer natürlichen Vernunft stehen und darin hin und her flattern. Diese Augen werden nicht selig. Unter den Königen verstehen wir die heiligen, starken, gewaltigen Menschen, die ihrer selbst mächtig sind in Werken und Worten und auch ihrer Zungen mächtig sind und wirken können, wie sie wollen: Fasten, Wachen und Beten. Hiervon halten sie, als ob es etwas sei, und erniedrigen die andern. Das sind auch nicht die Augen, die da sehen, was sie selig macht.

Alle diese wollten sehen und sahen nicht.

Sie *wollten* sehen. Sie standen in ihrem Willen. Kinder, in dem Willen liegt der Schaden. Denn der Wille ist recht der Träger des Hindernisses. Der Wille bedeckt die Augen inwendig, wie das auswendige Auge nicht sehen kann, das eine Decke hat. Darum muß das Auge ohne alle Farbe sein, damit es alle Farben sehen kann. So muß auch das inwendige Auge bloß und lauter von allem Wollen sein, will es lauter und selig sehen ...

Kinder, der Wille muß fort, wie unser Herr sprach: „Ich bin nicht gekommen, daß ich meinen, sondern daß ich meines Vaters Willen tue." Solange du in deinem eigenen Willen stehst, muß du wissen, daß dir diese Seligkeit fehlt. Denn alle wahre Seligkeit liegt in rechter Gelassenheit und Willenlosigkeit.

*

Nun wollen wir von drei Graden sprechen, von denen der Mensch den niedersten, den mittelsten und den höchsten besitzen kann.

Der *erste* Grad eines inwendigen, tugendhaften Lebens ist der, daß sich der Mensch völlig in die wunderbaren Werke der verborgenen Gottheit kehrt, und daraus entsteht dann eine Übung, die heißt jubilatio.

Der *zweite* Grad ist Armut des Geistes und ein Sich-Entziehen Gottes. Der *dritte* ist eine Vereinigung des geschaffenen Geistes mit dem seienden Geiste Gottes.

Auf den *ersten Grad* der jubilatio gelangt man durch fleißiges Wahrnehmen der wonnigen Liebeszeichen, die uns Gott wunderbar im Himmel und auf Erden gezeigt hat, wie wunderbar viel Gutes er uns und allen Kreaturen getan hat, wie alles blüht und grünt und Gottes voll ist, und wie Gott den Menschen gesucht, geführt und auf ihn geharrt und gewartet hat und seinetwegen Mensch geworden ist. Und wenn dies der Mensch mit lieblichem Durchschauen wohl überblickt, so wird in ihm große, wirkliche Freude geboren ... So lockt Gott den Menschen zuerst aus sich und zu sich selbst.

Der *zweite Grad* ist also: Wenn Gott den Menschen mit der Labung der Süßigkeit gestärkt hat und dieser kein Kind mehr ist, dann gibt er ihm gutes, hartes Roggenbrot. Er ist nun ein Mann geworden und ihm ziemt nicht mehr Milch und Brot. Er wird dann einen gar wilden Weg geführt, der finster und verlassen ist. Und auf diesem Wege nimmt ihm Gott alles, was er ihm je gab. Da wird der Mensch so ganz sich selbst überlassen und kommt in solche Drangsal, daß er nicht weiß, ob er einen Gott habe oder nicht ... Er empfindet seinen Gott nicht und weiß nichts von ihm, und ihm ist, als hänge er zwischen zwei Wänden, und hinter ihm stehe ein Schwert und vor ihm ein scharfer Speer. Was will er dann tun? Er kann weder hinter sich noch vor sich, er muß sich niedersetzen und sprechen: „Gott grüße dich, bittere Bitterkeit, voll aller Gnaden!“ Gäbe es eine Hölle in diesem Leben, so deuchte ihn dies mehr als Hölle: sehr zu lieben und des geliebten Gutes zu darben.

Wenn unser Herr den Menschen so in dieser unerträglichen Bedrängnis wohl bereitet hat – denn dies bereitet ihn mehr als alle Übungen, die alle Menschen tun können –, dann kommt der Herr und bringt ihn auf den *dritten Grad.* Und in diesem nimmt ihm der Herr recht den Mantel von den Augen und entdeckt ihm die Wahrheit ... Da zieht Gott den Menschen aus allem Jammer in eine göttliche Sicherheit, und da wird der Mensch so vergottet und wird so erhoben, daß er das aus Gnaden wird, was Gott wesentlich von Natur ist.

26. Die „deutsche Theologie“

Die „Theologia deutsch“ ist wahrscheinlich in der zweiten Hälfte des 14. Jahrhunderts geschrieben. Die Schrift steht *Tauler* nahe und ist von ihm stark beeinflußt. Der Verfasser, dessen Name uns nicht überliefert ist, wird einfach „der Frankfurter“ genannt; ein Gottesfreund, „der da vor zeyten gewest ist ein deutscher Herr, eyn priester und eyn custop yn der deutschen Herrn Hauß zu Frankfurt“. Die Deutschherren hatten in vielen Städten ihre klösterlichen Niederlassungen, auch Frauenklöster. Es ist deshalb gut denkbar, daß die Predigten oder Betrachtungen, die in der „deutschen Theologie“ vereinigt sind, aus der Seelsorge an diesen

Nonnen entstanden sind, ähnlich wie die Predigten der Dominikanermönche Eckehart und Tauler. Das würde den Gebrauch der deutschen Sprache zwanglos erklären.

Luther gab 1516 das Buch heraus, das er ohne Namen und Titel aufgefunden hatte. Er hielt es wohl für eine Schrift des von ihm hochgeschätzten Tauler. Die Wittenberger Ausgabe wurde bald nachgedruckt und erhielt dabei den Namen „Theologia deutsch", der sich dann eingebürgert hat.

Schrift und Glaube und Wahrheit sprechen: Sünde sei nichts andres, denn daß sich die Kreatur abkehre von dem unwandelbaren Gut und sich kehre zu dem wandelbaren. Das ist daß sie sich kehre vom Vollkommenen zum Unvollkommenen und allermeist zu sich selber. Nun merk: Wenn die Kreatur etwas Gutes sich selbst zumißt, wie Wesen, Leben, Wissen, Erkenntnis, Können, kurzum all das, was man gut nennen muß, so als ob sie das sei oder habe, als ob es ihr zugehöre oder aus ihr komme, so kehrt sie sich (von Gott) ab. Was tat der Teufel anderes? Was anders war bei ihm Fall und Abkehr, als daß er sich anmaßte, er wäre auch etwas, und ein Wer sein und ein Eigen haben wollte? Dieses Annehmen und sein „Ich" und „Mich", sein „Mir" und „Mein": das war sein Abkehren und sein Fall. Und so ist er noch.

*

Je mehr der Mensch seinem Eigenwillen folgt und darin zunimmt, desto ferner wird er von Gott, dem wahren Gut. In der Hölle brennt nichts als der Eigenwille. Denn sie ist nichts andres als der Eigenwille, und gäbe es keinen Eigenwillen, so gäbe es auch keine Hölle und keinen Teufel. Wenn man sagt, Luzifer sei vom Himmelreich abgefallen und habe sich von Gott abgekehrt, daß heißt nichts andres als: er wollte seinen eigenen Willen haben und wollte nicht eines Willens sein mit dem ewigen Willen. So war es auch mit Adam im Paradies. Und wenn man Eigenwille sagt, so meint man: anders wollen als der einige und ewige Wille Gottes will.

Nun möchte Gott den Menschen gern zu dem fördern und bringen, was ihm selber das Beste ist, und das ist auch dem Menschen unter allem das Beste. Und soll das geschehen, so muß, wie gesagt, aller Eigenwille abgetan werden, und dazu hülfe Gott dem Menschen gern; denn alldieweil der Mensch sein Bestes eigenmächtig sucht, so sieht er nicht sein Bestes, und darum findet er es nimmer. Denn des Menschen Bestes wäre, daß er weder sich noch das Seine sucht, in keinen Dingen, weder in Geist noch in Natur, sondern allein das Lob und die Ehre Gottes und seinen göttlichen Willen. Denn wer seine Seele, das ist sich selber, lieb hat und sie behüten und gewahren will, der verliert sie. Aber wer seine Seele haßt, das heißt, wer sich selber und all das Seine verliert und seinen Eigenwillen aufgibt und allein Gottes Willen vollbringt, dem wird die Seele behütet und bewahrt in das ewige Leben ... Gäbe es den Eigenwillen nicht, so gäbe es auch kein Eigentum. Im Himmel gibt es nichts Eigenes, drum herrscht dort Genügen und wahrer Frieden. Wäre da einer, der sich Eigentum anmaßte, der würde gleich herausgestoßen in die Hölle ...

Nun steht der Mensch in dieser Zeitlichkeit zwischen dem Himmelreich und der Hölle und kann sich kehren, zu welchem er will. Denn je mehr Eigentum, um so mehr Hölle und Unseligkeit, und je weniger Eigenwillen, um so weniger Hölle und um so näher dem Himmelreich. Und möchte der Mensch in dieser Zeitlichkeit gänzlich ohne Eigenwillen und ohne alles Eigentum sein, ledig und frei aus wahrem göttlichem Licht und Liebe von Grund aus: ihm wäre das Himmelreich gewiß.

27. Al-Ghazzali

Algazel (1058–1111), einer der führenden Theologen und Philosophen des Islam. Er suchte die Mystik der *Sufis*[1] mit der orthodoxen Theologie zu vereinigen.

Die Methode der Sufis zielt darauf ab, das Herz von allem, was nicht Gott ist, loszulösen und ihm als einzige Beschäftigung die Betrachtung des göttlichen Wesens zu geben. Da mir die Theorie leichter zugänglich war als die Praxis, studierte ich, bis ich alles wußte, was durch Studium und durch Hören zu erlernen ist. Dann aber erkannte ich, daß das eigentlich Charakteristische ihrer Methode durch kein Studium, sondern allein durch Begeisterung, Ekstase und Umwandlung der Seele zu erfassen ist. Man überlege nur, wie verschiedene Dinge es sind, Gesundheit und Sattheit definieren zu können, auch ihre Ursachen und Bedingungen zu kennen, und selber gesund und satt zu sein! Ganz ähnlich liegt es nun auch hier: ein anderes ist es, das Wesen der Enthaltsamkeit zu beschreiben, ein anderes selbst enthaltsam zu sein und seine Seele von der Welt losgelöst zu haben. So hatte ich alles gelernt, was Überlieferung mich vom Sufismus lehren konnte. Was mir fehlte, konnte nicht durch Studium erfaßt werden, sondern allein durch ekstatische Begeisterung und fromme Lebensführung. Ich dachte über meine Lage nach und fand mich überall gebunden. Versuchungen, wohin ich blickte! Ich prüfte auch meine wissenschaftliche Arbeit und fand, sie war unrein vor Gott; denn ich erkannte nun, daß all mein Streben darauf gerichtet war, meinen eignen Ruhm zu erhöhen ...

Als ich so meiner Schwachheit recht inne ward, gab ich meinen Willen ganz auf und warf alles auf Gott wie ein Elender, der keine Zuflucht mehr hat. Er antwortete mir wie jedem Unglücklichen, der ihn anruft. Nun fiel es mir nicht mehr schwer, Ehre, Reichtum und Familie aufzugeben. So verließ ich Bagdad, behielt von meinem Vermögen nur so viel, als zu meinem Unterhalt unerläßlich war, und verteilte den Rest. Ich ging nach Syrien und lebte dort zurückgezogen und einsam, ohne eine andere Beschäftigung als die, meine Wünsche und Leidenschaften zu bekämpfen, meine Seele zu reinigen, mein Herz für das Nachdenken über Gott vorzubereiten, und zwar alles nach den Anweisungen, die ich in den Büchern der Sufis gelesen hatte ... So vergingen zehn Jahre. In dieser Einsamkeit hatte ich Offenbarungen, die ich weder beschreiben noch andeuten kann ...

Die erste Aufgabe für einen Sufi ist die, sein Herz von allem zu reinigen, was nicht Gott ist. Ein weiterer Schritt zu dem kontemplativen Leben besteht in den demüti-

[1] „Sufi" ist die Bezeichnung für die moslemischen Asketen und Mystiker, die als Einsiedler und Wanderprediger sich sowohl gegen die trockene Schultheologie wie gegen die wachsende Verweltlichung wandten.

gen Gebeten, die aus glühendem Herzen aufsteigen, und in dem Nachdenken über Gott, das die Seele ganz ausfüllt; das Ende ist völliges Versunkensein in Gott. Alles, was vorhergeht, ist sozusagen nur die Schwelle des neuen Lebens. Zuerst haben die Sufis Offenbarungen in so deutlichen Gestalten, daß sie mit wachen Sinnen die Engel und die Seelen der Propheten sehen. Sie hören ihre Stimmen und erhalten Gnadenbeweise von ihnen. Dann aber erhebt sich der Zustand der Verzückung von der Vorstellung von Gestalten zu einer Höhe, die über allen Ausdruck erhaben ist und die kein Mensch zu schildern vermag.

Wer nie in solchen Zustand der Verzückung geraten ist, der kennt die wahre Natur des Prophetismus[1] nur dem Namen nach. Wie es Menschen gibt, die mit einem reichen Gefühlsvermögen begabt sind, aber alles abweisen, was ihnen auf verstandesmäßigem Wege dargeboten wird, so gibt es auch Verstandesmenschen, die alles meiden, was durch inneres Schauen vermittelt wird. Ein Blinder kennt die Farben nur vom Hörensagen. Doch macht Gott den Menschen das Wesen des Prophetismus verständlich, indem er ihnen allen einen Zustand gibt, der jenem im wesentlich gleich ist. Dieser Zustand ist der Schlaf. Wenn man jemandem, der ihn nicht kennt, erzählen würde, daß es Menschen gibt, die zu Zeiten ohnmächtig werden, so daß sie den Toten ähneln, und die (im Traume) doch verborgene Dinge schauen, so würde er es nicht glauben und seine Gründe dafür angeben. Und doch würden seine Gründe durch die tatsächliche Erfahrung widerlegt werden. Wie der Verstand eine Stufe des menschlichen Lebens darstellt, da sich das intellektuelle Auge öffnet und mancherlei erkennt, was den Sinnen unzugänglich bleibt, so werden dem prophetisch Begabten Dinge enthüllt, die dem Verstande stets unerreichbar sind. Der Prophet ist mit Eigenschaften begabt, die dir fremd sind, die du daher unmöglich verstehen kannst. Wie solltest du ihre wahre Natur kennen, da man nur kennt, was man versteht?

28. *Theresia von Avila* (Therese von Jesu)

Im Zeitalter der *Gegenreformation* erblühte die Mystik von neuem, nun belebt von romanischer Leidenschaft und mit Visionen und Ekstasen verbunden. So schon bei *Ignatius von Loyola* (1491–1582).

Theresia von Avila (1515–1582) stammte aus einer spanischen Adelsfamilie und trat mit 21 Jahren in den Karmeliterorden ein, den sie alsbald im Sinne strenger Askese reformierte. Sie ist die Gründerin einer großen mystischen Bewegung innerhalb der Gegenreformation, in der leidenschaftliches Gotterleben und mystische Entzückungen mit eindringender psychologischer Selbstbeobachtung sich verbinden. (Gegenüber dieser Hochschätzung religiöser Gefühle und Erlebnisse vgl. Eckeharts ironische Worte über die „schmelzenden Gefühle“ S. 48).

Die Verzückung und die Erhebung sind, wie mich dünkt, eins ... Der einzige Unterschied ist: die Verzückung dauert länger und ist im Äußeren wahrnehmbarer. Der Atem wird so kurz, daß man nicht reden, auch die Augen nicht auftun kann ... Wenn die Verzückung groß ist, werden die Hände eiskalt und strecken sich zu-

[1] Man erinnere sich daran, daß der höchste der Propheten, Muhammed, selbst solche Visionen und Ekstasen erlebte und aus ihnen Inhalt und Beglaubigung seiner Sendung nahm.

weilen aus wie Stangen, und der Körper verharrt in dem Zustand, worin die Verzückung ihn ergriff, stehend oder kniend. Die Seele steht dabei so sehr im Genusse dessen, was der Herr ihr darstellt, daß es ist, als vergesse sie den Leib zu beleben und lasse ihn hilflos zurück ...

Der Unterschied, der zwischen der Verzückung und der Hinwegführung besteht, ist dieser: in der Verzückung stirbt die Seele allmählich den äußeren Dingen ab und verliert die Sinne; die Hinwegführung aber findet sich mit einer einzigen Erkenntnis ein, die Gott mit einer solchen Schnelligkeit dem Innersten der Seele eingibt, daß es scheint, ihr höherer Teil werde entführt; es dünkt sie, sie enthebe sich dem Leibe. Und sie bedarf im Anfang des Mutes, um sich in die Arme des Herrn zu werfen, daß er sie gebe, wohin er will. Denn solange Gott die Seele nicht in den Frieden setzt, wohin er sie erheben will, muß sie wahrlich im Anfange wohl entschlossen sein, für ihn zu sterben; denn die arme Seele weiß nicht, was daraus werden soll ...

*

In dem Gebet um Einheit ist die Seele völlig wach für alles, was Gott betrifft, aber tief im Schlaf den Dingen der Welt und sich selbst gegenüber. Solange die Vereinigung dauert, ist sie gleichsam jeder Empfindung beraubt, und selbst wenn sie wollte, könnte sie an nichts denken ... Ihr Verstand möchte wohl gern wissen, was in ihr vorgeht; aber er hat dann so wenig Kraft, daß er durchaus untätig ist. Wenn jemand in eine tiefe Ohnmacht fällt, so erscheint er wie tot. So hebt Gott, wenn er eine Seele zur Vereinigung mit sich emporhebt, die natürliche Wirksamkeit aller ihrer Fähigkeiten auf. Sie sieht, hört und versteht nichts, solange sie mit Gott vereint ist. Aber die Zeit der Vereinigung dauert nie lange und erscheint noch kürzer, als sie tatsächlich ist. Gott erfüllt dann die Seele in einer Weise, daß es ihr, wenn sie wieder zu sich kommt, völlig unmöglich ist, daran zu zweifeln, daß sie in Gott und Gott in ihr gewesen. Diese Wahrheit bleibt ihr so tief eingeprägt, daß sie die Gnade, die sie empfangen hat, weder vergessen noch an ihrer Wirklichkeit zweifeln kann, selbst wenn viele Jahre vergehen sollten, ohne daß derselbe Zustand wiederkehrte ... Und ich werde nie glauben, daß eine Seele, die diese Gewißheit nicht besitzt, wirklich mit Gott vereint gewesen ist.

29. Johann Scheffler (Angelus Silesius)

Johann *Scheffler* (1624–1677) war Lutheraner, trat aber zur katholischen Kirche über und konnte sich später nicht genug tun in Angriffen gegen seine frühere Konfession. Seine mystischen Gedichte, die er unter dem Namen „Angelus Silesius" und unter dem Titel *„Der cherubinische Wandersmann"* herausgab, sind jedoch frei von jeglicher konfessioneller Polemik – wie dies dem Wesen der Mystik entspricht.

Mensch, werde wesentlich: Denn wenn die Welt vergeht,
So fällt der Zufall weg, das Wesen, das besteht. (II 30)

Nichts ist, das sich bewegt, du selber bist das Rad,
Das aus sich selbsten läuft und keine Ruhe hat. (I 37)

Die Einsamkeit ist not, doch sei nur nicht gemein,
So kannst du überall in einer Wüsten sein. (II 117)

Ein wesentlicher Mensch ist wie die Ewigkeit,
Die unverändert bleibt von aller Äußerheit. (II 43)

Zeit ist wie Ewigkeit und Ewigkeit wie Zeit,
So du nur selber nicht machst einen Unterschied. (I 47)

Du selber machst die Zeit: das Uhrwerk sind die Sinnen,
Hemmst du die Unruh nur, so ist die Zeit von hinnen. (I 189)

Zwei Augen hat die Seel: eins schauet in die Zeit,
Das andre richtet sich hin in die Ewigkeit. (III 228)

Die Seel, ein ewger Geist, ist über alle Zeit,
Sie lebt auch in der Welt schon in der Ewigkeit. (V 127)

*

Mensch, was du liebst, in das wirst du verwandelt werden:
Gott wirst du, liebst du Gott, und Erde, liebst Du Erden. (V 200)

Der Himmel ist in dir und auch der Höllen Qual:
Was du erkiest und liebst, das hast du überall. (I 145)

Gott ist ja nichts als gut: Verdammnis, Tod und Pein,
und was man böse nennt, muß, Mensch, in dir nur sein. (I 129)

Nicht Gott gibt's Himmelreich: du selbst mußt's zu dir ziehn,
Und dich mit ganzer Macht und Eifer drum bemühn. (I 211)

*

Wird Christus tausendmal zu Bethlehem geboren
Und nicht in dir: du bleibst noch ewiglich verloren. (I 61)

Ach, könnte nur dein Herz zu einer Krippe werden,
Gott würde noch einmal ein Kind auf dieser Erden. (II 53)

Das liebste Werk, das Gott so inniglich liegt an,
Ist, daß er seinen Sohn in dir gebären kann. (IV 194)

Der wahre Gottessohn ist Christus nur allein,
Doch muß ein jeder Christ derselbe Christus sein. (V 9)

*

Gott wohnt in einem Licht, zu dem die Bahn gebricht;
Wer es nicht selber wird, der sieht ihn ewig nicht. (I 72)

Will ich das wahre Licht, so wie es ist, soll sehn,
So muß ich's selber sein, sonst kann es nicht geschehn. (II 46)

Werd Gott, willst du zu Gott: Gott macht sich nicht gemein,
Wer nicht mit ihm will Gott und das, was er ist, sein. (VI 128)

Gott ist so viel an mir, als mir an ihm gelegen,
Sein Wesen helf ich ihm, wie er das meine, hegen. (I 100)

Zwei müssen es vollziehn: ich kann's nicht ohne Gott,
Und Gott nicht ohne mich, daß ich entgeh dem Tod. (V 48)

Ich bin so reich als Gott, es kann kein Stäublein sein,
Das ich – Mensch, glaube mir – mit ihm nicht hab gemein[1]. (I 14)

Ich bin so groß als Gott, er ist als ich so klein:
Er kann nicht über mich, ich unter ihm nicht sein. (I 10)

Ich weiß, daß ohne mich Gott nicht ein Nu kann leben,
Werd ich zunicht, er muß vor Not den Geist aufgeben. (I 8)

Wann ich die Lauterkeit durch Gott geworden bin,
So wend ich mich, um Gott zu finden, nirgends hin. (I 95)

*

Die Gottheit ist ein Brunn, aus ihr kommt alles her,
Und läuft auch wieder hin, drum ist sie auch ein Meer. (III 168)

Gleich wie die Einheit ist in einer jeden Zahl,
So ist auch Gott, der Ein, in'n Dingen überall. (V 3)

Gott *ist* nur eigentlich: er lebt und liebet nicht,
Wie man von mir und dir und andern Dingen spricht. (II 55)

Was man von Gott gesagt, das g'nüget mir noch nicht:
Die Über-Gottheit ist mein Leben und mein Licht. (I 3)

Geh hin, wo du nicht kannst; sieh, wo du siehest nicht;
Hör, wo nichts schallt und klingt: so bist du, wo Gott spricht. (I 199)

Wo ist mein Aufenthalt? Wo ich und du nicht stehen.
Wo ist mein letztes End, in welches ich soll gehen?
Da wo man keines find't. Wo soll ich denn nun hin?
Ich muß noch über Gott[2] in eine Wüste ziehn. (I 7)

---

[1] Zu diesem und den ähnlichen Versen bemerkt Scheffler in seiner Vorrede: „Wenn nun der Mensch zu solcher vollkommenen Gleichheit Gottes gelangt ist, daß er ein Geist mit Gott und eins mit ihm worden und in Christo die gänzliche Kind- oder Sohnschaft erreicht hat, so ist er so groß, so reich, so weise und mächtig wie Gott, und Gott tut nichts ohne einen solchen Menschen, denn er ist eins mit ihm ... Derowegen sagt der Urheber nicht zu viel, wenn er (Nr. I, 14) in der Person eines solchen Menschen spricht: Ich bin so reich als Gott ...".

[2] Hierzu bemerkt Scheffler: „Über alles, das man an Gott erkennt oder von ihm gedenken kann".

30. Gerhard Tersteegen (1697–1769)

Tersteegen gehört der pietistischen Bewegung an, und zwar ursprünglich einer Richtung, die außerhalb der (reformierten) Gemeinden (am Niederrhein) stand. In seinem Alter hat Tersteegen sich jedoch bemüht, die Kreise der „Erweckten", in denen er wirkte, bei der Kirche zu halten. Im übrigen war Tersteegen, ähnlich wie Zinzendorf, überzeugt, daß sich rechte Christen in allen Kirchen fänden und gab selbst als ein „unparteiischer, ein allgemeiner Christ" eine Sammlung von Biographien *katholischer* Mystiker heraus. Bekannt wurde Tersteegen durch seine Lieder; neben Liedern, die sich durchaus im Rahmen der kirchlichen Lehre und Frömmigkeit halten – viele davon in unserm EKG –, dichtete Tersteegen auch solche, in denen Geist und Wortschatz der Mystik vorherrscht.

Nun schläfet man,
Und wer nicht schlafen kann,
Der bete mit mir an
Den großen Namen,
Dem Tag und Nacht
Wird von der Himmelswacht
Preis, Lob und Ehr' gebracht
O Jesu, Amen.

Weg Phantasie!
Mein Herr und Gott ist hier
Du schläfst, mein Wächter, nie,
Dir will ich wachen.
Ich liebe dich,
Ich geb zum Opfer mich
Und lasse ewiglich
Dich mit mir machen.

Es leuchte dir
Der Himmelslichter Zier;
Ich sei dein Sternlein, hier
Und dort zu funkeln.
Nun kehr ich ein;
Herr, rede du allein
Beim tiefsten Stillesein
Zu mir im Dunkeln ...

*

Ich bin im dunklen Heiligtum,
Ich bete an und bleibe stumm,
O ehrfurchtsvolles Schweigen!
Der beste Redner sagt mir's nicht,
Was man hier ohne Reden spricht,
Durch Lieben und durch Beugen.

Mein Geist, dies arm verirrte Kind,
Des Vaters Haus nun wieder find't
Nach langem, bangem Fragen ...
Nun hat er alles, was er will,
Umarmet, liebet und ist still
Bei seinem Gott im Grunde.

Hier ist die stille Ewigkeit,
Ein immerwährend sel'ges Heut,
Dies Nu kann alles geben.
Die Zeit vergeht mir süß und sacht,
Ich möchte beten Tag und Nacht,
Bei Gott im Geiste leben.

Ich forschte, daß ich Wahrheit fand,
Doch ward mir Wahrheit nie bekannt,
Ich blieb im Zweifel stecken:
In dieser Schule schauet man
Die Wahrheit als gefunden an,
Ein Blick kann sie entdecken.

Es ist ein wunderbarer Stand,
Es fällt mir alles aus der Hand,
Ich kann an gar nichts denken;
Die Augen sinken sanfte zu,
Mein Geist in höchst vergnügter Ruh'
Sich einwärts muß ersenken.

Ich bet zwar stets, doch ohne Mund,
Es macht der Friedenszug im Grund
Die müden Lippen schließen;
Auch weiß ich nichts zu beten mehr,
Ich hab's erlangt, was ich begehr,
Mein Beten ist Genießen.

Man lockt mich in die Wüste ein,
Da Gott und ich nur sind allein.
Da Geist mit Geist umgehet:
O Einsamkeit, so weit, so weit
Von Kreatur und Ort und Zeit!
Das Liebste draußen stehet.

Nur Gott und ich, sonst keiner mehr.
Ach, daß ich weit von Menschen wär!
Doch nein, ich bin schon einsam;
Ich hab auch unter Menschen Ruh';
Gott deckt im Schoß mich heimlich zu,
Wir sind im Geist gemeinsam.

„Geistliches Blumengärtlein", 1729.

II. DIE REFORMATION

Luther

A. Glaube und Werke

31. Das Wort Gottes und der einzelne Christ

Die Seele hat kein ander Ding, weder im Himmel noch auf Erden, darinnen sie lebe, fromm, frei und Christ sei, denn das heilige Evangelium, das Wort Gottes, von Christo gepredigt, wie er selbst sagt: „Ich bin das Leben und die Auferstehung, wer da glaubt an mich, der lebet ewiglich“ (Joh. 11,25). So müssen wir nun gewiß sein, daß die Seele kann alles Dinges entbehren außer dem Worte Gottes, und ohne das Wort Gottes ist ihr mit keinem Ding geholfen. Wo sie aber das Wort hat, bedarf sie auch keines andern Dinges mehr, sondern sie hat in dem Wort genug Speise, Freude, Friede, Licht, Kunst, Gerechtigkeit, Wahrheit, Weisheit und alles Gut überschwänglich. Also lesen wir im Psalter, sonderlich im 119. Psalm, daß der Prophet nicht mehr schreiet denn nach dem Gotteswort. Und in der Schrift es für die allerhöchste Plage und Gotteszorn gehalten wird, so er sein Wort von den Menschen nimmt; wiederum für keine größere Gnade, als wo er sein Wort hinsendet. Und Christus um keines anderen Amts willen, denn zu predigen das Wort Gottes, gekommen ist. *Von der Freiheit eines Christenmenschen, 1520.*

Ich achte, daß Deutschland noch nie so viel von Gottes Wort gehöret habe als jetzt. Lassen wir's denn so hingehen ohne Dank und Ehre, so ist's zu besorgen, wir werden noch greulichere Finsternis und Plage leiden. Liebe Deutsche, kauft, während der Markt vor der Tür ist, sammelt ein, während es scheinet und gutes Wetter ist, braucht Gottes Gnaden und Wort, solange es da ist. Denn das sollt ihr wissen, Gottes Wort und Gnade ist ein fahrender Platzregen, der nicht wiederkommt, wo er einmal gewesen ist. Er ist bei den Juden gewesen, aber hin ist hin; sie haben nun nichts. Paulus brachte ihn in Griechenland. Hin ist hin; nun haben sie den Türken. Rom und das lateinische Land hat ihn auch gehabt, hin ist hin; sie haben nun den Papst. Und ihr Deutschen dürft nicht denken, daß ihr ihn ewig haben werdet; denn der Undank und Verachtung wird ihn nicht lassen bleiben. Drum greift zu und halt zu, wer greifen und halten kann. Faule Hände müssen ein böses Jahr haben. *An die Ratsherren aller Städte deutschen Landes, daß sie christliche Schulen aufrichten und halten sollten, 1524.*

Damit müssen wir mutig rechnen, daß die beiden, rechtes gutes Lehren und falsches verführendes Lehren, miteinander umgehen werden: Es ist von Anbeginn also gewesen und wird also bleiben bis zum Ende der Welt. Darum ist's nichts, daß wir Ruhe und ein sichres Wesen haben wollen; denn die bösen Menschen, der Teufel mit all unsern Feinden widersetzen sich uns ohne Unterlaß. Wir haben noch alles zu erstreiten und sind noch nicht über den Bach. Darum vermahnt uns der Herr und spricht: „Hütet euch vor den falschen Propheten!"

Da sollt ihr den Punkt dieses Textes wohl fassen, daß der Herr Christus hier allen Christen Macht gibt und befiehlt, über alle Lehre Richter zu sein und zu erörtern, ob sie recht sei. Es sind wohl tausend Jahr, daß wir kein Recht zu urteilen gehabt haben, sondern alles als gerecht haben müssen annehmen, was der Papst und die Konzilien bestimmt haben. Aber Christus redet nicht allein zum Papst, sondern zu allen ... Das Urteil steht bei *mir*, wenn ich mich vorsehen und die falsche Lehre erkennen soll. Ich muß selbst sehen, wie ich daran bin. Du mußt so gewiß sein, daß es Gottes Wort ist, als du lebst; ja, noch gewisser muß das sein, darauf du dein Gewissen stellen kannst ...

Da heben sie an und sprechen: „Ja, wie können wir wissen, was Gottes Wort oder was falsch oder recht ist? Wir müssen es lernen von den Gelehrten, vom Papst und von den Konzilien." Wohlan, laß sie beschließen und sagen, was sie wollen. Du aber kannst deine Zuversicht nicht darauf stellen noch dein Gewissen damit befriedigen. Es gilt deinen Hals, es gilt dir das Leben, darum muß dir Gott ins Herz sagen: das ist Gottes Wort, – sonst bleibt's unbeschlossen. Du mußt bei dir selbst gewiß sein, ausgeschlossen alle Menschen. Aber unsere Bischöfe ... bringen St. Augustinus' Spruch daher: „Ich würde dem Evangelium nicht glauben, wenn mich nicht der Christenheit großes Ansehen dazu bewegte[1]." Da meinen sie schon, sie hätten gewonnen. Es sage aber Augustinus oder Gabriel vom Himmel, Peter oder Paul – das ist wohl noch mehr! –, was sie wollen, – ich muß Gottes Wort haben, darum will ich hören, was mir Gott sagt ... Das Wort predigen kann man mir wohl, aber in den Grund des Herzens kann's mir niemand geben als Gott. *Predigt über Mt. 7,15–23.*

32. Die Rechtfertigung durch den Glauben

Gewiß war ich von einer seltsamen Begierde ergriffen gewesen, Pauli Brief an die Römer zu verstehen, aber dem hatte bis dahin noch etwas entgegengestanden, nicht etwa Gleichmütigkeit, sondern allein das eine Wörtchen, welches in Kap. 1,17 lautet: Die Gerechtigkeit Gottes wird im Evangelium offenbart. – Ich haßte nämlich dieses Wort „Gerechtigkeit Gottes", weil ich nach dem Brauch und der Gewohnheit aller Lehrer gelehrt war, es auf philosophische Art von solcher Gerechtigkeit zu verstehen ..., in welcher Gott an sich selbst gerecht ist und Sünder und Ungerechte bestraft.

Ich fühlte mich aber, obwohl ich als ein untadeliger Mönch lebte, dennoch gegenüber Gott als ein Sünder mit unruhigem Gewissen und konnte auch nicht glauben,

[1] Vgl. S. 28.

daß er durch meine Genugtuung versöhnt sei. So liebte ich den gerechten Gott, der die Sünder straft, nicht, sondern haßte ihn vielmehr und begehrte mit stummem, aber gewaltigem Murren, das beinahe Lästerung war, gegen Gott auf, indem ich sagte: es sei wohl noch nicht genug, daß die elenden Sünder und durch die Erbsünde ewig Verdammten durch das Gesetz des Dekalogs mit jeglicher Art von Übel bedrückt würden. Gott wollte durch das Evangelium dem Schmerz noch neuen Schmerz hinzufügen und uns auch durch das Evangelium seine Gerechtigkeit und seinen Zorn androhen. Ich raste also mit wildem und wirrem Gewissen, dennoch traktierte ich unverschämt an dieser Stelle den Paulus, heiß verlangend zu wissen, was Paulus wollte. Während ich eifrig Tag und Nacht nachsann, erbarmte sich Gott, und ich bemerkte die Verbindung der Worte, nämlich: Die Gerechtigkeit Gottes wird in ihm (dem Evangelium) offenbart, wie geschrieben steht: Der Gerechte lebt aus dem Glauben. Da begann ich, die Gerechtigkeit Gottes als die zu verstehen, in der der Gerechte durch die Gabe Gottes lebt, nämlich aus dem Glauben – Ich begriff, daß dieses der Sinn sei: durch das Evangelium wird die Gerechtigkeit offenbart ..., *in der uns der barmherzige Gott rechtfertigt durch den Glauben,* wie geschrieben steht: Der Gerechte lebt aus dem Glauben. Hier fühlte ich, daß ich ganz neu geboren wäre und durch geöffnete Pforten ins Paradies selbst eingegangen. Da erschien mir sogleich das Gesicht der ganzen Schrift als ein anderes. Ich durchlief darauf die Schrift, so wie ich mich erinnern konnte, und suchte auch in anderen Wortverbindungen Entsprechendes, wie z. B. Werk Gottes, d.h. was Gott in uns wirkt, Kraft Gottes, wodurch er uns kräftig macht, Weisheit Gottes, wodurch er uns zu Weisen macht ... (ebenso heißt Gerechtigkeit Gottes, wodurch er uns gerecht macht). Mit soviel Haß ich nun vorher das Wort „Gerechtigkeit Gottes“ verabscheut hatte, mit soviel Liebe achtete ich es jetzt hoch als mein allerliebstes Wort. *Vorrede zu den lat. Schriften, 1545.*

*

Wer ein gut Gewissen haben und einen gnädigen Gott finden will, der muß das nicht mit Werken anfangen, wie die Verführer tun und martern die Herzen noch mehr und machen den Haß Gottes größer, sondern er muß an sich verzagen in allen Werken und Gott in Christo ergreifen, das Evangelium fassen und demselbigen glauben, was es zusagt. Was zusagt aber das Evangelium, denn daß Christus uns gegeben sei, daß er unser Sünd auf sich trage, er unser Bischof, Mittler, Fürsprecher vor Gott sei? ... Wenn dieser Glaube des Evangeliums recht im Herzen ist, so ist Gott süß und lieblich, denn das Herz fühlet eitel Gunst und Gnade bei ihm in aller Zuversicht und fürchtet sich nicht vor seiner Strafe, ist sicher und gutes Mutes, daß ihm Gott also überschwenglich Gnade und Gutes in Christo getan hat. *Kirchenpostille, 1521.*

*

Darunter, daß der Mensch gerecht gemacht werde, verstehen wir, daß der Mensch noch nicht gerecht sei, sondern sich auf die Gerechtigkeit zu bewege (sed esse in ipso motu seu cursu ad iustitiam).

Darum ist auch ein jeglicher, der gerecht gemacht wird, noch Sünder, und wird dennoch durch Gottes Verzeihen und Erbarmen gerechnet wie einer, der ganz und gar gerecht ist.

Aber Gott verzeiht und erbarmt sich unser, weil Christus als unser Fürsprecher und Priester für uns eintritt und unseren Anfang in der Gerechtigkeit heiligt.

Dessen Gerechtigkeit ... läßt es nicht zu, daß unsere angefangene Gerechtigkeit verdammt werde.

Nun ist gewiß, daß Christus oder die Gerechtigkeit Christi, da sie außer uns und uns fremd ist, mit unseren Werken nicht ergriffen werden kann.

Sondern der Glaube, der uns aus der Predigt von Christus durch den heiligen Geist eingegossen wird, ergreift Christus.

Darum macht auch der Glaube allein gerecht, ohne unsere Werke ...

Das Gerecht-gemacht-werden schließt ein, daß wir durch den Glauben um Christi willen für gerecht gerechnet werden,

Und daß keine Sünde ... uns zugerechnet, sondern, gleich als wäre sie nichts, durch die Vergebung inzwischen weggenommen werde.
Thesen zur Disputation über Röm. 3,28 1536.

33. Was heißt „an Gott glauben"?

Was heißt einen Gott haben, oder was ist Gott? Antwort: Ein Gott heißt das, dazu man sich versehen soll alles Guten und Zuflucht haben in allen Nöten; also daß einen Gott haben nichts anderes ist, denn ihm von Herzen trauen und glauben; wie ich oft gesagt habe, daß allein das Trauen und Glauben des Herzens machet beide, Gott und Abgott. Ist der Glaube und Vertrauen recht, so ist auch dein Gott recht; und wiederum, wo das Vertrauen falsch und unrecht ist, da ist auch der rechte Gott nicht. Denn die zwei gehören zu Haufe, Glaube und Gott. Darum ist nun die Meinung dieses Gebots, daß es fordert rechten Glauben und Zuversicht des Herzens, welche den rechten einigen Gott treffe und an ihm allein hange. Und will so viel gesagt haben: Siehe zu und lasse mich allein deinen Gott sein und suche ja keinen andern; das ist: was dir mangelt an Guten, des versieh dich zu mir und such es bei mir; ich will dir genug geben ...

Darum der Glaube, welcher vor Gott fromm und gerecht macht, ist nicht allein dieses, daß ich wisse die Historien, wie Christus geboren, gelitten usw. – das wissen die Teufel auch –, sondern ist die Gewißheit oder das gewisse, starke Vertrauen im Herzen, da ich mit ganzem Herzen die Zusage Gottes für gewiß und wahr halte, durch welche mir angeboten wird ohne mein Verdienst Vergebung der Sünde, Gnade und alles Heil durch den Mittler Christum. *Großer Katechismus, Erklärung zum 1. Gebot.*

*

Glaube ist nicht der menschliche Wahn und Traum, den etliche für Glauben halten. Und wenn sie sehen, daß keine Besserung des Lebens noch gute Werke folgen, und sie doch vom Glauben viel hören und reden können, fallen sie in den Irrtum und sprechen: der Glaube sei nicht genug, man müsse Werke tun, soll man fromm und selig werden ... aber Glaube ist ein göttlich Werk in uns, das uns wandelt und neugebiert aus Gott (Joh. 1,13) und tötet den alten Adam, machet uns zu ganz anderen Menschen nach Herz, Mut, Sinn und allen Kräften und bringet den heiligen Geist mit sich. O es ist ein lebendig, geschäftig, tätig, mächtig Ding um den Glauben, daß es unmöglich ist, daß er nicht ohne Unterlaß sollte Gutes wirken. Er fraget auch nicht, ob gute Werke zu tun sind, sondern ehe man fragt, hat er sie getan und ist immer im Tun. Wer aber nicht solche Werke tut, der ist ein glaubensloser Mensch, tappet und siehet sich um nach dem Glauben und guten Werken und weiß weder, was Glaube, noch was gute Werke sind ... Glaube ist eine lebendige, verwegene Zuversicht auf Gottes Gnade, so gewiß, daß man tausendmal darüber stürbe. Und solche Zuversicht und Erkenntnis göttlicher Gnade macht fröhlich, trotzig und voll Lust gegen Gott und alle Kreaturen, welches der Heilige Geist tut im Glauben. Daher der Mensch ohne Zwang willig und voll Lust wird, jedermann Gutes zu tun, jedermann zu dienen, allerlei zu leiden Gott zu Lieb und zu Lob, der ihm solche Gnade erzeiget hat, also daß es unmöglich ist, Werke vom Glauben zu scheiden, ja, so unmöglich, als Brennen und Leuchten vom Feuer geschieden werden kann. *Vorrede zum Römerbrief, 1545. Vgl. Nr. 52.*

34. Glaube und gute Werke

Das erste und höchste, alleredelste gute Werk ist der Glaube an Christum, wie er sagt (Joh. 6,28), da die Juden ihn fragten: „Was sollen wir tun, daß wir gute göttliche Werke tun?“, antwortet er: „Das ist das göttlich gute Werk, daß ihr an den glaubt, den er gesandt hat.“ Nun wenn wir das hören oder predigen, so laufen wir darüberhin und achten's gar gering und leicht zu tun, so doch wir hier sollten lange stehn und ihm wohl nachtrachten. Denn in diesem Werk müssen alle Werke gehen und ihrer Gutheit Einfluß gleich wie ein Leben von ihm empfangen. Das müssen wir grob ausstreichen, daß sie es begreifen mögen.

Wir finden ihrer viele, die da beten, fasten, stiften, dies und das tun, ein gut Leben führen vor den Menschen; so du fragest, ob sie auch gewiß seien, daß es Gott wohlgefalle, was sie also tun, sprechen sie nein, sie wissen's nicht oder zweifeln dran. Sieh da: alle dieselben Werke gehen außerhalb des Glaubens, darum sind sie nichts und ganz tot. Denn wie ihr Gewissen gegen Gott steht und glaubt, so sind die Werke auch, die daraus geschehen. Nun ist da kein Glaube, kein gut Gewissen zu Gott, darum ist den Werken der Kopf ab und all ihr Leben und Güte nichts. Daher kommt's, wenn ich den Glauben so hoch anziehe – und solche ungläubigen Werke verwerfe, beschuldigen sie mich, ich verbiete gute Werke, so ich doch gerne wollte rechte, gute Werke des Glaubens lehren.

Fragst du sie weiter, ob sie das auch für gute Werke achten, wenn sie arbeiten ihr Handwerk, gehen, stehen, essen, trinken, schlafen und allerlei Werke tun zu des

Leibes Nahrung oder gemeinem Nutzen, und ob sie glauben, daß Gott ein Wohlgefallen daran habe, so wirst du finden, daß sie nein sagen und die guten Werke so eng spannen, daß sie nur beim Kirchenbeten und Fasten und Almosen bleiben – die anderen achten sie als vergeblich, daran Gott nichts gelegen sei – und also durch den verdammten Unglauben Gott, dem alles dienet, was im Glauben geschehen, geredet, gedacht werden mag, seinen Dienst verkürzen und verringern ... Hier kann nun ein jeglicher selbst merken und fühlen, wenn er Gutes und nicht Gutes tut. Denn findet er sein Herz in der Zuversicht, daß es Gott gefalle, so ist das Werk gut, wenn es auch so gering wäre als einen Strohhalm aufheben. Ist die Zuversicht nicht da oder zweifelt er dran, so ist das Werk nicht gut, ob es schon alle Toten aufwecke und sich der Mensch verbrennen ließe. Das lehret Sankt Paul (Röm. 14,23): „Alles, was nicht aus oder im Glauben geschieht, das ist Sünde.“ Von dem Glauben und keinem anderen Werk haben wir den Namen, daß wir Christgläubige heißen, als von dem Hauptwerk. Denn alle anderen Werke mag ein Heid, Jude, Türk, Sünder auch tun. Aber trauen festiglich, daß er Gott wohlgefalle, ist nicht möglich denn einem Christen, mit Gnaden erleuchtet und befestigt ...

In diesem Glauben werden alle Werke gleich und ist eins wie das andere, fallet ab aller Unterschied der Werke, sie seien groß, klein, kurz, lang, viel oder wenig. Denn nicht die Werke von ihretwegen, sondern von des Glaubens wegen angenehm sind, welcher einig und ohn' Unterschied in allen und jeglichen Werken ist, wirkt und lebet, wie viele und unterschiedlich sie immer sind, gleichwie alle Gliedmaßen von dem Haupt leben, und ohn' das Haupt kein Gliedmaß leben oder wirken mag.

... Also ein Christenmensch, der in dieser Zuversicht gegen Gott lebt, will alle Dinge, vermag alle Dinge, vermisset sich aller Dinge, was zu tun ist, und tut alles fröhlich und frei, nicht um gute Verdienste und Werke zu sammeln, sondern daß es ihm eine Lust ist, Gott also wohl zu gefallen und lauterlich umsonst Gott dienet, daran begnüget, daß es Gott gefället. Wiederum, der mit Gott nicht eins ist oder zweifelt daran, der hebt an, sucht und sorget, wie er doch wolle genug tun und mit vielen Werken Gott bewegen. Er läuft zu Sankt Jakob, Rom, Jerusalem, hier und da, betet Sankt Brigitten Gebet, dies und das, fastet den und diesen Tag, beichtet hier, beichtet da, fragt diesen und jenen und findet doch nicht Ruhe und tut das alles mit großer Beschwerung, Verzweiflung und Unlust seines Herzens ... Dazu sind's nicht gute Werke und alle verloren ... *Von den guten Werken, 1520.*

Den Unsern wird mit Unwahrheit aufgelegt, daß sie gute Werke verbieten. Denn ihre Schriften von den zehn Geboten und andere beweisen, daß sie von den rechten christlichen Ständen und Werken guten nützlichen Bericht und Ermahnung getan haben, davon man vor dieser Zeit wenig gelehret hat, sondern allermeist in allen Predigten auf kindische, unnötige Werke als Rosenkränze, Heiligendienst, Mönche werden, Wallfahrten, gesetzte Fasten, Feier, Bruderschaften usw. getrieben. Solche unnötigen Werke rühmt nun auch unser Widerpart nun nicht mehr so hoch als vor Zeiten; dazu haben sie auch gelernet, nun vom Glauben zu reden, davon sie doch in Vorzeiten gar nichts gepredigt haben; lehren nun, daß wir nicht allein aus Werken gerecht werden vor Gott, sondern setzen den Glauben an Christum dazu und sprechen, *Glauben und Werke* machen uns gerecht vor Gott – welche Rede mehr Trost bringen möge, denn so man allein lehrt, auf Werke vertrauen.

Dieweil nun die Lehre vom Glauben, die das Hauptstück ist im christlichen Wesen, so lange Zeit, wie man bekennen muß, nicht getrieben worden, sondern allein Werklehre an allen Orten gepredigt, ist davon durch die Unsern solcher Unterricht geschehen:

Erstlich, daß uns unsere Werke nicht mögen mit Gott versöhnen und Gnade erwerben, sondern solches geschieht allein durch den Glauben, so man glaubt, daß uns um Christus willen die Sünden vergeben werden, welcher allein der Mittler ist, den Vater zu versöhnen (1.Tim. 2,5). Wer nun vermeint, solches durch Werke auszurichten und Gnade zu verdienen, der verachtet Christum und sucht ein eigenen Weg zu Gott wider das Evangelium ...

Wiewohl nun diese Lehre bei unversuchten Leuten sehr verachtet wird, so befindet sich doch, daß sie den blöden und erschrockenen Gewissen sehr tröstlich und heilsam ist. Denn das Gewissen kann nicht zu Ruhe und Frieden kommen durch Werke, sondern allein durch den Glauben, so es bei sich gewiß schließt, daß es um Christus willen einen gnädigen Gott hab, wie auch Paulus spricht Röm. 5,1: „So wir durch den Glauben sind gerecht worden, haben wir Ruhe und Friede mit Gott“[1].

Diesen Trost hat man vor Zeiten nicht getrieben in Predigten, sondern die armen Gewissen auf eigene Werke getrieben. Denn etliche haben andere Werke erdacht, damit Gnade zu verdienen und für Sünde genug zu tun. Derselbigen viel haben erfahren, daß man dadurch nicht ist zu Frieden kommen. Darum ist not gewesen, diese Lehre vom Glauben an Christum zu predigen und fleißig zu treiben, daß man wisse, daß man allein durch den Glauben, ohne Verdienst, Gottes Gnade ergreift.

Es geschieht auch Unterricht, daß man hier nicht von solchem Glauben redet, den auch die Teufel und Gottlose haben, die auch die Historien glauben, daß Christus gelitten habe und auferstanden sei von den Toden, sondern vom wahren Glauben, der glaubt, daß wir durch Christum Gnade und Vergebung der Sünde empfangen ... Denn Teufel und Gottlose glauben diesen Artikel: Vergebung der Sünde, nicht, darum sind sie Gott feind, können ihn nicht anrufen, nicht Gutes von ihm hoffen. Und so heißet die Schrift nicht glauben um solches Wissen ... sondern Zuversicht haben zu Gott (Hebr. 11,1).

---

[1] Der etwas ausführlichere *lateinische* Text enthält hier noch folgende, für die Lehre von der Rechtfertigung durch den Glauben bedeutungsvollen Worte: „Tota haec doctrina ad illud certamen perterrefactae conscientiae referenda est, nec sine illo certamine intelligi potest.“ „Diese ganze Lehre muß auf jenen Kampf des erschrockenen Gewissens bezogen werden und kann ohne jenen Kampf nicht verstanden werden.“

Ferner wird gelehrt, daß gute Werke sollen und müßten geschehen, nicht daß man darauf vertraue, Gnade damit zu verdinen, sondern um Gottes willen und Gott zu Lob. Der Glaube ergreifet allzeit allein Gnade und Vergebung der Sünde. Und dieweil durch den Glauben der Heilige Geist gegeben wird, so wird auch das Herz geschickt, gute Werke zu tun. Denn zuvor, dieweil es ohne den Heiligen Geist ist, so ist es zu schwach, dazu ist es in des Teufels Gewalt, der die arme menschliche Natur zu viel Sünden treibt ... Derhalben ist die Lehre vom Glauben nicht zu schelten, daß sie gute Werke verbiete, sondern vielmehr zu rühmen, daß sie lehre, gute Werke zu tun und Hilfe anbiete, wie man zu guten Werken kommen möge. Denn außer dem Glauben und außerhalb Christo ist menschliche Natur und Vermögen viel zu schwach, gute Werke zu tun, Gott anzurufen, Geduld zu haben im Leiden, den Nächsten zu lieben, befohlene Ämter fleißig auszurichten, gehorsam zu sein, böse Lüste zu meiden. Solche hohe und rechte Werke können nicht geschehen ohne die Hilfe Christi, wie er selbst spricht Joh. 15,5: „Ohne mich könnt ihr nichts tun.“ *Augsburger Bekenntnis, 1530.*

35. Aus der Schrift „Von der Freiheit eines Christenmenschen“ 1520

Daß wir gründlich mögen erkennen, was ein Christenmensch sei und wie es getan sei um die Freiheit, die ihm Christus erworben und gegeben hat, davon St. Paulus viel schreibt, will ich setzen diese zwei Beschlüsse:

> Ein Christenmensch ist ein freier Herr über alle Dinge und niemand untertan.
> Ein Christenmensch ist ein dienstbarer Knecht aller Dinge und jedermann untertan ...

Diese zwei sich widersprechenden Reden von Freiheit und Dienstbarkeit zu vernehmen, sollen wir gedenken, daß ein jeglicher Christenmensch ist zweierlei Natur, geistlicher und leiblicher. Nach der Seele wird er ein geistlicher, neuer, innerlicher Mensch genannt, nach dem Fleisch und Blut wird er ein leiblicher, alter und äußerlicher Mensch genannt ...

So nehmen wir uns vor, den *inwendigen geistlichen Menschen* zu sehen, was dazu gehöre, daß er ein frommer, freier Christenmensch sei und heiße. So ist's offenbar, daß kein äußerlich Ding kann ihn frei noch fromm machen ... denn seine Frommheit und Freiheit, wiederum seine Bosheit und Gefängnis sind nicht leiblich und äußerlich. Was hilft's der Seele, daß der Leib ungefangen, frisch und gesund ist, isset, trinkt, lebt, wie er will? Wiederum, was schadet's der Seele, daß der Leib gefangen, krank und matt ist, hungert, dürstet und leidet, wie er nicht gern wollte? Dieser Dinge reichet keines bis an die Seele, sie zu befreien oder fangen, fromm oder böse zu machen ...

Die Seele hat kein ander Ding, weder im Himmel noch auf Erden, darinnen sie lebe, fromm, frei und Christ sei, denn das heilige Evangelium, das Wort Gottes, von Christo gepredigt. So müssen wir nun gewiß sein, daß die Seele kann alles Dinges entbehren außer dem Worte Gottes, und ohne das Wort Gottes ist ihr mit keinem Ding geholfen ...

... Hier ist zu wissen, daß die ganze Heilige Schrift wird in zweierlei Worte geteilet, welche sind: *Gebote* oder Gesetze Gottes und *Verheißen* oder Zusagungen. Die Gebote lehren und schreiben uns vor mancherlei gute Werke, aber damit sind sie noch nicht geschehen. Sie weisen wohl, sie helfen aber nicht, lehren, was man tun soll, geben aber keine Stärke dazu. Darum sind sie nur dazu geordnet, daß der Mensch darinnen sehe sein Unvermögen zu dem Guten und lerne an sich selbst verzweifeln. Und darum heißen sie auch das Alte Testament und gehören alle ins Alte Testament.

Wenn nun der Mensch aus den Geboten sein Unvermögen gelernet und empfunden hat, so ist er recht gedemütigt und zunichte geworden in seinen Augen, findet nichts in sich, damit er könne fromm werden. Dann kommt das andre Wort, die göttliche Verheißung und Zusagung, und spricht: Willst du alle Gebote erfüllen, deine böse Begierde und Sünde los werden, wie die Gebote fordern, siehe da, glaube an Christum, in welchem ich dir zusage alle Gnade, Gerechtigkeit, Frieden und Freiheit; glaubst du, so hast du, glaubst du nicht, so hast du nicht. Also geben die Zusagungen Gottes, was die Gebote fordern, auf daß es alles Gottes eigen sei, Gebot und Erfüllung. Er heißet allein, er erfüllet auch allein. Darum sind die Zusagungen Gottes Worte des Neuen Testaments und gehören auch ins Neue Testament.

... Nun kommen wir auf's andere Teil, den *äußerlichen Menschen.* Hier wollen wir antworten allen denen, die sich ärgern aus den vorigen Reden und pflegen zu sprechen: „Ei, so denn der Glaube alle Dinge ist und gilt allein genügsam, um fromm zu machen, so wollen wir guter Dinge sein und nichts tun." Nein, lieber Mensch, nicht also! Es wäre wohl also, wenn du allein ein innerlicher Mensch wärest und ganz geistlich und innerlich geworden, welches nicht geschieht bis am jüngsten Tag. Es ist und bleibt auf Erden nur ein Anheben und Zunehmen, welches wird in jener Welt vollbracht. Darum gehört hierher, was droben gesagt ist: „Ein Christenmensch ist ein dienstbarer Knecht und jedermann untertan"; gleich: Wo er frei ist, braucht er nichts zu tun; wo er Knecht ist, muß er allerlei tun. Wie das zugehe, wollen wir sehen.

Obwohl also der Mensch inwendig nach der Seele durch den Glauben genügsam rechtfertig ist und alles hat, was er haben soll, außer daß derselbe Glaube und Genüge muß immer zunehmen bis in jenes Leben, so bleibt er doch noch in diesem leiblichen Leben auf Erden und muß *seinen eigenen Leib regieren* und *mit Leuten umgehen.*

Da heben sich nun die *Werke* an. Hier muß er nicht müßig gehn, da muß fürwahr der Leib mit Fasten, Wachen, Arbeiten und mit aller mäßigen Zucht getrieben und geübt sein, daß er dem innerlichen Menschen und dem Glauben gehorsam und gleichförmig werde, nicht hindere noch widerstrebe, wie seine Art ist, wo er nicht gezwungen wird. Denn der innerliche Mensch ist mit Gott eins, fröhlich und lustig um Christi willen, der ihm soviel getan hat, und besteht alle seine Lust darin, daß er wiederum möchte Gott auch umsonst dienen in freier Liebe. Da findet er in seinem Fleisch einen widerspenstigen Willen, der will der Welt dienen und suchen, was ihn gelüstet, wie St. Paul sagt, Römer 7,22: „Ich habe eine Lust an Gottes Willen nach meinem innern Menschen; da finde ich einen andern Willen in meinem Fleisch, der will mich mit Sünden gefangen nehmen." Item, Galater 5,24: „Alle die Christo angehören, kreuzigen ihr Fleisch mit seinen bösen Lüsten."

Aber dieselben Werke müssen nicht geschehen in der Meinung, daß der Mensch dadurch fromm werde vor Gott, sondern nur in der Meinung, daß der Leib gehorsam werde und gereinigt von seinen bösen Lüsten ...

Nun wollen wir von den Werken handeln, die der Christ gegen *andere Menschen* tut. Denn der Mensch lebt nicht allein in seinem Leibe, sondern auch unter andern Menschen auf Erden. Darum kann er nicht ohne Werke sein gegen dieselben, wiewohl ihm derselben Werke keines not ist zur Frommheit und Seligkeit. Darum soll seine Meinung in allen Werken frei und nur dahingerichtet sein, daß er andern Leuten damit diene und nütze sei ...

... Denn welches Werk nicht dahinaus gerichtet ist, dem andern zu dienen oder seinen Willen zu leiden, so ist's nicht gut christliches Werk. Daher kommt's, daß ich sorge, wenige Stifte, Kirchen, Klöster, Altäre, Messen, Testamente seien christlich, dazu auch die Fasten und Gebete, zu etlichen Heiligen besonders getan. Denn ich fürchte, daß in dem allesamt ein jeglicher nur das Seine sucht, vermeinend, damit seine Sünden zu büßen und selig zu werden, welches alles kommt aus Unwissenheit des Glaubens und christlicher Freiheit ... Ich rate dir aber, willst du etwas stiften, beten, fasten, so tu es nicht in der Meinung, daß du wollest dir etwas Gutes tun, sondern gib's dahin frei, daß andere Leute desselben genießen mögen, und tu es ihnen zu gute, so bist du ein rechter Christ. Siehe, also müssen Gottes Güter fließen aus einem in den andern und gemein werden, daß ein jeglicher sich seines Nächsten also annehme, als wäre er's selbst. Aus Christo fließen sie in uns, der sich unser hat angenommen in seinem Leben, als wäre er das gewesen, was wir sind. Aus uns sollen sie fließen in die, so ihrer bedürfen, auch so ganz, daß ich muß auch meinen Glauben und Gerechtigkeit für meinen Nächsten setzen vor Gott, seine Sünden zudecken, sie auf mich nehmen und nicht anders tun, denn als wären sie mein eigen, eben wie Christus uns allen getan hat. Siehe, das ist die Natur der Liebe, wo sie wahrhaftig ist. Da ist sie aber wahrhaftig, wo der Glaube wahrhaftig ist. Darum gibt der heilige Apostel der Liebe zu eigen (1. Kor. 13), daß sie nicht sucht das Ihre, sondern was des Nächsten ist.

Aus dem allem folget der Beschluß, daß *ein Christenmensch lebt nicht in sich selbst, sondern in Christo und seinem Nächsten,* in Christo durch den *Glauben,* im Nächsten durch die *Liebe*; durch den Glauben fähret er über sich in Gott, aus Gott fähret er wieder unter sich durch die Liebe. Siehe, das ist die rechte, geistliche, christliche Freiheit, die das Herz frei macht von allen Sünden, Gesetzen und Geboten, welche alle andere Freiheit übertrifft wie der Himmel die Erde. Sie gebe uns Gott recht zu verstehen und zu behalten!

B. Kirche und Sakramente

36. Wesen und Unentbehrlichkeit der Kirche

Weder du noch ich könnten nimmermehr etwas von Christus wissen, noch an ihn glauben, wo es nicht durch die Predigt des Evangeliums von dem Heiligen Geist angetragen und uns geschenkt würde ... Womit tut er aber solches oder was ist seine Weise und Mittel dazu? Antwort: durch die christliche Kirche ... denn zum ersten hat er eine sonderliche Gemeinde in der Welt, welche ist die Mutter, so einen jeglichen Christen zeugt und trägt durch das Wort Gottes ... Also heißt das Wörtlein „Kirche" eigentlich nichts anders denn ... eine christliche Gemeinde oder Sammlung, oder aufs allerbeste und klarste eine heilige Christenheit ...

Das ist aber die Meinung: Ich glaube, daß da sein ein heiliges Häuflein und Gemeinde auf Erden eitler Heiligen, unter *einem* Haupt Christo, durch den Heiligen Geist zusammen berufen, in einem Glauben, Sinn und Verstand, mit mancherlei Gaben, doch einträchtig in der Liebe, ohne Rotten und Spaltung ... So bleibt der Heilige Geist bei der heiligen Gemeinde der Christenheit bis auf den jüngsten Tag ... und bracht sie dazu, das Wort zu führen und zu treiben. *Gr. Katech., zum 3. Glaubensartikel.*

*

Es wird auch gelehret, daß alle Zeit müsse eine heilige christliche Kirche sein und bleiben, welche ist die Versammlung aller Gläubigen, bei welchen das Evangelium rein gepredigt und die heiligen Sakramente laut des Evangelii gereicht werden. (Est autem ecclesia congregatio sanctorum, in qua evangelium pure docetur et recte adminstrantur sacramenta).

Denn dies ist gnug zu wahrer Einigkeit der christlichen Kirchen, daß da einträchtiglich nach reinem Verstand das Evangelium gepredigt und die Sakramente dem göttlichen Wort gemäß gereicht werden. Und ist nicht not zur wahren Einigkeit der christlichen Kirche, daß allenthalben gleichförmige Zeremonien, von den Menschen eingesetzt, gehalten werden, wie Paulus spricht zu den Ephesern am 4.: „Ein Leib, ein Geist, wie ihr berufen seid zu einerlei Hoffnung euers Berufs, ein Herr, ein Glaub, ein Tauf". *Augsburger Bekenntnis, Art. VII.*

*

... Wie der Mensch ist von zwei Naturen: Leib und Seele, so wird er nicht nach dem Leibe gerechnet als ein Glied der Christenheit, sondern nach der Seele, ja nach dem Glauben ... Denn so die Christenheit wäre eine leibliche Versammlung, so könnte man einem jeglichen an seinem Leib ansehen, ob er ein Christ, Türke oder Jude wäre. Item in weltlicher Versammlung kann ich sehen, ob er hier oder da mit andern versammelt ist, aber gar nicht, ob er glaubt oder nicht ... Darum halte das fest, daß die Christenheit sei eine geistliche Versammlung der Seelen in einem Glauben ... Darum heißt auch unser Name „Christgläubige" ...

Auf diese Weise redet die Heilige Schrift von der heiligen Kirche und Christenheit und hat keine andere Weise zu reden. Außer dieser ist nun eine andere Weise von der Christenheit zu reden. Nach der heißt man die Christenheit eine Versammlung in einem Haus oder Pfarre, Bistum, Erzbistum, Papsttum, in welcher Versammlung gehen die äußerlichen Gebärden als Singen, Lesen, Meßgewand. Und vor allen Dingen heißt man hier den geistlichen Stand die Bischöfe, Priester und Ordensleute, nicht um ihren Glaubens willen – den sie vielleicht *nicht* haben –, sondern weil sie mit äußerlichen Salben gesegnet seien, Kronen tragen, sonderliche Kleider tragen, besonderes Gebet und Werke tun, Messe halten ...

Von dieser Kirche, wo sie allein ist, steht nicht ein Buchstabe in der Heiligen Schrift, daß sie von Gott verordnet sei ... Darum, um des besseren Verständnisses und der Kürze wegen, wollen wir die zwei Kirchen mit unterschiedlichen Namen nennen. Die *erste*, die natürlich, wesentlich und wahrhaftig ist, wollen wir heißen eine geistliche, innerliche Christenheit. Die *andere*, die gemacht und äußerlich ist, wollen wir heißen eine leibliche, äußerliche Christenheit. Nicht, daß wir sie voneinander scheiden wollen, sondern gleich als wenn ich von einem Menschen rede und ihn nach der Seele einen geistlichen, nach dem Leib einen leiblichen Menschen nenne, oder wie der Apostel pflegt, einen innerlichen und äußerlichen Menschen zu nennen (Röm. 7,22f.). *Von dem Papsttum zu Rom, 1520.*

*

Man hat's erfunden, daß Papst, Bischöfe, Priester, Klostervolk wird der *geistliche Stand* genannt, Fürsten, Herrn, Handwerks- und Ackerleute der *weltliche Stand,* welches gar ein fein Komment und Gleißen ist; doch soll niemand darob schüchtern werden, und das aus dem Grund: denn alle Christen sind wahrhaft geistlichen Standes, und ist unter ihnen kein Unterschied denn des *Amts* halben allein, wie Paulus 1. Kor. 12,12 sagt, daß wir allesamt ein Körper sind, doch ein jeglich Glied sein eigen Werk hat, damit es den andern dienet; das macht alles, daß wir *eine* Taufe, *ein* Evangelium, *einen* Glauben haben und sind gleiche Christen; denn die Taufe, Evangelium und Glauben, die machen allein geistlich und Christenvolk. Daß aber der Papst oder Bischof salbet, Platten macht, ordiniert, weihet, anders denn Laien kleidet, mag einen Gleisner und Ölgötzen machen, macht aber nimmermehr einen Christen oder geistlichen Menschen. Demnach so werden wir allesamt durch die Taufe zu Priestern geweihet, wie Sankt Peter, 1. Petr. 2,9 sagt: „Ihr seid ein königlich Priestertum und ein priesterlich Königreich" und die Offenbarung: „Du hast uns gemacht durch dein Blut zu Priestern und Königen (Offb. 1,6 u. 5,10). Denn wo nicht eine höhere Weihe in uns wäre, denn der Papst oder Bischof gibt, so würde nimmermehr durch des Papstes und Bischofs Weihen ein Priester gemacht, könnte auch weder Messe halten, noch predigen, noch absolvieren.

Drum ist des Bischofs Weihe nichts anderes, denn als wenn er an Statt und Person der ganzen Versammlung einen aus dem Haufen nähme, die alle gleiche Gewalt haben – und ihm beföhle, dieselbe Gewalt für die andern auszurichten, gleich als wenn zehn Brüder, Königs Kinder und gleiche Erben, einen erwählten, das Erbe für sie zu regieren; sie wären ja alle Könige und gleicher Gewalt, und doch einem zu regieren befohlen wird. Und daß ich's noch klarer sage: wenn ein Häuflein frommer Christenlaien würden gefangen und in eine Wüstenei gesetzt, die nicht bei sich hätten einen geweihten Priester von einem Bischof, und würden allda der Sache eins, erwählten einen unter sich ... und beföhlen ihm das Amt, zu taufen, Messe zu halten, zu absolvieren und predigen, der wäre wahrhaftig ein Priester, als ob ihn alle Bischöfe und Päpste hätten geweihet. *An den christl. Adel deutscher Nation von des christl. Standes Besserung, 1520.*

37. Vom Wesen der Sakramente

Gott hat in allen seinen Zusagen gemeiniglich neben dem Wort ein *Zeichen* gegeben, zu größerer Sicherung oder Stärkung unseres Glaubens. Also gab er Noah zum Zeichen den Regenbogen; Abraham gab er die Beschneidung zum Zeichen. Also tut man auch in weltlichen Testamenten, daß nicht allein die Worte schriftlich verfaßt, sondern auch Siegel oder Notarienzeichen daran gehängt werden, daß es ja beständig und glaubwürdig sei. Also hat auch Christus in diesem Testament getan und eine kräftiges alleredelstes Siegel und Zeichen an die Worte gehängt: das ist sein eigenes wahrhaftiges Fleisch und Blut, weil wir in den fünf Sinnen leben, müssen ja zum wenigsten ein äußerliches Zeichen haben neben den Worten, daran wir uns halten und zusammen kommen mögen, doch also, daß selbiges Zeichen ein Sakrament sei, d.i. daß es äußerlich sei und doch geistliche Bedeutung hab, damit wir durch das Äußerliche in das Geistliche gezogen werden ...

Drum hab ich gesagt, es liegt alles an den Worten dieses Sakraments, die Christus sagt, die man fürwahr sollte mit Gold und eitel Edelgestein fassen und nichts fleißiger vor den Augen des Herzens haben, den Glauben daran zu üben. Laß einen andern beten, fasten, beichten, sich zur Meß und Sakrament bereiten, wie er will. Tue du desselbigen gleichen so ferne, daß du wissest, daß alles das lauter Narrenwerk und Trügerei ist, so du nicht die Worte des Testaments für dich nimmst und den Glauben und Begierde dazu erweckst. Du müßtest lange die Schuhe wischen, Federn ablesen und dich herausputzen, daß du ein Testament erlangest, wo du nicht Brief und Siegel für dich hast, damit du beweisen mögest dein Recht zum Testament. Hast du aber Brief und Siegel und glaubst, begehrst und suchst es, so muß dir's werden, ob du schon voll Grind und Ausschlag und aufs unreinste wärest. Also willst du das Sakrament und das Testament würdig empfangen, siehe zu, daß du diese lebendigen Worte Christi vorbringest, darauf dich bauest mit starkem Glauben und begehrest, was dir Christus drinnen zugesagt hat, so wird dir's, so bist du sein würdig und voll bereitet. *Ein Sermon von dem neuen Testament, 1520.*

Vom Brauch der *Sakrament* wird gelehrt, daß die Sakrament eingesetzt sind nicht allein darum, daß sie Zeichen seien, dabei man äußerlich die Christen kennen möge, sondern daß es Zeichen und Zeugnis seien göttlichen Willens gegen uns, unseren Glauben dadurch zu erwecken und zu stärken, derhalben sie auch Glauben fordern und dann recht gebraucht werden, so man's im Glauben empfängt und den Glauben dadurch stärket. *Augsburger Bekenntnis XIII. Vom Gebrauch der Sakramente.*

Das *Wort* ist das, was das Sakrament macht und unterscheidet, daß es nicht bloßes Brot und Wein, sondern Christi Leib und Blut ist und heißt. Denn es heißt: Accedat verbum ad elementum, et et fit sacramentum, wenn das Wort zum äußerlichen Ding kommt, so wirds ein Sakrament. Dieser Spruch St. Augustini ist so wohl geredet, daß er kaum einen bessern gesagt hat. Das Wort muß das Element zum Sakrament machen; wo nicht, so bleibts ein bloßes Element. *Großer Katech. V, Vom Sakrament des Altars.*

38. Die Taufe

Die Bedeutung der Taufe ist ein seliglich *Sterben* der Sünde und *Auferstehung* in Gnaden Gottes, daß der alte Mensch, der in Sünden empfangen wird und geboren, da ersäuft wird und ein neuer Mensch herausgeht und aufsteht, in Gnaden geboren. Also nennet Sankt Paul Tit. 3,5 die Taufe ein Bad der neuen Geburt, als auch Christus Joh. 3,35 sagt: Es sei denn, daß ihr anderweit geboren werdet aus dem Wasser und dem Geist (der Gnaden), so könnet ihr nicht eingehen in das Himmelreich. Denn gleichwie ein Kind aus Mutterleib gehoben und geboren wird, das durch solche fleischliche Geburt ein sündiger Mensch ist und ein Kind des Zorns, also wird aus der Taufe gehoben und geboren der Mensch geistlich und durch solche Geburt ein Kind der Gnaden und gerechtfertigter Mensch. *Ein Sermon von dem heiligen hochwürdigen Sakrament der Taufe, 1519.*

So bedeutet die Taufe zweierlei, den *Tod* und die *Auferstehung*, das ist die vollkommene und gänzliche Rechtfertigung. Daß der Diener das Kind nämlich ins Wasser taucht, bedeutet den Tod, daß er es aber wieder herausnimmt, bedeutet das Leben. Also legt es Paulus aus Röm. 6,4: Wir sind mit Christo durch die Taufe begraben in den Tod, auf daß, gleichwie Christus ist auferstanden von den Toten durch die Herrlichkeit des Vaters, also auch wir in einem neuen Leben wandeln sollen. Diesen Tod und Auferstehung nennen wir eine neue Kreatur, Wiedergeburt und geistliche Geburt ... Denn solange wir im Fleische sind, drängen die Begierden des Fleisches und bewegen sich. Darum, indem wir anfangen zu glauben, beginnen wir zugleich, für diese Welt zu sterben und Gott zu leben im zukünftigen Leben, so daß der Glaube wahrhaft ist Tod und Auferstehung, das ist jene geistliche Taufe, in der wir untergetaucht werden und wieder emportauchen. *Von der babylonischen Gefangenschaft der Kirche, 1520.*

*

Ein Zeugnis der „Wiedertäufer". Die Kinder wissen weder Gutes noch Böses ... dergleichen lehret uns auch Petrus, daß wir rein sollen sein wie die jetzt geborenen Kindlein (1. Petr. 2,2), das haben wir auch in den Schriften. Item spricht Christus selbst: Es sei denn, daß ihr werdet wie die Kinder, so werdet ihr nicht ins Himmelreich kommen (Mt. 18,3) ...

Einrede: Hiervon sagen die Widersacher, so alle Kinder zu Sündern machen wollen, geben vor, es stehe, daß alles Dichten und Trachten der Menschen nur böse sei immerdar.

Antwort: Das Kind kann nicht dichten und trachten und gedenken von Jugend auf, Jugend ist nicht Kindheit ...

Einrede: Alle Menschen sind Lügner, wollen auch damit die Kinder zu Sündern bewährt haben.

Antwort: Kinder mögen und können nicht lügen, aber der Wahrheit, das ist Gottes Willen und Ordnung, wie alle Kreatur, mögen sie wohl nachleben; denn sie kommen ja durch göttliche Kraft auf die Erde, leben nach seinem Willen, bis daß sie auf die Kreatur mit ihrem Widerwillen abweichen ...

Einrede: Sie sind allzumal Sünder und mangeln des Ruhmes. (Röm. 3,23).

Antwort: Paulus redet hier von denen, die das Gesetz ... hören mögen und danach durch den Glauben Jesu Christi gerechtfertigt werden. Solches alles ist den Kindlein unmöglich.

Einrede: Was nun nicht aus dem Glauben ist, das ist Sünde.

Antwort: Hier redet Paulus auch von denen, so da Glauben (der dann aus dem Gehör folget), haben mögen. Ja, wahrlich, welche Werke, Worte und Taten nicht aus dem Glauben gehen, sind alle Sünde, seien sie so schön und gut, wie sie immer wollen oder sein mögen. Etwas aber zu reden oder zu wirken in den Kindern, dabei ein Glaube oder Unglaube verstanden wird, ist auch nicht möglich ...

... bei den Kindern kann weder Gutes noch Böses, Glauben noch Unglauben gefunden werden; denn der Glaube muß aus den Worten und Werken (die den Kindern unmöglich sind) erkannt werden. Ohne die Einwilligung in die Sünde wird keiner verdammt. So ist in den Kindern keine Einwilligung. Derhalben sind sie alle als gute Kreatur von Gott geschaffen, die wollen wir sie's bleiben lassen.

... Geh nun hin, wasch mir die Erbsünde ab mit der Kindertaufe! Man siehet wohl, welcherlei Art wir sind nach dem Waschen, was für Christen man macht, wem wir nacharten und nachschlagen, dem Fleisch in seinen Lüsten von Adam her ererbt oder dem Geist in seinen Früchten. Kann auch die Kindertaufe den Tod abwaschen, daß das Kind nicht sterbe? Denn er ist auch in Adam ererbet ...

Es ist keins nicht wahr, es wäscht die auswendige Taufe keine Sünde nicht ab; denn wie kann Wasser Sünde abnehmen? ... wie ohne des Kindes Willen und Schuld solches von Adam auf es vererbt wird und kommt, also nimmt es auch Gott an aus seiner Erbarmung als sein Geschöpf und hilft ihm auch ohne sein Wissen und Verdienst in Christo. *Bericht von der Erbsünde, von Ulrich Stadler,* † 1540.

Stellungnahme Luthers. ... Hierbei fällt nun eine Frage ein, damit der Teufel durch seine Rotten die Welt verwirret, von der *Kindertaufe,* ob sie auch glauben oder recht getauft werden ... Daß die Kindertaufe Christo gefalle, beweiset sich genugsam aus seinem eigenen Werk, nämlich, daß Gott deren viele heilig machet und den heiligen Geist gegeben hat, die also getauft sind, und heutigen Tags noch viele sind, an denen man spüret, daß sie den heiligen Geist haben, als uns von Gottes Gnaden auch gegeben ist, daß wir ja können die Schrift auslegen und Christum erkennen, welches ohne den heiligen Geist nicht geschehen kann. Wo aber Gott die Kindertaufe nicht annähme, würde er deren keinem den heiligen Geist noch ein Stück davon geben, Summa, es müßte so lange Zeit her bis auf diesen Tag kein Mensch auf Erden Christen sein ...

Danach sagen wir weiter, daß uns nicht die größte Macht daran liegt, ob der, der da getauft wird, glaube oder nicht glaube; denn darum wird die Taufe nicht unrecht, sondern an Gottes Wort und Gebot liegt es alles. Das ist nun wohl ein wenig scharf, stehet aber gar darauf, daß ich gesagt habe, daß die Taufe nichts anderes ist denn Wasser und Gottes Wort bei und miteinander, das ist, wenn das Wort bei dem Wasser ist, so ist die Taufe recht, obschon der Glaube nicht dazukommt; denn mein Glaube machet nicht die Taufe, sondern empfängt die Taufe...

... das Kind tragen wir herzu der Meinung und Hoffnung, daß es glaube, und bitten, daß ihm Gott den Glauben gebe, aber darauf taufen wir es nicht, sondern allein darauf, daß es Gott befohlen hat ... *Großer Katechismus, Von der Taufe.*

*

Melanchthon. Außerhalb der Kirche, d. i. wo weder der Dienst am Evangelium ertönt, noch die Sakramente ausgeteilt werden, ist kein Heil. Die Verheißung des Heils kommt den kleinen Kindern zu. Also ist es nötig, daß die kleinen Kinder in die Kirche eingepflanzt werden durch die Taufe, in der über ihnen der Name des ewigen Vaters, des Sohnes und des heiligen Geistes angerufen wird. Dieses Argument ist so fest, daß es nicht umgestürzt werden kann. Denn es kann keineswegs behauptet werden, daß das Heil den kleinen Kindern außerhalb der Kirche zukomme, wie ohne alles Zeugnis die Wiedertäufer versichern.

Loci, 1535

39. Aus der Schrift „Von der babylonischen Gefangenschaft der Kirche" 1520

a) Ablehnung der katholischen Messe

Zur Transsubstantiation. Wie es sich mit Christo verhält, also verhält es sich auch in dem Sakrament. Denn es ist nicht not, wenn die Gottheit soll in der Menschheit leiblich wohnen, daß darum die Menschheit müsse verwandelt werden in die Gottheit, daß die Gottheit beschlossen oder begriffen sei unter den Akzidenzien der menschlichen Natur. Sondern, indem beide Naturen vollkommen bleiben, wird wahrhaftig gesagt: Dieser Mensch ist Gott, dieser Gott ist Mensch. Und obschon die Philosophie das nicht versteht, so verstehet es doch der Glaube, und hat Gottes Wort ein größeres Ansehen als unseres Verstandes Begreiflichkeit. Also, daß in dem Sakrament der wahre Leib und das wahre Blut sei, dazu ist nicht not, daß sich das Brot oder der Wein in eine andere Substanz verwandle, also daß Christus unter den Akzidenzien enthalten werde, sondern indem beides bleibt, wird mit Wahrheit gesagt: „Dieses Brot ist mein Leib, der Wein ist mein Blut". Dieses will ich dafür halten, den heiligen Worten Gottes zu Ehren, welchen ich nicht will lassen Gewalt geschehen durch menschliche Fündlein, daß sie in eine fremde Bedeutung verdreht werden ...

Zum Opfer. Das dritte Gefängnis dieses Sakraments ist der sehr gottlose Mißbrauch, der dadurch geschehen ist, daß heute in der Kirche angenommen wird, die Messe sei ein gutes Werk und ein Opfer ...

Also ist es mit der Messe ergangen, die durch die Lehre ruchloser Menschen ist verändert worden in ein gutes Werk, das sie nennen das getane Werk (opus operatum), durch welches bei Gott alles zu vermögen sie sich vermessen ...

Du hast gehört, daß diese Messe nichts anderes sei denn eine göttliche Verheißung oder ein Vermächtnis Christi, mit dem Sakrament seines Leibes und Blutes bestätigt. Ist das wahr, so verstehst du, daß es kein Werk sein könne, und daß nichts darin geschehe als allein durch den Glauben. Der Glaube aber ist kein Werk ... Denn wer ist jemals so unsinnig, daß er eine empfangene Verheißung oder ein geschenktes Vermächtnis nenne ein gutes Werk, das er einem Testator tue, indem er annimmt?

b) Luthers eigene (frühe) Abendmahlslehre

So bleibts unfehlbar, daß die Messe oder das Sakrament des Altars sei ein *Testament* Christi, das er, da er sterben wollte, nach sich gelassen, seinen Gläubigen auszuteilen. Denn also lauten seine Worte: „Das ist der Kelch, ein neues Testament in meinem Blute!"

Ein Testament ist ohne Zweifel eine *Verheißung* dessen, der da sterben will, in welchem er vermacht seine Erbschaft und Erben einsetzt ... Von seinem Tode zeugt Christus, wenn er spricht: „Das ist mein Leib, der da wird gegeben. Das ist mein Blut, das vergossen wird." Die Erbschaft nennt und bestimmt er, wenn er spricht: „Zur Vergebung der Sünden". Die Erben aber setzt er ein, wenn er spricht: „Für euch und für viele", d.i. für die, die das annehmen und des Vermächters Verheißung glauben.

Es versteht ein jeder leichtlich, daß diese zwei Dinge zugleich nötig sind: die Verheißung und der Glaube. Denn ohne Verheißung kann nichts geglaubt werden; und ohne Glauben ist die Verheißung nichts nütze. Aus welchem allen ein jeder leichtlich versteht, daß man zur Messe, weil sie nichts anderes ist denn eine Verheißung, allein mit dem Glauben gehe ...

Das ist wahr, daß Gott fast in einer jeden Verheißung pflegt ein *Zeichen* dazu zu setzen, als eine Erinnerung oder Denkmal seiner Verheißung, damit sie desto treulicher behalten würde und desto heftiger uns erinnerte ... Also hat Gott auch in der Messe, die unter allen Verheißungen die vortrefflichste ist, ein Zeichen hinzugetan als ein Denkmal seiner Verheißung: seinen eigenen Leib und sein eigenes Blut in dem Brot und Wein. Also auch in der Taufe tut er zu den Worten der Verheißung ein Zeichen des Eintauchens in das Wasser.

Daraus wir verstehen, daß in einer jeglichen Verheißung Gottes zweierlei vorgelegt wird: Das Wort und das Zeichen; daß wir wissen: Das Wort sei das Testament, das Zeichen aber das Sakrament. Und wie mehr gelegen ist an dem Worte denn an dem Zeichen, also ist auch mehr an dem Testament denn an dem Sakrament gelegen. Denn es kann ein Mensch das Wort oder das Testament haben und es gebrauchen ohne das Zeichen oder das Sakrament ... *Von der babyl. Gefangenschaft*

Nun siehe weiter auch die Kraft und den *Nutzen*, darum endlich das Sakrament eingesetzt ist ... Das ist nun klar und leicht eben aus den Worten: „Das ist mein Leib und Blut, für euch gegeben und vergossen zur Vergebung der Sünde". Das ist kürzlich so viel gesagt: darum gehen wir zum Sakrament, daß wir da empfangen solchen Schatz, durch den und in dem wir Vergebung der Sünde überkommen ...

Darum heißet es wohl eine Speise der Seelen, die den neuen Menschen nähret und stärket. Denn durch die Taufe werden wir erstlich neu geboren, aber daneben, wie gesagt ist, bleibt gleichwohl die alte Haut in Fleisch und Blut am Menschen, da ist so viel Hindernis und Anfechtung vom Teufel und der Welt, daß wir oft müde und matt werden und zuweilen auch straucheln. Darum ist es gegeben zur täglichen Weide und Fütterung, daß sich der Glaube erhole und stärke, daß er in solchem Kampf nicht zurückfalle, sondern immer je stärker und stärker werde. *Großer Katechismus, 1529.*

C. Die Lehre vom Staat. Der Christ in der Welt

40. Die beiden Reiche

Hier müssen wir Adams Kinder und alle Menschen teilen in zwei Teile, die ersten zum *Reich Gottes,* die andern zum *Reich der Welt.* Die zum Reich Gottes gehören, das sind alle Rechtgläubigen in Christo und unter Christo; denn Christus ist der König und Herr im Reich Gottes, wie der zweite Psalm sagt und die ganze Schrift. Und er ist auch darum gekommen, daß er das Reich Gottes anfinge und in der Welt aufrichtete. Darum spricht er vor Pilato: Mein Reich ist nicht von der Welt, sondern wer aus der Wahrheit ist, der höret meine Stimme (Joh. 18,36f.), und zieht immer im Evangelio das Reich Gottes an und spricht: Bessert euch, das Reich Gottes ist herbeigekommen. Item sucht am ersten das Reich Gottes und desselben Gerechtigkeit (Mt. 6,33). Und nennet auch das Evangelium ein Evangelium des Reiches Gottes, darum daß es das Reich Gottes lehret, regiert und erhält.

Nun siehe, diese Leute bedürfen keines weltlichen Schwerts noch Rechts. Und wenn alle Welt rechte Christen, d.i. rechte Gläubige wären, so wäre kein Fürst, König, Herr, Schwert noch Recht not oder nütze. Denn wozu sollte es ihnen dienen?, dieweil sie den Heiligen Geist im Herzen haben, der sie lehret und macht, daß sie niemand Unrecht tun, jedermann lieben, von jedermann gerne und fröhlich Unrecht leiden und den Tod. Wo eitel Unrechtleiden und eitel Rechttun ist, da ist kein Zank, Hader, Gericht, Richter, Strafe, Recht noch Schwert not ...

... Zum Reich der Welt oder unter das Gesetz gehören alle, die nicht Christen sind. Denn sintemal wenige glauben und der wenigere Teil sich hält nach christlicher Art, daß er nicht widerstrebe dem Übel, ja, daß er nicht selbst Übel tue, hat Gott denselben außer dem christlichen Stand und Gottes Reich ein anderes Regiment verschafft und sie unter das Schwert geworfen, daß sie, ob sie gleich gerne wollten, doch nicht tun könnten ihre Bosheit, und ob sie es tun, daß sie es doch nicht ohne Furcht noch mit Friede und Glück tun mögen; gleichwie man ein wildes böses Tier mit Ketten und Banden fasset, daß es nicht beißen noch reißen kann nach seiner Art, wiewohl es gerne wollte, des doch ein zahmes, kirres Tier nicht bedarf, sondern ohne Ketten und Banden dennoch unschädlich ist.

... Wenn nun jemand wollte die Welt nach dem Evangelio regieren und alles weltliche Recht und Schwert aufheben und vorgeben, sie wären alle getauft und Christen, Lieber, rate, was würde derselbe machen? Er würde den wilden, bösen Tieren die Banden und Ketten auflösen, daß sie jedermann zerrissen und zerbissen, und vorgeben, es wären feine, zahme, kirre Tierlein. Also würden die Bösen unter dem christlichen Namen die evangelische Freiheit mißbrauchen, ihre Büberei treiben und sagen, sie seien Christen und keinem Gesetz noch Schwert unterworfen, wie jetzt schon etliche toben und narren.

Denselben müßte man sagen: Ja, freilich ist's wahr, daß Christen um ihrer selbst willen keinem Recht noch Schwert untertan sind, noch seiner bedürfen. Aber siehe zu und gib die Welt zuvor voll rechter Christen, ehe du sie christlich und evangelisch regierst. Das wirst du aber nimmermehr tun; denn die Welt und die Menge ist und bleibt Unchristen, ob sie gleich alle getauft sind und Christen heißen. Darum leidet sich's in der Welt nicht, daß ein christliches Regiment gemein werde über alle Welt, ja, noch über ein Land oder große Menge. Denn der Bösen sind immer viel mehr denn der Frommen. Darum, wenn ein ganzes Land oder die Welt sich unterwinden, mit dem Evangelio zu regieren, das ist eben, als wenn ein Hirte in einem Stall zusammentäte Wölfe, Löwen, Adler, Schafe und ließe jegliches frei unter dem anderen gehen und spräche: Da weidet euch und seid fromm und friedsam untereinander, der Stall steht offen, Weide habt ihr genug, Hunde und Keulen braucht ihr nicht zu fürchten. Hier würden die Schafe wohl Frieden halten und sich friedlich also lassen weiden und regieren, aber sie würden nicht lange leben ...

So fragst du, ob denn auch ein Christ möge das weltliche Schwert führen und die Bösen strafen, weil Christus' Worte so hart und hell lauten: Du sollst dem Übel nicht widerstehen! Antwort: Du hast jetzt zwei Stücke gehört, eins, daß un-

ter den Christen das Schwert nicht sein kann, darum mußt du mit der Frage hinaus auf den anderen Haufen, die nicht Christen sind. Das ist das andere Stück, daß du dem Schwert zu dienen schuldig bist und fördern sollst, womit du kannst, es sei mit Leib, Gut, Ehre und Seele; denn es ist ein Werk, dessen *du* nicht bedarfst, aber ganz nutz und not aller Welt und deinem Nächsten. Darum wenn du sähest, daß es an Henkern, Bütteln, Richtern, Herren oder Fürsten mangelte und du dich geschickt fändest, solltest du dich dazu erbieten und darum werben, auf daß ja die nötige Gewalt nicht verachtet und matt würde oder unterginge. Denn die Welt kann und mag ihrer nicht entraten. Ursache: Denn in dem Fall gingest du einher ganz in fremdem Dienst und Werken, das nicht dir noch deinem Gut oder Ehre, sondern nur dem Nächsten und andern nützt, und tätest es nicht der Meinung, daß du dich rächen oder Böses um Böses geben wolltest, sondern deinem Nächsten zugut und zur Erhaltung des Schutzes und des Friedens der anderen. Denn für dich selbst bleibst du an dem Evangelio und hälst dich nach Christus' Wort, daß du gern den andern Backenstreich leidest, den Mantel zum Rock fahren lassest, wenn es dich und deine Sache betreffe. Also gehet's denn beides fein miteinander, daß du zugleich Gottes Reich und der Welt Reich genug tuest äußerlich und innerlich, zugleich Übel und Unrecht leidest und doch Übel und Unrecht strafest, zugleich dem Übel nicht widerstehest und doch widerstehest. Denn mit dem einen siehest du auf dich und auf das Deine, mit dem andern auf den Nächsten und auf das Seine.
Von weltlicher Obrigkeit, wie weit man ihr Gehorsam schuldig sei, 1523.

*

Ob ein Christ auch möge ein weltlich Mann sein, und des Regiments oder Rechts Amt und Werk führen, also daß die zwei Personen auf einen Menschen geraten, und zugleich ein Christ und ein Fürst, Richter oder Herr sei? Dazu sagen wir Ja. Denn Gott hat solch weltlich Regiment selbst geordnet, dazu durch sein Wort bestätigt. Denn ohne das könnte dies Leben nicht bestehen, und sind allesamt darin gefaßt, ja darin geboren, ehe wir Christen sind worden. Darum müssen wir auch darin bleiben, so lange wir auf Erden gehen; doch nur nach dem äußerlichen, leiblichen Leben und Wesen.

Ein Christ muß ja irgend eine Weltperson sein, weil er ja, zum wenigsten mit Leib und Gut, unter dem Kaiser ist; aber für seine eigene Person, nach dem christlichen Leben, ist er gar allein unter Christo, und nicht des Kaisers noch einiges Menschen; und doch auswendig unter ihn geworfen und verbunden, sofern er in einem Stande oder Amte ist, Haus und Hof, Weib und Kind hat ... Darum täte er Unrecht, wenn er Haus, Weib, Kind, Gesinde hätte und wollte es nicht nähren noch schützen. Und gilt nicht, daß er wollte vorgeben, er wäre ein Christ und müßte alles verlassen oder ihm nehmen lassen, sondern es heißt: Ein Christ bist du für deine Person, aber gegen dein Kind, Gesinde, Untertanen bist du eine andere Person, und schuldig sie zu schützen ...

Also, wenn ein Christ in einen Krieg zieht oder Recht spricht, das tut er nicht als ein Christ, sondern als ein Krieger, Richter, Jurist. Behält aber gleichwohl ein christlich Herz, der niemand begehret Böses zu tun, und wäre ihm leid, daß dem Nächsten sollte ein Leid geschehen: und lebt also zugleich als ein Christ gegen jedermann, der allerlei leidet für sich in der Welt, und doch daneben auch als eine Weltperson, die allerlei hält und brauchet und tut, was Land- oder Stadrecht, Bürgerrecht, Hausrecht fordert ... *Auslegung der Bergpredigt, zu Matth. 5,38–41.*

41. Der Christ und die Staatsgewalt

Ein jeglicher Herr und Fürst ist schuldig, die Seinen zu schützen und ihnen Friede zu schaffen. Das ist sein *Amt*, dazu hat er das Schwert (Röm. 13). Das soll auch sein Gewissen sein, worauf er sich verläßt, auf das er wisse, solch Werk sei vor Gott recht und von ihm befohlen. Denn ich lehre jetzt nicht, was Christen tun sollen – denn uns Christen geht euer Regiment nichts an; wir dienen aber euch und sagen, was euch vor Gott in eurem Regiment zu tun ist. Ein Christ ist eine Person für sich selbst; er glaubt für sich selbst und sonst für niemand. Aber ein Herr und Fürst ist nicht eine Person für sich selbst, sondern für andere, daß er ihnen diene, daß er sie schütze und verteidige. Wiewohl es gut wäre, daß er dazu auch ein Christ wäre und glaubte an Gott, so wäre er wohl glückselig. Aber es ist nicht fürstlich, Christ sein; darum müssen wenig Fürsten Christen sein; wie man sagt: ein Fürst sei ein Wildbret im Himmel! Wenn sie nun gleich nicht Christen sind, sollen sie dennoch recht und wohl tun nach äußerlicher Ordnung Gottes; das will er von ihnen haben.

Wo aber ein Herr oder Fürst solch seines Amtes nicht wahrnimmt und läßt sich dünken, er sei nicht um seiner Untertanen willen, sondern um seiner schönen gelben Haare willen Fürst, als hätte ihn Gott darum zum Fürsten gemacht, daß er sich seiner Gewalt, seines Guts und Ehren freuen solle, Lust und Trotz darin haben und sich darauf verlassen, der gehört unter die Heiden, ja er ist ein Narr. Denn derselbige sollte wohl um einer tauben Nuß willen Krieg anfangen ... demselbigen wehret nun Gott damit, daß andere auch Fäuste haben und jenseits des Berges auch Leute sind und hält also ein Schwert das andere in der Scheide...

*

Obs nun wohl nicht scheint, daß Würgen und Rauben ein Werk der *Liebe* ist, weshalb ein Einfältiger denkt, es sei nicht ein christlich Werk, zieme auch einem Christen nicht zu tun, so ist's doch in Wahrheit auch ein Werk der Liebe. Denn gleichwie ein guter Arzt, wenn die Seuche so böse und groß ist, daß er muß Hand, Füße, Ohr oder Augen lassen abhauen, auf daß er den Leib errette, so man ansieht das Glied, das er abhaut, scheint es, er sei ein greulicher, unbarmherziger Mensch; so man aber den Leib ansieht, den er will damit erretten, so findet sich's in der Wahrheit, daß er ein trefflicher, treuer Mensch ist und ein gutes christliches Werk tut. Also auch wenn ich dem Kriegsamt zusehe, wie es die Bösen straft, die Unrechten würget und solchen Jammer anrichtet, scheint es ein ganz und gar unchristliches

Werk zu sein, und alles Dinge wider die christliche Liebe. Sehe ich aber, wie es die Frommen schützt, Weib und Kind, Haus und Hof, Gut und Ehre und Friede damit erhält und bewahret, so finde ich's, wie köstlich und göttlich das Werk ist. Denn wo das Schwert nicht wehrte und Friede hielte, so müßte alles durch Unfriede verderben, was von der Welt ist. Derhalben ist ein solcher Krieg nichts anders, denn ein kleiner, kurzer Unfriede, der einem ewigen, unermeßlichen Unfrieden wehret ...

Darum ehrt auch Gott das Schwert also hoch, daß er's seine eigene Ordnung heißt und will nicht, daß man sagen oder wähnen solle, Menschen haben's erfunden oder eingesetzt. Denn die Hand, die solch Schwert führt und würgt, ist alsdann auch nicht mehr Menschen Hand, sondern Gottes Hand, und nicht der Mensch, sondern Gott hänget, rädert, enthauptet, würgt und kriegt. Es sind alles seine Werke und seine Gerichte ...

Also muß man auch dem Kriegs- oder Schwertamt zusehen mit männlichen Augen, warum es so würget und greulich tut, so wird sich's selbst beweisen, daß es ein Amt ist an ihm selbst göttlich und der Welt so nötig und nützlich als Essen und Trinken oder sonst kein ander Werk ...

*

Man muß den *Krieg* scheiden, als daß etlicher aus Lust und Willen wird angefangen, ehe denn ein anderer angreift; etlicher aber wird aus Not und Zwang aufgedrungen, nachdem er ist von einem andern angegriffen. Das erste mag wohl eine Kriegslust, der andere ein Notkrieg heißen. Der erste ist des Teufels, dem gebe Gott kein Glück; der andere ist ein menschlicher Unfall, dem helfe Gott ...

Denn weltliche Obrigkeit ist nicht eingesetzt von Gott, daß sie solle Friede brechen und Kriege anfangen, sondern dazu, daß sie den Frieden handhabe und den Kriegern wehre, wie Paulus Röm. 13 sagt, des Schwertes Amt sei Schützen und Strafen: schützen die Frommen in Frieden und strafen die Bösen mit Krieg. Und Gott, der Unrecht nicht leidet, schickt's auch also, daß die Krieger müssen bekriegt werden. So läßt auch Gott singen Psalm 68,31: Dissiputa gentes quae bella volunt. Der Herr zerstreuet die Völker, so Lust zum Kriegen haben ...

Ein anderer fragt: Wie wenn mein Herr Unrecht hätte zu kriegen? Antwort: Wenn du weißt gewiß, daß er Unrecht hat, so sollst du Gott mehr fürchten und gehorchen denn Menschen (Apostelgesch. 4) und sollst nicht kriegen noch dienen, denn du kannst da kein gutes Gewissen vor Gott haben. Ja, sprichst du, mein Herr peinigt mich, nimmt mir mein Lehen, gibt mir mein Geld, Lohn und Gold nicht; dazu würde ich verachtet und geschändet als ein Verzagter, ja als ein Treuloser vor der Welt, der seinen Herrn in Nöten verläßt. Antwort: Das mußt du wagen und um Gottes willen lassen fahren, was da fährt ... Weil Gott auch Vater und Mutter will verlassen haben um seinetwillen (Mt. 19,29), so muß man freilich auch Herren verlassen um seinetwillen. *Ob Kriegsleute auch in seligem Stande sein können, 1526.*

42. Zum Bauernaufstand 1525

a) Aus den zwölf Artikeln der Bauernschaft in Schwaben (März 1525)

Dem christlichen Leser Friede und Gnade Gottes durch Christum! Es gibt viele Kräfte, die jetzt wegen der versammelten Bauernschaft das Evangelium schmähen und sagen: Sind dies die Früchte des neuen Evangeliums? Niemandem gehorsam sein, an allen Orten sich emporheben und sich aufbäumen, mit großer Gewalt zu Hauf laufen und sich rotten, geistliche und weltliche Oberkeiten reformieren, wild umherreiten, ja vielleicht sogar als Mordbrenner? Allen diesen gottlosen, freveln-den Urteilern antworten diese folgenden Artikel:

Der *erste* Artikel:

Zum ersten ist unsere demütige Bitte und unser Begehren, auch unser aller Wille und Meinung, daß wir fortan Gewalt und Macht haben wollen, eine ganze Gemeinde soll einen Pfarrer selbst erwählen, auch Gewalt haben, denselben wieder abzusetzen, wenn er sich ungebührlich verhält.

Derselbe erwählte Pfarrer soll uns das heilige Evangelium lauter und klar predigen, ohne allen menschlichen Zusatz, ohne menschliche Lehre und menschliches Gebot. Sodann soll er uns den wahren Glauben stets verkündigen ... Daß wir nämlich allein durch den wahren Glauben zu Gott kommen können, und allein durch seine Barmherzigkeit selig werden müssen, darum ist uns ein solcher Pfarrer vonnöten.

Der *zweite* Artikel:

Zum andern, nachdem der rechte Zehnte aufgesetzt ist im Alten Testament und im Neuen erfüllt ist, so wollen wir den rechten Kornzehnten gern geben, jedoch wie es sich gebührt. Man soll ihn Gott geben und den Seinen mitteilen. Gebührt er einem Pfarrer, der klar das Wort Gottes verkündigt, so sind wir willens, daß ihn hinfort unser Kirchpropst, den eine Gemeinde einsetzt, einsammele und einnehme und davon dem Pfarrer seinen leiblichen Unterhalt zuteilt, ihm und den Seinen nach Gutachten der ganzen Gemeinde. Und was übrig bleibt, soll man armen Bedürftigen geben, sofern solche im selben Dorf vorhanden sind, je nach den Verhältnissen und dem Beschluß einer Gemeinde; was weiterhin übrig bleibt, soll man behalten für den Fall, daß man in den Krieg ziehen muß, wenn die Not es fordert. Damit man keine Landessteuer auf die Armen lege, soll man das von diesem Überfluß ausrichten ...

Zum *zwölften*[1] ist unser Beschluß und unsere endgültige Meinung, daß wir nicht anderen Sinnes werden, wenn einer oder mehrere Artikel so dargestellt würden, als seien sie dem Worte Gottes nicht gemäß, es sei denn, diese Artikel wolle man uns mit dem Wort Gottes als unziemlich anzeigen. In diesem Falle wollen wir davon abstehen, wenn man es uns mit Grund in der Schrift erklärt ... Der Friede Christi sei mit uns allen.

---

[1] Die übrigen Artikel betreffen die Jagd-, Fischerei- und Holzgerechtigkeit, Leibeigenschaft, Frondienste und ähnliche Lasten.

b) Luther: Ermahnung zum Frieden auf die zwölf Artikel der Bauernschaft in Schwaben (Mai 1525)

Es hat die Bauernschaft, so sich jetzt in Schwabenland zusammengeworfen, zwölf Artikel von ihren unerträglichen Beschwerungen gegen die Obrigkeit gestellet ... In welchen mir das aufs best gefallen hat, daß sie im zwölften Artikel sich erbieten, bessern Unterricht gerne und williglich anzunehmen, und sich wollen weisen lassen, sofern dasselbige durch helle, unleugbare Sprüche der Schrift geschähe ... Weil denn diese Sache groß und gefährlich ist, da sie beide, Gottes Reich und der Welt Reich, betrifft; denn wo dieser Aufruhr sollte fortdringen und überhand nehmen, würden beide Reiche untergehen, daß weder weltliches Regiment noch göttliches Wort bleiben, sondern eine ewige Verstörung des ganzen deutschen Landes folgen würde; so ist von nöten, daß wir frei davon reden und raten, niemand angesehen ...

An die Fürsten und Herren

Erstlich mögen wir niemand auf Erden danken solch Aufruhrs denn euch Fürsten und Herren, sonderlich euch blinden Bischöfen und tollen Pfaffen und Mönchen, die ihr, noch heutigen Tages verstockt, nicht aufhört zu toben und wüten wider das heilige Evangelium, ob ihr gleich wisset, daß es recht ist. Dazu im weltlichen Regiment nicht mehr tut, denn daß ihr schindet und schatzt, eure Pracht und Hochmut zu führen, bis es der arme, gemeine Mann nicht kann noch mag länger ertragen. Das Schwert ist euch auf dem Halse; dennoch meinet ihr, ihr sitzt so feste im Sattel, man werde euch nicht ausheben können. Solche Sicherheit und verstockte Vermessenheit wird euch den Hals brechen, das werdet ihr sehen ...

Auf daß ihr aber euch noch weiter versündigt, so fangen etliche an und geben dem Evangelio die Schuld und sprechen: Das sei die Frucht meiner Lehre. Nun, nun, lästert flugs, lieben Herren, ihr wollt nicht wissen, was ich gelehrt habe. Jedermann aber muß mir Zeugnis geben, daß ich mit aller Stille gelehrt habe, heftig wider Aufruhr gestritten[1] und zu Gehorsam und Ehre, auch euer tyrannischen und tobenden Obrigkeit, die Untertanen gehalten und vermahnet mit höchstem Fleiß, so daß dieser Aufruhr nicht kann aus mir kommen; sondern die Mordpropheten, welche mir ja so feind sind als euch, sind unter diesen Pöbel gekommen, mit dem sie nun länger denn drei Jahr um sind gegangen ...

Ist euch nun noch zu raten, meine Herren, so weichet ein wenig um Gotteswillen dem Zorn ... Fanget nicht Streit mit ihnen an, auf daß nicht ein Funke angehe und ganz Deutschland anzünde, daß niemand löschen könnte ...

Sie haben zwölf Artikel gestellet, unter welchen etliche so billig und recht sind, daß sie euch vor Gott und der Welt den Glimpf nehmen[2] und den Psalm wahr

[1] So in den Schriften „Vermahnung an alle Christen sich vor Aufruhr und Empörung zu hüten" 1522 und „Von weltlicher Obrigkeit" 1523, und insbesondere in den Schriften gegen die „Schwärmer"; „Brief vom aufrührerischen Geist" 1524; „Wider die himmlischen Propheten" (Januar) 1525.

[2] Das Ansehen nehmen, beschämen.

machen, daß sie Verachtung schütten über die Fürsten (Ps. 107,210) ... Den ersten Artikel, da sie begehren das Evangelium zu hören und das Recht, einen Pfarrherren zu erwählen, könnt ihr nicht abschlagen mit einigem Schein: wiewohl der Eigennutz mit unterläuft, daß sie vorgeben, solchen Pfarrherrn mit dem Zehnten zu erhalten, der nicht ihrer ist; so ist doch die Summa, man solle ihnen das Evangelium lassen predigen. Dawider kann und soll kein Obrigkeit.

Die andern Artikel, so leibliche Beschwerung anzeigen, sind ja auch billig und recht, denn Obrigkeit nicht darum eingesetzt ist, daß sie ihren Nutz und Mutwillen an den Untertanen suche, sondern Nutz und das Beste verschaffe bei den Untertänigen. Nun ists ja nicht auf die Länge erträglich, so zu schatzen und zu schinden. Was hülfs, wenn eines Bauern Acker so viel Gulden als Halme und Körner trüge, so die Obrigkeit nur umso mehr nähme und ihre Pracht immer größer machte, und das Gut so hinschlaudert mit Kleidern, Fressen, Saufen, Bauen und dergleichen?

An die Bauernschaft

Ihr habt bisher, lieben Freunde, vernommen nicht anders, denn daß ich bekenne, es sei leider allzu wahr und gewiß, daß die Fürsten und Herren, so das Evangelium zu predigen verbieten und die Leute so unerträglich beschweren, wert sind und wohl verdienet haben, daß sie Gott vom Stuhl stürze als die wider Gott und Menschen sich höchlich versündigen. Nicht weniger ist euch auch wohl vorzusehen, daß ihr eure Sachen mit gutem Gewissen und Recht vornehmet. Denn wo ihr gut Gewissen habt, so ist euch der tröstliche Vorteil, daß euch Gott wird beistehen und hindurchhelfen. Habt ihr aber nicht Recht noch gut Gewissen, so müsset ihr unterliegen, und ob ihr schon zeitlich gewönnet und alle Fürsten erschlüget ...

Derhalben ist meine freundliche, brüderliche Bitte, lieben Herren und Brüder, sehet ja zu mit Fleiß, was ihr macht, und glaubt nicht allerlei Geistern und Predigern, nachdem der leidige Satan jetzt viel wilder Rollengeister und Mordgeister unter dem Namen des Evangelii hat erweckt und damit die Welt erfüllet. Ich will meine treue Warnung, wie ich schuldig bin, nicht an euch sparen ...

Erstlich, lieben Brüder, ihr führet den Namen Gottes und nennt euch eine christliche Rotte oder Vereinigung und gebt vor, ihr wollet nach dem göttlichen Recht fahren und handeln. Wohlan, so wisset ihr ja auch, daß Gottes Name, Wort und Titel soll nicht vergeblich noch unnütze angezogen werden ... Daß ihr aber die seid, die Gottes Namen unnützlich führen und schänden, ist leichtlich zu beweisen, und daß euch darum zuletzt alles Unglück begegnen werde, ist auch nicht Zweifel, Gott sei denn nicht wahrhaftig. Denn hier steht Gottes Wort und spricht durch den Mund Christi: Wer das Schwert nimmt, der soll durchs Schwert umkommen (Mt. 26,52). Das ist ja nichts anders, denn daß niemand soll mit eigenem Frevel sich der Gewalt unterwinden, sondern wie Paulus sagt, eine jegliche Seele solle der Obrigkeit untertan sein mit Furcht und Ehren. Wie könntet ihr doch an diesen Gottessprüchen vorübergehen, die ihr euch rühmet, göttlichem Recht nach zu fahren und nehmt doch das Schwert selbst und lehnt euch auf wider die Obrigkeit, von Gott geordnet? Meinet ihr nicht, das Urteil St. Pauli Röm. 13 werde euch treffen? Wer Gottes Ordnung widerstrebt, der wird die Verdammnis empfangen. Das heißt ja Gottes Namen unnützlich führen, vorgeben Gottes Recht und doch unter demselben Namen wider Gottes Recht streben.

... Daß die Obrigkeit böse und unrecht ist, entschuldigt keine Rotterei noch Aufruhr; denn die Bosheit zu strafen, das gebührt nicht einem jeglichen, sondern der weltlichen Obrigkeit, die das Schwert führt ... So gibts auch das natürliche und aller Welt Recht, daß niemand solle noch möge eigener Richter sein noch sich selbst rächen. Denn wahr ist das Sprichtwort: Wer wiederschlägt, hat Unrecht. Item, wer wiederschlägt, macht Hader. Damit stimmt das göttliche Recht überein und spricht (5. Mos. 32,35): Die Rache ist mein, ich will vergelten, spricht der Herr. Nun könnt ihr ja nicht leugnen, daß euer Aufruhr sich dermaßen verhält, daß ihr euch selbst zum Richter macht und euch selbst rächen und kein Unrecht leiden wollt. Das ist nicht allein wider das christliche Recht und das Evangelium, sondern auch wider das natürliche Recht und alle Billigkeit ... Könnt ihr nicht denken oder nicht rechnen, lieben Freunde, daß wenn euer Vornehmen recht sein sollte, so würde ein jeglicher wider den anderen Richter werden und keine Gewalt noch Obrigkeit, Ordnung noch Recht bleiben in der Welt, sondern eitel Mord und Blutvergießen. Denn sobald er sähe, daß ihm jemand unrecht täte, würde er zufahren und selbst ihn richten und strafen. Ist nun das unbillig und nicht zu leiden von einer einzelnen Person, so ist es auch von keiner Rotte noch Haufen zu leiden. Ist es aber von einer Rotte oder Haufen zu leiden, so kann man's mit keinem Fug noch Recht der einzelnen Person wehren. Und wie wollt ihr tun? Wenn in eurer Rotte sich solcher Frevel anfinge, daß sich ein jeglicher wider den andern setzt, sich selbst rächt an seinem Beleidiger? Wollt ihr's auch leiden? Würdet ihr nicht sagen, er sollte andere lassen richten und rächen, die von euch gesetzt wären? Wie wollt ihr denn vor Gott und Welt bestehen, daß ihr euch selbst richtet und rächt wider euren Beleidiger, ja, wider eure Obrigkeit, von Gott verordnet? ...

Nun ist dies alles gesagt vom gemeinen, göttlichen und natürlichen Recht, das auch Heiden, Türken und Juden halten müssen, soll anders Friede und Ordnung in der Welt bleiben. Denn daß man sich selbst nicht richtet noch rächet, sondern der Obrigkeit solches läßt, macht keinen zum Christen ... Was meint ihr aber, daß Christus dazu sagen wird, daß ihr seinen Namen führt, und nennt euch eine christliche Sammlung, so ihr doch so fern davon seid, ja so gräulich wider sein Recht tut, daß ihr auch noch nicht Heiden oder Türken zu heißen würdig seid ... Denn so ihr euch rühmt und gern hört, daß man euch Christen nenne und dafür gehalten sein wollt, so hört nun, liebe Christen, euer christliches Recht! So spricht euer Oberster, Herr Christus, des Namen ihr führt, Matth. 5: „Ihr sollt dem Übel nicht widerstehen, sondern wer dich zwingt eine Meile Wegs, mit dem gehe zwei Meilen. Und wer dir den Mantel nimmt, dem laß auch den Rock. Und wer dich auf einen Backen schlägt, dem halte den andern auch dar." Also spricht auch St. Paulus Röm. 12: „Rächet euch selbst nicht, meine Liebsten, sondern gebt Raum dem Zorn Gottes". An diesen Sprüchen begreift es ein Kind wohl, daß christliches

Recht sei, nicht sich sträuben wider Unrecht, nicht zum Schwert greifen, nicht sich wehren, nicht sich rächen ... Nun aber ihr kämpft um das zeitlich Gut, und wollet den Rock zum Mantel nicht fahren lassen, sondern den Mantel wieder holen ... Lieben Freunde, die Christen sind nicht so gemein, daß so viel sollten auf einen Haufen sich versammeln; es ist ein seltsamer Vogel um einen Christen: wollte Gott, wir wären das mehrere Teil gute, fromme Heiden, die das natürliche Recht hielten ...

Darum sage ich, ich lasse eure Sache sein, wie gut und recht sie sein kann: weil ihr sie aber selbst wollt verteidigen und nicht Gewalt noch Unrecht leiden, möget ihr tun und lassen, was Gott euch nicht wehret: den christlichen Namen aber, sage ich, den laßt stehen und machet den nicht zum Schanddeckel eures ungeduldigen, unfriedlichen, unchristlichen Vornehmens; den will ich euch nicht gönnen, sondern beide mit Schriften und Worten euch nach meinem Vermögen abreißen, so lange sich eine Ader an meinem Leibe regt.

Nicht, daß ich damit die Obrigkeit in ihrem unerträglichen Unrecht, so ihr leidet, rechtfertigen oder verteidigen wolle – sie sind und tun gräulich Unrecht, das bekenne ich –, sondern das will ich: Wo ihr euch beiden Teils nicht wollet weisen lassen und – da sei Gott für – einander setzet und treffet, daß da auf keinem Teil Christen genennet werden sollen, sondern, wie sonst der Welt Lauf nach ein Volk mit dem andern streitet, und, wie man spricht, daß Gott einen Buben mit dem andern strafet.

43. Das Widerstandsrecht

Luther: Nun kann ja menschliche Ordnung sich nicht strecken in den Himmel und über die Seele, sondern nur auf Erden auf den äußerlichen Wandel der Menschen untereinander. Das hat auch Christus fein unterschieden, da er spricht Mt. 22: „Gebet dem Kaiser, was des Kaisers ist, und Gott, was Gottes ist.“ Wenn nun kaiserliche Gewalt sich streckte in Gottes Reich und Gewalt und nicht ein Besonderes wäre, sollte er es nicht also unterschieden haben. Denn, wie gesagt, die Seele ist nicht unter des Kaisers Gewalt, er kann sie weder lehren noch führen, weder töten noch lebendig machen, weder binden noch lösen, weder richten noch urteilen, weder halten noch lassen; sondern über Leib, Gut und Ehre hat er wohl solches zu tun; denn solches ist unter seiner Gewalt. Und Summa ist das die Meinung, wie St. Petrus spricht Apg. 5: „Man muß Gott mehr gehorchen denn den Menschen“; damit er ja auch klärlich der weltlichen Gewalt ein Ziel steckt.

Wenn nun dein Fürst oder weltlicher Herr dir gebeut, mit dem Papst zu halten, so oder so zu glauben, oder dir gebeut Bücher von dir zu tun, sollst du also sagen: Lieber Herr, ich bin Euch schuldig zu gehorchen mit Leib und Gut, gebeut mir nach Eurer Gewalt Maß auf Erden, so will ich folgen. Heißt Ihr aber mich glauben und Bücher von mir zu tun, so will ich nicht gehorchen: denn da seid Ihr ein Tyrann und greift zu hoch. Nimmt er dir darüber dein Gut und straft solchen

Ungehorsam: selig bist du und danke Gott, daß du würdig bist, um göttlichen Wortes willen zu leiden. Laß ihn nur toben, den Narren, er wird seinen Richter wohl finden. *Von weltlicher Obrigkeit, 1523.*

Calvin: Die erste Pflicht der Untertanen gegenüber ihrer Obrigkeit besteht darin, daß sie von ihrem Amt eine höchst ehrerbietige Meinung haben und sie als Gottes Dienerin und Abgesandte ehren. Denn man kann Leute finden, die sich ihrer Obrigkeit durchaus gehorsam erweisen und durchaus nicht möchten, es wäre keine da – die aber von den Obrigkeiten selber die Ansicht haben, sie seien nur notwendige Übel. Petrus aber verlangt etwas mehr von uns, wenn er uns gebietet, den König zu ehren (1.Petr. 2,17), ebenso Paulus, wenn er sagt: „Darum ist's not, untertan zu sein, nicht allein um der Strafe willen, sondern auch um des Gewissens willen" (Röm. 13,5). Damit meint er: die Untertanen sollen nicht allein von der Angst vor den Fürsten und Oberen getrieben sich ihnen unterwerfen – so wie man sich einem bewaffneten Feinde zu unterwerfen pflegt, wenn man sieht, daß im Falle des Widerstandes die Vergeltung sofort folgt –, nein, sie sollen es tun, weil sie Gott selbst den Gehorsam leisten, den sie ihnen erweisen, weil ja ihre Gewalt von Gott kommt.

Ich rede dabei nicht von *Personen*, als ob die Maske der Würde die Torheit oder die Faulheit oder die Grausamkeit oder einen nichtsnutzigen und schändlichen Lebenswandel verdeckte. Nein, ich behaupte, daß der *Stand* selbst auf Hochachtung und Ehrerbietung Anspruch hat, so daß also alle, die ein obrigkeitliches Amt haben, mit Rücksicht auf ihre vorgesetzte Stellung bei uns in Wert stehen und Achtung erhalten sollen ...

Nun bieten aber fast alle Jahrhunderte Beispiele dafür, daß es auch *schlechte Fürsten* gibt. Die einen setzen sich unbekümmert über alles hinweg, für das sie mit Fleiß sorgen sollten, und leben nur ihrem Vergnügen. Andere sind auf ihren eigenen Vorteil aus und geben deshalb alle Rechte, Vorrechte, Urteile und Rechtsurkunden als feile Ware in Verkauf. Andere rauben dem armen Volk alles Geld, das sie hernach in sinnloser Freigebigkeit verschwenden. Wieder andere plündern die Häuser aus, schänden Jungfrauen und Eheweiber, schlachten Unschuldige und betreiben so nackte Räuberei. Daß man nun solche Leute als Fürsten anerkennen soll, davon kann man viele Leute nicht überzeugen. Denn in solcher Würdelosigkeit und inmitten solcher Schandtaten, die nicht nur mit der Pflicht der Obrigkeit, sondern auch mit der eines Menschen in Widerspruch stehen, können sie keinerlei Erscheinung des Ebenbildes Gottes erblicken, das doch an der Obrigkeit sichtbar werden sollte. Deshalb erkennen sie in einem solchen Fürsten auch nicht jenen Oberen, dessen Würde und Autorität uns die Schrift anbefiehlt. Sicherlich ist dem Menschenherzen allezeit das Empfinden angeboren gewesen, daß man den Tyrannen mit ebensoviel Haß und Verabscheuung begegnet wie den rechtmäßigen Königen mit Liebe und Verehrung.

Schauen wir aber auf Gottes Wort, so wird es uns weiter führen, sodaß wir nicht nur der Herrschaft solcher Fürsten untertänigt sind, die ihr Amt gegen uns rechtschaffen und mit Treue wahrnehmen, sondern vielmehr aller, die im Regimente sitzen, sie mögen es nun führen wie sie wollen. Die ihre Herrschaft zum öffentlichen Wohl ausüben, die sind Beweise von Gottes Freundlichkeit, die aber ungerecht herrschen, die sind von ihm erweckt, um die Ungerechtigkeit des Volkes zu strafen – alle aber sind gleichermaßen mit jener heiligen Majestät ausgerüstet, mit der er die rechtmäßige Gewalt ausgestattet hat ...

Wir sollen uns deshalb nachdrücklich hüten, die Autorität der Obrigkeit ... zu verachten, selbst wenn sie bei ganz unwürdigen Menschen liegt. Denn wenn auch eine zügellose Herrschaft Gottes Rache herausfordert, so sollen wir doch deshalb nicht glauben, solche göttliche Rache sei uns aufgetragen – denn wir haben keine andere Weisung, als zu gehorchen und zu leiden.

Dabei aber rede ich stets von amtlosen Leuten. Anders steht die Sache, wo *Volksbehörden* eingesetzt sind, um die Willkür der Könige zu mäßigen; von dieser Art waren vorzeiten die Ephoren, die den lakedomänischen Königen, oder die Volkstribunen, die den römischen Konsuln, oder auch die Demarchen, die dem Senat der Athener gegenübergestellt waren; diese Gewalt besitzen, wie die Dinge heute liegen, vielleicht auch die drei Stände in den einzelnen Königreichen, wenn sie ihre wichtigsten Versammlungen halten. Wo das also so ist, da verbiete ich diesen Männern nicht etwa, der wilden Ungebundenheit der Könige pflichtgemäß entgegenzutreten, nein, ich behaupte geradezu: wenn sie Königen, die maßlos wüten und das niedrige Volk quälen, durch die Finger sehen, so ist solch absichtliches Übersehen von schändlicher Treulosigkeit; denn sie verraten ja die Freiheit des Volkes, zu deren Hütern sie, wie sie wohl wissen, durch Gottes Anordnung eingesetzt sind.
Institutio IV, 20,22–25 u. 30. Vgl. auch Nr. 55.

Calvinisten: Die Völker, denen es gefallen hat, sich durch einen Fürsten oder durch andere gewählte Herren regieren zu lassen, sind älter als die Obrigkeiten und folglich ist nicht das Volk für die Obrigkeit, sondern im Gegenteil die Obrigkeiten für die Völker geschaffen. – Nicht jeder Widerstand des Untertanen gegen seinen Vorgesetzten ist unerlaubt und aufrührerisch. – Gerechter Widerstand mit den Waffen steht nicht im Gegensatz zur Geduld und den Gebeten der Christen. – Alle müssen sich denen widersetzen, die die Herrschaft über ihre Mitbürger an sich reißen (usurper) wollen. – Die *Stände* und andere, die berufen sind, um als Zügel für die Herrscher zu dienen, können und müssen sie mit allen Mitteln unterdrücken, wenn sie Tyrannen geworden sind. – Das öffentliche Wohl und die Rechte der Nation gehen denen eines Einzelnen voran, auch denen des Herrschers. – Der unrechtmäßige Usurpator einer Regierung kann rechtmäßige und unverletztliche Obrigkeit werden durch die freiwillige und rechte Zustimmung (consentement), mit der die rechtmäßigen Obrigkeiten geschaffen worden sind. – Wenn man um der Religion willen verfolgt wird, kann man sich mit gutem Gewissen mit den Waffen verteidigen. *Aus der Schrift „De jure magistratuum in subditos", 1570 (?) anonym, wahrscheinlich von Beza.*

Wir dürfen mit vollem Recht in folgenden beiden Dingen ganz allgemein behaupten, ohne das Staatswesen zu untergraben: Das eine ist, daß irdischen Herrschern nicht zu gehorchen ist, wenn sie Dinge fordern, die mit den göttlichen Geboten unvereinbar sind. Jede derartige Widersetzlichkeit ist rechtmäßig und ruhmreich ... Ein anderes Ding, das mit gleicher Wahrhaftigkeit und Rechtmäßigkeit behauptet werden darf, ist, daß man sich keiner Regierung zu unterwerfen hat auf Kosten dessen, was der einzige Endzweck jedes Staatswesens ist – das allgemeine Wohl und die Sicherheit der Gesellschaft. Zu sagen, daß Untertanen im allgemeinen nicht die geeigneten Richter sind, wenn die Regierenden sie unterdrücken und den Tyrannen spielen und wenn sie dann ihre Rechte verteidigen, der Gerechtigkeit unparteiisch dienen und das allgemeine Wohl fördern – das ist der größte Betrug, nicht an einem einzelnen Menschen, sondern am Staate selbst, an dem ganzen politischen System – es ist Betrug am gesunden Menschenverstand, Betrug an Gott." *Aus einer Predigt von Jonathan Mayhow „Discourse concerning unlimited submission and non-resistance to the higher powers", 1750.*

„Rebellion gegen Tyrannen ist Gehorsam gegen Gott". (Wahlspruch von Jefferson).

„... daß die Mehrheit einer Staatsgemeinde ein unzweifelhaftes, unvergeßliches und unverletzliches Recht hat, eine Regierung zu reformieren, zu verändern und abzuschaffen".

„Die Lehre vom Nichtwiderstand gegen willkürliche Macht und Unterdrückung ist absurd, sklavisch und vernichtend für das Wohl und Glück der Menschheit". *Aus der Declaration of Rights von Maryland 1776.*

44. Vom Beruf

Unangesehen aller heiligen Exempel und Leben soll ein jeglicher warten, was ihm befohlen ist, und wahrnehmen seines *Berufs* ... Wie aber, wenn ich nicht berufen bin, was soll ich denn tun? Antwort: Wie ist's möglich, daß du nicht berufen seiest? Du wirst doch in einem Stand sein: du bist doch ein ehelicher Mann oder Weib, oder Kind, oder Tochter, oder Knecht, oder Magd. Nimm den geringsten Stand vor dich. Bist du ein ehelicher Mann, meinst du, du habest nicht genug zu schaffen in demselbigen Stand, zu regieren dein Weib, Kind, Gesinde und Güter, daß es alles gehe in Gottes Gehorsam, und tuest niemand Unrecht? ...

Item, bist du ein Sohn oder Tochter, meinst du, du habest nicht genug mit dir zu tun, daß du züchtig, keusch und mäßig deine Jugend haltest, deinen Eltern gehorsam, niemand mit Worten oder Werken zu nahe seiest? ...

Item, bist du ein Magd oder Knecht, meinst du, daß du müßig gehen werdest, so du deinem Stand und Befehl nach treulich mit allem Fleiß deinem Herrn oder Frau dienen sollst und deine Jugend im Zaum führen?

Item, bist du ein Fürst, Herr, geistlich oder weltlich, wer hat mehr zu tun denn du, daß deine Untertanen recht tun, Friede sei, niemand Unrecht geschehe? ...

Siehe, wie nun niemand ohne Befehl und Beruf ist, so ist auch niemand ohne Werk, so er recht tun will. Merke nur ein jeglicher darauf, daß er in seinem Stand bleibe, auf sich selbst sehe, seines Befehls wahrnehme, darin Gott diene und sein Gebot halte, so wird er zu schaffen so viel bekommen, daß ihm alle Zeit zu kurz, alle Stätten zu eng, alle Kräfte zu wenig werden. *Kirchenpostille. Predigt über Joh. 21,19–24.*

Es meinen wohl etliche, das Schreiberamt sei ein leichtes, geringes Amt. Aber im Harnisch reiten, Hitze, Frost, Staub, Durst und anderes Ungemacht leiden, das sei eine Arbeit. Ja, das ist das alte, gemeine, tägliche Liedlein, daß keiner sieht, wo den andern der Schuh drückt. Jedermann fühlet allein sein Ungemacht und gaffet auf des andern gut Gemach. Wahr ist's, mir wäre es schwer, im Harnisch zu reiten. Aber ich wollte auch gern wiederum den Reiter sehen, der mir könnte einen ganzen Tag stillsitzen und in ein Buch sehen, wenn er schon nichts sorgen, dichten, denken noch lesen sollte. Frage einen Kanzleischreiber, Prediger und Redner, was Schreiben und Reden für Arbeit sei, frage einen Schulmeister, was Lehren und Knaben ziehen für Arbeit sei. Leicht ist die Schreibfeder, das ist wahr, ist auch kein Handzeug unter allen Handwerken besser zu erzeugen ... Aber es muß gleichwohl das beste Stück, als der Kopf, und das edelste Glied, als die Zunge, und das höchste Werk, als die Rede, so am Menschenleibe sind, hier herhalten und am meisten arbeiten, da sonst bei andern entweder die Faust, Fuß, Rücken oder dergleichen Glied allein arbeiten und können daneben fröhlich singen und frei scherzen, das ein Schreiber wohl lassen muß. *Eine Predigt, daß man Kinder zur Schule halten soll, 1530.*

Wir sollen wissen, daß Gott ein wunderlicher Herr ist. Sein Handwerk ist, aus *Bettlern Herren machen,* gleich wie er aus nichts alle Dinge macht. Solch Handwerk wird ihm niemand legen noch hindern. Er läßt's gar herrlich in aller Welt von sich singen: Wer ist wie der Herr, der so hoch sitzt und so tief herniedersieht? Der den Geringen aufrichtet aus dem Staube und erhöhet den Armen aus dem Kot, daß er ihn sitzen lasse unter den Fürsten, ja, unter den Fürsten seines Volkes? (Ps. 113, 5–8). Sieh dich um, an aller Könige und Fürsten Höfe und in Städten und Pfarrer, was gilt's, ob nicht dieser Psalm mit vielen starken Exempeln darin regiert? Da wirst du finden Juristen, Doktores, Räte, Schreiber, Prediger, die gemeiniglich arm gewesen und ja gewißlich allzumal Schüler gewesen sind und durch die Feder so emporgeschwungen und aufgeflogen, daß sie Herren sind und wie die Fürsten Land und Leute regieren helfen. Gott will es nicht haben, daß geborene Könige, Fürsten, Herren, Adel sollen allein regieren und Herren sein. Er will auch seine Bettler dabei haben. Sie dächten sonst, die edle Geburt mache allein Herren und Regenten und nicht Gott allein. *Ebd.*

45. Vom rechten Handel

Das kann man aber nicht leugnen, daß *Kaufen und Verkaufen* ein nötiges Ding ist, das man nicht entbehren und wohl christlich brauchen kann, sonderlich in den Dingen, die zur Not und Ehren dienen. Denn also haben auch die Patriarchen verkauft und gekauft Vieh, Wolle, Getreide, Butter, Milch und andere Güter. Es sind Gottes Gaben, die er aus der Erde gibt und unter die Menschen teilet ...

Die Kaufleute haben unter sich eine gemeine Regel, das ist ihr Hauptspruch und Grund aller Finanzen, da sie sagen: Ich mag meine Ware so teuer geben, als ich kann. Das halten sie für ihr Recht. Da ist dem Geiz der Raum gemacht und der Hölle Tür und Fenster alle aufgetan. Was ist das anders gesagt, denn so viel: ich frage nichts nach meinem Nächsten, hätte ich nur meinen Gewinn und Geiz voll; was gehet mich's an, daß es zehn Schaden meinem Nächsten täte auf einmal? Da siehst du, wie dieser Spruch so stracks unverschämt nicht allein wider die christliche Liebe, sondern auch wider das natürliche Gesetz fähret ...

Es sollte nicht so heißen: Ich mag meine Ware so teuer geben, als ich kann oder will, sondern also: Ich mag meine Ware so teuer geben, als ich soll oder als recht und billig ist. Denn dein Verkaufen soll nicht ein Werk sein, das frei in deiner Macht und Willen ohne alles Gesetz und Maß stehe, als wärest du ein Gott, der niemand verbunden wäre, sondern weil solches dein Verkaufen ein Werk ist, das du gegen deinen Nächsten übest, soll es mit solchem Gesetz und Gewissen verfasset sein, daß du es übest ohne Schaden und Nachteil deines Nächsten ...

Item also ist auch das getan, daß etliche ihr Gut teurer verkaufen, denn es auf gemeinem Markt gilt und im Kauf Gang und Gäbe ist, und steigern also die Ware aus keiner Ursache, denn daß sie wissen, daß desselbigen Guts keins mehr im Lande ist, oder in kurzem keins mehr kommen wird und man es haben müsse. Das ist ein Schalkauge des Geizes, das nur auf des Nächsten Notdurft sieht, nicht derselben zu helfen, sondern sich derselben zu bessern und mit seines Nächsten Schaden reich werden. Das sind alles öffentliche Diebe, Räuber, Wucherer. Item daß etliche ein Gut oder Ware in einem Lande oder in einer Stadt ganz und gar aufkaufen, auf daß sie alleine solche Gut ganz und gar in ihrer Gewalt haben und danach setzen, steigern und geben mögen, wie teuer sie wollen oder können ..., welches auch die kaiserlichen und weltlichen Rechte verbieten und heißen's Monopolia, das sind eigennützige Käufe, die in Landen und Städten gar nicht zu leiden sind, und Fürsten und Herren sollten solches wehren und strafen ...

So fragest du denn: Ja, wie teur soll ich's denn geben? Wo treff ich das Recht und die Billigkeit, daß ich meinen Nächsten nicht überteuere oder übervorteile? Anwort: Das wird freilich mit keiner Schrift noch Rede nimmermehr verfasset werden, es hat's auch noch niemand vorgenommen, eine jegliche Ware festzusetzen, zu steigern oder zu niedern. Ursach ist die: die Ware ist nicht alle gleich, so holt man eine ferner denn die andere, gehen auf eine mehr Kosten denn auf eine andere, daß es hier alles ungewiß ist und bleiben muß und nichts Gewisses mag gesetzt werden ... Nun ist's aber billig und recht, daß ein Kaufmann an seiner Ware so viel gewinne, daß seine Kosten bezahlet, seine Mühe, Arbeit und Gefahr belohnet werde. Muß doch ein Ackerknecht Futter und Lohn von seiner Arbeit haben. Wer kann umsonst dienen oder arbeiten? So spricht das Evangelium: Ein Arbeiter ist seines Lohnes wert (Lk. 10,7).

Doch daß wir nicht gar dazu schweigen, wäre das die beste und sicherste Weise, daß die weltliche Obrigkeit hier vernünftige, redliche Leute setzte und verordnete, die allerlei Ware überschlügen mit ihren Kosten und setzten danach das Maß und Ziel, was sie gelten sollt ... *Von Kaufhandlung und Wucher 1524.*

*

... Wo man *Geld leihet* und dafür mehr oder bessers fordert oder nimmt, das ist *Wucher,* in allen Rechten verdammt. Darum alle diejenigen, so fünfe, sechs oder mehr aufs Hundert nehmen vom geliehenen Gelde, die sind Wucherer, danach sie sich wissen zu richten und heißen des Geizes oder Mammon abgöttische Diener und mögen nicht selig werden, sie tun denn Buße. Also soll man von Korn, Gersten und ander mehr War auch sagen, daß, wo man mehr oder besseres dafür fordert, das ist Wucher, gestohlen und geraubt Gut.

Denn leihen heißt das, wenn ich jemand mein Geld, Gut oder Geräte tu, daß ers brauche, wie lange ihm not ist, oder ich kann und will, und er mir dasselbe zu seiner Zeit wiedergebe, so gut als ich's habe ihm geliehen, wie ein Nachbar dem andern leihet Schüssel, Kannen, Bette, Kleider, also auch Geld oder Geldeswert, dafür ich nichts nehmen soll. *An die Pfarrherren, wider den Wucher zu predigen, 1540.*

Zwingli

Huldrych (Ulrich) Zwingli, geb. 1884 in Wildhaus in Toggenburg, Studium an der Universität Wien und Basel, Pfarrer in Glarus und Einsiedeln. 1518 Pfarrer („Leutpriester") am Großmünster in Zürich; schrittweise Reformation der Zürcher Kirche: 1523 Religionsgespräch (Thesen, Nr. 46), 1524 Entfernung der Bilder aus den Kirchen, 1525 endgültige Abschaffung der Messe, neue Form der Abendmahlsfeier, 1529 Vollendung der (von Luther unabhängigen) Bibelübersetzung, sogen. „Zürcher Bibel". 1529 Marburger Religionsgespräch. Auf dem Augsburger Reichstag 1530 übergeben die Schweizer Städte eine eigene Bekenntnisschrift „Rechenschaft des Glaubens" (fidei ratio). Am 11. Oktober 1531, im sogen. 2. Kappeler Krieg (Zürich gegen die Vierwaldstätte) fällt Zwingli, der das Zürcher Heer als Feldprediger begleitet hatte.

Ob und wieweit Zwingli und die von ihm geleitete Reformation in Zürich von Luther und der Wittenberger Reformation anfänglich unabhängig ist, ist nicht klar zu entscheiden. Ein gewisser Einfluß von Luthers Schriften, die Zwingli seit 1518 kennen lernte, läßt sich nicht bestreiten. Aber im Unterschied zu Luther ging Zwingli ursprünglich vom Humanismus aus, dem er auch später verbunden blieb; daher z. B. die für Luther unmögliche Behauptung, auch fromme Heiden würden der ewigen Seligkeit teilhaft (S. 93). Bedeutsamer noch ist die enge Verflechtung der Zürcher Reformation mit einer bürgerlichen Sittenreform: Vorbild für Calvins Wirken in Genf.

46. Aus den 67 Thesen oder „Schlußrede" 1523

Die nachfolgenden Artikel und Gedanken bekenne ich, Ulrich Zwingli, in der löblichen Stadt Zürich gepredigt zu haben, auf Grund der Schrift, und ich biete mich an, diese Artikel zu verteidigen und zu diskutieren und, wo ich die heilige Schrift nicht richtig verstanden habe, mich aus besagter Schrift eines besseren Verständnisses belehren zu lassen.

1. Alle, die sagen, das Evangelium sei nichts ohne die Bestätigung der Kirche, irren und schmähen Gott.

2. Die Summe des Evangeliums ist, daß unser Herr Jesus Christus, der wahre Sohn Gottes, uns den Willen seines himmlischen Vaters kundgetan und uns mit seiner Unschuld vom Tode erlöst und Gott versöhnt hat.

3. Daher ist Christus der einzige Weg zur Seligkeit für alle, die je waren, sind und sein werden.

4. Wer eine andere Tür zeigt, der irrt, ja er ist ein Mörder der Seelen und Dieb.

5. Darum gehen alle irre und wissen nicht, was das Evangelium ist, welche andere Lehren dem Evangelium gleich stellen.

7. Christus ist das ewige Heil und Haupt aller Gläubigen, welche sein Leib sind, der aber ohne ihn tot ist und nichts vermag.

8. Daraus folgt, daß alle, welche in dem Haupte leben, Glieder und Kinder Gottes sind. Und das ist die Kirche oder Gemeinschaft der Heiligen, eine Gemahlin Christi, ecclesia catholica.

10. Wie der Mensch verwirrt und zerrüttet ist, wenn die Glieder ohne das Haupt wirken und sich selbst zerreißen, verwunden und beschädigen, so sind auch die Glieder Christi, wenn sie ohne das Haupt etwas unternehmen, verwirrt und schlagen sich selbst mit unweisen Gesetzen.

11. Daher sehen wir, daß die sogenannten geistlichen Satzungen mit ihrer Pracht, ihrem Reichtum, ihren Ständen, Titeln und Gesetzen eine Ursache aller Uneinigkeit sind; denn sie stimmen mit dem Haupte nicht überein.

14. Darum sollen alle Christenmenschen ihren Fleiß darauf verwenden, daß allein das Evangelium allenthalben gepredigt werde.

15. Denn in diesem Glauben stehet unser Heil, im Unglauben unsere Verdammnis.

16. Im Evangelium lernt man, daß der Menschen Lehren und Satzungen zur ewigen Seligkeit nichts nützen.

17. Christus ist der einige, ewige oberste Priester; daraus ergibt sich, daß jene, die sich als oberste Priester ausgegeben haben, der Ehre und Macht Christi widerstreben, ja, sie von sich stoßen.

18. Christus hat sich selbst einst geopfert, ein Opfer, das in alle Ewigkeit währt und mit dem die Sünden aller Gläubigen bezahlt sind; daraus ergibt sich, daß die Messe kein Opfer ist, sondern sie ist zum Gedächtnis des Opfers und zur Sicherung der Erlösung, die Christus uns erwirkt hat.

22. Christus ist unsere Gerechtigkeit; daraus ergibt sich, daß unser Werk soviel gilt, wie es Christi ist, soviel es aber unser ist, ist es nicht recht und nicht gut.

47. Der Gottesbegriff

Wir Deutsche haben den Namen „Gott" vom *Guten* genommen und dem obersten Gut beigelegt ... Aus welchen wir wollen entnehmen, daß unser Glaube, Zuversicht und Vertrauen steht allein auf dem, der das wahre und höchste Gut ist, und daß nichts gut sein mag, denn das, was aus ihm ist. Hier fällt aller Trost mit den Kreaturen hin; denn sobald wir auf Kreaturen vertrauen, mißtrauen wir Gott ... Nun kann das Gut nicht unweise sein. Ist es aber weise, so muß es eine solche *Weisheit* sein, daß sie alle Dinge sehe, und das alles ohne Zweifel, ohne alle Dunkelheit und Unwissenheit; denn alles, was es ist, ist es am allervollkommensten ... Es kann auch die Weisheit nicht eine ruhende, untätige Tugend sein, wie wir etwa Menschen sehen, die zwar viel Erforschung und Wissen haben, aber keine Übung, weislich zu handeln, und die also doch nicht wahrhaft weise sind. So nun Gott das Gut ist, das ohne Mangel ist, so muß auch seine Weisheit ohne allen Mangel sein und es kann nichts von ihr geschehen, das nicht gut sei. Es mag auch nichts geschehen oder ungeschehen bleiben, das er vermöge seiner Weisheit nicht zu fördern oder zu hindern verstünde oder das nicht, vermöge seiner Güte, nicht zum Rechten vollendet würde, welches wir die *Vorsehung* nennen, die nichts anderes ist als die wirkende Weisheit Gottes, womit er alle Dinge verordnet, schafft, fördert oder hindert nach seinem Willen, das ist, nach dem Besten ...

Wenn wir Gottes Vorsehung recht erkennen würden, so wäre unsere Gelassenheit, Geduld, Freude und Ruhe des Gemüts viel mehr. Auch wären nicht so viel Kriege, Zwiespalt und Jammer in der Welt. Wir lernen auch an den großen Herren dieser Welt die Vorsehung Gottes erkennen: die bereiten sich auf den Krieg vor mit aller Rüstung, mit Geld, Spieß, Waffen, Werkzeugen, Büchsen, Tieren, mit Knechten, Hauptleuten, Ratgebern ..., daß nicht allein die Einfältigen, sondern auch die Weltkinder sprechen, es sei nicht möglich, daß der oder jener nicht sieghaft werde. Aber bald danach kommt großes Geschrei, wie sie geflohen und überwunden seien, woran wir wohl sehen, daß es nicht abhängt von planenden und eilenden Menschen, sondern vom ordnenden und Gnade gebenden Gott. *Credo-Predigt, 1528.*

48. Die frommen Heiden

Wir glauben also, daß die Seelen der Gläubigen alsbald nach ihrer Trennung vom Leibe in den Himmel fliegen, sich mit Gott vereinigen und sich ewig freuen ... Alsdann darfst du hoffen, den Freundeskreis, die Vereinigung und Gemeinschaft aller Heiligen, Weisen, Gläubigen, Standhaften, Tapferen, Tüchtigen, die es seit der Erschaffung der Welt gab, zu sehen. Hier wirst du die zwei Adame, den erlösten und den Erlöser, sehen, Abel, Henoch, Noah, Abraham, Isaak, Jakob, Juda, Mose ... Petrus, Paulus, Herkules, Theseus, Sokrates, Aristides, Antigonus, Numa, Camillus, die Catonen, die Scipionen, Ludwig den Frommen und deine Vorgänger. *An Franz I., 1531.*

49. Die Lehre vom Abendmahl

Auf welche Weise sollen wir die Worte Christi, die die Konsekration bezeichnen, erklären? ... Wir sind der Ansicht, daß der entscheidende Punkt dieser Sache in einer kurzen Silbe liegt: nämlich in dem Wort „ist", das nicht immer in der Bedeutung von „sein" aufgefaßt wird, sondern auch in der Bedeutung von „bezeichnen" ...

Der Sinn wird dann sein: Nehmt hin und eßt! Das heißt: was ich jetzt euch zu tun heiße, bezeichnet für euch oder erinnert euch an meinen Leib, der für euch gegeben ist ... Der Sinn der Worte Christi wird auf diese Weise ganz deutlich: Dieses Mahl ist ein Zeichen dafür, daß der Leib des Sohnes Gottes, eures Herrn und Meisters, für euch gegeben ist. *1524.*

Sakrament ist so viel wie ein *Zeichen* eines heiligen Dinges. Wenn ich nun spreche: „Das Sakrament des Leibes Christi" (Fronleichnams), will ich nichts anderes verstehen als das Brot, das eine *Bedeutung* ist des Leibes Christi, der für uns gestorben ist ... Also ist der Leib Christi selbst der, der bei der rechten Hand Gottes sitzt, und das Zeichen seines Leibes ist das Brot, und das Zeichen seines Blutes ist der Wein, die man in der Danksagung genießt. Nun kann ja das Zeichen und das Bezeichnete nicht ein Ding sein. So kann das Sakrament des Leibes Christi nicht der Leib selber sein. *Eine klare Unterrichtung vom Nachtmahl Christi, 1526.*

50. Aus dem Marburger Religionsgespräch 1529

Auf Betreiben des Landgrafs Philipp von Hessen kamen im Oktober 1529 die Vertreter der schweizerischen Kirchen – Zwingli und Oecolampad (aus Basel) – und die Wittenberger – Luther und Melanchthon – zu einem Religionsgespräch zusammen, um eine Einigung in den strittigen Glaubensfragen zu finden. Zu Luthers Überraschung ergab sich denn auch in allen Fragen Übereinstimmung, ausgenommen die Lehre vom Abendmahl. Im folgenden ein Ausschnitt aus der von W. Köhler versuchten Rekonstruktion des Gespräches.

Luther: Eure Fundamente sind diese: Ihr wollt beweisen: ein Leib kann nicht an zwei Orten sein. Ihr weiset auf die natürliche Vernunft. Ich frage nicht darnach, *wie* Christus Gott und Mensch sei und jene Naturen verbunden werden konnten. Dem Worte Gottes muß man weichen. Beweiset Ihr, daß Christi Leib nicht da sei, wo das Wort sagt: ‚Das ist mein Leib'. Vernunft will ich nicht hören. Fleischliche Beweise, geometrische Argumente verwerfe ich gänzlich ... Gott ist über alle Mathematik, und die Worte Gottes sind staunend anzubeten und zu tun; Gott aber gebietet: ‚Nehment, esset, das ist mein Leib'. *Luther schreibt mit Kreide die Worte auf den Tisch: Hoc est corpus meum,* und deckt die Samtdecke darüber.

Oecolampad: Das 6. Kapitel Johannis erkläret die übrigen Schriftstellen. „Das Fleisch ist nichts nütze" (Joh. 6,63), sagt er. Nicht will ich aus der Vernunft oder aus der Geometrie sprechen, sondern dieweil ich des Glaubens Summe besitze, rede ich aus ihr. Denn Christus ist auferstanden und sitzet zur Rechten des Vaters, also ist er nicht im Brote ... Die heilige Schrift kennt figürliche Reden, Metaphern u. dgl., da bedeuten die Worte etwas anderes als sie lauten. So kann auch in diesem Worte: ‚Das ist mein Leib' eine figürliche Rede stecken, wie in jenen: ‚Johannes ist Elias' (Matth. 11,14), ‚Der Fels war Christus' (1.Cor. 10,4). ‚Ich bin ein wahrer Weinstock' (Joh. 15,1).

Luther: Viele Metaphern gibt's in der hl. Schrift, das gebe ich zu, aber daß hier – ‚das ist mein Leib' – eine Metapher vorliegt, müsset Ihr beweisen. Würde Christus demonstrative, beweisend sagen: ‚Ich bin der Weinstock', so würde ich auch glauben. Eine allgemeine Rede gestattet die Metapher. Hier (aber) ist demonstratio: also möge man mir die Metapher beweisen!

Oecolampad: „Ich bin der Weinstock" ist auch eine demonstratio.

Luther: Ich leugne die figürliche Redeweise nicht, aber Ihr müsset beweisen, daß sie hier vorliegt. Es ist nicht genug, daß die Worte ‚das ist mein Leib' so verstanden werden können, Ihr müßt beweisen, daß sie so figürlich verstanden werden müssen ...

Oecolampad: Wohlan, ich will beweisen, daß die Worte ‚Das ist mein Leib' figürlich verstanden werden müssen. Höret Joh. 6 (Er verliest Joh. 6,48–63). Christus redet hier vom Essen seines Leibes und Trinken seines Blutes zu den Juden und auch zu seinen Jüngern, und als sie das von fleischlicher Nießung verstanden und davor schauderten, antwortete er: ‚Der Geist ist's, der lebendig macht, das Fleisch ist nichts nütze' (V. 63). Daraus sollte man verstehen, daß er das fleischliche Essen seines Leibes ihnen ein für allemal abschlug, und es sollte folgen, daß er das einmal hier abgeschlagene fortan nicht einführen wollte noch konnte.

Luther: Ich wiederhole die Worte aus Johannes. (Er verliest Joh. 6,48–63). Ihr meinet, hier führe Christus durch das geistliche Essen vom leiblichen weg. Ich antworte: er wollte die Juden lehren, daß er nicht gegessen werde wie Brot und Fleisch „in einer Schüssel und wie ein schweynin braten". Wenn ich Christum leiblich im Brote esse, ist das nicht geringes Verständnis, sondern Gabe des hl. Geistes. Also ist's kein geringes, sondern ein gar hohes Essen.

Oecampad: Ich nehme Euch beim Wort: es gibt ein zwiefaches Verstehen, einen zwiefachen Sinn der Worte Gottes: der eine ist gering und fleischlich, der andere gar hoch und geistlich. Geringes Verständnis ist es, vom Essen des Fleisches Christi zu reden, wie Ihr, Herr Doctor Luther; Christus hat das gar hart verworfen. Geheißen aber hat Christus jenes erhabene Verständnis, den geistlichen Sinn, den wir lehren.

Luther: Mögen Euch die Worte fleischlich dünken, dennoch sind es Worte und Werke der höchsten Majestät, und darum gar nicht fleischlich und gering. Ist doch die Vergebung der Sünden, das ewige Leben und das Himmelreich an diese fleischlichen und geringen Dinge geknüpft. Und darum darf man sie nimmermehr so entleeren und für gering verachten, sondern muß sie für allerhöchst und geistlich überaus schätzen ...

Oecolampad: Wenn wir das geistliche Genießen haben, was bedarfst des leiblichen?

Luther: Ich antworte: Das geistige Essen leugnen wir keineswegs, ja wir lehren allenthalben, daß es notwendig sei. Aber dadurch kann nicht bewiesen werden, daß das leibliche unnütz oder nicht notwendig sei. Es stehet geschrieben: ‚Nehmet, esset, das ist mein Leib', also muß man es aller Dinge tun und glauben ... Auf vielerlei Art gibt er sich uns: in der Predigt, in der Taufe und, so oft ein Bruder des Trostes bedarf, im Sakrament. Immer wieder wird der Leib Christi gegessen, denn Er selbst gebietet, also zu tun. Wenn er mir gebieten würde, Mist zu essen, so würde ich es tun, da ich genugsam weiß: es ist mir heilsam. Der Knecht grüble nicht über den Willen des Herrn. Man muß die Augen schließen.

Oecolampad: Wo steht geschrieben, daß wir mit geschlossenen Augen in der Schrift wandeln sollen, Herr Doctor?

Luther: Wenn wir hundert Jahre lang mit einander stritten, es wird nichts bewiesen. Schafft mir den Text heraus, so bin ich zufrieden. Der die Worte im 6. Kapitel des Johannes sprach, der hat auch die Worte gesprochen: ‚Das ist mein Leib'.

Calvin

Johann Calvin, geb. 1509 in Noyon (Picardie); Vater Sekretär des dortigen Bischofs (starb übrigens als Exkommunizierter). Studium der Rechtswissenschaft, Einfluß des Humanismus. Von dort Zugang zu evangelischen Kreisen („luthériens"), Bekehrung (über die wir von Calvin selbst eine freilich nur ganz summarische Andeutung besitzen). 1533 Flucht aus Paris, seit 1534 in Basel, 1535 „Institutio christianae religionis", in der 1. Fassung als Schutzschrift der französischen Protestanten Franz I. gewidmet; die letzte Fassung von 1559 ist nicht nur anders aufgebaut, sondern übertrifft die erste Fassung um ein Vielfaches.

1536 Begegnung mit Farel in Genf, 1536–38 erste Wirksamkeit in Genf. Calvin muß Genf wegen Streitigkeiten mit dem Magistrat verlassen, geht nach Straßburg – Einfluß Butzers und seiner Kirchenordnung –, kehrt aber schon 1541 auf Bitten des Rates nach Genf zurück, wo er bis zu seinem Tode 1564 bleibt. Hartnäckige Kämpfe um die Ordnung der Genfer Kirche, die formal Staatskirche ist, während Calvin in langen Kämpfen die (relative) Unabhängigkeit ihrer geistlichen Leitung, des Consistoire, durchsetzt, ebenso wie die strenge Einhaltung der Sittenordnung.

Von Genf aus wirkt Calvin für die Reformation in Frankreich und unterhält lebhafte Beziehungen zu fast allen protestantischen Fürsten und den führenden Theologen Europas. Ihm vor allem ist es zu verdanken, daß sich das „reformierte" Bekenntnis, ursprünglich nur eine Angelegenheit der Schweizer Stadtstaaten, zur zweiten großen protestantischen Konfession entwickelt.

51. „Gott allein die Ehre"

Wir wissen freilich gar wohl, was für armselige, wertlose Menschlein wir sind – vor Gott arme Sünder, vor den Menschen ganz verachtet, Abschaum und Auswurf der

Welt, wenn Ihr so wollt, oder was für einen noch elenderen Namen sich einer erdenken mag! Vor Gott bleibt uns kein anderer Ruhm als allein sein Erbarmen, das uns ohne unser Verdienst zur Anwartschaft auf das ewige Heil bestimmt hat, vor den Menschen nicht gerade viel, nur unsere Schwachheit, die auch nur leise anzudeuten schon ärgste Schande ist ... Was schickt sich leichter und besser zum Glauben als die Erkenntnis, daß wir aller Tugenden bar sind – damit Gott uns bekleide; daß wir alles Guten leer sind – damit er uns fülle; daß wir Knechte der Sünde sind – damit er uns befreie; daß wir blind sind – damit er uns erleuchte; daß wir lahm sind – damit er uns führe; daß wir schwach sind – damit er uns stütze? Kurz: als die Preisgabe alles dessen, was Ruhm sein könnte, auf daß er allein in Herrlichkeit aufrage und wir unsern Ruhm in ihm finden? Dagegen aber und gegen alles, was wir sonst vorbringen, wenden sich nun unsere Widersacher mit dem Gejammer, damit würde ja was weiß ich was für ein blindes „Licht der Natur" umgeworfen, erdichtete Bereitung zum Guten, freier Wille und Werke, die die Seligkeit verdienen, zusamt den unverdienstlichen Werken! Sie können es eben nicht ertragen, daß Preis und Ruhm für alles Gute, für alle Tugend, Gerechtigkeit und Weisheit uneingeschränkt bei Gott verbleibe! ... Was paßt besser zum Glauben als die Gewißheit, daß Gott unser lieber Vater ist? als die Bereitschaft, alles, was gut und heilsam ist, getrost von ihm zu erwarten, der in seiner unaussprechlichen Liebe gegen uns so weit ging, daß er seines eigenen Sohnes nicht verschont hat, sondern ihn für uns alle dahingegeben? als die ruhige, feste Erwartung des Heiles und des ewigen Lebens in der Erwägung, daß Christus uns vom Vater gegeben ist als der, in dem solche Schätze verborgen liegen? Hier fällt man über uns her mit dem Geschrei, solch unerschütterliches Vertrauen sei eine Anmaßung, eine Vermessenheit! Aber – wie wir von uns gar nichts erwarten, so von Gott alles! Daß wir uns alles eitlen Ruhms entkleideten, hat ja keinen anderen Sinn als den, daß wir uns in Gott rühmen lernen. *Aus der Widmung der Institutio an Franz I. von Frankreich, 1536.*

*

So wenig kann vor Gottes Reinheit bestehen, was unter uns noch das Vollkommenste zu sein schien.

Daher kommt es, daß nach vielfach wiederholten Berichten der Schrift die Heiligen von Furcht und Entsetzen durchrüttelt und zu Boden geworfen wurden, sooft ihnen Gottes Gegenwart widerfuhr. Menschen, die zuvor, ohne seine Gegenwart, sicher und stark dastanden – jetzt, da er seine Majestät offenbart, sehen wir sie derart in Schrecken und Entsetzen gejagt, daß sie geradezu in Todesangst niederfallen, ja vor Schrecken vergehen und fast zunichte werden. Daran merken wir, daß den Menschen erst dann die Erkenntnis seiner Niedrigkeit recht ergreift, wenn er sich an Gottes Majestät gemessen hat. Beispiele solcher Erschütterungen haben wir im Richterbuch wie auch bei den Propheten. Es ging so weit, daß im Volke Gottes die Redewendung in Gebrauch kam: „Wir müssen sterben; denn wir haben den Herrn gesehen" (Ri. 13,22; Jes. 6,5; Ez. 1,28; u.a.) ... Was soll auch der Mensch tun, der doch Staub ist und ein Wurm, wenn selbst die Cherubim in heiliger Scheu ihr Angesicht verhüllen müssen (Jes. 6,2). Eben dies spricht Jesaja aus: „Der Mond wird sich schämen und die Sonne mit Schanden bestehen, wenn der Herr der Heerscharen König sein wird“ (Jes. 24,23). Das heißt: wenn er seine Herrlichkeit in voller Nähe offenbaren wird, dann versinkt auch das sonst Leuchtende in Finsternis. *Institutio I, 1,2f.*

52. Die Erwählung

Nun wird aber der Bund des Lebens nicht gleichermaßen bei allen Menschen gepredigt, und er findet auch bei denen, die seine Predigt zu hören bekommen, nicht gleichermaßen und fortwährend den gleichen Platz. In dieser Verschiedenheit tritt die wundersame Hoheit des göttlichen Gerichts zutage. Denn es kann nicht zweifelhaft sein, daß auch diese Verschiedenartigkeit dem Urteil der ewigen Erwählung Gottes dient. Ist es nun aber offenkundig, daß es durch Gottes Wink geschieht, wenn den einen das Heil ohne ihr Zutun angeboten wird, den anderen dagegen der Zugang zu diesem Heil verschlossen bleibt, – so erheben sich hier gleich große und schwere Fragen, die nicht anders zu lösen sind, als wenn die Frommen innerhlich klar erfaßt haben, was sie von der Erwählung und Vorbestimmung wissen müssen ... Wir werden nie und nimmer so klar, wie es sein sollte, zu der Überzeugung gelangen, daß unser Heil aus dem Brunnquell der unverdienten Barmherzigkeit Gottes herfließt, ehe uns nicht Gottes ewige Erwählung kundgworden ist; denn diese verherrlicht Gottes Gnade durch die Ungleichheit, daß er ja nicht unterschiedslos alle Menschen zur Hoffnung auf die Seligkeit als Kinder annimmt, sondern den einen schenkt, was er den andern verweigert. Wie sehr die Unkenntnis dieses Grundsatzes Gottes Ehre mindert, und wie sehr sie der wahren Demut Abbruch tut, das liegt auf derHand. *Institutio III, 21,1.*

Es gibt keine schwerere und gefährlichere Anfechtung, mit der der Satan die Gläubigen erschüttern kann, als wenn er sie mit dem Zweifel an ihrer Erwählung beunruhigt und sie zugleich zu dem üblen Begehren aufstachelt, außerhalb des rechten Weges nach ihr zu forschen. Unter solchem Forschen außerhalb des rechten Weges verstehe ich dies, daß ein kleiner Mensch in die verborgenen Winkel der göttlichen Weisheit einzubrechen und bis zu Gottes höchster Ewigkeit zu dringen versucht, um zu erkennen, was vor seinem Richterstuhl über ihn beschlossen sei. Denn dabei stürzt er sich in die Tiefe eines unermeßlichen Schlundes, um darin verschlungen zu werden. Denn es ist billig, daß auf solche Weise die Torheit des Menschengeistes mit furchtbarem Zusammenbruch bestraft wird, wenn sie auf eigene Faust in die Tiefe der göttlichen Weisheit zu dringen unternimmt. Diese Versuchung ist um so verderblicher, als wir fast alle zu keiner anderen mehr geneigt sind, als zu ihr. Denn es findet sich sehr selten ein Mensch, dessen Herz nicht zuweilen der Gedanke bedrängte: Woher kommt dir dein Heil anders als aus Gottes Erwählung? Wo aber ist dir solche Erwählung geoffenbart? ... Wenn wir also Furcht vor einem Schiffbruch haben, so müssen wir uns sorgsam vor dieser Klippe hüten, gegen die man nie und nimmer ohne Verderben anrennen wird. Mag man auch die Erörterung über die Vorbestimmung als ein gefahrvolles Meer ansehen, so ist bei ihrer

Betrachtung doch auch eine sichere, ruhige, ja selbst fröhliche Schiffahrt möglich ... Denn wie alle, die ohne das Wort den ewigen Ratschluß Gottes ergründen, um über ihre Erwählung Gewißheit zu erlangen, sich in einen verderbenbringenden Abgrund versenken, so empfangen alle, die recht und nach der Ordnung nach ihr forschen, wie sie in dem Worte enthalten ist, herrliche Frucht des Trostes daraus! *Institutio III, 24,4.*

Suchen wir Gottes väterliche Freundlichkeit und sein uns gnädiges Herz, so müssen wir zunächst unsere Augen auf *Christus* richten, auf dem allein des Vaters Wohlgefallen ruht! (Mt. 3,17). Suchen wir Heil und Leben, suchen wir die Unsterblichkeit des Himmelreiches, so sollen wir auch dabei unsere Zuflucht zu keinem anderen nehmen; denn er allein ist der Brunnquell des Lebens, er ist der Anker des Heils, er ist der Erbe des Himmelreichs. Worauf geht nun aber unsere Erwählung anders hinaus, als darauf, daß wir, von dem himmlischen Vater an Kindes Statt angenommen, durch seine Gunst Heil und Unsterblichkeit erlangen? ... Deshalb heißt es von denen, die sich Gott zu Kindern angenommen hat, nicht, daß sie in sich selber erwählt worden sind, sondern in seinem Christus (Eph. 1,4). Denn nur in ihm vermochte er sie zu lieben; und er konnte sie auch nur dann mit dem Erbe seines Reiches ehren, wenn er sie zuvor zu seinen Mitgenossen gemacht hatte. Sind wir nun aber in ihm erwählt, so werden wir die Gewißheit unserer Erwählung nicht in uns selber finden, ja auch nicht in Gott, dem Vater, wenn wir ihn uns für sich allein, ohne den Sohn vorstellen. Christus ist also der Spiegel, in dem wir unsere Erwählung anschauen sollen und es ohne Täuschung vermögen. Er ist es, in dessen Leib der Vater alle die einzufügen beschlossen hat, die er seit aller Ewigkeit zu den Seinen haben wollte; er will also alle die als seine Kindern ansehen, die er unter Christi Gliedern erkennt. Ist es aber so, dann haben wir ein reichlich klares und sicheres Zeugnis dafür, daß wir in das Buch des Lebens geschrieben sind, wenn wir mit Christus Gemeinschaft haben! ... *Institutio III, 24,5.*

53. Glaubensgewißheit

... Es genügt nun noch nicht, daß Gott allein verherrlicht und wir gleichsam vernichtet sein sollen. Wir müssen nämlich Gewißheit haben, sonst bleibt das Tor des Heils uns verschlossen. Wenn es heißt, wir leben aus Glauben ..., so ist damit angezeigt, der Glaube sei gleichsam ein Schlüssel, der uns das Reich des Paradieses aufschließt. Dieser Glaube will nun, wie wir erklärt haben, Gewißheit; darum heißt es auch, wir dürfen nun laut Gott unseren Vater nennen und könnten ohne dies nicht als seine Kinder gelten. Wie kommt es zu solchem Rufen? Durch den Geist, der uns annimmt, wie St. Paul im 8. Kapitel des Römer- und im 4. Kapitel des Galterbriefes sagt (Röm. 8,15; Gal. 4,6). Gottes Geist muß uns also dessen gewiß machen, daß wir als Kinder angenommen sind, so daß wir ohne Zweifel und Schwanken Gott als unsern Vater anrufen ... Wir sehen also, es genügt nicht, daß die Menschen bekennen, Gott sei der Urheber ihres Heils und ihm gebühre der Dank dafür; vielmehr müssen sie auch Zugang zu ihm haben und ihn ganz persönlich als ihren Vater anrufen und fest darauf stehen, daß ihnen niemals etwas fehlen wird. Diese Art Gewißheit hat man im Papsttum nie begriffen, ja, sie kämpfen steif und fest dagegen und sagen, wir könnten nicht zu dieser entschlossenen Haltung kommen, daß Gott uns annehme und wir in seiner Gnade stehen, davon hätten wir vielmehr nur einige wahrscheinliche Vermutung. Indessen damit wirft man den ganzen Grund unseres Christentums um ...

Ich habe nun schon gesagt, daß wir Gewißheit dessen haben müssen, daß Gott uns liebt, annimmt und wir ihm angenehm sind, wie wenn wir gerecht wären. Wie sollen wir zu solchem Privileg kommen? Wir müssen auf das kommen, was St. Paul im 10. Kapitel des Römerbriefes sagt (Röm. 10,6f.), nämlich: lenken wir unsern Blick auf unsern Herrn Jesus Christ! Denn wenn man uns von unserm Heil spricht, da macht uns auf der einen Seite der Himmel bestürzt, denn: sind wir es wert, dorthin zu kommen? Und dann sehen wir wieder die Hölle offen vor uns, bereit, uns zu verschlingen, weil wir arme Sünder sind. So fragen wir auf der einen Seite: wer von uns könnte zum Himmel hinaufsteigen? und auf der anderen Seite steht der Schlund der Hölle bereit, und wir müssen also denken: wer weiß, ob uns Gott nicht da hinunterwirft? Darauf gibt St. Paul die Antwort und gibt uns damit das Heilmittel, damit wir am Himmel nicht zweifeln. Wieso? In der Person unsers Herrn Jesu Christi ist uns der Himmel offen. Denn wir wissen ja, Gottes Sohn hat viel Herbergen im Haus seines Vaters, und er selbst ist ja nicht zu seinem eigenen Nutzen dorthin gekommen, sondern um uns als seine Miterben nach sich zu ziehen. Und, was die Hölle betrifft, er ist hinuntergestiegen; denn er hat die Angst erduldet, die uns bereitet war, hat die schreckliche Qual des Fluchs Gottes erduldet, so tief, daß er sprach: Mein Gott, mein Gott, warum hast du mich verlassen? Was also die Gewißheit unsers Heils angeht, damit sind wir ihrer versichert ...

Freilich werden wir immer irgendwelche Zweifel haben, unser Glaube ist ja nie vollendet; aber die Gewißheit behält doch immer den Sieg, wenn wir tapfer kämpfen, Gottes Verheißung erfassen und sie als Schild in jeder Versuchung und bei all dem Mißtrauen, das uns Satan beibringt, brauchen. Wenn wir also von dieser Glaubensgewißheit reden, so meinen wir nicht, es gäbe nichts, das uns zum Schwanken bringen könnte und wir seien nicht oftmals sehr verlegen und geängstigt; sondern wir meinen es so, daß wir am Ende trotz allem zu dem Schluß kommen, daß Gott Erbarmen mit uns haben wird, und wir ihn daraufhin anrufen. *Predigt, 1560.*

54. Vom Abendmahl

Ich sage, das Abendmahl ist die Erinnerung an eine gegenwärtige Tatsache. Man wendet ein, Erinnerung sei aber nur von nichtgegenwärtigen Dingen möglich. Das ist kein Widerspruch. Nicht gegenwärtig ist nämlich Christus im Abendmahl für die Augen, für alle körperliche Sinnesempfindung, für das Räumliche. Denn sein Leib ist im Himmel, das Abendmahl aber wird auf Erden abgehalten. Das ist weit auseinander. Aber gegenwärtig ist Christus für das fromme Herz durch die Kraft seines Geistes, weil die räumliche Trennung ihn nicht hindert, die Seinigen in wunderbarer Weise zu weiden. Denselben Sinn hat auch das Wort des Paulus: Feiert den Tod des Herrn, bis daß er kommt (1. Kor. 11,26). Denn weder steigt Christus vom Himmel zu uns hernieder, noch kann man ihn mit Augen sehen, sondern nur im Glauben ist er bei uns. So besteht kein Widerspruch zwischen seiner geistigen Gemeinschaft mit uns und seinem letzten Kommen ... Daher stoße ich mich daran, daß du die Gleichnisrede, die im Sakrament liegt, einfach den Bildern der profanen Sprache vergleichst. Zwar leugne ich nicht, daß eine gewisse Ähnlichkeit besteht, aber es hätte auch gleich die Verschiedenheit betont werden müssen. Denn wo ist z. B. in einem Bild des Kaisers der Geist, der es selbst gewissermaßen lebendig macht, so daß es dadurch wirksam wird in unserm Herzen. Ich weiß, daß viele gute Leute von Zwinglis Lehre nichts wissen wollten, weil dieser Vergleich so oft darin wiederkehrte ohne die nötige Berichtigung. Denn daraus schlossen sie, es werde aus dem Abendmahl ein Theaterpiel.

Um kurz zu sein, will ich andere Beispiel übergehen und nur das eine hervorheben: Das ist mein Leib, für euch gegeben. Du behauptest, das Brot sei ein Symbol. Das meinen wir auch. Du leugnest aber, daß uns damit auch wirklich der Leib Christi dargereicht werde. Ich nehme dagegen gerade das an. Du meinst, der Knoten lasse sich auflösen, wenn man bildliche Redeweise annehme. Das gebe ich aber nicht zu. Denn ein leeres Symbol kann von Gott nicht ausgehen. So stellt das Brot nicht nur dar, daß der Leib Christi einmal für mich geopfert worden sei, sondern er wird mir auch heute noch zur Speise geboten, von der ich lebe. Wirklich religiös müssen wir die Worte verstehen: Nehmet, esset! Deshalb redet Paulus ja auch von der Gemeinschaft mit Christus. *An Bulliger in Zürich, 1547.*

55. Aus der Genfer Kirchenordnung 1561

Wir Bürgermeister, Kleiner und Großer Rat mit der gesamten Bürgerschaft[1] haben bedacht, daß es vor allem not tut, die Lehre des heiligen Evangeliums unsers Herrn rein zu bewahren und die christliche Kirche durch eine Satzung im Stande zu erhalten; daß das aber nur geschehen kann, wenn eine feste Ordnung und Lebensform aufgestellt wird, aus der jeder an seinem Platz die Aufgabe seines Dienstes ersehen kann. Darum haben wir für richtig erkannt, die geistliche Leitung wieder in die Form zu bringen, wie sie der Herr in seinem Wort dargelegt und gestiftet und zu deren Befolgung er uns angehalten hat. Und so haben wir angeordnet und bestimmt, daß in unserer Stadt und unserm Herrschaftsgebiet die nachfolgende Kirchenordnung gelten soll ...

---

[1] Die tatsächliche Regierungsgewalt lag bei dem aus alteingesessenen Patrizierfamilien gebildeten „Kleinen Rat"; dieser wurde vom „Großen Rat" gewählt und kontrolliert. Die „Bürgerschaft", der alle in Genf geborenen Bürger angehörten, mußte bei wichtigen Gesetzen zustimmen.

(4.) Der Auftrag der *Pastoren* oder Diener ist, das Wort Gottes zur Lehre, zur Ermahnung, zur Zurechtweisung und zum Tadel öffentlich sowie den einzelnen zu verkündigen, die Sakramente zu verwalten und zusammen mit den Ältesten die brüderlichen Zurechtweisungen durchzuführen ...

(23.) Um jeder Art von ärgerlichem Lebenswandel Einhalt tun zu können, muß man eine Zuchtordnung für die Diener haben. Mit ihrer Hilfe kann man dafür sorgen, daß die Achtung vor dem Dieneramt erhalten bleibt, und kann verhüten, daß das Wort Gottes durch böse Gerüchte über die Diener entehrt und mißachtet wird ...

(24.) Dabei ist festzustellen: erstens gibt es „Verbrechen", die bei einem Diener völlig untragbar sind, und zweitens „Vergehen", die dann einigermaßen tragbar sind, wenn man ihn deswegen brüderlich ermahnt[1].

(25.) Die ersteren sind: Häresie, Schisma, Auflehnung gegen die Kirchenordnung, offenbare und der weltlichen Gerichtsbarkeit verfallende Gotteslästerung, Simonie und jegliche Art von Bestechung durch Geschenke, Umtriebe, um die Stelle eines anderen zu erhalten, seine Gemeinde ohne ordnungsmäßige Entlassung und Berufung in eine andere Gemeinde im Stiche lassen, Meineid, Hurerei, Dieberei, Trunksucht, gesetzlich strafbare Schlägerei, Wucher, gesetzlich verbotene und Ärgernis erregende Spiele, Tanz und ähnliche Ausschweifungen, jedes Verbrechen, für das ein anderer (ein Laie) aus der Kirche ausgeschlossen wird.

(26.) Die zweiten sind: befremdliche Schriftauslegung, die zu Ärgernis führt, vorwitziges Suchen nach müßigen Fragen, Förderung einer Lehre oder eines Brauchs, die in der Kirche nicht eingeführt sind, Nachlässigkeit im Studium und vor allem im Lesen der Heiligen Schrift, Nachlässigkeit im Tadeln der Laster, was der Beschönigung nahekommt, Nachlässigkeit bei der Erfüllung aller Amtspflichten, Possenreißerei, Lügenhaftigkeit, Verleumdungssucht, lose Worte, beleidigende Worte, Unbesonnenheit, Sucht zu übervorteilen, Geiz, übertriebene Knauserei, unbeherrschter Zorn, Schelten und Schmähen, einem Diener nicht ziemende Ungebundenheit in Kleidung, Gebärden und sonstigem Benehmen.

(27.) Mit den unerträglichen Verbrechen, soweit sie unter die peinliche Gerichtsbarkeit fallen, hat sich der Rat allein zu befassen. Hat ein Diener ein solches begangen, soll er ihn außer der gewöhnlichen Strafe, die er über die anderen zu verhängen pflegt, mit Amtsentsetzung bestrafen.

(28.) Über die andern Verbrechen, deren erste Untersuchung dem Zuchtgericht (Consistoire ecclesiastique) zusteht, sollen die Ältesten im Verein mit den Dienern wachen ...

(48.) Die Aufgabe der *Ältesten* oder Ratsbeauftragten ist es, über den Lebenswandel jedes einzelnen zu wachen und die in Liebe zu ermahnen, die sie straucheln und ein ungeordnetes Leben führen sehen.

[1] Wie die beiden folgenden Artikel zeigen, sind die Begriffe „Verbrechen" und „Vergehen" hier völlig anders verstanden als in unserem Strafrecht.

(151.) Die obengenannten Ratsbeauftragten sollen einmal wöchentlich, am Donnerstag, mit den Dienern zusammenkommen, um festzustellen, ob in der Gemeinde irgend etwas nicht in Ordnung ist, und um gemeinsam über die Mittel zur Wiederherstellung der Ordnung zu verhandeln ...

(155.) Ist einer im Kirchenbesuch so nachlässig, daß man darin eine Verachtung der Gemeinschaft mit den Gläubigen erblicken muß, oder erweist sich einer als Verächter der Kirchenordnung, soll man ihn ermahnen. Ist er willig zu gehorchen, soll man ihn in Liebe in der Gemeinde behalten. Wird es aber immer schlimmer mit ihm, soll man ihn nach dreimaliger Ermahnung aus der Kirche ausschließen und beim Rat anzeigen ...

(157.) Die verborgenen Vergehen soll man insgeheim tadeln; und ein Gemeindeglied darf seinen Nächsten erst dann vor die Gemeinde bringen, um ihn wegen eines nicht öffentlichen Fehltritts anzuklagen, wenn dieser sich gegen seine Ermahnungen aufgelehnt oder über sie lustig gemacht hat ...

(158.) Unter den öffentlichen Vergehen, die die Kirche nicht übersehen kann, gibt es Fehltritte, bei denen ein Verweis genügt. In derartigen Fällen soll es der Auftrag der Ältesten sein, die Schuldigen vorzuladen und ihnen in Liebe Vorhaltungen zu machen, damit sie in diesem Stück wieder zurechtkommen. Und wenn man eine Besserung sieht, soll man sie nicht weiter belästigen. Beharren sie aber dabei, Böses zu tun, soll man sie abermals ermahnen. Und wenn all das auf die Dauer nichts nutzen sollte, muß man ihnen ankündigen, als Verächter Gottes hätten sie vom Abendmahl wegzubleiben, bis man bei ihnen eine Änderung des Lebenswandels bemerke.

(159.) Hat aber einer sich eines Verbrechens schuldig gemacht, das nicht nur eine Vorhaltung durch Worte, sondern eine Zurechtweisung samt einer gerichtlichen Strafe nach sich zieht, soll man ihm ankündigen, er habe, nach Lage des Falles kürzer oder länger, vom Abendmahl fernzubleiben, damit er sich vor Gott demütige und seinen Fehltritt besser erkenne ...

56. Gewissen und Gewissensfreiheit[1]

Ist das gläubige Gewissen mit dem Vorrecht der Freiheit beschenkt, so ist es in solchen Dingen, in denen es nach Gottes Willen frei sein muß, der Gewalt aller Menschen entzogen. Diese Freiheit ist nicht eine geringfügige Sache; hat sie doch Christus nicht mit Gold oder Silber, sondern mit seinem eigenen Blut erkauft (1. Petr. 1,18f.) ...

Da es sich nun hier um eine Sache handelt, die von höchster Wichtigkeit ist, ist eine ausführliche Erörterung nötig. Denn sobald man von Abschaffung von Menschensatzungen nur ein Wort verlauten läßt, machen Aufrührer einen gewaltigen Lärm, als ob nun zugleich aller Gehorsam unter den Menschen aufgehoben würde.

---

[1] Vgl. Nr. 40, 43 und 73.

Damit sich nun keiner an diesem Stein stößt, müssen wir zunächst bemerken, daß es unter Menschen *zweierlei Regiment* gibt. Das eine ist *geistlich* (spirituale): es unterweist das Gewissen zur Frömmigkeit und Verehrung Gottes; das andere ist *bürgerlich* (politicum): es erzieht uns zu den Pflichten der Menschlichkeit und des bürgerlichen Lebens. Gewöhnlich spricht man hier von „geistlicher" und „zeitlicher" Gewalt. Denn das Regiment von der ersten Art betrifft das Leben der Seele; das von der zweiten dagegen hat es mit dem gegenwärtigen Leben zu tun; freilich befaßt es sich nicht nur mit Nahrung und Kleidung, sondern schreibt auch Gesetze vor, nach denen der Mensch unter Menschen sein Leben heilig, ehrbar und ordentlich führen soll. Jenes Regiment hat seinen Sitz tief im Herzen, dieses dagegen regelt allein die äußeren Sitten ...

Diese Frage bereitet nun vielen Leuten deshalb große Schwierigkeit, weil sie zwischen dem äußeren Rechtsbereich und dem des Gewissens nicht scharf genug unterscheiden. Zudem wird die Verlegenheit noch dadurch vergrößert, daß wir nach dem Gebot des Paulus der Obrigkeit nicht allein aus Furcht vor Strafe gehorchen sollen, sondern auch „um des Gewissens willen" (Röm 13,5). Daraus folgt, so meint man, daß unser Gewissen auch an die bürgerlichen Gesetze gebunden ist.

Um diesen Knoten aufzulösen, ist es zunächst von Nutzen festzustellen, was eigentlich das *Gewissen* ist. Die Beschreibung dieses Begriffs entnehmen wir der Wurzel des Wortes. Die Menschen erlangen ja durch Verstand und Einsicht ein Wissen von den Dingen; daraus leitet sich das Wort „Wissenschaft" (scientia) ab. Nun haben sie aber auch ein Empfinden des göttlichen Gerichts, das wie ein Zeuge stets bei ihnen steht; dies Empfinden heißt „Gewissen" (con-scientia = Mit-wissen). Es ist also gewissermaßen etwas das mitten zwischen Gott und dem Menschen steht; denn es läßt nicht zu, daß der Mensch das, was er doch weiß, in sich selbst unterdrückt, sondern es bedrängt ihn solange, bis er sich schuldig bekennt. – Das meint Paulus mit seiner Lehre, das Gewissen lege zugleich mit dem Menschen Zeugnis ab, und zwar, wenn seine Gedanken sich vor Gottes Gericht anklagen oder entschuldigen (Röm 2,15f.). Die bloße Erkenntnis könnte im Menschen gewissermaßen verschlossen und unwirksam bleiben. Da ist denn dies Empfinden gleichsam ein ihm beigegebener Wächter, damit nichts im Finsteren begraben bleibt. Daher auch das alte Sprichtwort: das Gewissen ist wie tausend Zeugen ...

Jetzt wollen wir wieder auf die *menschlichen Gesetze* zurückkommen. Wenn sie zu dem Zweck gegeben sind, uns heilige Scheu einzuflößen, als ob ihre Einhaltung an und für sich notwendig sei, dann behaupten wir, daß dem Gewissen etwas auferlegt wird, das sich nicht ziemt. Denn unser Gewissen hat es eben nicht mit Menschen, sondern mit Gott zu tun. Als der ganze Erdkreis in die dichteste Finsternis der Unwissenheit gehüllt war, da blieb doch der kleine Lichtstrahl, daß man erkannte, daß das Gewissen der Menschen höher steht als alle menschlichen Urteile ...

Aber noch ist die Schwierigkeit nicht gelöst, die sich aus den Worten des Paulus (Röm. 13,1 u. 5) ergibt. Wenn wir nämlich der Obrigkeit nicht allein aus Furcht vor der Strafe, sondern „um des Gewissens willen" gehorchen sollen, so scheint sich daraus zu ergeben, daß die Obrigkeiten auch über das Gewissen herrschen ...

Ich antworte, daß man hier zunächst zwischen Allgemeinem und Besonderem unterscheiden muß. Denn obwohl die einzelnen Gesetze das Gewissen nicht berühren, so sind wir doch an Gottes allgemeines Gebot gebunden, das uns die Autorität der Obrigkeit als etwas Wichtiges anbefiehlt. Eben um diesen Angelpunkt dreht sich die Erörterung des Paulus: da die Obrigkeiten von Gott geordnet sind, sollen wir ihnen Ehre erweisen. Indessen lehrt er durchaus nicht, daß die Gesetze, die sie geben, sich auf die Leitung der Seele beziehen; denn er hebt allenthalben sowohl die Verehrung Gottes als auch die geistliche Regel zu einem gerechten Leben weit über jegliche Satzungen des Menschen hinaus.

Auch ist hier noch ein Zweites erwähnenswert, das von dem obigen abhängt: obwohl die menschlichen Gesetze notwendig zu halten sind – ich rede von den guten und gerechten Gesetzen –, so binden sie doch das Gewissen nicht, und zwar deshalb nicht, weil die Notwendigkeit sie zu halten, auf ein *allgemeines* Ziel gerichtet ist – daß nämlich unter uns gute Ordnung und öffentliche Gewalt bestehe –, nicht aber in den Dingen selbst liegt, die da im einzelnen geboten werden. *Instit. III, 19,14–15 u. IV, 10,3 u. 5.*

Die Täufer

57. Thomas Münzer: Das Prager Manifest 1521

Thomas Münzer, geb. 1490 in Stolberg (Harz), schloß sich früh der Wittenberger Reformation an. 1520 wurde Münzer Prediger in Zwickau, wo er alsbald zum Führer der dortigen „Schwärmer" oder „Schwarmgeister" wurde, die auch nach Wittenberg kamen – ein Hauptanlaß für Luther, frühzeitig von der Wartburg nach Wittenberg zurückzukehren. Aus Zwickau vertrieben, ging Münzer nach Prag und suchte in Böhmen, dem Hussitenlande, seine radikalen Ideen zu verbreiten, jedoch ohne Erfolg. 1523 wurde Münzer Pfarrer in Allstedt; von dort auf Luthers Betreiben ausgewiesen, ging er nach Mühlhausen, wo er 1525 als Führer des Bauernaufstandes hingerichtet wurde.

Ich, Thomas Münzer von Stolberg, bekenne vor der ganzen Kirche und der ganzen Welt, da diese Briefe gezeigt werden mögen, daß ich mit Christo und allen Auserwählten, die mich von Jugend auf gekannt haben, bezeugen kann, daß ich meinen allerhöchsten Fleiß angewandt habe vor allen Menschen, daß ich könnte einen höheren Unterricht erlangen im heiligen unüberwindlichen Christenglauben ... Ich hab von gar keinem Gelehrten die Ordnung Gottes, so in alle Kreaturen gesetzt, vernommen mit dem allergeringsten Wörtlein ... Ich hab wohl gehört von ihnen die bloße Schrift, die sie gestohlen haben aus der Bibel als Mörder und Diebe, welchen Diebstahl heißt Jeremias im XXIII. Kap. stehlen das Wort Gottes aus dem Munde des Nächsten, welches sie selber von Gott aus seinem Munde keinmal gehört haben[1]. Ich meine, das sind ja feine Prediger, die der Teufel dazu geweiht hat. Diesen unerträglichen und boshaften Schaden der Christenheit hab ich erbar-

[1] Vgl. bes. Jer. 23,13–22 über die falschen Propheten.

mend zu Herzen genommen mit ganzem Fleiß durch Lesen der alten Vätergeschichte; finde, daß nach dem Tode der Apostelschüler die unbefleckt jungfräuliche Kirche ist durch den geistlichen Ehebruch zu einer Hur worden der Gelehrten halber, die da immer wollen obenan sitzen ... Auch finde ich in keinem Concilio die wahrhafte Rechenschaft des unbetrüblichen Gottesworts. Es sind eitel Kinderpossen gewesen. Durch den nachsichtigen Willen Gottes ist dies alles zugelassen, auf daß aller Menschen Werk möchte hervorkommen. Es soll aber – Gott sei gebenedeit – nimmer also zugehen, daß die Pfaffen und Affen sollten die christliche Kirche sein, sondern es sollen die auserwählten Freunde Gottes Wort euch lernen prophezeien, wie Paulus lehret, daß sie können wahrhaft erfahren, wie freundlich, ach so herzlich gerne Gott mit allen seinen Auserwählten redet. Daß ich solche Lehr möchte an den Tag bringen, bin ich willig, um Gottes Willen mein Leben zu opfern. Gott wird wunderbare Dinge tun mit seinen Auserwählten, sonderlich in diesem Lande. Denn hier wird die neue Kirche angehen; dies Volk wird ein Spiegel der ganzen Welt sein. Darum rufe ich einen jeglichen Menschen an, daß er dazu helfe, daß Gottes Wort kann verteidigt werden. Und auch, daß ich dir kann sichtlich weisen durch den Geist Eliä, die dich haben lehren opfern dem Gott Baal. Wirst du das nicht tun, so wird dich Gott lassen durch den Türken im zukünftigen Jahr erschlagen. Ich weiß fürwahr, was ich rede, daß es also ist. Darüber will ich leiden, was Jeremias hat müssen tragen. Nehmts zu Herzen, liebe Böhmen, ich fordere Rechenschaft von euch nit allein, sondern auch Gott selber. Ich will euch auch Rechenschaft geben. Kann ich solche Kunst nicht, der ich mich höchlich rühme, so will ich ein Kind sein des zeitlichen und ewigen Tods. Gegeben zu Prag im 1521. am Tage omnium sanctorum.

58. Menno Simons: „Meine Bekehrung"

Geboren 1492 in Witmarshausen (Friesland). Katholischer Priester, kam durch Luthers Schriften zur Überzeugung von der Unrichtigkeit der katholischen Messe, später auch zu Zweifeln an der Berechtigung der Kindertaufe. Er trat aus der kath. Kirche aus und schloß sich den Täufern an und wurde Ältester (Bischof) der Täufergemeinden um Groningen. Er wirkte in Nordholland, in Emden, in Holstein und starb 1559 in Oldesloe.

Im Unterschied zu Thomas Münzer und den revolutionären Täufern in Münster vertrat Menno Simons die friedliche Richtung der Täufer, die das Ideal eines urchristlichen Lebens in kleinen Gemeinden zu verwirklichen suchten. Die „Mennoniten" waren (und sind) vor allem in Holland verbreitet, wo ihnen 1577 weitgehende Rechte zugestanden wurden. Mennonitengemeinden finden sich heute außer in Holland und Friesland vorwiegend in Kanada und den nördlichen Staaten der USA.

Mein Leser! Die Wahrheit schreibe ich dir in Christo und lüge nicht. Es geschah Anno 1524, in dem 28sten Jahre meines Alters, daß ich mich in meinem Heimatdorf in Friesland in den Priesterdienst begab, wo auch zwei andere, von gleichem Alter, mit mir im gleichen Dienst standen ... Diese beiden jungen Männer und ich führten unsern täglichen Wandel mit Spielen, Trinken und Zeitvertreib in aller Eitelkeit, wie, leider!, solcher fürchtelosen Leute Manier und Art ist; und wenn wir dann ein wenig von der Schrift handeln sollten, konnte ich nicht ein Wort unbespottet mit ihnen reden: denn ich wußte ganz und gar nicht was ich meinte, so verschlossen lag das Wort Gottes vor meinen Augen ...

Im ersten Jahre meines Priesterdienstes fiel mir zuweilen der Gedanke ein, als ich mit Brot und Wein in der Messe umging, daß diese nicht des Herrn Fleisch und Blut wären. Ich meinte, daß es mir des Teufel vortrug, auf daß er mich von meinem Glauben abbrächte. Ich beichtete es manchmal, seufzte und betete, doch konnte ich von diesen Gedanken nicht frei werden ... Ich dachte zuletzt, daß ich das neue Testament mit Fleiß untersuchen wollte; und ich kam darin nicht weit, als ich sah, daß wir betrogen waren; und mein über das vorerwähnte Brot bekümmertes Gewissen wurde von dieser Bekümmernis, selbst ohne alle menschliche Anweisung, bald erlöset; wiewohl mir soweit durch Luther geholfen ward, daß ich wußte, wie Menschen Gebote nicht zum ewigen Tode binden könnten ...

Danach geschah es, daß ein gottesfürchtiger, frommer Mann, Sicke Snyder genannt, zu Leeuwvarden gefangen wurde, weil er seine Taufe erneuert hatte. Es lautete meinen Ohren sehr wunderlich, daß man von einer zweiten Taufe sprach. Ich untersuchte die Schrift mit Fleiß und überdachte sie mit Ernst, konnte aber von der Kindertaufe keinen Bericht finden. Da ich dieses nun merkte, hielt ich mit meinem Pastor Gespräche über diese Sachen und brachte es nach vielen Worten so weit, daß er bekennen mußte, die Kindertaufe habe in der Schrift keinen Grund ... Demnächst brach die Sekte von Münster herein, durch welche viele fromme Herzen, auch an unserm Orte, betrogen wurden. Ich trat mit meiner geringen Gabe dagegen auf, mit Predigten und Ermahnen, soviel ich vermochte ... So verbreitete sich das Gerücht weit umher, ich könne diesen Leuten fein den Mund stopfen. Sie beriefen sich alle auf mich, wer und welche sie auch waren, so daß ich mit meinen Augen wahrnehmen mußte, wie ich der Unbußfertigen Vorkämpfer und Bürge war, die sich alle auf mich verließen, welches mir in meinem Herzen keinen geringen Schlag gab, so daß ich seufzte und bat: Herr, hilf mir, damit ich doch anderer Leute Sünde nicht auf mich lade! ... Ich dachte bei mir selbst: Ich elendiger Mensch, was soll ich machen? So ich bei diesem Wesen bleibe und meines Herrn Wort in meiner Erkenntnis nicht belebe; der Gelehrten Heuchelei, und das unbußfertige, fleischliche Leben, und ihre verkehrte Taufe. Nachtmahl und falschen Gottesdienst nicht nach meiner geringen Gabe mit des Herrn Wort bestrafe; den rechten Grund der Wahrheit um der Furcht meines Fleisches nicht entdecke; die unschuldigen, irrenden Schafe, die so gerne recht tun möchten, wenn sie es nur recht wüßten, nicht nach besten Kräften zu der rechten Weide Christi weise; – ach, wie wird das vergossene Blut in dem Gerichte des allmächtigen und großen Gottes gegen dich auftreten!

Da fing ich an, im Namen des Herrn das Wort einer wahren Buße von der Kanzel öffentlich zu lehren; das Volk auf den schmalen Weg zu weisen; alle Sünden und Gottlosigkeit, dazu alle Abgötterei und falschen Gottesdienst kraft der Schrift zu strafen; den rechten Gottesdienst, auch Taufe und Nachtmahl, nach dem Sinn und der Lehre Christi öffentlich zu bezeugen.

III. DIE KATHOLISCHE KIRCHE IM ZEITALTER DER GEGENREFORMATION

„Gegenreformation“

Die Reformation hatte auch ihre tiefe Auswirkung auf die *römisch-katholische Kirche.* Und zwar in einem doppelten Sinne: einmal führte sie zu einer Verfestigung und Erstarrung der eigenen dogmatischen Position, zum andern aber zu einer neuen, seelisch vertieften Frömmigkeit. Selbst bei den Beschlüssen des *Konzils von Trient*, bei denen die erste Strömung eindeutig vorherrscht, ist, etwa in den Bestimmungen über das Priestertum, über Amt und Verantwortung der Bischöfe ein größeres moralisches Verantwortungsbewußtsein zu spüren. Dasselbe gilt erst recht für Ignatius von Loyola und den *Jesuitenorden,* der in seinem Bestreben, die protestantische Bewegung aufzuhalten und zurückzudrängen, sich relativ moderner, seelisch verfeinerter Mittel bediente: die Jesuitenschulen (Gymnasien) gehörten zu den besten und forschrittlichsten der Zeit; ein weit verbreiteter, allen Laien verständlicher Katechismus (von Canisius), ausgezeichnete Prediger, vor allem aber die den individuellen Bedürfnissen der führenden Oberschicht entsprechende, äußerst wirksame Beichtpraxis brachten dem Orden die geistige und teilweise auch die politische Führung und erweckten ein neues katholisches = antiprotestantisches Selbstbewußtsein. Aus Defensive und Resignation wird Aggression und Zuversicht.

Die äußere und innere Festigung des Katholizismus im Zeitalter der Gegenreformation geht also Hand in Hand mit einer inneren Erneuerung, die trotz spezifisch romanisch = katholischer Züge in der *Mystik* des 16. Jahrhunderts (vgl. Nr. 28 u. 29) in der aufblühenden kirchlichen Kunst (Baukunst des Barock, Kirchenmusik) viel Gemeinsames mit dem gleichzeitigen Protestantismus hat. Besonders frappant ist diese Gemeinsamkeit in einer Bewegung innerhalb des französischen Katholizismus: in der jansenistischen Schule von Post Royal und ihrem bedeutendsten Kopf: *Pascal* (S. 114ff.). Hier streift die innerkatholische Erneuerung, die bewußt an Augustin anknüpft, schon hart die Grenze der Häresie, so daß Pascals paradoxe Aphorismen dem Protestanten fast vertrauter erscheinen als dem an harmonischen Ausgleich gewohnten Katholiken.

59. Aus den Beschlüssen des Konzils von Trient

Durch die Propheten wurde das Evangelium einst in den heiligen Schriften verheißen, unser Herr Jesus Christus, Gottes Sohn, hat es mit eigenem Munde zuerst verkündet, durch seine Apostel ließ er es dann als Quelle aller heilbringenden Wahrheit und sittlichen Ordnung jeglicher Kreatur predigen.

Die heilige Kirchenversammlung weiß, daß diese Wahrheit und Ordnung enthalten ist in *geschriebenen Büchern und ungeschriebenen Überlieferungen,* die die Apostel aus Christi Mund empfangen haben oder die von den Aposteln selbst auf Eingebung des Heiligen Geistes gleichsam von Hand zu Hand weitergegeben wurden und so bis auf uns gekommen sind ...

Niemand soll es wagen, in Sachen des Glaubens und der Sitten, die zum Aufbau christlicher Lehre gehören, die Heilige Schrift im Vertrauen auf eigene Klugheit nach seinem eigenen Sinn zu drehen, gegen den Sinn, den die heilige Mutter die Kirche hielt und hält – ihr steht das Urteil über den wahren Sinn und die Erklärung der heiligen Schriften zu – oder auch die Heilige Schrift gegen die einstimmige Auffassung der Väter auszulegen. *Sitzung 8. 4. 1546.*

*

Die *Rechtfertigung* des sündigen Menschen ist die Überführung aus dem Stand, in dem der Mensch als Sohn des ersten Adam geboren wird, in den Stand der Gnade und der Annahme zum Gotteskind durch den zweiten Adam, Jesus Christus, unsern Heiland ...

Die heilige Kirchenversammlung erklärt, daß jeder zum rechten und klaren Verständnis der Rechtfertigungslehre notwendig anerkennen und bekennen muß, daß alle Menschen im Sündenfall Adams ihre Unschuld verloren hatten (Röm. 5, 12ff.), unrein und nach dem Apostelwort der Natur nach Söhne des Zorns geworden sind (Eph. 2,3) ...

Bei den Erwachsenen muß der Anfang der Rechtfertigung von der zuvorkommenden Gnade Gottes durch Christus Jesus ausgehen, d.i. von seinem Ruf, durch den sie ohne irgendein eigenes vorliegendes Verdienst gerufen werden. So werden sie, die durch Sünden von Gott abgewandt waren, durch seine weckende und helfende Gnade bereit gemacht sich ihrer eigenen Rechtfertigung zuzuwenden, indem sie dieser (Berufungs-) Gnade aus freiem Willen zustimmen und mit ihr zusammenwirken. Bei dieser Berührung, in der Gott das Herz des Menschen trifft, durch das Licht des Heiligen Geistes, bleibt also einerseits der Mensch nicht ganz untätig, denn er nimmt ja jene Eingebung auf, die er auch ablehnen könnte; andererseits kann er sich doch nicht aus freiem Willen heraus ohne die Gnade Gottes zur Gerechtigkeit vor ihm erheben. Wenn es deshalb in der Heiligen Schrift heißt: „Kehrt euch zu mir und ich will mich zu euch kehren" (2. Sach. 1,3), dann werden wir an unsere Freiheit gemahnt. Wenn wir aber antworten: „Kehre uns, Herr, zu dir und wir werden uns bekehren" (Klagelieder Jer. 5,21), dann bekennen wir, daß die Gnade Gottes uns zuvorkommt ...

*

Wer behauptet, durch *gute Werke* werde die empfangene Gerechtigkeit nicht vermehrt, vielmehr seien die guten Werke nur die Früchte und Zeichen der erlangten Rechtfertigung, nicht aber die Ursache ihrer Vermehrung: der sei ausgeschlossen.

Wer behauptet, die guten Werke seien nicht auch die Verdienste des Gerechtfertigten oder er verdiene durch seine guten Werke nicht wahrhaft eine Vermehrung der Gnade und der Herrlichkeit im ewigen Leben: der sei ausgeschlossen.

Wer behauptet, der *freie Wille* des Menschen sei nach der Sünde Adams verloren und ausgelöscht worden, oder es handle sich nur um ein Wort, um einen Namen ohne Inhalt ..., der sei ausgeschlossen.

Wer behauptet, nach erlangter Rechtfertigungsgnade werde dem bußfertigen Sünder die Schuld so erlassen und die Strafwürdigkeit für die ewige Strafe so getilgt, daß auch keine Strafwürdigkeit zu einer *zeitlichen Strafe* mehr abzubüßen bleibe, sei es in diesem Leben oder im zukünftigen, im Fegfeuer, bevor der Zugang zum Himmelreich offen steht, der sei ausgeschlossen. *Sitzung 13. 1. 1547.*

*

Wenn jemand lehrt, daß die *Sakramente* des Neuen Bundes nicht durch ihren bloßen Vollzug (ex opere operato) Gnade verschaffen, sondern der Glaube an die göttliche Verheißung genüge allein, um die Gnade (Gottes) zu erlangen, der sei ausgeschlossen.

*

Es gibt nur eine allgemeine Kirche der Gläubigen. Außer ihr wird keiner gerettet. In ihr ist Jesus Christus Priester und Opfer zugleich. Sein Leib und Blut ist im *Sakrament des Altars* unter den Gestalten von Brot und Wein wahrhaft enthalten, nachdem durch Gottes Macht das Brot in den Leib und der Wein in das Blut verwandelt sind: damit wir vom Seinigen empfangen, was er vom Unsrigen annahm und so die geheimnisvolle Einheit vollendet werde. Und dieses Sakrament kann niemand vollziehen als nur der Priester, welche rechtmäßig ordiniert ist, gemäß den Schlüsseln der Kirche, welche Christus selbst den Aposteln und ihren Nachfolgen übergeben hat. *12. Laterankonzil, 1215.*

Unser Gott und Herr hat zwar einmal auf dem Altar des Kreuzes sich selbst im Tod Gott Vater als *Opfer* darbringen wollen, um (für alle, die geheiligt werden sollten) die ewige Erlösung zu erwirken. Weil aber durch den Tod sein Priestertum nicht ausgelöscht werden sollte, so wollte er, beim letzten Mahl in der Nacht des Verrats, seiner geliebten Braut, der Kirche, ein sichtbares Opfer hinterlassen, wie es die Menschennatur erfordert, in dem jenes blutige Opfer, das einmal am Kreuze dargebracht werden sollte, dargestellt, sein Andenken bis zum Ende der Zeiten bewahrt und seine heilbringende Kraft zur Vergebung der Sünden zugewandt werden sollte ...

Er brachte Gott dem Vater seinen Leib und sein Blut unter den Gestalten von Brot und Wein dar, reichte ihn den Aposteln, die er damals zu Priestern des Neuen Bundes bestellte, unter denselben Zeichen zum Genuß und befahl ihnen und ihren Nachfolgern im Priestertum, dieses Opfer darzubringen.

In diesem göttlichen Opfer, das in der Messe gefeiert wird, ist derselbe Christus enthalten und wird unblutig geopfert, der sich selbst am Altar des Kreuzes einmal blutig dargebracht hat ...

Es ist ein und dieselbe Opfergabe, und es ist derselbe, der jetzt durch den Dienst der Priester opfert und der sich selbst damals am Kreuze darbrachte, nur die Art der Darbringung ist verschieden. Die Früchte jenes Opfers, des blutigen nämlich, werden durch dieses unblutige überreich erlangt; so wird durch dieses (unblutige Opfer) jenes (blutige) in keiner Weise verkleinert.

Da Christus, unser Heiland, gesagt hat, es sei wahrhaft sein Leib, was er unter der Gestalt des Brotes opferte, so war es stets allgemeine Überzeugung in der Kirche Gottes, was jetzt die heilige Synode wiederum erklärt, daß durch die Weihe von Brot und Wein sich eine *Verwandlung* der ganzen Brotsubstanz in die Substanz des Leibes Christi, unseres Herrn, und der ganzen Weinsubstanz in die Substanz seines Blutes vollziehe. Und diese Wandlung ist von der katholischen Kirche zutreffend und im eigentlichen Sinn Wesensverwandlung (transsubstantiatio) genannt worden.

Wer sagt, daß Meßopfer sei nur Lob- und Danksagung oder das bloße Gedächtnis des Opfers am Kreuz, nicht aber ein Sühneopfer, oder es bringe nur dem Nutzen, der kommuniziere, und man dürfe es nicht für Lebende und Verstorbene, für Sünden, Strafen, zur Genugtuung und für andere Nöte darbringen, der sei ausgeschlossen. *Sitzung 17. 9. 62.*

*

Da im Neuen Bund die katholische Kirche nach der Einsetzung des Herrn die heilige Eucharistie als sichtbares Opfer empfangen hat, so muß man auch bekennen, daß es in ihr ein neues, sichtbares, äußeres *Priestertum* gibt ... Den Aposteln und ihren Nachfolgern im Priestertum wurde von unserem Herrn und Heiland die Gewalt übertragen, seinen Leib und sein Blut zu verwandeln, darzubringen und auszuteilen, sowie Sünden zu vergeben und zu behalten.

Die *Priesterweihe* ist im wahren und eigentlichen Sinn eines von den sieben Sakramenten der heiligen Kirche. Im Sakrament der Priesterweihe wird wie in der Taufe und Firmung ein Merkmal eingeprägt, das nicht zerstört und nicht weggenommen werden kann.

Außer den übrigen kirchlichen Rangstufen gehören vor allem die *Bischöfe*, die den Aposteln im Amt nachfolgen, zur kirchlichen Hierarchie. Sie sind vom Heiligen Geist eingesetzt, die Kirche Gottes zu lenken, den Priestern vorgesetzt zu sein, das Sakrament der Firmung zu spenden, die Diener der Kirche zu weihen und verschiedene Vollmachten zu haben, deren Ausübung den anderen auf einer niedrigeren Stufe nicht zukommt. *Sitzung 15. 7. 1563.*

60. Der Index[1]

Regel I

Alle Bücher, die vor 1515 von einem Papst oder einem allgemeinen Konzil verworfen sind, die aber in diesem Verzeichnis (Index) nicht genannt werden, gelten automatisch als weiterhin verworfen.

---

[1] Verzeichnis der verbotenen Bücher. Der Trienter Index erschien 1564, unmittelbar nach dem Konzil von Trient (1545–1563). Er wurde in den folgenden Jahren ergänzt und verändert.

Regel II

Ausnahmslos verboten sind die Bücher von Oberketzern, ob sie nun nach 1515 Ketzereien erfunden oder angefacht haben, oder ob sie Schulhäupter oder Führer von Ketzern waren oder noch sind, wie etwa Luther, Zwingli, Calvin, Hubmaier[1], Schwenkfeld[2] und ihresgleichen ...

Regel III

Übersetzungen von Kirchenvätern die von verurteilten Ketzern verfaßt sind, sind nur erlaubt, wenn sie nichts gegen die unverkürzte Lehre enthalten. Übersetzungen alttestamentlicher Bücher können durch Entscheid des Bischofs gelehrten, frommen Männern zu Studienzwecken zugebilligt werden, aber nur um den Vulgatatext zu erläutern ... Übersetzungen des neuen Testaments von Übersetzern, die zu der oben genannten Gruppe dieses Index gehören, sind jedermann verboten ...

Regel IV

Die Erfahrung zeigt eindeutig, daß den Menschen wegen ihrer Vermessenheit mehr Schaden als Nutzen entsteht, wenn man die Heilige Schrift in den Volkssprachen wahllos zuläßt. Deshalb soll der Ortspfarrer oder der Beichtvater entscheiden, wer nach ihrem Urteil aus der Lektüre der Hl. Schrift in einer katholischen volkssprachlichen Übersetzung keinen Schaden, sondern Förderung des Glaubens und der Frömmigkeit gewinnt, und wem daher die Bibellektüre in der Volkssprache erlaubt werden darf; diese Erlaubnis muß schriftlich erteilt werden. Wer es sich aber herausnimmt, ohne eine solche Erlaubnis Bibeln in der Volkssprache zu lesen oder zu verteilen, der kann nicht eher die Lossprechung von seinen Sünden erlangen, als bis er die Bücher beim Ortspfarrer abgeliefert hat.

61. Ignatius von Loyola: Aus den geistlichen Übungen

Um die rechte Gesinnung, die wir in der streitenden Kirche haben sollen, zu erlangen, sind folgende Regeln zu beachten:

1. Indem wir jedes eigene Urteil beiseite setzen, müssen wir unsern Geist bereit und willig halten, in allem der wahren Braut Christi unseres Herrn zu gehorchen, die da ist unsere heilige Mutter, die hierarchische Kirche.

---

[1] Balthasar *Hubmaier* (1485–1528), ein Führer der gemäßigten Täufergemeinden; wirkte zuletzt in Böhmen und wurde in Wien als Ketzer verbrannt.

[2] Kaspar *Schwenkfeld* (1489–1561), schloß sich früh der Reformation an und wirkte zuerst in Schlesien, bis er von dort nach Süddeutschland flüchtete. Er stand zeitweise Zwingli und Bucer nahe, wurde aber auch von den reformierten Theologen, erst recht von Luther, wegen seiner „spiritualistischen" Theologie abgelehnt: das Wort der hl. Schrift galt ihm nur als unvollkommenes Gleichnis des *Geistes*, der die Propheten und Apostel beseelte; die Taufe ist nur sinnlicher Hinweis auf die „Geistestaufe".

2. Man empfehle die vor dem Priester abgelegte Beichte und den Empfang des allerheiligsten Sakramentes einmal im Jahre[1] und noch viel mehr, wenn dies alle Monate geschieht, und viel besser ist es noch, wenn alle acht Tage.

3. Man empfehle die häufige Anhörung der heiligen Messe sowie die Gesänge und Gebete in und außerhalb der Kirche.

4. Man lobe die geistlichen Orden, die Jungfräulichkeit und Enthaltsamkeit, die Ehe dagegen nicht so sehr wie einen der genannten Stände.

5. Man lobe die Ordensgelübde der Armut, der Keuschheit und das Gelöbnis anderer zur Vollkommenheit gehörender besonderer Werke ...

6. Man schätze wert die Reliquien der Heiligen, indem man ihnen Verehrung erzeigt und an die Heiligen Gebete richtet. Man lobe die Wallfahrten und den Besuch der Wallfahrtskirchen, die Ablässe ... und das Anzünden von Kerzen in den Kirchen.

7. Man lobe die Verordnungen der Kirche inbezug auf die Fasttage ... und alle Werke der Buße, und zwar nicht nur die inneren, sondern auch die äußeren.

8. Man lobe den Schmuck der Kirche durch Kirchenbauten und ebenso die Bilder und ihre Verehrung im Hinblick auf das, was sie darstellen.

9. Man lobe endlich *alle* Gebote der Kirche und sei stets bemüht, Gründe zu ihrer Verteidigung zu suchen und nicht etwa zu ihrer Bekämpfung.

10. Wir müssen eher bereit sein, sowohl die Anordnungen und Weisungen wie auch die Sitten unserer Vorgesetzten zu billigen und zu loben als zu tadeln. Denn wenn auch einige nicht lobenswert sind oder waren, so würden doch, spräche man dagegen, sei es in öffentlichen Predigten oder in sonstigen Äußerungen vor dem Volke, dies viel eher Murren und Ärgernis erregen als Nutzen bringen. Denn so würde das Volk nur gegen seine Vorgesetzten, weltliche oder geistliche, aufgebracht werden. Wie es indes Schaden bringt, von den Vorgesetzten in deren Abwesenheit vor dem gewöhnlichen Volke übel zu reden, so kann es nur nützlich sein, von den schlechten Sitten mit eben jenen Personen zu sprechen, die ihnen abhelfen können.

13. Wir müssen, um in allem sicher zu gehen, stets festhalten: was meinen Augen weiß scheint, halte ich für schwarz, wenn die hierarchische Kirche so entscheidet, überzeugt, daß zwischen Christus unserem Herrn, dem Bräutigam, und der Kirche, seiner Braut, derselbe Geist waltet, der uns zum Heile unserer Seelen leitet ...

14. Obwohl es vollkommen wahr ist, daß niemand selig werden kann, der nicht vorherbestimmt ist und der nicht den Glauben und die heiligmachende Gnade besitzt, so muß man doch in der Art und Weise, wie man über alle diese Dinge redet, große Vorsicht anwenden.

15. Wir sollen von der Vorherbestimmung nicht viel sprechen. Kommt aber die Rede darauf, so spreche man so darüber, daß das gewöhnliche Volk nicht in einen Irrtum gerate und, wie es manchmal zu geschehen pflegt, sagt: Ob ich selig oder

[1] Dies war der alte Brauch; die möglichst häufige Beichte und Kommunion war ein Kennzeichen der gegenreformatorischen Frömmigkeit.

verdammt werden soll, ist schon bestimmt, und kann sich weder durch meine guten noch meine bösen Taten ändern – aus welchem Grunde dann solche Leute in ihren guten Werken, die zum Fortschritt ihres seelischen Lebens dienlich sind, träge und lässig werden.

16. Ebenso muß man darauf achten, daß man nicht viel und mit besonderen Nachdruck vom Glauben spreche, ohne genauere Unterscheidung und Erklärung, und dadurch dem Volke Anlaß gebe, in der Verrichtung guter Werke lau und träge zu werden, sei es, daß diese dem von der Liebe belebten Glauben vorangehen oder folgen.

17. Ebenso dürfen wir nicht so ausgiebig und mit besonderem Nachdruck von der Gnade sprechen aus Furcht, daß dadurch das Gift einer Lehre erzeugt wird, die die Freiheit des menschlichen Willens aufheben möchte. Vom Glauben und von der Gnade darf man daher nur so reden ..., daß dadurch der Wert der guten Werke und der freie Wille nicht irgendwelche Einbuße erleiden oder gering geachtet werden.

18. Obgleich man es überaus schätzen soll, Gott unserm Herrn aus reiner Liebe zu dienen, so müssen wir doch auch die Furcht vor seiner göttlichen Majestät sehr loben. Denn nicht nur die kindliche Furcht ist etwas Frommes und sehr Heiliges, sondern auch die knechtische Furcht. Denn sie verhilft dem Menschen, aus der Todsünde herauszukommen; und hat er sich einmal daraus befreit, dann gelangt er leicht zur kindlichen Furcht, die Gott unserem Herrn angenehm und wohlgefällig ist, weil unzertrennlich verbunden mit der göttlichen Liebe.

Pascal

Unter den christlichen Denkern nimmt Blaise Pascal (1623–1662) eine besondere Stellung ein, denn er vereinigte in sich gewöhnlicherweise getrennte, ja scheinbar gegensätzliche Begabungen und Neigungen: er war ein bedeutender Mathematiker und Physiker im Zeitalter der aufblühenden Naturwissenschaft und verteidigte die alten kirchlichen Dogmen; er war ein geistreicher Mann der Welt und wurde ein entsagungsvoller Asket; er war ein gläubiger Katholik und war zugleich ein leidenschaftlicher Gegner des Jesuitenordens; er war ein Mensch des Gefühls und zugleich ein scharfsichtiger Psychologe und Philosoph. Am meisten verwandt von allen christlichen Denkern scheint Augustin, dessen Lehre er gleichsam ins Moderne übersetzt.

Pascal widmete sich erst der Mathematik und dann der Physik, wo er sich trotz seiner Jugend durch bedeutende, originale Leistungen auszeichnete. In jener Zeit huldigte er einer freien Lebens- und Weltanschauung; durch seine Schwester aber, die Nonne war, kam er mit dem Kloster Port Royal in Verbindung, das damals religiöser Mittelpunkt des an Augustin anknüpfenden „Jansenismus" war[1]. In scharfem Gegensatz zu dem auf äußerliche Erfolge

[1] Diese Bewegung hat von dem flämischen Theologen Cornelius *Jansen*, ihren Namen, der 1640 ein dogmatisches Werk über Augustin veröffentlichte. Ihr bedeutendster Führer in Frankreich war Arnauld (1612–1694), dessen Schwester das Nonnenkloster Royal leitete. Die Bewegung wurde wegen ihrer Anschauung über die Gnadenwahl, vor allem aber wegen ihres

erpichten Jesuitenorden wurde hier ein innerliches Christentum gepflegt und Augustins Lehre von der Gnade hochgehalten. 1654 erlebte Pascal seine innere Bekehrung, von der uns ein ergreifendes Zeugnis aus seiner Hand überliefert ist (Nr. 62). Bald darauf trat er durch eine gegen die Jesuiten geschriebene Streitschrift hervor „Lettres provinciales" (Briefe an einen Mann der Provinz, geschrieben von einem seiner Freunde aus Paris). In dieser Schrift geißelt Pascal mit geistreicher Ironie vor allem die sogenannte „Jesuitenmoral". Bereits schwerkrank, arbeitete Pascal an einem großen apologetischen Werk, in dem er den christlichen (katholischen) Glauben gegen die Einwände des modernen Unglaubens rechtfertigen wollte. Dieses Werk blieb Fragment; die Bruchstücke, teils ausgeführte Abschnitte, teils nur kurze Aphorismen, wurden nach Pascals frühem Tode unter dem Titel „Pensées" (Gedanken) von seinen Freunden herausgegeben.

62. Die Bekehrung

Das Jahr der Gnade 1654[1]

Montag, 23. November ... von ungefähr zehn und einhalb Uhr am Abend bis ungefähr eine halbe Stunde nach Mitternacht:

Feuer.

„Gott Abrahams, Gott Isaaks, Gott Jakobs"[2]
nicht der Philosophen und Gelehrten.
Gewißheit. Gewißheit. Empfindung. Freude. Friede.
Gott Jesu Christi.
„Dein Gott soll mein Gott sein".
Vergessen der Welt und aller Dinge, ausgenommen Gott.
Er wird nur auf den Wegen gefunden, die im Evangelium gelehrt sind.
Größe der menschlichen Seele.
„Gerechter Vater, die Welt hat dich nicht erkannt, aber ich habe dich erkannt".
Freude, Freude, Freude, Tränen der Freude.
Ich habe mich von ihm getrennt:
„Dereliquerunt me fontem aquae vivae".
„Mein Gott, wirst du mich verlassen?"
Möge ich nicht ewig von ihm getrennt werden.
„Dies ist das ewige Leben, daß sie dich erkennen, den einzigen
wahren Gott, und den du gesandt hast, Jesus Christus".
Jesus Christus.
Jesus Christus.

Kampfes gegen die Jesuiten verdächtig; einige ihrer Glaubenssätze wurden vom Papste verdammt, die Jansenisten schließlich von Ludwig XIV. gewaltsam verfolgt und das Kloster Port Royal zerstört.

[1] Dies Bekenntnis, unmittelbar nach dem Bekehrungserlebnis niedergeschrieben, trug Pascal stets bei sich.

[2] Die angeführten Bibelstellen sind: 2. Mose 3,6 (Mt. 22,32) – Ruth 1,16 – Joh. 17,25 – „Verlassen haben sie mich, die Quelle lebendigen Wassers" Jer. 2,13 – Mt. 27,46 – Joh. 17,6 – „Ich werde deine Worte nicht vergessen" Ps. 28,16.

Ich habe micht von ihm getrennt; ich bin von ihm geflohen,
Ich habe ihn verleugnet, gekreuzigt.
Möge ich nie von ihm getrennt sein.
Er wird nur auf den Wegen bewahrt, die im Evangelium gelehrt sind:
Vollkommene, innige Entsagung.
Vollkommene Unterwerfung unter Jesus Christus und unter
meinen geistlichen Führer.
Ewig in der Freude für einen Tag der Plage auf Erden.
Non obliviscar sermones tuos. Amen.

63. Zwischen zwei Unendlichkeiten

Möge der Mensch die ganze Natur in ihrer hohen und vollen Majestät betrachten und sich frei machen vom Anblick der niedrigen Gegenstände, die ihn umgeben. Möge er dieses glänzende Licht betrachten, das als ewige Lampe aufgehängt ist, das Weltall zu erleuchten, möge ihm die Erde nur wie ein Punkt erscheinen im Vergleich zu der weiten Runde, die sie durchläuft, und möge er staunen, daß diese weite Runde selbst doch nur winzig ist im Vergleich zu den Bahnen, die die Sterne am Firmament durchmessen. Aber wenn unsere Sicht da anhält, soll unsere Vorstellungskraft noch weit darüber hinausgehen. Denn diese ganze uns sichtbare Welt ist ja nur wie ein kaum bemerkbarer Strich im weiten Schoß der Natur. Keine Idee reicht da heran.

Möge der Mensch, zu sich zurückgekehrt, erkennen, was er im Vergleich zu dem *ganzen* Sein ist; möge er sich ansehen wie verschlagen in diesem verlorenen Winkel der Natur, und möge er, von dieser kleinen Gefängniszelle aus, wo er haust – ich meine das sichtbare Universum – die Erde, die Königreiche, die Städte und sich selbst in ihrem rechten Ausmaß erkennen. Was ist ein Mensch im Unendlichen? Aber um ihm ein anderes, ebenso erstaunliches Wunder zu zeigen, so möge er erforschen, was er als die *kleinsten* Dinge kennt. Möge ihm eine Milbe in ihrem kleinen Körper ihre noch kleineren Glieder zeigen, Beine mit Fesseln, Adern in ihren Beinen, Blut in ihren Adern, Flüssigkeit in diesem Blut, Tropfen in dieser Flüssigkeit. Möge er noch diese letzten Dinge teilen und dabei die Kräfte seiner Vorstellungskraft erschöpfen. Er wird vielleicht glauben, daß dies das Allerkleinste in der Natur sei. Ich aber will ihm einen neuen Abgrund zeigen,... die Unermeßlichkeit der Natur, die man im Atom selbst begreifen kann. Möge er dort ebenfalls eine Unendlichkeit sehen ... und möge er sich in diesen Wundern verlieren, die ebenso erstaunlich sind in ihrer Kleinheit wie die anderen in ihrer Größe ...

Der Mensch, der sich so betrachtet, erschrickt vor sich selbst, wenn er sich ausgespannt sieht zwischen den beiden Abgründen des Unendlichen und des Nichts. Er wird erschauern beim Anblick dieser Wunder, und ich glaube, seine Neugier wird sich in Ehrfurcht verwandeln und er wird eher geneigt sein, diese Wunder in Schweigen zu betrachten als sie mit Anmaßung zu erforschen.

Denn schließlich, was ist der Mensch in der Natur? Ein Nichts in bezug auf das Unendliche, ein All in bezug auf das Nichts, ein Mittleres zwischen nichts und allem. Er ist ebenso unfähig, das Nichts zu sehen, aus dem er hervorgeholt ist, wie die Unendlichkeit, von der er verschlungen wird, und so ist das Ende und der Anfang des Seienden für ihn in ein undurchdringliches Geheimnis gehüllt. Was also kann er tun, als nur die äußere Erscheinung in der Mitte des Seienden wahrzunehmen, ohne Hoffnung, je seinen Anfang noch sein Ende zu kennen. Und doch ist alles Seiende aus dem Nichts hervorgegangen und reicht bis zur Unendlichkeit.

Wer kann diese wunderbaren Wege verfolgen? Der Urheber dieser Wunder begreift sie. Kein anderer vermag es ...

Wir treiben auf einer weiten Mitte, immer ungewiß und schwankend, von einem Ende zum andern gestoßen. An welchem Ende wir uns auch zu halten versuchen, es entwischt unserm Griff, entgleitet uns und flieht in einer ewigen Flucht. Nichts steht fest. Das ist der Zustand, der uns natürlich ist, und dennoch am meisten entgegengesetzt unserer Neigung. Denn wir brennen vor Sehnsucht, einen festen Halt zu finden, eine letzte dauernde Grundlage, um darauf unsern Turm zu bauen, der sich zum Unendlichen erhebe; aber all unsere Grundlagen stürzen ein und die Erde öffnet sich bis in ihre tiefsten Abgründe. Suchen wir also keine Sicherheit und Festigkeit! Unsere Vernunft wird ständig enttäuscht durch die Unbeständigkeit der Erscheinungen; nichts kann das Endliche festhalten zwischen den beiden Unendlichkeiten, die es einschließen und es fliehen. *Pensees 72* [1].

64. Größe und Nichtigkeit des Menschen

Das Denken macht des Menschen Größe.

Der Mensch ist nur ein Schilfrohr, das Schwächste in der Natur; aber er ist ein denkendes Schilfrohr. Es bedarf nicht des Weltalls, um ihn zu vernichten: schon ein Lufthauch, ein Wassertropfen genügt, um ihn zu töten. Aber sollte ihn auch das ganze Weltallt zermalmen, so wäre der Mensch doch edler als das, was ihn tötet, weil er weiß, daß er stirbt, und die Übermacht des Weltalls kennt – das Weltall weiß nichts davon.

All unsere Würde besteht also im Denken. Bemühen wir uns darum, recht zu denken! *346 u. 347.*

Alle Würde des Menschen besteht in seinem Denken. Aber was ist dies Denken? Wie töricht ist es! Das Denken ist durch seine Natur eine wunderbare und unvergleichbare Sache; es muß also seltsame Fehler haben, um so verachtungswürdig zu werden – und es hat solche, daß es nichts Lächerliches gibt. Wie groß ist es durch seine Natur! wie niedrig durch seine Fehler! *365.*

Die Größe des Menschen ist so sichtbar, daß sie selbst aus seinem Elend zu schließen ist. Denn was wir bei den Tieren Natur nennen, nennen wir Elend beim Menschen – womit wir zugeben, daß seine Natur, die heute der der Tiere gleicht, von einer höheren Natur gefallen ist, die ihm einst eigen war. *409.*

[1] Die Nummern nach der Ausgabe von Léon Brunschvicg (s. Quellennachweis).

Diese Duplizität des Menschen ist so augenfällig, daß manche geglaubt haben, wir hätten zwei Seelen. Ein einfaches Subjekt nämlich schien ihnen nicht fähig eines plötzlichen Wechsels von maßlosem Stolz zu schrecklicher Niedergeschlagenheit. *417*

Es ist gefährlich, den Menschen allzu sehr sehen zu lassen, wie sehr er dem Tiere gleicht, ohne ihm seine Größe zu zeigen. Aber es ist ebenso gefährlich, ihn allzusehr seine Größe sehen zu lassen, ohne ihm seine Niedrigkeit zu zeigen. Es ist noch gefährlicher, ihn weder das eine noch das andere erkennen zu lassen; heilsam aber ist es, ihm das eine und das andere vor Augen zu führen. *418.*

Der Mensch ist weder Engel noch Tier, und das Unglück will, daß wer den Engeln gleichen möchte, dem Tiere gleich wird. *358.*

„Wenn er sich rühmt, erniedrige ich ihn; wenn er sich erniedrigt, rühme ich ihn, und widerspreche ihm immer, bis er erkennt, daß er ein unbegreifliches Ungeheuer ist". *420.*

Es ist gut, müde zu werden bei der vergeblichen Suche nach dem wahren Gut, damit man die Hände ausstrecke nach dem Erlöser. *422.*

Die Erkenntnis Gottes ohne die des menschlichen Elends macht stolz. Die Erkenntnis des Elends ohne die Gottes macht verzweifelt. Die Erkenntnis Jesu Christi ist allein die rechte Mitte, weil wir dabei sowohl Gott wie unser Elend erkennen. *527.*

65. Die Erbsünde

Seltsam, daß das Dogma, das unserem Verständnis besonders fernliegt, nämlich das von der Übertragung der Sünde, uns unentbehrlich ist, um uns selbst zu erkennen. Gewiß, nichts empört unsere Vernunft mehr als die Behauptung, die Sünde des ersten Menschen habe auch diejenigen schuldig gemacht, die von dieser Quelle so weit entfernt sind, daß sie daran keinen Anteil zu haben scheinen. Eine solche Übertragung der Schuld scheint uns nicht nur unmöglich, sie scheint uns vor allem höchst ungerecht: denn was widerspräche unserm Gerechtigkeitsempfinden mehr, als ein Kind, das noch keines Willensaktes fähig ist, für ewig zu verdammen bloß auf Grund einer Sünde, die sechstausend Jahre vor unserer Geburt begangen wurde! Gewiß, nichts erregt mehr Anstoß als diese Lehre, und dennoch ohne sie, die unbegreiflichste von allen, wären wir uns selbst noch viel unbegreiflicher ...

Die Auflösung dieses Rätsels liegt in zwei Glaubenswahrheiten, die sich auf die Autorität der Religion gründen: die eine, daß der Mensch im Stande der Schöpfung oder in dem der Gnade weit erhaben ist über die Natur, Gott ähnlich und an seiner Göttlichkeit teilhabend, die andere, daß er im Stande der Verderbnis aus diesem Stande gefallen und den Tieren gleich geworden ist ...

Was hätten die Menschen ohne diese gottgegebenen Erkenntnisse tun können, als entweder sich erheben in dem inneren Gefühl, das ihnen von ihrer einstigen Größe geblieben ist, oder aber angesichts ihrer gegenwärtigen Schwachheit verzagen? Die einen betrachten die menschliche Natur als unverdorben, die anderen als unrettbar verderbt, und so mußten sie entweder in Hochmut oder in Trägheit fallen, den beiden Quellen unserer Fehler ... Daher kommen die beiden gegensätzlichen Schulen der Stoiker und der Epikuräer.

Nur die christliche Religion hat uns von diesen beiden Fehlern heilen können, nicht indem sie mit irdischer Weisheit den einen Irrtum durch den andern verjagte, sondern indem sie durch die Schlichtheit des Evangeliums den einen *und* den andern vertrieb. Denn sie lehrt die Gerechten, daß sie, obwohl erhaben bis zur Teilnahme an der Gottheit selbst, nach wie vor die Quelle des Verderbens in sich tragen und während ihres ganzen Lebens dem Irrtum, dem Elend, dem Tode, der Sünde ausgeliefert sind. Und sie ruft selbst dem Gottlosen zu, daß er der Gnade seines Erlösers teilhaft werden könne. Indem sie zittern macht, die sie rechtfertigt, und tröstet, die sie verdammt, erniedrigt sie unendlich tiefer als bloße Vernunft es vermag, und erhebt unendlich höher als natürlicher Hochmut es vermag – das eine, ohne uns verzweifelt, das andere, ohne uns stolz zu machen. *434 und 435.*

66. Die seelischen Widersprüche

Zerstreuung. Wenn ich mir zuweilen die so verschiedenartigen Strebungen der Menschen vergegenwärtigte, die Gefahren und Mühen, denen sie sich freiwillig aussetzen: am Hofe, im Kriege; wenn ich darüber nachsann, woher denn die vielen Streitigkeiten, Leidenschaften, die kühnen und oft unglückseligen Taten kommen, so fand ich, daß alles Unglück der Menschen nur eine Ursache hat: der Mensch kann nicht ruhig bleiben. Nur darum erwirbt man für teures Geld einen Rang in der Armee, weil es einem unerträglich scheint, still zu Hause zu sitzen; nur darum sucht man gesellschaftliche Unterhaltungen oder die Zerstreuung des Spiels, weil es uns unmöglich ist, mit Vergnügen zuhause zu bleiben! ... Nicht als ob wir uns einbildeten, das wahre Glück bestünde in dem Geld, das wir beim Spiel gewinnen könnten, oder im Hasen, den wir jagen; fällt uns dies ohne Mühe zu, so ist es für uns ohne Reiz. Wir suchen nicht den friedlichen Genuß – denn dabei können wir unser Elend nicht vergessen –, wir suchen vielmehr die Plackerei, die uns von diesen traurigen Gedanken ablenkt. Das ist der Grund, warum die Menschen Lärm und Unruhe lieben; das ist der Grund, warum die Einzelhaft eine so furchtbare Qual ist; das ist der Grund, warum die Freude an der Einsamkeit so unbegreiflich ist ...

Wir haben also einen geheimen Trieb, der uns dazu drängt, Beschäftigung und Zerstreuung außerhalb unserer zu suchen; er entspringt dem Gefühl unseres ständigen Elends. Wir haben aber auch einen anderen geheimen Trieb, der uns von der Größe unserer ersten Natur geblieben ist, und der lehrt uns, daß das Glück in der Ruhe besteht und nicht in der Unruhe. Aus diesen beiden gegensätzlichen Trieben bildet sich im Grunde unserer Seele eine unklare Vorstellung, die uns drängt, durch Unruhe zur Ruhe zu streben ... So vergeht unser Leben. Wir suchen die Ruhe, und um sie zu erlangen, meinen wir nur ein paar Hindernisse noch überwinden zu müssen. Sind sie aber überwunden, so wird uns die Ruhe unerträglich ... *139.*

Wir leben niemals in der *Gegenwart.* Wir nehmen die Zukunft vorweg, als käme sie zu langsam und wir müßten ihren Lauf beschleunigen; oder wir erinnern uns der Vergangenheit, als wollten wir sie festhalten, weil sie zu schnell vergeht: Toren, die wir in Zeiten umherirren, die nicht unser sind, statt an die einzige zu denken, die uns gehört ...

Mag jeder seine Gedanken prüfen: er wird feststellen, daß sie alle mit der Vergangenheit und mit der Zukunft beschäftigt sind. Wir denken kaum an die Gegenwart und wenn wir daran denken, so nur um aus ihr zu erkennen, wie wir die Zukunft besser meistern. Die Zukunft allein ist für uns Ziel; Vergangenheit und Gegenwart sind nur Mittel. So leben wir eigentlich niemals, sondern hoffen zu leben; wir sind stets im Begriff glücklich zu werden und vermögen niemals glücklich zu sein. *172*

*

In unserem Inneren tobt ein Bürgerkrieg zwischen *Vernunft* und *Leidenschaften.*
Hätte der Mensch nur Vernunft ohne Leidenschaften ...
Hätte er nur Leidenschaften ohne Vernunft ...
Aber da er das eine und das andere hat, kann er nicht ohne Kampf existieren und ist stets mit sich selbst im Widerspruch. *412*

Dieser Kampf der Vernunft gegen die Leidenschaften hat zur Folge, daß diejenigen, die inneren Frieden haben wollen, sich in zwei Lager geteilt haben. Die einen möchten den Leidenschaften entsagen und Götter werden; die anderen wollen auf die Vernunft verzichten und Tiere werden. Aber weder die einen noch die anderen haben es vermocht: denn die Vernunft bleibt immer bestehen und klagt die Niedrigkeit und Ungerechtigkeit der Leidenschaften an und stört die Ruhe derjenigen, die sich ihnen hingeben; und die Leidenschaften sind immer lebendig, auch in denen, die ihnen entsagen möchten. *413.*

67. Vernunft und Gefühl

Die Vernunft gelangt zu ihrer höchsten Stufe, wenn sie anerkennt, daß es unermeßlich viel Dinge gibt, die über ihr Vermögen hinausreichen; erkennt sie das nicht, so darum, weil sie zu schwach ist. *267*

Unterwerfung ist der rechte Gebrauch der Vernunft; aber die Vernunft würde sich niemals unterwerfen, wenn sie nicht selbst urteilte, daß es Lagen gibt, wo sie sich unterwerfen muß. Es ist daher recht und billig, daß sie sich unterwirft, aber nur dann, wenn sie selbst urteilt, daß sie sich unterwerfen soll, (und daß sie sich nicht unterwirft, wenn sie urteilt, daß sie es nicht tun soll)[1] *269 u. 270.*

---

[1] Der Satz in Klammern ist späterer Zusatz.

Nichts ist der Vernunft so gemäß als dieser Widerruf der Vernunft. *272.*

Zwei Extreme: die Vernunft ausschließen, nur die Vernunft zulassen. *253.*

Unterwirft man alles der Vernunft, so behielte unsere Religion nichts Geheimnisvolles und Übernatürliches. Verletzt man die Prinzipien unserer Vernunft, so wäre unsere Religion aberwitzig und lächerlich. *273.*

Die Frömmigkeit ist verschieden vom Aberglauben. Die Frömmigkeit bis zum Aberglauben treiben, heißt sie zerstören. *255.*

Der Glaube sagt zwar, was die Sinne nicht sagen, aber nicht das Gegenteil von dem, was sie bemerken. Er ist über ihnen, nicht gegen sie. *265.*

*

Wir kennen die Wahrheit nicht nur durch die Vernunft, sondern auch durch das *Herz*[1]. Auf diese Weise kennen wir allein die ersten Prinzipien und vergeblich versucht die Urteilskraft (raisonnement), es zu entwerten. Die Skeptiker, die nichts anderes im Sinne haben, mühen sich vergeblich darum. Wir wissen, daß wir nicht träumen, so wenig wir es durch Vernunftschlüsse beweisen können. Aus dieser Unfähigkeit folgt nur die Schwäche unserer Vernunft und nicht etwa die Ungewißheit aller Erkenntnisse, wie die Skeptiker behaupten. Denn die Kenntnis der ersten Prinzipien wie Raum, Zeit, Bewegung, Zahl ist gewisser als jede Erkenntnis, die wir aus Urteilen und Schlußfolgerungen gewinnen. Auf diese Erkenntnisse des Herzens und Instinktes muß vielmehr die Vernunft ihre Behauptungen stützen. Das Herz fühlt, daß es drei Dimensionen des Raumes gibt und die Zahlenreihe unendlich ist; die Vernunft beweist daraufhin, daß es nicht zwei Quadratzahlen gibt, von denen die eine doppelt so groß ist wie die andere. Prinzipien werden gefühlt, Lehrsätze werden geschlossen, und alles mit Gewißheit, wenn auch auf verschiedenen Wegen. *282.*

Die Menschen halten zuweilen ihre Einbildungskraft für ihr Herz, und sie glauben bekehrt zu sein, wenn sie denken, sich zu bekehren. *275.*

Der Glaube ist verschieden vom Beweis: dieser ist Menschensache, jener aber eine Gabe Gottes. Justus ex fide vivit (Röm. 1,17). Diesen Glauben legt Gott selbst in das Herz, während der Beweis nur als Mittel und Weg dazu dienen kann. Aber der Glaube ist im Herzen und läßt uns nicht sagen *scio,* sondern *credo.* *248.*

Das Herz hat seine Gründe, die die Vernunft nicht kennt. Oder liebt ihr aus Vernunft? *277.*

Das Herz fühlt Gott und nicht die Vernunft. Eben das ist der Glaube: Gott dem Herzen spürbar, nicht der Vernunft. *278.*

Wie weit ist es von der Kenntnis Gottes zur Liebe Gottes! *280.*

---

[1] Die Wörter *sentiment* (Gefühl) und *coeur* (Herz) bezeichnen bei Pascal nicht nur Gefühlserlebnisse, sondern oberste, durch den Verstand nicht beweisbare Grundüberzeugungen; sie sind vergleichbar den Axiomen der Mathematik und besitzen wie diese den Charakter der Evidenz.

68. Das Mysterium Jesu

„Tröste dich, du würdest mich nicht suchen, wenn du mich nicht gefunden hättest.

Ich habe in meiner Todesstunde an dich gedacht, ich habe manche Blutstropfen für dich vergossen ... Willst du, daß ich es mir mein Blut kosten lasse und du nicht einmal deine Tränen gibtst? Deine Bekehrung laß meine Sache sein; fürchte dich nicht, und bete mit Vertrauen wie für mich.

Ich bin dir gegenwärtig durch mein Wort in der Schrift, durch meinen Geist in der Kirche, durch meine Kraft in den Priestern, durch mein Gebet in den Gläubigen.

Die Ärzte werden dich nicht heilen, denn du wirst schließlich sterben. Aber ich heile dich und mache deinen Körper unsterblich.

Dulde die körperlichen Ketten und Knechtschaft; ich befreie dich jetzt nur von den geistigen.

Ich bin dir mehr Freund als dieser oder jener; denn ich habe für dich mehr getan als sie getan haben, und sie würden nicht das für dich erdulden, was ich für dich erduldet habe, und würden nicht für dich sterben in der Zeit deiner Treulosigkeit und Grausamkeit, wie ich getan habe, und wie ich bereit bin, es wiederum zu tun.

Wenn du deine Sünden kennen würdest, würdest du in Verzweiflung stürzen."

– „So werde ich es denn, Herr, denn ich glaube an ihre Bosheit auf euer Wort."

„Nein, denn ich, durch den du es erfährst, kann auch davon heilen und daß ich es dir sage, nimm als Zeichen, daß ich dich heilen will. In dem Maße, in dem du sie sühnen wirst, wirst du sie kennenlernen, und es wird dir gesagt werden: ‚Sieh die Sünden, die dir vergeben sind.' Tu also Buße für deine verborgenen Sünden."

– „Herr, ich gebe dir alles."

„Ich liebe dich heißer als du deinen Schmutz geliebt hast ..." *553.*

„ ... Du würdest mich nicht suchen, wenn du mich nicht besäßest. Beunruhige dich also nicht." *555.*

IV. DIE AUFKLÄRUNG

Die historische Bewegung, die wir mit dem Wort „Aufklärung" bezeichnen, umgreift einen weiten Zeitraum und beinhaltet sehr verschiedene Bestrebungen. Zeitlich betrachtet reicht sie von etwa der Mitte des 17. bis zum Beginn des 19. Jahrhunderts; räumlich gesehen durchdringt sie West- und Mitteleuropa, beginnend in England, übergreifend nach Frankreich, das in der 2. Hälfte des 18. Jahrhunderts die Führung übernimmt und die Aufklärung radikalisiert, während sie in Deutschland in gemäßigten Formen verbleibt; hier gewinnen die atheistischen Ideen erst in den 30er Jahren des 19. Jahrhunderts Raum.

Haupttendenzen der Aufklärung:

1. *Befreiung von Autorität und Tradition;* man will nach eigenem Ermessen urteilen (Nr. 69). Ablehnung des Begriffs „Offenbarung" (Nr. 74 u. 77).

2. Damit hängt der *Individualismus* zusammen; echte Religion ist Sache des Einzelnen; Kirche („Religionsgemeinschaft") ist Nebensache.

3. Daraus folgt die Forderung der religiösen *Toleranz.* Sie erstreckt sich zunächst nur auf die verschiedenen Konfessionen und Richtungen innerhalb des Protestantismus; erst später wird auch die katholische Kirche und schließlich werden alle Religionen und Weltanschauungen einbezogen.

Inbezug auf den religiösen Individualismus und die religiöse Toleranz gehen die Sekten in Holland, England und Nordamerika voran (Mennoniten, Baptisten, Quäker, Methodisten); in Deutschland vor allem Zinzendorff. Toleranz wird aber auch aus rein staatspolitischen Gründen geübt (Friedrich d. Gr.).

4. Das Vertrauen auf die *Vernunft*, deren Urteil an Stelle von Autorität und Tradition tritt. Dem entspricht der Gottesbegriff: Gott als die höchste Vernunft, die sich vor allem in der Gesetzmäßigkeit des Naturverlaufs kundtut (Nr. 71).

5. Daneben aber geht gerade im 18. Jahrhundert, auf dem Höhepunkt der Aufklärung, eine Welle der *Empfindsamkeit* durch Europa. Beides, die Vernunftgläubigkeit und die Glorifizierung des Gefühls wirken zusammen zur Befreiung von der Tradition. Vgl. Nr. 71 u. 80.

6. Der *Optimismus:* Glaube an die natürliche Güte des Menschen und daher Ablehnung der Lehre von der „Erbsünde"; Unverständnis für den Begriff der „Erlösung", an dessen Stelle der der „Erziehung" tritt (Nr. 79), Glaube an die Güte Gottes („Theodizee" Nr. 70). Der Begriff von Gottes „Gericht" und das Erlebnis der Gottes*furcht* – zentral in der Reformation – verschwindet mehr und mehr auch im Bewußtsein der kirchlichen Kreise.

7. Engste Verbindung von Religion und *Moral,* wobei diese immer mehr in den Vordergrund rückt und zur Stütze auch des religiösen Bewußtseins wird. Verknüpft mit dem Individualismus führt dies zu einer besonderen Hochschätzung des *Gewissens* (Nr. 73, 89, vgl. Nr. 55).

8. Aus der Moralisierung der Religion folgt die Ablehnung des Bittgebetes (S. 129 u. 163).

9. Auf die Moralität des Menschen gründet sich nun der Glaube an die *Unsterblichkeit*: Belohnung der Guten in einem jenseitigen Dasein. Hier melden sich freilich frühzeitig ernste Zweifel (Nr. 76).

10. Mit der Ablehnung des Begriffs „Offenbarung“ verbindet sich der Begriff einer *natürlichen,* allgemein = menschlichen Religion (Nr. 74, 78 und 86). Die von überflüssigen und vernunftwidrigen Dogmen gereinigte *christliche* Religion wird mit der natürlichen oder vernünftigen Religion gleichgesetzt: Glaube an Gott als den Lenker des Alls und an seine sittliche Weltordnung.

11. *Jesus Christus* wird gern als der Verkünder dieses reinen Glaubens angesehen (S. 138); höchste Ehrfurcht vor seiner Person und vor der Bibel (Nr. 75). Sie wird nun *kritisch* gelesen, wobei man zwischen dem „reinen“ und also bleibend gültigen und der zeitbedingten Einkleidung scheidet (vgl. Nr. 77, 86).

12. Die überwiegende Mehrheit der Aufklärer hielt an der natürlichen Religion fest; wenige neigten zum Pantheismus (Nr. 80 u. 83); der *Atheismus* und *Materialismus,* der von einigen radikalen Denkern der französischen Aufklärung wie insbesondere von *Holbach* vertreten worden war (vgl. Mittelstufenband „Die Kirche in Vergangenheit und Gegenwart“ S. 205ff. und hier Nr. 81), gewann in Deutschland erst im 19. Jahrhundert an Bedeutung.

69. Kant: Das Wesen der Aufklärung

Aufklärung ist der Aufgang des Menschen aus seiner selbstverschuldeten Unmündigkeit. Unmündigkeit ist das Unvermögen, sich seines Verstandes ohne Leitung eines andern zu bedienen. Selbstverschuldet ist diese Unmündigkeit, wenn die Ursache derselben nicht am Mangel des Verstandes, sondern der Entschließung und des Mutes liegt, sich seiner ohne Leitung eines andern zu bedienen. Sapere aude! Habe Mut, dich deines eigenen Verstandes zu bedienen! ist also der Wahlspruch der Aufklärung.

Zu dieser Aufklärung wird nichts erfordert als Freiheit, und zwar die unschädlichste unter allem, was nur Freiheit heißen mag, nämlich die, von seiner Vernunft in allen Stücken öffentlichen Gebrauch zu machen. Der öffentliche Gebrauch der Vernunft muß jederzeit frei sein, und der allein kann Aufklärung unter Menschen zustande bringen ...

Wenn gefragt wird: leben wir jetzt in einem aufgeklärten Zeitalter? so ist die Antwort: nein, aber wohl in einem Zeitalter der Aufklärung. Daß die Menschen, wie die Sachen jetzt stehen, im ganzen genommen, schon imstande wären, in Religionsdingen sich ihres eigenen Verstandes ohne Leitung eines andern sicher und gut zu bedienen, daran fehlt noch sehr viel. Allein daß jetzt ihnen doch das Feld geöffnet wird, sich dahin frei zu entwickeln und die Hindernisse der allgemeinen Aufklärung allmählich weniger werden, davon haben wir doch deutliche Anzeichen. In diesem Betracht ist dieses Zeitalter das Zeitalter der Aufklärung oder das Jahrhundert Friedrichs. *Kant, Was ist Aufklärung? 1784.*

70. Das Problem der Theodizee

Gottfried Wilhelm *Leibniz* (1646–1716), der bedeutendste Philosoph der frühen Aufklärung, ist vor allem berühmt geworden durch seine „Theodozee“, worin er behauptet, daß die bestehende Weltordnung die bestmögliche sei, daß „Gott aus einer unendlichen Zahl möglicher Weltläufe den besten ausgewählt habe und er sei eben der, welcher wirklich existiert“. Dieser philosophische Optimismus wurde von vielen Denkern und Dichtern der Aufklärung geteilt, u. a. von Pope in seinem „Essay on Man" (1751), während andere, so *Voltaire,* diesen Optimismus verhöhnten. Vgl. auch Nr. xxx.

Aus der höchsten Vollkommenheit Gottes folgt, daß er bei der Erschaffung des Weltalls den bestmöglichen Plan benutzt hat, der die größte Mannigfaltigkeit mit der größten Ordnung vereinigt; Ort und Zeit sind so gut wie nur möglich eingerichtet; die größste Wirkung wird mit den einfachsten Mitteln erzielt; die Geschöpfe verfügen über die größte Macht, die größte Erkenntnis, das größte Glück und die größte Güte, die für das Weltall erträglich sind. Denn im Verstande Gottes streben alle Möglichkeiten auf das Bestehen hin, und zwar um so mehr, je vollkommener sie sind. Das Ergebnis aller dieser Strebungen muß sein, daß die wirkliche Welt die vollkommenste ist, die nur irgend möglich ist. *Leibniz, Die vernünftigen Grundsätze der Natur und Gnade, 1714.*

Ich bin damit einverstanden, daß das *Glück* der vernünftigen Geschöpfe das Hauptstück der Pläne Gottes ist, denn sie sind ihm am ähnlichsten; aber ich sehe nicht, wie man beweisen kann, daß es sein einziger Zweck ist. Es ist wahr, daß das Reich der Natur dem Reich der Gnade dienen muß; aber wie alles in dem großen Plan Gottes verbunden ist, muß man glauben, daß das Reich der Gnade auch in gewisser Weise dem Reich der Natur angepaßt ist, daß letzterem die größte Ordnung und Schönheit bewahrt bleibt, um das aus beiden Zusammengesetzte so vollkommen wie nur möglich zu machen. Und es ist daher falsch zu behaupten, daß Gott, um irgendein moralisches Übel zu vermeiden, die ganze Ordnung der Natur umwerfen würde. Jede Vollkommenheit oder Unvollkommenheit in der Kreatur hat ihren Preis, aber es gibt keine, die einen unendlichen Preis hätte. Demgemäß übertrifft das moralische oder physische Gut oder Übel der vernünftigen Geschöpfe keineswegs unendlich das Gut oder Übel, welches in der Vollkommenheit der andern Geschöpfe besteht. Kein Wesen ist absolut verächtlich oder kostbar vor Gott ... Es ist sicher, daß für Gott ein Mensch wichtiger ist also ein Löwe; indessen weiß ich nicht, ob man versichern darf, daß Gott einen einzigen Menschen dem ganzen Geschlecht der Löwen unter jedem Gesichtspunkte vorzieht: aber selbst wenn das wäre, würde noch nicht folgen, daß das Interesse einer bestimmten Zahl von Menschen über eine allgemeine Unordnung, die sich über eine unendliche Zahl von Geschöpfen ausbreitete, das Übergewicht haben würde. *Leibniz, Théodicée, 1710.*

Es erregte großes Aufsehen, als *Leibniz* sein Lehrgebäude von der besten aller möglichen Welten errichtete ... Sein und seiner Nachfolger Leitspruch „Alles ist gut" will aber nicht mehr besagen als daß alles durch unverbrüchliche Gesetze bestimmt ist: wer weiß das nicht? Damit lehrt ihr nichts Neues, wenn ihr feststellt, daß die Mücken existieren um von den Spinnen gefressen zu werden, die Spinnen von den Schwalben, die Schwalben von den Elstern, die Elstern von den Adlern, die Adler um von den Menschen getötet zu werden, die Menschen um sich untereinander umzubringen und von den Würmern gefressen zu werden.

Überall gibt es Ordnung. Wenn ein Stein sich in meiner Blase bildet, so ist das eine bewundernswerte Mechanik ... und durch eben diese Mechanik sterbe ich unter furchtbaren Schmerzen. All das ist gut, all das ist die offensichtliche Folge unveränderlicher Naturgesetze: darin bin ich mit euch einig und ich wußte es wie ihr.

Wenn wir ohne Empfindung wären, so wäre gegen diese Ordnung nichts einzuwenden. Aber wir fragen euch: Woher kommen die *fühlbaren* Leiden? „Es gibt kein Übel", sagt Pope in seinem vierten Brief über das „Alles ist gut"; „oder, wenn es einzelne Übel gibt, so bildet sich aus ihr das allgemeine Wohl". Das ist mir ein schönes „allgemeines Wohl": bestehend aus dem Stein, der Gicht, aus allen Verbrechen, allen Leiden, aus dem Tode und der Verdammnis ...

Das System „Alles ist gut" zeigt uns den Schöpfer der ganzen Natur als einen mächtigen und bösen Tyrannen, dem es nichts ausmacht, daß sein Tun vier- oder fünfhunderttausend Menschen das Leben kostet und daß die anderen ihr Leben in Elend und Tränen zubringen, vorausgesetzt daß er seine Pläne zu Ende bringt ... Die Frage nach dem Wohl und dem Übel bleibt daher ein unauflösbares Chaos für diejenigen, die aufrichtig fragen ... Setzen wir darum hier an das Ende wie fast bei allen Problemen der Metaphysik die beiden Buchstaben der römischen Richter, wenn sie einen Rechtsfall nicht entscheiden konnten: *N. l., non liquet,* es ist nicht klar. *Voltaire, Dictionnaire philosophique, 1764.*

Rousseau

Jean Jacques Rousseau (1712–1778) ist vielleicht der wirkungsvollste Denker der Aufklärung, dessen Einfluß gerade auch in Deutschland sehr groß war. Rousseau war von Geburt Protestant (geboren in der Hochburg des reformierten Bekenntnisses: Genf), war aber schon in jungen Jahren zum Katholizismus übergetreten. Da er fast durchweg im katholischen Frankreich lebte, wollte er mit seinem Angriff auf die intolerante Offenbarungsreligion vor allem die katholische Kirche treffen. Wenn er sich aber eine Zeitlang der Hoffnung hingegeben hatte, innerhalb der reformierten Kirche, in die er wieder eingetreten war, mehr Billigung seiner religiösen Ansichten zu finden, so wurde er bald bitter enttäuscht: nicht nur in Paris, auch in Genf wurde sein Erziehungsroman *„Emile"* wegen seiner religiösen Ideen verurteilt und öffentlich verbrannt.

In das 4. Buch des „Emile" hat Rousseau das *Glaubensbekenntnis des savoyischen Vikars* eingeflochten, das wir als Rousseaus eigenes Bekenntnis auffassen dürfen. In ihm hat die These der „natürlichen Religion" eine besonders eindrucksvolle Darstellung gefunden, sowohl in ihrem positiven Gehalt (Gott, sittliche Verantwortung und Gewissen, Unsterblichkeit) wie in ihrer Kritik an dem Offenbarungsglauben.

71. Idee und Existenz Gottes

Ich sehe in der Welt eine *Ordnung,* wenn ich auch deren Endzweck nicht kenne ... Ich bin wie ein Mensch, der zum erstenmal in ein geöffnetes Uhrwerk hineinsieht, und der nicht aufhört, dieses Kunstwerk zu bewundern, auch wenn er nicht den Zweck des Uhrwerks kennt und das Ziffernblatt nicht gesehen hat. Ich weiß nicht, würde dieser Mensch sagen, wozu das Ganze dient; ich sehe aber, daß jeder Teil für die anderen Teile gemacht ist; ich bewundere den Meister in jeder Einzelheit seines Werkes und bin ganz sicher, daß alle diese Räder und Teile nur darum so ineinandergreifen, weil sie einem gemeinsamen Zweck dienen, auch wenn es mir nicht möglich ist, diesen Zweck zu erkennen.

Vergleichen wir die Ziele, die Mittel, die Beziehungen im Universum und horchen wir dann auf das innere Gefühl: welcher gesunde Geist kann sich seinem Zeugnis verschließen?

Welchen Augen, wenn sie unvoreingenommen schauen, kündet nicht die sichtbare Ordnung von einer höchsten Intelligenz? Wie sollte sie das Werk des Zufalls sein? Wenn jemand behaupten wollte: auf gut Glück hingeworfene Lettern hätten die Äneis hervorgebracht, so würde wohl niemand sich auf einen solchen Unsinn ernsthaft einlassen. Du vergißt, wendet man ein, die Anzahl der Würfe! Aber wieviel solcher Würfe muß ich denn voraussetzen, damit es wahrscheinlich wird, daß eine solche Ordnung entsteht? Ich sehe nur einen einzigen Wurf und ich wette unendlich gegen eins, daß sein Ergebnis nicht das Werk des Zufalls ist ...

Ich glaube also, daß die Welt von einem mächtigen und weisen Willen regiert wird; ich erkenne oder, vielmehr, ich fühle ihn, und dieses Wissen geht mich persönlich an. Ob aber eben diese Welt ewig ist oder geschaffen, ob es einen einzigen Ursprung aller Dinge gibt oder deren zwei oder mehrere, und welcher Art sie sind: das weiß ich nicht und was kümmert's mich? ... Dieses Wesen, welches das All bewegt und alle Dinge ordnet, nenne ich *Gott.* Mit diesem Namen verbinde ich die Vorstellung von Intelligenz, Macht, Willen und die der Güte. Darum freilich kenne ich das Wesen, dem ich diese Eigenschaften beilege, doch nicht besser; es entzieht sich ebenso meinen Sinnen wie meinem Verstand ... Wohl finde ich Gott in seinen Werken, wohl fühle ich ihn in mir – aber sobald ich erforschen will, wo er ist, was er ist, welches sein Wesen ist, entgleitet er mir und mein verwirrter Geist erkennt nichts mehr ...

Je mehr ich mich also bemühe, Gottes unendliches Wesen mir vorzustellen, desto unbegreiflicher wird es. Aber es *ist* – das genügt mir. Je weniger ich es begreife, umso mehr bete ich es an. Ich demütige mich vor ihm und sage zu ihm: Wesen aller Wesen, ich bin, weil du bist; über dich meditieren, heißt mich zu meinem Ursprung erheben. Der würdigste Gebrauch, den ich von meiner Vernunft machen kann, besteht darin, sie vor dir auszulöschen: mich von deiner Größe überwältigt zu fühlen ist das Entzücken meines Geistes. *Emile, 4. Buch.*

*

Nun erhob ich meine Gedanken von der Oberfläche der Erde zu allen Naturwesen, zu der universalen Ordnung aller Dinge, zu dem unbegreiflichen Wesen, das alles umfaßt. Da verlor sich mein Geist in dieser Unermeßlichkeit; ich dachte nicht, ich grübelte nicht, ich philosophierte nicht, sondern ich fühlte mich mit einer Art von Wollust von dem Gewicht dieses Alls überwältigt, ich gab mich mit Entzücken dem unbestimmten Eindruck dieser großen Ideen hin, ich genoß es, wie sich meine Einbildungskraft in der Weite der Räume verlor ... diese betäubende Ekstase, die mich in höchstem Entzücken die Worte stammeln ließ: oh großes Wesen, oh großes Wesen! ohne daß ich mehr hätte sagen oder denken können. *Brief an Malesherbes, 1762.*

72. Die menschliche Freiheit

Der Ursprung jeglicher Handlung liegt im *Willen eines freien Wesens;* weiter kann man nicht zurückgreifen. Nicht das Wort „Freiheit" besagt nichts, sondern das Wort „Notwendigkeit". Irgendeinen Akt, irgendeine Wirkung anzunehmen, die sich nicht aus einem aktiven Prinzip herleitet, heißt dem circulus vitiosus verfallen. Entweder gibt es überhaupt keinen ersten Impuls oder ein jeder erste Impuls hat keine vorausgehende Ursache. Es gibt keinen Willen ohne Freiheit. Der Mensch ist also frei in seinen Handlungen – das ist mein dritter Glaubensartikel[1].

Ist der Mensch aktiv und frei, so handelt er aus eigenem Antrieb; alles aber, was er aus freiem Entschluß tut, gehört nicht in das geordnete System der Vorsehung und kann ihr nicht zur Last gelegt werden. Sie will nicht das Böse, das der Mensch tut, indem er die ihm gegebene Freiheit mißbraucht; aber sie hindert ihn auch nicht daran es zu tun, weil das Böse, das ein so schwaches Wesen tut, in ihren Augen ein nichts ist, oder weil sie ihn daran nicht hindern könnte, ohne seine Freiheit einzuschränken. Sie schuf ihn als freien Menschen, damit er aus freier Wahl das Gute, und nicht das Böse, tue; aber sie beschränkte seine Kräfte so, daß der Mißbrauch seiner Freiheit die allgemeine Ordnung nicht stören kann. Das Böse, das der Mensch tut, fällt auf ihn selbst zurück, ohne irgendetwas an der Weltordnung zu ändern, ohne zu verhindern, daß das Menschengeschlecht sich selbst erhält – ob der böse Mensch dies will oder nicht will. Wer sich dagegen auflehnt, daß Gott das Böse nicht verhindert, lehnt sich dagegen auf, daß er dem Menschen eine so außergewöhnliche Natur gab und seinen Handlungen die Moralität verlieh, die sie edel macht. Der höchste Genuß liegt in der Zufriedenheit mit sich selbst; um uns diese Zufriedenheit zu verdienen, sind wir mit Freiheit begabt, von Leidenschaften versucht und durch das Gewissen zurückgehalten ... Wie! um den Menschen daran zu hindern, böse zu sein, sollte man ihn auf den Instinkt beschränken und zum Tier machen? *Emile, 4.Buch.*

*

Die Schuldigen, die behaupten, *notwendigerweise* zu fehlen, belügen sich selbst: wie können sie verkennen, daß die (moralische) Schwäche, über die sie klagen, ihr

[1] Die beiden ersten waren, daß das Universum von einem Willen bewegt und von einer Intelligenz geordnet sei: Gott als Ursprung der Natur*ordnung* und der *Bewegung* des All („erster Beweger").

eigenes Werk ist; daß sie erst einmal Versuchungen mit freiem Willen nachgegeben haben, bis sie ihnen schließlich gegen ihren Willen nachgaben und sie unwiderstehlich machten? Nun steht es freilich nicht mehr in ihrer Macht, nicht schwach oder böse zu sein, aber einst hing es allein von ihnen ab, ob sie schwach oder böse würden …

Es gibt ein Alter, wo das Herz, noch frei, aber glühend und lebenshungrig das Glück in Neugier und Unwissenheit sucht, bis es, durch die Sinne getäuscht, sich an dessen eitles Abbild verliert. Diese Täuschungen haben bei mir nur allzulange angehalten. Ich habe sie zu spät erkannt und sie nicht gänzlich verjagen können: so werden sie sich so lange erhalten wie dieser sterbliche Leib, der sie hervorruft. Mögen sie mich auch verführen, täuschen können sie mich nicht, denn ich erkenne sie als das, was sie sind, und, weit entfernt, in ihnen den Gegenstand meines wahren Glückes zu sehen, betrachte ich sie als dessen Hindernis. Ich ersehne den Augenblick, da ich, befreit von den Fesseln des Leibes, ohne Widerspruch und ungeteilt *Ich* sein werde und nur meiner selbst bedarf, um glücklich zu sein …

Um mich schon jetzt, so weit wie dies mir möglich ist, zu diesem Zustand voll Glück, Kraft und Freiheit zu erheben, übe ich mich in erhabenen Betrachtungen. Ich meditiere über die Ordnung des Universums, nicht um zu seiner Erklärung eitle Systeme zu ersinnen, sondern um es unablässig zu bewundern und den weisen Schöpfer anzubeten, der sich in ihm offenbart. Ich führe Gespräche mit ihm und lasse mich von seinem göttlichen Wesen durchdringen; ich bin gerührt über seine Wohltaten und segne ihn für seine Gaben – aber *ich bitte ihn um nichts.* Um was sollte ich ihn auch bitten? Daß er mir zuliebe Wunder tue oder den Lauf der Dinge ändere? Ich, der ich die von ihm errichtete und bewahrte Ordnung über alles lieben muß, sollte wünschen, daß sie meinetwegen gestört werde? Nein, ein solch vermessener Wunsch verdiente eher Bestrafung als Erfüllung. Ich bitte Gott auch nicht um die Kraft, recht zu handeln – warum ihn um etwas bitten, was er mir längst gegeben hat? Gab er mir nicht die Vernunft, um das Rechte zu erkennen, das Gewissen, es zu lieben, und die Freiheit, es zu wählen? Tue ich unrecht, so habe ich keine Entschuldigung: ich tue es, weil ich es will. Gott bitten, er möge meinen Willen ändern, das heißt von ihm verlangen, was er von mir verlangt, das heißt wollen, er solle mein Werk tun und ich dafür den Lohn empfangen …
Emile, ebd.

73. Das Gewissen[1]

Über das, was ich tun soll, brauche ich nur mich selbst zu befragen: alles, was ich als gut *empfinde,* ist gut, alles, was ich als schlecht empfinde, ist schlecht. Der beste aller Kasuisten ist das Gewissen … Das Gewissen ist die Stimme der Seele, die Leidenschaften sind die Stimme des Leibes. Gar oft trügt uns die Vernunft, aber das Gewissen täuscht nie: es ist der wahre Führer des Menschen; es ist für die

[1] Vgl. Nr. 55 und 89.

Seele, was der Instinkt für den Körper ist. Wer ihm folgt, folgt der Natur und braucht nicht zu befürchten, in die Irre zu gehen ... Entspricht das moralische Gute unserer *Natur*, so ist der Mensch nur an Leib und Geist gesund, soweit er gut ist. Entspricht sie ihr nicht, ist also der Mensch von Natur böse, so wäre in ihm das moralisch Gute eine naturwidrige Entartung. Geschaffen, seinesgleichen zu schaden, so wie der Wolf geschaffen ist, seine Beute zu reißen[2], wäre ein menschlicher Mensch ein ebenso entartetes Tier wie ein zahmer Wolf!

Besinnen wir uns auf uns selbst, prüfen wir, wohin uns unsere Neigung zieht, wenn wir von jeglichem Eigeninteresse absehen! Welcher Anblick ist uns erfreulicher: wenn Menschen Qualen leiden oder glücklich sind? Was hinterläßt in uns einen angenehmeren Eindruck: eine Tat der Wohltätigkeit oder der Niedertracht? ... Alles ist uns gleichgültig, behaupten sie, außer unserm eigenen Interesse: ganz im Gegenteil, die Süße der Freundschaft und der Menschlichkeit tröstet uns selbst im eigenen Leid; ja selbst bei unseren Vergnügungen wären wir unglücklich, hätten wir keinen Menschen, der sie mit uns teilt. Gäbe es wirklich kein moralisches Empfinden im menschlichen Herzen, woher käme uns dann die Bewunderung für Heldentaten, die Begeisterung und Liebe für große Seelen? Was hat solcher Tugendenthusiasmus mit unserm Eigennutz zu tun? Nehmt dem Herzen die Liebe zum Schönen und ihr nehmt ihm allen Reiz des Lebens. Wer sich so ausschließlich nur auf sein eigenes Ich konzentriert, daß er nur noch sich selbst zu lieben vermag, wessen eiskaltes Herz durch nichts mehr hingerissen, durch nichts mehr gerührt, durch nichts mehr beglückt wird – ein solcher Unglücklicher lebt nicht mehr, sondern ist bereits tot.

Wirf einen Blick auf die verschiedenen Völker, gehe die ganze Geschichte durch: Unter so viel unmenschlichen und abgeschmackten religiösen Kulten und trotz der überreichen Vielfalt der Sitten und Charaktere findest du überall die gleichen Begriffe von Gut und Böse ... Es gibt also im Grunde der Seele ein angeborenes moralisches Prinzip, nach dem wir unsere eigenen Handlungen wie die der anderen als gut oder böse beurteilen, und diesem Prinzip gebe ich den Namen *Gewissen.*

Bei diesem Wort aber höre ich von allen Seiten das Geschrei der sogenannten Weisen: Irrtümer der Kindheit, Vorurteile der Erziehung! schreien sie. Es existiert im menschlichen Geist nur das, was durch die Erfahrung in ihn eingegangen ist, und wir beurteilen alles nur nach erworbenen Vorstellungen ... Aber wir müssen die Vorstellungen, die wir erworben haben, von unseren natürlichen Empfinden unterscheiden ... Die Akte des Gewissens sind keine Urteile, sondern Gefühle. Wenn uns auch alle unsere Vorstellungen von außen kommen, so entspringen doch die sie wertenden Gefühle unserm Innern ... Das Gute erkennen, heißt nicht es lieben: die Erkenntnis des Guten ist dem Menschen nicht angeboren, aber sobald seine Vernunft so gereift ist, daß sie ihn das Gute erkennen läßt, treibt ihn sein Gewissen dazu, es zu lieben – dieses Gefühl ist angeboren ...

Gewissen! Gewissen! göttlicher Instinkt, unsterbliche und himmlische Stimme, sicherer Führer eines unwissenden und beschränkten, aber vernünftigen und freien

[2] Anspielung auf den Satz von *Hobbes*: „homo homini lupus".

Wesens; unbestechlicher Richter über das Gute und das Böse; du, der du den Menschen Gott ähnlich machst, du gibst seiner Natur Erhabenheit und seinen Handlungen Moralität; ohne dich fühle ich nichts in mir, das mich über die Tiere erhöbe, als den traurigen Vorzug, mit Hilfe eines Erkenntnisvermögens ohne Regel und einer Vernunft ohne Grundsätze von einem Irrtum in den anderen zu taumeln. *Ebd.*

74. Kritik der Offenbarungsreligion

Du findest in meiner Darstellung nur die natürliche Religion. Es ist befremdend genug, daß noch eine andere nötig sein soll. Woraus werde ich ihre Notwendigkeit erkennen? Welche reine Moral, welches für den Menschen nützliche und für seinen Schöpfer ehrenvolle Dogma könnte ich aus einer positiven Glaubenslehre schöpfen, die ich nicht längst ohne sie aus dem rechten Gebrauch meiner menschlichen Fähigkeiten hätte gewinnen können? Die erhabensten Vorstellungen von der Gottheit stammen allein aus der Vernunft. Betrachte das Schauspiel der Natur, horche auf die Stimme deines Innern! Hat Gott nicht unsern Augen, unserm Gewissen, unserer Urteilskraft alles offenbart? Was können uns Menschen noch mehr sagen? Ihre Offenbarungen erniedrigen nur Gott, denn sie legen ihm menschliche Leidenschaften bei. Statt daß unsere Begriffe des Großen Wesens geklärt würden, werden sie durch die einzelnen Dogmen nur verwirrt, statt veredelt, erniedrigt. Den unfaßbaren Geheimnissen, die es umhüllen, fügen sie sinnlose Widersprüche hinzu. Statt den Frieden auf Erden zu begründen, bringen sie Schwert und Feuer. Ich frage mich, wozu das alles, und ich finde keine Antwort ...

Ich betrachtete die Vielfalt der Sekten, die auf der Erde herrschen und die sich gegenseitig der Lüge und des Irrtums beschuldigen. Und ich fragte mich: Welches ist der rechte Glaube? Eine jede antwortete: „Der meinige." Jede sagte: „Ich allein und meine Anhänger denken recht; alle anderen sind im Irrtum." – „Und woher wißt ihr, daß eure Sekte die wahre ist?" – „Gott hat es gesagt ..." ... „Und zu wem hat er gesprochen?" – „Er hat zu den Menschen gesprochen" – „Warum habe ich nichts davon gehört?" – „Er hat andere Menschen beauftragt, dir sein Wort zu übermitteln." – „Ich hätte es wohl lieber gehabt, wenn ich Gott selbst gehört hätte: ihn hätte es nicht mehr Mühe gekostet und ich wäre vor Verführung sicher gewesen." – „Er sichert dich davor, indem er die Sendung seiner Boten bescheinigt." – „Und wie bescheinigt er sie?" – „Durch Wunder". – „Und wo finde ich diese Wunder?" – „In den Büchern." – „Und wer hat diese Bücher geschrieben?" – „Menschen." – „Und wer hat diese Wunder gesehen?" – „Menschen, welche sie bezeugen." – „Was? immer *menschliche* Zeugnisse! Immerzu Menschen, welche mir mitteilen, was andere Menschen ihnen mitgeteilt haben! Wieviel Menschen zwischen Gott und mir! ...

Laßt uns deshalb aufrichtig nach der Wahrheit streben; laßt uns nichts auf das Recht der Geburt, nichts auf die Autorität der Väter und der Geistlichen geben, sondern laßt uns alles, was sie uns von Jugend auf gelehrt haben, unserem Gewissen und unserer Vernunft zur Prüfung vorlegen. Vergeblich werden sie mir zurufen: Gib deine Vernunft gefangen. Ein gleiches kann auch der von mir verlangen, welcher micht täuscht. Ich bedarf der Vernunftgründe, um meine Vernunft gefangen zu geben.

... Wir haben in Europa drei Hauptreligionen. Die eine anerkennt nur eine einzige Offenbarung, die andere zwei, die dritte drei. Jede verabscheut, verflucht die andern, beschuldigt sie der Verblendung, der Verstockung, der Halsstarrigkeit, der Lüge! Welcher Mann voll Unparteilichkeit wird es wagen, über sie zu urteilen, ehe er nicht vorher die Beweise sorgfältig abgewogen und ihre Gründe ausführlich geprüft hat? ... Kennst du wohl viele Christen, die sich die Mühe gemacht hätten, mit Sorgfalt zu prüfen, was die jüdische Religion gegen sie anführt? Haben einige davon etwas gelesen, so war es in den Büchern der Christen selbst. Eine vortreffliche Art, sich über die Einwände von Gegnern zu unterrichten! ... An der Sorbonne ist es klar wie der Tag, daß die messianischen Weissagungen sich auf Jesus Christus beziehen; bei den Rabbinern von Amsterdam ist es ebenso klar, daß sie nicht die geringste Beziehung darauf haben ... In Konstantinopel tragen die Türken ihre Gründe vor, aber dort können wir nicht wagen die unsrigen auszusprechen ...

Wieviele Leute sind gute Katholiken in Rom, die aus dem gleichen Grunde gute Mohammedaner sein würden, wenn sie in Mekka geboren wären, und wieviele Leute sind dagegen gute Mohammedaner in Asien, die bei uns gute Christen wären.

... Der Glaube der Kinder und sehr vieler Erwachsener ist eine Sache der Geographie! *Ebd.*

75. Verehrung des Evangeliums

Ich gestehe dir auch, daß die Erhabenheit der *heiligen Schrift* zu meinem Herzen spricht. Sieh dir die Bücher der Philosophen mit all ihrem Schwulst an – wie unerheblich sind sie neben jenem! Ist es möglich, daß ein so erhabenes und zugleich so einfaches Buch das Werk von Menschen ist? Ist es möglich, daß der, dessen Geschichte es erzählt, selber nur Mensch ist? Ist das die Sprache eines Schwärmers oder eines Fanatikers? Welche Sanftmut, welche Reinheit in seinen Sitten! welch tiefe Weisheit in seinen Reden! Wo ist der Mensch, wo ist der Weise, der so zu leiden und zu sterben weiß? ... Der Tod des gelassen mit seinen Freunden philosophierenden Sokrates ist der sanfteste, den man sich wünschen kann; der Tod Jesu, der unter Qualen, beleidigt, verhöhnt und von einem ganzen Volk verflucht seinen Geist aufgab, ist der schrecklichste, den es zu fürchten gibt. Da Sokrates den Giftbecher nimmt, segnet er den, der ihn ihm weinend reicht; unter gräßlichen Martern betet Jesus für seine grimmigen Henker. Ja, wenn Leben und Sterben des Sokrates das eines Weisen war, so war das Leben und Sterben Jesu das eines Gottes. Sollte man meinen, die Geschichte des Evangeliums sei pure Erfindung? So etwas erfindet man nicht, und die Worte und Handlungen des Sokrates, an denen niemand zweifelt, sind weniger sicher bezeugt als die Jesu Christi. Im Grunde geht man damit der Schwierigkeit aus dem Wege, ohne sie zu beseitigen. Es wäre weniger einleuchtend, daß mehrere Menschen zusammen diese Geschichte erfunden und dieses Buch verfertigt haben, als daß ein einziger das Thema dazu lieferte. Niemals hätten jüdische Schriftsteller weder diesen Ton noch diese Moral gefunden, und das Evangelium besitzt so große, so treffende, so vollkommen echte Züge der Wahrheit, daß sein Erfinder noch bewundernswürdiger wäre als sein Held. Bei all dem ist dieses selbe Evangelium voll von unglaubwürdigen Dingen, Dingen, die der Vernunft hohnsprechen, Dingen, die kein vernünftiger Mensch begreifen und annehmen kann. Wie soll man mit diesen Widersprüchen fertig werden? Stillschweigend hochachten, was man weder zu verwerfen noch zu verstehen imstand ist, und sich demütigen vor dem großen Wesen, das allein die Wahrheit kennt.

Bei diesem unfreiwilligen Skeptizismus bin ich geblieben, aber dieser Skeptizismus bedrückt mich keineswegs, weil er die für das Verhalten wesentlichen Punkte nicht berührt und ich mir über die Hauptpunkte meiner Pflichten vollkommen klar bin. Ich diene Gott in der Einfalt meines Herzens. Ich suche nur das zu ergründen, was für mein Leben von Wichtigkeit ist. Was die Dogmen anbetrifft, die weder auf die Handlungen noch auf die Sittenlehre Einfluß haben und die dennoch so viele Leute beunruhigen, so machen sie mir keine Sorge. Ich betrachte alle Religionen als ebensoviele heilbringende Institutionen, die in jedem Lande einen gleichförmigen Gottesdienst festsetzen, und die ihre Begründung im Klima, in der Staatsform, im Charakter des Volkes oder in irgendeiner örtlichen Eigenart haben, die der einen Religion vor der anderen einen Vorzug gibt, je nach Zeit und Ort. Ich halte sie alle für gut, wenn man in ihnen Gott würdig dient. Der wesentliche Gottesdienst ist der Dienst des Herzens. Gott verwirft keine Huldigung, wenn sie aufrichtig ist, in welcher Form auch sie ihm dargebracht werden mag. *Ebd.*

76. Unsterblichkeit der Seele?

Der Schweizer Heinrich *de Catt* war im Siebenjährigen Kriege Vorleser *Friedrich des Großen* und hat die Gespräche, die der König mit ihm geführt hat – ähnlich wie später Eckermann die seinen mit Goethe – getreulich aufgeschrieben. Catt war gläubiger Christ (Calvinist), und der König liebte es, mit ihm über Fragen der Religion zu streiten. Die beiden folgenden Gespräche, die über das Thema Gott und Unsterblichkeit gingen, zeigen das Schwanken Friedrichs in bezug auf diese Glaubensfragen, ein Schwanken, Zweifeln, Resignieren, das in der Zeit der Aufklärung zum ersten Male weitere Kreise der gebildeten Welt ergriff.

10. Juni 1758

Um fünf Uhr fand ich den König damit beschäftigt, das Schloß Sanssouci und die Gärten auf Papier zu zeichnen. „Sehen Sie einmal, welche hübsche Arbeit ich hier vorhabe!" Da ich am Ende der Terrasse bei einem kleinen Gehölz eine Art Mausoleum bemerkte, so fragte ich ihn, ob es sich um ein antikes Bauwerk handelte.

„Nein, mein Lieber, es ist ein Gewölbe. Ich werde es mit Zypressen umpflanzen lassen, und dort wird dann meine letzte Ruhestätte sein. Meinen Sie nicht auch, daß ich da wohl aufgehoben sein werde?" – „Eure Majestät sprechen da einen betrüblichen Gedanken aus." – „Aber wieso denn? Müssen wir nicht eines Tages sterben, und sollen wir uns nicht mit diesem Ende beschäftigen? ... Und dann, mein Lieber, was ist denn eigentlich der Tod?

Der Tod kann nur des Lebens Ende sein;
Ihm folgt nicht Glück, ihm folgt nicht Höllenpein.
Er beut uns Zuflucht, endet unsre Qual;
Die ewge Ruhe blüht in seinem Tal.

Oh, süßes Wissen du im Erdenkummer:
Er ist ein stiller, friedensreicher Schlummer,
Den nie ein Weckruf stört zu neuem Leid;
So will's die weiseste Unsterblichkeit[1]."

...

„Eure Majestät haben ein glänzendes Gedächtnis." „Das kommt daher, daß ich mein Gedächtnis tüchtig geübt habe. Aber um das handelt es sich ja gar nicht. Sie verdammen doch die Gedanken meines göttlichen Abbé, und als guter Gläubiger verschreiben Sie sich mit Haut und Haar der Lehre von der Unkörperlichkeit und Unsterblichkeit der Seele."

„Ich weiß nicht, Sire, ob ich mich ihr nun gerade mit Haut und Haar verschreibe, also ohne Überlegung; aber ich gestehe – ich glaube an ihre Unkörperlichkeit und Unsterblichkeit."

„Wie ist es nur möglich, daß Sie daran glauben können! Sehen Sie denn nicht ein, daß die Seele nur die andere Seite des Körpers ist, daß es folglich ungereimt ist, zu behaupten, sie könnte nach der Zerstörung unseres Leibes fortbestehen und sich erhalten? Und sagen Sie es mir doch ganz aufrichtig: Können Sie sich in irgendwelcher Weise ein Bild machen von einem unkörperlichen Wesen? ...

„... Der Gedanke der Unsterblichkeit meiner Seele und die Hoffnung darauf gründen sich nicht auf das, was ich von ihrer Natur weiß, sondern auf das, was ich von Gott und seiner Vollkommenheit kenne. Ich fühle sehr gut, daß ich mich dieses Beweises nicht gegen Philosophen bedienen kann, die das Dasein Gottes leugnen; aber diese Philosophen werden mir niemals beweisen, daß der Mensch wirklich stirbt."

„Nun, wer leugnet Ihnen denn das Dasein Gottes? Ich nicht! Man muß einen Gott gelten lassen, wenn man im Weltall so wohl bestimmte Ziele, als auch sehr einfache und oft überraschende Mittel erkennt, sie zu erreichen. Diese Welt kann nicht durch

[1] Die Verse sind von Abbé de Chaulieu (1639–1720), dessen Gedichte Friedrich d. Gr. sehr hochschätzte.

Zufall entstanden sein; es ist zu viel Ordnung darin. Ich kenne Gott nicht; aber, wie gesagt, ich bete ihn immer aufs Geratewohl an. Glauben Sie mir, es gibt im Grunde überall Ungewißheiten; aber ich habe meine Weltanschauung, und ich behelfe mich damit, daß ich sage, alles, was wir sehen, ist ewig und mit dem Tode ist alles aus. Wenn ich mich irre, mein Lieber, nun, so werde ich sowohl die Freude der Überraschung haben, als auch das Vergnügen, mit Ihnen dort oben weiter zu plaudern ..."

Januar 1759

Ich habe bei vielen Gelegenheiten zu bemerken geglaubt, daß der König oft das bekämpfte, was zu glauben er geneigt war, von dem er im Grunde wünschte, daß es so wäre. Er kam zu häufig und beim geringsten Anlaß auf den Gedanken der Unsterblichkeit zu sprechen, als daß er ihm hätte gleichgültig sein oder daß er über diese Frage ganz feste Ansichten hätte haben können ...

„Wenn auch die Seele so seltsam abhängig ist vom Körper, wenn sie auch kraftlos wird, wenn dieser wankt, so bemerkt man doch zuweilen in den Augenblicken, wenn der Organismus der Auflösung entgegengeht, daß das, was in uns denkt, zu neuer Kraft erwacht, daß es klarere Augenblicke hat als während der Vollkraft des Körpers. Kurz und gut, wenn man keine Vorsehung anerkennt, die alle Ereignisse des Lebens nach dem edlen Ziele einer vollkommenen Weisheit lenkt und die uns geschaffen hat, damit wir glücklich seien, so ist alles in der Natur unerklärlich."

Das waren die Gedanken, die er mir vorhielt, wenn er Schicksalsschläge erlitten hatte. Wie oft hat er mir die folgenden Verse (von Voltaire) angeführt:

Ist das der Geist, der uns einst überlebt?
Mit unsern Sinnen wächst er und wird schwach wie sie.
Ach, sollte er mit ihnen untergehen?
Ich weiß es nicht; doch wage ich zu hoffen.

Hume: Kritik an der philosophischen Begründung des Unsterblichkeitsglaubens

Metaphysische Gemeinplätze behaupten, daß die Seele immateriell ist und daß es für das Denken unmöglich sei, zu einer materiellen Substanz zu gehören. Aber gerade die Metaphysik lehrt uns, daß die Vorstellung einer Substanz völlig verworren und unvollkommen ist, und daß wir keine andre Idee einer Substanz haben als die eines Aggregats besonderer Beschaffenheiten, einem unbekannten Etwas einwohnend. Daher sind Materie und Geist im Grunde gleich unbekannt, und wir können nicht entscheiden, was für Beschaffenheiten der einen oder dem andern einwohnen. Die Metaphysik lehrt uns desgleichen, daß nichts, was Ursache oder Wirkung betrifft, a priori entschieden werden kann, und daß wir, da Erfahrung die einzige Quelle für unsre Urteile dieser Art ist, wir aus keinem Prinzip erkennen können, ob nicht Materie vermöge ihres Gefüges und ihrer Einrichtung die Ursache des Denkens sein könne. Abstrackte Beweisführungen können keine Frage entscheiden, die auf Tatsache oder Dasein geht. *Hume, Essay on the immortality of soul, 1757.*

Lessing (1729–1781) hat sich entschieden für den Gedanken der Toleranz („Nathan der Weise") und der „natürlichen" Religion eingesetzt. Er hat sich auch für die damals aufkommende Bibelkritik interessiert und die von Reimarus stammenden Fragmente herausgegeben (Nr. 77). Über die meisten Denker der Aufklärung hinausgehend hat Lessing eine *geschichtsphilosophische* Lösung des Konfliktes zwischen dem alten und dem neuen Glauben versucht: die natürliche, innerliche Religion ist danach nicht die ursprüngliche, sondern die zukünftige, wozu der ältere Glaube die notwendige Vorstufe bildet (Nr. 79). Für seine Person hat Lessing eine entschiedene Stellungnahme im Glaubensstreit abgelehnt und sich als ständig Suchender bekannt. Berühmt geworden ist sein Ausspruch:

„Nicht die Wahrheit, in deren Besitz irgendein Mensch ist oder zu sein vermeint, sondern die aufrichtige Mühe, die er angewandt hat, hinter die Wahrheit zu kommen, macht den Wert des Menschen. Denn nicht durch den Besitz, sondern durch die Nachforschung der Wahrheit erweitern sich seine Kräfte, worin allein seine immer wachsende Vollkommenheit besteht. Der Besitz macht ruhig, träge, stolz. – Wenn Gott in seiner Rechten alle Wahrheit und in seiner Linken den einzigen immer regen Trieb nach Wahrheit, obschon mit dem Zusatze, mich immer und ewig zu irren, verschlossen hielte und spräche zu mir: Wähle! Ich fiele ihm mit Demut in seine Linke und sagte: Vater, gib! Die reine Wahrheit ist ja doch nur für dich allein. *Eine Duplik, 1778.*

Das Bekenntnis zum *Pantheismus*, das uns Jacobi überliefert hat, (Nr. 80) darf man daher wohl nur mit einem gewissen Vorbehalt als Lessings letzte Glaubensüberzeugung werten.

77. Fragwürdigkeit des Offenbarungsglaubens

Soll ein Buch als die göttliche Offenbarung, als der Grund des Glaubens und der Seligkeit angenommen werden, so muß ja wohl ein Mensch erst recht klar und deutlich überführt sein, daß die Schrift Gottes Wort sei ... Es ist artig, wie diese schwerre und wichtige Sache den Leuten erleichtert wird. Die Kinder lernen ein halb Dutzend Sprüche aus der Bibel, darin gesagt wird, daß die Bibel Gottes Wort sei, so sind sie darnach ihr ganzes Leben hindurch mit Hilfe ihres Gedächtnisses im Christentum vortrefflich gegründet und wider allen Zweifel und Anfechtung bewahrt. Die Offenbarung hat denn allein das Vorrecht, sich per petitionem principii zu erweisen: die Schreiber sind von Gott getrieben, denn sie sagen es; Beweis genug! Nur schade, daß denn doch allein die wahre Offenbarung solch Vorrecht haben kann, die falschen aber nicht, und daß folglich die Ungewißheit bleibt, *welche* die wahre Offenbarung sei, mithin die Nötigkeit solcher Untersuchung aus besseren Gründen bestätigt wird. Noch kürzer kommen andere zum Beweise, wenn sie sich berufen auf die Kraft des Geistes, der mit dem Worte verbunden sei und der Seele Zeugnis gebe, daß es Gottes Wort sei. Wer aber merkt solch Zeugnis bei sich? Die, welche es vorher schon glauben, daß die Schrift Gottes Wort sei. Denn sonst müßten ja Juden, Türken, Heiden und alle, die noch von der Göttlichkeit der Schrift nicht überführt sind, alsbald bekehrt werden, wenn sie nur die Schrift läsen ... Bei denen aber findet sich gerade das Gegenteil, indem sie sich alle Augenblick beim Lesen daran stoßen und viel Ungereimtes, Widersprechendes, Fabelhaftes, ja Gottloses und Liederliches darin zu finden vermeinen, daran ein vernünftiger und gesitteter Mensch notwendig Ärgernis nehmen müsse. Und wenn ja gleich hin und wieder etwas vorkäme, das wahr und gut gesagt sei, so sei es doch nichts Außerordentliches, dergleichen nicht im Koran und bei vernünftigen Heiden, ja mehrenteils weit edler, schöner, und unanstößiger ausgedruckt, anzutreffen wäre. Fraget doch einen Türken, ob ihm bei Lesung seines Korans nicht ebenso zumute sei, und ob er nicht von heiliger Andacht und Bewunderung über die göttliche Schreibart so gerührt werde, daß er glaubt, es sei nicht möglich, wenn auch alle Engel zusammenkämen, ein dergleichen schönes Buch zu verfertigen. Das macht, er kommt zu seinem Koran ebenso vorbereitet wie der Christ zur Bibel. *Über die Unmöglichkeit einer Offenbarung, die alle Menschen auf eine gegründete Art glauben könnten, 1777. Aus den „Fragmenten eines Unbekannten" (Reimarus).*

Der Buchstabe ist nicht der Geist, und die Bibel ist nicht die Religion. Folglich sind Einwürfe gegen den Buchstaben und gegen die Bibel nicht eben auch Einwürfe gegen den Geist und die Religion.

Denn die Bibel enthält offenbar mehr als zur Religion Gehöriges, und es ist bloße Hypothese, daß sie in diesem Mehreren gleich unfehlbar sein müsse. Auch war die Religion, ehe eine Bibel war. Das Christentum war, ehe Evangelisten und Apostel geschrieben hatten. Es verlief eine geraume Zeit, ehe der erste von ihnen schrieb, und eine sehr beträchtliche, ehe der ganze Kanon zustande kam. Es mag also von diesen Schriften noch so viel abhängen, so kann doch unmöglich die ganze Wahrheit der Religion auf ihnen beruhen ... Die Religion ist nicht wahr, weil die Evangelisten und Apostel sie lehrten, sondern sie lehrten sie, weil sie wahr ist. Aus ihrer *inneren Wahrheit* müssen die schriftlichen Überlieferungen erklärt werden, und alle schriftlichen Überlieferungen können ihr keine innere Wahrheit geben, wenn sie keine hat. *Nachwort Lessings zu den Fragmenten, 1777.*

78. Die natürliche Religion

Einen Gott erkennen, sich die würdigsten Begriffe von ihm zu machen suchen, auf diese würdigsten Begriffe bei allen unseren Handlungen und Gedanken Rücksicht nehmen, ist der vollständige Inbegriff aller natürlichen Religion.

Zu dieser natürlichen Religion ist ein jeder Mensch, nach dem Maße seiner Kräfte, aufgelegt und verbunden.

Da aber dieses Maß bei jedem Menschen verschieden und sonach auch eines jeden Menschen natürliche Religion verschieden sein würde, so hat man dem Nachteile, welchen diese Verschiedenheit ... hervorbringen konnte, vorbauen zu müssen geglaubt.

Das ist: sobald man auch die Religion gemeinschaftlich zu machen für gut erkannte, mußte man sich über gewisse Dinge und Begriffe vereinigen und diesen konventionellen Dingen und Begriffen eben die Wichtigkeit und Notwendigkeit beilegen, welche die natürlich erkannten Religionswahrheiten durch sich selber hatten.

Das ist: man mußte aus der Religion der Natur, welche einer allgemeinen gleichartigen Ausübung unter den Menschen nicht fähig war, eine positive Religion bauen ...

Diese positive Religion erhielt ihre Sanktion durch das Ansehen ihres Stifters, welcher vorgab, daß das Konventionelle derselben ebenso gewiß von Gott komme, nur mittelbar durch ihn, als das Wesentliche derselben unmittelbar durch eines jeden Vernunft.

Die Unentbehrlichkeit einer positiven Religion, vermöge welcher die natürliche Religion in jedem Staate nach dessen natürlicher und zufälliger Beschaffenheit modifiziert wird, nenne ich die innere Wahrheit derselben, und diese innere Wahrheit derselben ist bei einer so groß als bei der andern.

Alle positiven und geoffenbarten Religionen sind folglich gleich wahr und gleich falsch.

Die beste geoffenbarte oder positive Religion ist die, welche die wenigsten konventionellen Zusätze zur natürlichen Religion enthält, die guten Wirkungen der natürlichen Religion am wenigsten einschränkt. *Über die Entstehung der geoffenbarten Religion, 1760.*

*

Ob Christus mehr als Mensch gewesen, das ist ein Problem. Daß er wahrer Mensch gewesen, wenn er es überhaupt gewesen, daß er nie aufgehört hat, Mensch zu sein, das ist ausgemacht.

Folglich sind die Religion Christi und die christliche Religion zwei ganz verschiedene Dinge.

Jene, die Religion Christi, ist diejenige Religion, die er als Mensch selbst erkannte und übte, die jeder Mensch mit ihm gemein haben kann.

Diese, die christliche Religion, ist diejenige Religion, die es für wahr annimmt, daß er mehr als Mensch gewesen, und ihn selbst zu einem Gegenstande der Verehrung macht.

Wie diese beiden Religionen, die Religion Christi sowohl als die christliche, in Christus als in einer und ebenderselben Person bestehen können, ist unbegreiflich. *Entwurf „Die Religion Christi“ 1780, aus Lessings Nachlaß.*

79. Die drei Stufen der Offenbarung

Was die *Erziehung* bei dem einzelnen Menschen ist, ist die *Offenbarung* bei dem ganzen Menschengeschlechte.

Erziehung gibt dem Menschen nichts, was er nicht auch aus sich selbst haben könnte: sie gibt ihm das, was er aus sich selber haben könnte, nur geschwinder und leich-

ter. Also gibt auch die Offenbarung dem Menschengeschlechte nichts, worauf die menschliche Vernunft, sich selbst überlassen, nicht auch kommen würde: sondern sie gab und gibt ihm die wichtigsten dieser Dinge nur früher.
Und so wie es der Erziehung nicht gleichgültig ist, in welcher Ordnung sie die Kräfte des Menschen entwickelt; wie sie dem Menschen nicht alles auf einmal beibringen kann: ebenso hat auch Gott bei seiner Offenbarung eine gewisse Ordnung, ein gewisses Maß halten müssen.

Da Gott aber einem jeden einzelnen Menschen sich nicht mehr offenbaren konnte, noch wollte: so wählte er sich ein einzelnes Volk zu seiner besonderen Erziehung; und eben das ungeschliffenste, das verwildertste, um mit ihm ganz von vorne anfangen zu können.
Dies war das *Israelitische* Volk.

Ein Volk aber, daß so roh, so ungeschickt zu abgezogenen Gedanken war, noch so völlig in seiner Kindheit, was war es für einer moralischen Erziehung fähig? Keiner andern, als die dem Alter der Kindheit entspricht. Der Erziehung durch unmittelbare sinnliche Strafen und Belohnungen.

Auch hier also treffen Erziehung und Offenbarung zusammen. Noch konnte Gott seinem Volke keine andere Religion, kein anderes Gesetz geben als eines, durch dessen Beobachtung oder Nichtbeobachtung es hier auf Erden glücklich oder unglücklich zu werden hoffte oder fürchtete. Denn weiter als dieses Leben gingen noch seine Blicke nicht. Es wußte von keiner Unsterblichkeit der Seele; es sehnte sich nach keinem künftigen Leben. Ihm aber nun schon diese Dinge zu offenbaren, welchen seine Vernunft noch so wenig gewachsen war: was würde es bei Gott anderes gewesen sein als die Fehler des eiteln Pädagogen, der sein Kind lieber übereilen und mit ihm prahlen als gründlich unterrichten will?
Der Mangel jener Lehren in den Schriften des Alten Testaments beweiset also wider ihre Göttlichkeit nichts. Moses war doch von Gott gesandt, obschon die Sanktion seines Gesetzes sich nur auf dieses Leben erstreckte.

Ein Elementarbuch für Kinder darf gar wohl dieses oder jenes wichtige Stück der Wissenschaft oder Kunst, die es vorträgt, mit Stillschweigen übergehen, von dem der Pädagoge urteilte, daß es den Fähigkeiten der Kinder, für die er schrieb, noch nicht angemessen sei.
Aber jedes Elementarbuch ist nur für ein gewisses Alter. Das ihm entwachsene Kind länger, als die Meinung gewesen, dabei zu verweilen, ist schädlich ...

Ein besserer Pädagog muß kommen und dem Kinde das erschöpfte Elementarbuch aus den Händen reißen. – *Christus* kam.
Der Teil des Menschengeschlechts, den Gott in einen Erziehungsplan hatte fassen wollen ... war zu dem *zweiten* großen Schritte der Erziehung reif.

Und so ward Christus der erste zuverlässige, praktische Lehrer der Unsterblichkeit der Seele.
Der erste zuverlässige Lehrer. – Zuverlässig durch die Weissagungen, die in ihm erfüllt schienen; zuverlässig durch die Wunder, die er verrichtete; zuverlässig durch

seine eigene Wiederbelebung nach einem Tode, durch den er seine Lehre besiegelt hatte ...

Wenigstens ist es schon aus der Erfahrung klar, daß die neutestamentlichen Schriften, in welchen sich diese Lehren nach einiger Zeit aufbewahret fanden, das zweite bessere Elementarbuch für das Menschengeschlecht abgegeben haben und noch abgeben.

Du hast in der *Kindheit* des Menschengeschlechts an der Lehre von der Einheit Gottes gesehen, daß Gott auch bloße Vernunftswahrheiten unmittelbar offenbaret; oder verstattet und einleitet, daß bloße Vernunftswahrheiten als unmittelbar geoffenbarte Wahrheiten eine Zeitlang geehret werden: um sie geschwinder zu verbreiten und sie fester zu gründen.
Du erfährst in dem *Knabenalter* des Menschengeschlechts an der Lehre von der Unsterblichkeit der Seele das Nämliche. Sie wird in dem zweiten besseren Elementarbuch als Offenbarung gepredigt und nicht als Resultat menschlicher Schlüsse gelehret.

So wie wir zur Lehre von der Einheit Gottes nunmehr des Alten Testaments entbehren können; so wir wir allmählich zur Lehre von der Unsterblichkeit der Seele auch des Neuen Testaments entbehren zu können anfangen: könnten in diesem nicht noch mehr dergleichen Wahrheiten vorgespiegelt werden, die wir als Offenbarungen so lange anstaunen sollen, bis sie die Vernunft aus ihren andern ausgemachten Wahrheiten herleiten und mit ihnen verbinden lernt?

Oder soll das menschliche Geschlecht auf diese höchste Stufe der Aufklärung und Reinigkeit nie kommen? Nie?

Nein; sie wird kommen, sie wird gewiß kommen, die Zeit der Vollendung, da der Mensch, je überzeugter sein Verstand einer immer besseren Zukunft sich fühlet, von dieser Zukunft gleichwohl Bewegungsgründe zu seinen Handlungen zu erborgen, nicht nötig haben wird; da er das Gute tun wird, weil es das Gute ist, nicht weil willkürliche Belohnungen darauf gesetzt sind, die seinen flatterhaften Blick ehedem bloß heften und stärken sollten, die inneren, besseren Belohnungen desselben zu erkennen.

Sie wird gewiß kommen, die Zeit eines *neuen ewigen Evangeliums,* die uns selbst in den Elementarbüchern des Neuen Bundes versprochen wird. *Die Erziehung des Menschengeschlechts, 1777.*

80. Ein Gespräch zwischen Lessing und Jacobi über den Pantheismus

Das folgende Gespräch ist von Friedrich Heinrich *Jacobi* (1743–1819) aufgezeichnet worden und gilt im wesentlichen als authentisch. Ob freilich Jacobi nicht Lessings Ansichten recht einseitig gesehen und wiedergegeben hat, ist umstritten. Moses *Mendelsohn* (1729–1786), der langjährige Freund Lessings, mit dem Jacobi darüber eine lange Kontroverse geführt hat, hat stets behauptet, Lessing habe einem aufgeklärten Gottesglauben angehangen. Möglich ist natürlich auch, daß Lessing im Alter zu radikaleren Anschauungen neigte, die er seinem aufklärerisch gläubigen Freunde verschwieg, dem jungen Jacobi aber offen bekannte. Wir dürfen nicht übersehen, daß der radikale Pantheismus (Atheismus) des Spinoza und überhaupt jedes pantheistische Bekenntnis im 18. Jahrhundert als öffentliches Ärgernis empfunden wurde.

Jacobi war zu der Zeit, als er mit Lessing zusammentraf (Sommer 1780), diesem schon bekannt durch seine philosophischen Romane „Allwill" und „Woldemar". Jacobi verstand Spionzas Lehre als atheistisch und hielt es für das philosophisch einzig haltbare System, das aber verworfen werden müsse, weil es den Bedürfnissen des menschlichen Gemütes nicht genüge tue. So stellte er dem Spinozismus den „Glauben" oder, wie er später sagte, die „Vernunft" entgegen, worunter er die Fähigkeit verstand, die „absoluten" Gegenstände des *Geistes* zu erfassen, die das bloß rationale Denken des „Verstandes" nicht erfaßt.

„Ein der Natur allein zugewandter Verstand muß die Wirklichkeit eigentlich und allein wahrhaft genialer Schöpfungen eben so notwendig als die Wirklichkeit eigentlicher und allein wahrhaft tugendhafter Handlungen leugnen. Für die Wirklichkeit beider zeuget allein der Geist, der inwendige, der überall nur Geheimnisse offenbart, unergründliche, also keine Wissenschaft – die bricht notwendig da ab, wo das Wirken der Freiheit sich kundmacht."

„Jede rein sittliche, wahrhaft tugendhafte Handlung ist in Beziehung auf die Natur ein Wunder und offenbart ihn, der nur Wunder tun kann, den Urheber und Regierer des Weltalls."

„Wir dürfen darum wohl die kühne Rede wagen, daß wir an Gott glauben, weil wir ihn sehen ...; wird er uns doch in jedem hohen Menschen zur Erscheinung."

Vgl. auch *Schleiermacher* zu Jacobis Ausspruch: „Mit dem Verstande eine Heide, mit dem Gefühle ein Christ" (Nr. 107).

In einem Briefe an Mendelsohn, aus dem Jahre 1783, berichtet Jacobi über sein Gespräch (besser: seine Gespräche) mit Lessing im Sommer 1780. Das Gespräch knüpfte an Goethes Gedicht „Prometheus" an, das damals noch unveröffentlicht war. Jacobi hatte Lessing eine Abschrift davon zu lesen gegeben. Lessing scheint das Gedicht im pantheistischen (atheistischen?) Sinne verstanden zu haben.

Lessing: Der Gesichtspunkt, aus welchem das Gedicht genommen ist, das ist mein eigener Gesichtspunkt ... Die orthodoxen Begriffe von der Gottheit sind nicht mehr für mich; ich kann sie nicht genießen. *„hen kai pan"*! (Das Eine und All) Ich weiß nichts anders. Dahin geht auch dieses Gedicht; und ich muß bekennen, es gefällt mir sehr.

Ich: Da wären Sie ja mit *Spinoza* ziemlich einverstanden.

Lessing: Wenn ich mich nach jemand nennen soll, so weiß ich keinen andern.

Ich: Spinoza ist mir gut genug; aber doch ein schlechtes Heil, das wir in seinem Namen finden!

Lessing: Ja! Wenn Sie wollen! ... Und doch – wissen Sie etwas besseres?

Den folgenden Morgen, als ich in meinem Zimmer war, kam *Lessing* und hub an: Ich bin gekommen über mein „Hen kai Pan" mit Ihnen zu reden. Sie erschraken gestern.

Ich: Sie überraschten mich und ich fühlte meine Verwirrung. Schrecken war es nicht. Freilich war es gegen meine Vermutung, an Ihnen einen Spinozisten oder

Pantheisten zu finden; und noch weit mehr dagegen, daß Sie es mir gleich und so blank und bar hinlegen würden. Ich war großenteils in der Absicht gekommen von Ihnen Hilfe gegen den Spinoza zu erhalten.

Lessing: Also kennen Sie ihn doch?

Ich: Ich glaube ihn zu kennen, wie nur sehr wenige ihn gekannt haben mögen.

Lessing: Dann ist Ihnen nicht zu helfen. Werden Sie lieber ganz sein Freund. Es gibt keine andere Philosophie als die Philosophie des Spinoza.

Ich: Das mag wahr sein. Denn der Determinist, wenn er bündig sein will, muß zum Fatalisten werden: hernach gibt sich das Übrige von selbst ... Wenn es lauter wirkende und keine Endursachen gibt, so hat das denkende Vermögen in der ganzen Natur bloß das Zusehen: sein einziges Geschäft ist, den Mechanismus der wirkenden Kräfte zu begleiten ... Wir glauben nur, daß wir aus Zorn, Liebe, Großmut oder aus vernünftigem Entschlusse handeln. Lauter Wahn! In allen diesen Fällen ist im Grunde das, was uns bewegt, ein Etwas, das von alledem nichts weiß, und das insofern von Empfindung und Gedanke schlechterdings entblößt ist.

Lessing: Ich merke, Sie hätten gern Ihren Willen frei. Ich begehre keinen freien Willen. Überhaupt erschreckt mich, was Sie eben sagten, nicht im mindesten. Es gehört zu den menschlichen Vorurteilen, daß wir den Gedanken als das erste und vornehmste betrachten und aus ihm alles herleiten wollen, da doch alles, die Vorstellungen miteinbegriffen, von höheren Prinzipien abhängt. Ausdehnung, Bewegung, Gedanke sind offenbar in einer höheren Kraft gegründet, die noch lange nicht damit erschöpft ist ...

*

Wenn sich Lessing eine Gottheit vorstellen wollte, so dachte er sie als die Seele des Alls, und das Ganze nach der Analogie eines organischen Körpers. Diese Seele des Ganzen wäre also, wie es alle andere Seelen, nach allen möglichen Systemen sind, als Seele nur Effekt ...

Mit der Idee eines persönlichen schlechterdings unendlichen Wesens, in dem unveränderlichen Genusse seiner allerhöchsten Vollkommenheit, konnte sich Lessing nicht vertragen. Er verknüpfte mit derselben eine solche Vorstellung von unendliche Langeweile, daß ihm angst und weh dabei wurde ...

Goethe

81. Über Holbach's „Système de la nature"

Goethe hatte von seiner Kindheit an lebhafte religiöse Eindrücke empfangen und eine sehr genaue Kenntnis der Bibel gewonnen. In seiner Jugend gab es eine Zeit, wo er unter dem Einfluß der Susanne Katharine von *Klettenberg* (1723–1774), deren gefühlvolle Frömmigkeit er in den „Bekenntnissen einer schönen Seele“ (6. Buch von „Wilhelm Meisters Lehrjahren“) geschildert hat, dem Pietismus zuneigte. Auch später verband ihn ja eine gewisse Freundschaft mit ausgesprochenen Pietisten, so mit Jung-Stilling (1740–1817) und vor allem mit Lavater (Nr. 82). In der Straßburger Zeit aber löste er sich von solchen ausgesprochen christlich-biblischen Glaubensvorstellungen; seine religiösen Anschauungen gewannen immer mehr pantheistischen Charakter. Aber eben darum lehnte er den Materialismus und Atheismus der radikalen französischen Aufklärer entschieden ab. In „Dichtung und Wahrheit“ berichtet er über den Eindruck, den auf ihn *Holbachs* „Système de la nature“ gemacht hat.

Auf philosophische Weise erleuchtet und gefördert zu werden, hatten wir keinen Trieb noch Hang; über religiöse Gegenstände glaubten wir uns selbst aufgeklärt zu haben, und so war der heftige Streit französischer Philosophen mit dem Pfafftum uns ziemlich gleichgültig. Verbotene, zum Feuer verdammte Bücher, welche damals großen Lärmen machten, übten keine Wirkung auf uns. Ich gedenke statt aller des „Système de la nature“, das wir aus Neugier in die Hand nahmen. Wir begriffen nicht, wie ein solches Buch gefährlich sein könnte. Es kam uns so grau, so kimmerisch, so totenhaft vor, daß wir Mühe hatten, seine Gegenwart auszuhalten, daß wir davor wie vor einem Gespenste schauderten ...

Keiner von uns hatte das Buch hinausgelesen: denn wir fanden uns in der Erwartung getäuscht, in der wir es aufgeschlagen hatten. System der Natur ward angekündigt, und wir hofften also wirklich etwas von der Natur, unserer Abgöttin, zu erfahren .., Daß hierbei wohl manches vorkommen müßte, was dem gemeinen Menschen als schädlich, der Geistlichkeit als gefährlich, dem Staat als unzuläßlich erscheinen möchte, daran hatten wir keinen Zweifel, und wir hofften, dieses Büchlein sollte nicht unwürdig die Feuerprobe bestanden haben. Allein wie hohl und leer ward uns in dieser tristen atheistischen Halbnacht zumute, in welcher die Erde mit allen ihren Gebilden, der Himmel mit allen seinen Gestirnen verschwand. Eine Materie sollte sein von Ewigkeit, und von Ewigkeit her bewegt, und sollte nun mit dieser Bewegung rechts und links und nach allen Seiten, ohne weiteres, die unendlichen Phänomene des Daseins hervorbringen. Dies alles wären wir sogar zufrieden gewesen, wenn der Verfasser wirklich aus seiner bewegten Materie die Welt vor unsern Augen aufgebaut hätte. Aber er mochte von der Natur so wenig wissen als wir: denn indem er einige allgemeine Begriffe hingepfahlt, verläßt er sie sogleich, um dasjenige was höher als die Natur, oder als höhere Natur in der Natur erscheint, zur materiellen, schweren, zwar bewegten aber doch richtungs- und gestaltlosen Natur zu verwandeln, und glaubt dadurch recht viel gewonnen zu haben. *Dichtung und Wahrheit, 3. Teil, 11. Buch.*

82. Goethe und Lavater

1774 lernte Goethe den Züricher Pfarrer *Lavater* (1741–1801) kennen. In Lavater verband sich der Geist des „Sturm und Drang“ mit der gefühlvollen Christusreligion des Pietismus. Ein Virtuos der Freundschaft stand Lavater mit zahlreichen Männern seiner Zeit in Verbindung und regem Briefwechsel. Mit Goethe teilte er insbesondere das Interesse für „Physiognomik“. Mit der Zeit aber wandte sich Goethe entschieden von Lavater ab, zumal ihn dessen Bekehrungseifer abstieß.

Täglich ist's ein lastendes Gefühl, kräftiger als tausend Demonstrationen, daß alle Theologie, Christentum, Hoffnung des ewigen Lebens, Glauben an Gott Wahn, Traum, Unsinn, Abgötterei, Atheismus und Schwärmerei zugleich ist, ohne unmittelbares *Christusgefühl*. Ich verachte mich tiefer, als es keiner meiner Höhner kann, verachte mich als Heuchler, Betrüger, Schwätzer, Wahnsinniger, Gottesspötter, so lang ich von Christus' Leben nicht so überzeugt bin wie von Deinem, wiewohl ich Dich nicht sehe. Entweder Atheist oder Christ! Ich verachte den Deisten, er ist der inkonsequenteste Mann von der Welt. Ich habe keinen Gott als Jesus Christus. Sein Vater – großer Gedanke! – ist mir nur in ihm, ist mir in allem, wäre mir nirgends, wär' er mir nicht in ihm. Ich bete die Luft an, wenn ich Gott außer Christus anbete; ich liebe ein Idol meiner Symbolik, wenn ich Gott außer den Menschen liebe! Es ist alles Schwärmerei außer Glauben an Christus, der sich auf sinnliche Erfahrungen gründet, außer Liebe zu den Menschen als Gottes, meines Gottes Kindern, meines Bruders Geschwistern. Nicht ein einziges Glaubensbeispiel führt die Schrift an, wo nicht sinnliche Erfahrung zum Grunde lag; drum bitt' ich so oft: „Bist du, so zeige mir, daß du bist.“ *Brief an Goethe, 1774.*

Auf Lavaters Schrift „Pilatus“ hin schrieb ihm Goethe:

Da ich zwar kein Widerchrist, kein Unchrist, aber doch ein dezidierter Nichtchrist bin, so hat mir Dein Pilatus widrige Eindrücke gemacht, weil Du Dich gar zu ungebärdig gegen den alten Gott und seine Kinder stellst ... 29. Juli 1782

Du hältst das Evangelium, wie es steht, für die göttliche Wahrheit, mich würde eine vernehmliche Stimme vom Himmel nicht überzeugen, daß das Wasser brennt und das Feuer löscht, daß ein Weib ohne Mann gebiert und daß ein Toter aufersteht, vielmehr halte ich dieses für Lästerungen gegen den großen Gott und seine Offenbarung in der Natur.

Du findest nichts schöner als das Evangelium, ich finde tausend geschriebene Blätter alter und neuer von Gott begnadeter Menschen ebenso schön und der Menschheit nützlich und unentbehrlich. Und so weiter!

Nimm nun, lieber Bruder, daß es mir in meinem Glauben so heftig ernst ist wie Dir in dem Deinen, daß ich, wenn ich öffentlich zu reden hätte, für die, nach meiner Überzeugung, von Gott eingesetzte Aristokratie mit eben dem Eifer sprechen und schreiben würde, als du für das Einreich Christi schreibst: müßte ich nicht alsdann das Gegenteil von vielem behaupten, was Dein Pilatus enthält, was Dein Buch uns als unwidersprechlich auffordernd ins Gesicht sagt?

Ausschließliche Intoleranz! ... Verzeih mir diese harten Worte!

Es ist unmöglich in Meinungen so verschieden zu sein, ohne sich zu stoßen. Ja, ich gestehe Dir, wäre ich Lehrer meiner Religion, vielleicht hättest Du eher Ursache, mich der Toleranz mangelnd zu schelten als ich jetzo Dich. *9. August 1782.*

83. Die Natur

Die Naturverherrlichung fand in der Naturlyrik des jungen Goehte ihren reinsten Ausdruck. Die Natur erscheint dabei wie eine lebendige Gottheit – vgl. das Gedicht „Ganymed“ –, aber Goethe ist sich zugleich ihrer erhabenen Fühllosigkeit wohl bewußt. „Denn unfühlend ist die Natur“ (aus dem Gedicht „Das Göttliche“). So wechselt auch in Werthers Briefen selige Hingabe mit trostlosem Erschrecken.

Am 10. Mai.

Wenn das liebe Tal um mich dampft, und die hohe Sonne an der Oberfläche der undurchdringlichen Finsternis meines Waldes ruht, und nur einzelne Strahlen sich in das innere Heiligtum stehlen, ich dann im hohen Grase am fallenden Bache liege, und näher an der Erde tausend mannigfaltige Gräschen mir merkwürdig werden; wenn ich das Wimmeln der kleinen Welt zwischen Halmen, die unzähligen unergründlichen Gestalten der Würmchen, die Mückchen näher an meinem Herze fühle, und fühle die Gegenwart des Allmächtigen, der uns nach seinem Bilde schuf, das Wehen des All-Liebenden, der uns in ewiger Wonne schwebend trägt und erhält; ... wenn's dann um meine Augen dämmert, und die Welt um mich her und der Himmel ganz in meiner Seele ruhen wie die Gestalt einer Geliebten, dann sehne ich mich oft und denke: ach, könntest du das wieder ausdrücken ..., was so voll, so warm in dir lebt, daß es würde der Spiegel deiner Seele, wie deine Seele ist der Spiegel des unendlichen Gottes.

18. August

Vom unzugänglichen Gebirge über die Einöde, die kein Fuß betrat, bis ans Ende des unbekannten Ozeans weht der Geist des Ewigschaffenden und freut sich jedes Staubes, der ihn vernimmt und lebt ...

Es hat sich vor meiner Seele wie ein Vorhang weggezogen, und der Schauplatz des unendlichen Lebens verwandelt sich vor mir in den Abgrund des ewig offenen Grabes. Kannst du sagen: Das ist!, da alles vorübergeht? da alles mit der Wetterschnelle vorüberrollt, so selten die ganze Kraft seines Daseins ausdauert, ach, in den Strom fortgerissen, untergetaucht und an Felsen zerschmettert wird? Da ist kein Augenblick, der nicht dich verzehrte und die Deinigen um dich her, kein Augenblick, da du nicht ein Zerstörer bist, sein mußt; der harmloseste Spaziergang kostet tausend armen Würmchen das Leben, es zerrüttet ein Fußtritt die mühseligen Gebäude der Ameisen und stampft eine kleine Welt in ein schmähliches Grab. Ha! nicht die große Not der Welt, diese Fluten, die eure Dörfer wegspülen, diese Erdbeben, die eure Städte verschlingen, rühren mich; mir untergräbt das Herz die verzehrende Kraft, die in dem All der Natur verborgen liegt; die nichts gebildet hat, das nicht seinen Nachbar, nicht sich selbst zerstörte. Und so taumle ich beängstigt, Himmel und Erde und ihre webenden Kräfte um mich her: ich sehe nichts, als ein ewig verschlingendes, ewig wiederkauendes Ungeheuer.

*

Von G. Chr. Tobler, einem Schweizer Pfarrer (Goethe erwähnt ihn in seinem Brief an Lavater vom Oktober 1779) wurde der folgende Aufsatz, im unmittelbaren Anschluß an ein Gespräch mit Goethe, niedergeschrieben und Januar 1783 im „Tiefurter Journal“ veröffentlicht.

Stammt er also auch nicht aus Goethes Feder, so ist er doch in Inhalt und Form ein getreues Spiegelbild von Goethes damaliger Weltanschauung.

Natur! Wir sind von ihr umgeben und umschlungen – unvermögend, aus ihr herauszutreten, und unvermögend, tiefer in sie hineinzukommen. Ungebeten und ungewarnt nimmt sie uns in den Kreislauf ihres Tanzes auf und treibt sich mit uns fort, bis wir ermüdet sind und ihrem Arm entfallen.

Sie schafft ewig neue Gestalten; was da ist, war noch nie, was war, kommt nicht wieder: alles ist neu und doch immer das Alte.

Wir leben mitten in ihr und sind ihr fremde. Sie spricht unaufhörlich mit uns, und verrät uns ihr Geheimnis nicht. Wir wirken beständig auf sie und haben doch keine Gewalt über sie.

Sie scheint alles auf Individualität angelegt zu haben und macht sich nichts aus den Individuen. Sie baut immer und zerstört immer, und ihre Werkstätte ist unzugänglich ...

Es ist ein ewiges Leben, Werden und Bewegen in ihr, und doch rückt sie nicht weiter. Sie verwandelt sich ewig, und ist kein Moment Stillstehen in ihr ...

Gedacht hat sie und sinnt beständig; aber nicht als ein Mensch, sondern als Natur. Sie hat sich einen eigenen, allumfassenden Sinn vorbehalten, den ihr niemand abmerken kann.

Die Menschen sind alle in ihr, und sie in allen. Mit allen treibt sie ein freundliches Spiel, und freut sich, je mehr man ihr abgewinnt ...

Sie liebt sich selber und haftet ewig mit Augen und Herzen ohne Zahl an sich selbst. Sie hat sich auseinandergesetzt, um sich selbst zu genießen. Immer läßt sie neue Genießer erwachsen, unersättlich, sich mitzuteilen ...

Sie spritzt ihre Geschöpfe aus dem Nichts hervor, und sagt ihnen nicht, woher sie kommen, und wohin sie gehen. Sie sollen nur laufen; die Bahn kennt *sie*.

Ihr Schauspiel ist immer neu, weil sie immer neue Zuschauer schafft. Leben ist ihre schönste Erfindung, und der Tod ist ihr Kunstgriff, viel Leben zu haben ...

Sie hat keine Sprache noch Rede, aber sie schafft Zungen und Herzen, durch die sie fühlt und spricht.

Ihre Krone ist die Liebe, nur durch sie kommt man ihr nahe ... Sie ist alles. Sie belohnt sich selbst und bestraft sich selbst, erfreut und quält sich selbst ... Alles ist immer da in ihr. Vergangenheit und Zukunft kennt sie nicht. Gegenwart ist ihr Ewigkeit. Sie ist gütig. Ich preise sie mit allen ihren Werken ...

Sie ist ganz, und doch immer unvollendet. So wie sie's treibt, kann sie's immer treiben.

Jedem erscheint sie in einer eigenen Gestalt. Sie verbirgt sich in tausend Namen und Termen und ist immer dieselbe.

Sie hat mich hereingestellt, sie wird mich auch herausführen. Ich vertraue mich ihr. Sie mag mit mir schalten; sie wird ihr Werk nicht hassen. Ich sprach nicht von ihr;

nein, was wahr ist und was falsch ist, alles hat sie gesprochen. Alles ist ihre Schuld, alles ihr Verdienst.

84. Die Gottesvorstellung in späterer Zeit

Was wär ein Gott, der nur von außen stieße,
Im Kreis das All am Finger laufen ließe!
Ihm ziemts, die Welt im Innern zu bewegen,
Natur in Sich, Sich in Natur zu hegen,
So daß, was in Ihm lebt und webt und ist,
Nie Seine Kraft, nie Seinen Geist vermißt.

–

Im Innern ist ein Universum auch;
Daher der Völker löblicher Gebrauch,
Daß jeglicher das Beste, was er kennt,
Er Gott, ja seinen Gott benennt,
Ihm Himmel und Erden übergibt,
Ihn fürchtet, und womöglich liebt.

Gott und Welt, Proemion 1815.

*

Wär nicht das Auge sonnenhaft,
Die Sonne könnt es nie erblicken;
Läg nicht in uns des Gottes eigne Kraft,
Wie könnt uns Göttliches entzücken?

Wenn im Unendlichen dasselbe
sich wiederholend ewig fließt,
Das tausenfältige Gewölbe
sich kräftig ineinander schließt,
Strömt Lebenslust aus allen Dingen,
Dem kleinsten wie dem größten Stern,
Und alles Drängen, alles Ringen
Ist ewige Ruh in Gott dem Herrn.

Aus den „Zahmen Xenien"[1]

*

Das schönste Glück des denkenden Menschen ist, das Erforschliche erforscht zu haben und das Unerforschliche ruhig zu verehren. *1207.*

---

[1] 1797 hatten Goethe und Schiller ihre „Xenien" veröffentlicht, die, hauptsächlich gegen Schriftsteller ihrer Zeit gerichtet, durch die Schärfe ihrer Kritik Aufsehen erregten. Die zwischen 1815 und 1827, also zwanzig bis dreißig Jahre später entstandenen „Zahmen Xenien" sind frei von solcher persönlichen Polemik, aber zum größeren Teil ebenfalls sehr kritisch den Zeitströmungen gegenüber. Das griechische Wort Xenion (zu ergänzen: Doron) = Gastgeschenk war in die lateinische Sprache übernommen worden. Xenia war der Titel eines Teils von *Martial's* um 100 n. Chr. entstandenen Epigrammen.

Wir sind naturforschend Pantheisten, dichtend Polytheisten, sittlich Monotheisten. *807*

Wer die Natur als göttliches Organ leugnen will, der leugne nur gleich alle Offenbarung. *808*

„Ich glaube einen Gott!" dies ist ein schönes löbliches Wort; aber Gott anerkennen, wo und wie er sich offenbare, das ist eigentlich die Seligkeit auf Erden. *809*

Glaube ist Liebe zum Unsichtbaren, Vertrauen aufs Unmögliche, Unwahrscheinliche. *815*

Eigentlich lernen wir nur von Büchern, die wir nicht beurteilen können. Deshalb ist die Bibel ein ewig wirksames Buch, weil, solange die Welt steht, niemand auftreten und sagen wird: ich begreife es im Ganzen und verstehe es im Einzelnen. Wir aber sagen bescheiden: im Ganzen ist es ehrwürdig und im Einzelnen anwendbar. *335*

Ich bin überzeugt, daß die Bibel immer schöner wird, ja mehr man sie versteht, das heißt, je mehr man einsieht, daß jedes Wort, das wir allgemein auffassen und im besonderen auf uns anwenden, nach gewissen Umständen, nach Zeit- und Ortsverhältnissen einen eigenen, besonderen, unmittelbar individuellen Bezug gehabt hat. *672*

Aus den „Maximen und Reflexionen" (1826 und später, meist erst im Nachlass veröffentlicht) [1].

85. Tod und Unsterblichkeit

Die Beschäftigung mit Unsterblichkeitsideen ist für vornehme Stände und besonders für Frauenzimmer, die nichts zu tun haben. Ein tüchtiger Mensch aber, der schon hier etwas Ordentliches zu sein gedenkt und der daher täglich zu streben, zu kämpfen und zu wirken hat, läßt die künftige Welt auf sich beruhen und ist tätig und nützlich in dieser. *Zu Eckermann, 25. Febr. 1824.*

Aus Faust II, 5. Akt
(Fausts Begegnung mit der Sorge).

Die Sorge: ... Hast du die Sorge nie gekannt?

Faust: Ich bin nur durch die Welt gerannt!
...
Ich habe nur begehrt und nur vollbracht
Und abermals gewünscht und so mit Macht
Mein Leben durchgestürmt: erst groß und mächtig.
Nun aber geht es weise, geht bedächtig.
Der Erdenkreis ist mir genug bekannt.
Nach drüben ist die Aussicht uns verrannt;

[1] Die Nummern nach der Ausgabe von M. Hecker, Weimar 1907.

Tor, wer dorthin die Augen blinzelnd richtet,
Sich über Wolken seinesgleichen dichtet!
Er stehe fest und sehe hier sich um:
Dem Tüchtigen ist diese Welt nicht stumm!
Was braucht er in die Ewigkeit zu schweifen?
Was er erkennt, läßt sich ergreifen.
Er wandle so den Erdentag entlang;
Wenn Geister spuken, geh er seinen Gang,
Im Weiterschreiten find er Qual und Glück,
Er, unbefriedigt jeden Augenblick!

*

Über den Schluß des „Faust“:

Wir redeten über den Faust, den das Erbteil seines Charakters, die Unzufriedenheit, auch im Alter nicht verlassen hat ...
Wir sprachen sodann über den Schluß, und Goethe machte mich auf die Stelle aufmerksam, wo es heißt:

Gerettet ist das edle Glied
Der Geisterwelt vom Bösen;
Wer immer strebend sich bemüht,
Den können wir erlösen,
Und hat an ihm die Liebe gar
Von oben teilgenommen,
Begegnet ihm die selige Schar
Mit herzlichem Willkommen.

„In diesen Versen“, sagte er, „ist der Schlüssel zu Fausts Rettung enthalten. In Faust selber ist eine immer höhere und reinere Tätigkeit bis ans Ende, und von oben die ihm zu Hülfe kommende ewige Liebe. Es steht dies mit unserer religiösen Vorstellung durchaus in Harmonie, nach welcher wir nicht bloß durch eigene Kraft selig werden, sondern durch die hinzukommende göttliche Gnade[1].
Zu Eckermann, 6. Juni 1831.

*

„Wenn einer fünfundsiebzig Jahre alt ist, kann es nicht fehlen, daß er mitunter an den Tod denkt. Mich läßt dieser Gedanke in völliger Ruhe, denn ich habe die feste Überzeugung, daß unser Geist ein Wesen ist ganz unzerstörbarer Natur; es ist ein fortwirkendes von Ewigkeit zu Ewigkeit. Es ist der Sonne ähnlich, die bloß unsern irdischen Augen unterzugehen scheint, die aber eigentlich nie untergeht, sondern unaufhörlich fortleuchtet.“ *Zu Eckermann, 2. Mai 1824.*

Der Mensch soll an Unsterblichkeit glauben, er hat dazu ein Recht, es ist seiner Natur gemäß ... Die Überzeugung unserer Fortdauer entspringt mir aus dem Be-

[1] Man beachte die der katholischen Auffassung entsprechende Formulierung: Vgl. S. 109.

griff der Tätigkeit; denn wenn ich bis an mein Ende rastlos wirke, so ist die Natur verpflichtet, mir eine andere Form des Daseins anzuweisen, wenn die jetzige meinen Geist nicht ferner auszuhalten vermag. *Zu Eckermann, 4. Februar 1829.*

86. Bibel und Kirche. Göttliche Inspiration in der Kunst

Die allgemeine, die natürliche Religion bedarf eigentlich keines Glaubens: denn die Überzeugung, daß ein großes, hervorbringendes, ordnendes und leitendes Wesen sich gleichsam hinter der Natur verberge, um sich uns faßlich zu machen, eine solche Überzeugung drängt sich einem jeden auf ... Ganz anders verhält es sich mit der besonderen Religion, die uns verkündigt, daß jenes große Wesen sich eines Einzelnen, eines Stammes, eines Volkes, einer Landschaft entschieden und vorzüglich annehme. Diese Religion ist auf den Glauben gegründet, der unerschütterlich sein muß, wenn er nicht sogleich von Grund aus zerstört werden soll. Jeder Zweifel gegen eine solche Religion ist ihr tödlich ... *Dichtung und Wahrheit*

Wenige Tage vor seinem Tode führte Goethe mit Eckermann ein letztes, langes Gespräch, das sich fast allein um die religiöse Frage drehte. Es zeigt deutlich Goethes in der Aufklärung wurzelnde Überzeugung von der „natürlichen" oder „Urreligion", ebenso wie seine Hochschätzung der Bibel und Luthers; neu und typisch „goethisch" ist dagegen seine religiöse Deutung der künstlerischen Inspiration.

Es gibt zwei Standpunkte, von welchen aus die biblischen Dinge zu betrachten sind. Es gibt den Standpunkt einer Art Urreligion, den der reinen Natur und Vernunft, welcher göttlicher Abkunft. Dieser wird ewig derselbige bleiben und wird dauern und gelten, solange gottbegabte Wesen vorhanden. Doch ist er nur für Auserwählte und viel zu hoch und edel, um allgemein zu werden. Sodann gibt es den Standpunkt der Kirche, welcher mehr menschlicher Art. Er ist gebrechlich, wandelbar und im Wandel begriffen; doch auch er wird in ewiger Umwandlung dauern, solange schwache menschliche Wesen sein werden. Das Licht ungetrübter göttlicher Offenbarung ist viel zu rein und glänzend, als daß es den armen, gar schwachen Menschen gemäß und erträglich wäre. Die Kirche aber tritt als wohltätige Vermittlerin ein, um zu dämpfen und zu ermäßigen, damit allen geholfen und damit vielen wohl werde."

„Übrigens, echt oder unecht sind bei Dingen der Bibel gar wunderliche Fragen. Was ist echt als das ganz Vortreffliche, das mit der reinsten Natur und Vernunft in Harmonie steht und noch heute unserer höchsten Entwickelung dient! Und was ist unecht als das Absurde, Hohle und Dumme, was keine Frucht bringt, wenigstens keine gute! – Sollte die Echtheit einer biblischen Schrift durch die Frage entschieden werden, ob uns durchaus Wahres überliefert worden, so könnte man sogar in einigen Punkten die Echtheit der Evangelien bezweifeln, wovon Markus und Lukas nicht aus unmittelbarer Ansicht und Erfahrung, sondern erst spät nach mündlicher Überlieferung geschrieben, und das letzte, von dem Jünger Johannes, erst im höchsten Alter. Dennoch halte ich die Evangelien alle vier für durchaus echt, denn es ist in ihnen der Abglanz einer Hoheit wirksam, die von der Person

Christi ausging und die so göttlicher Art, wie nur je auf Erden das Göttliche erschienen ist. Fragt man mich, ob es in meiner Natur sei, ihm anbetende Ehrfurcht zu erweisen, so sage ich: durchaus! – Ich beuge mich vor ihm, als der göttlichen Offenbarung des höchsten Prinzips der Sittlichkeit. – Fragt man mich, ob es in meiner Natur sei, die Sonne zu verehren, so sage ich abermals: durchaus! Denn sie ist gleichfalls eine Offenbarung des Höchsten, und zwar die mächtigste, die uns Erdenkindern wahrzunehmen vergönnt ist. Ich anbete in ihr das Licht und die zeugende Kraft Gottes, wodurch allein wir leben, weben und sind, und alle Pflanzen und Tiere mit uns. Fragt man mich aber, ob ich geneigt sei, mich vor einem Daumenknochen des Apostels Petri oder Pauli zu bücken, so sage ich: verschont mich und bleibt mir mit euren Absurditäten vom Leibe!

*

Es ist gar viel Dummes in den Satzungen der Kirche. Aber sie will herrschen, und da muß sie eine bornierte Masse haben, die sich duckt und die geneigt ist, sich beherrschen zu lassen. Die hohe, reich dotierte Geistlichkeit fürchtet nichts mehr als die Aufklärung der untern Massen. Sie hat ihnen auch die Bibel lange genug vorenthalten, so lange als irgend möglich ..."

„Wir wissen gar nicht, fuhr Goethe fort , „was wir Luthern und der Reformation im allgemeinen alles zu danken haben. Wir sind frei geworden von den Fesseln geistiger Borniertheit, wir sind infolge unserer fortwachsenden Kultur fähig geworden, zur Quelle zurückzukehren und das Christentum in seiner Reinheit zu fassen. Wir haben wieder den Mut, mit festen Füßen auf Gottes Erde zu stehen und uns in unserer gottbegabten Menschennatur zu fühlen. Mag die geistige Kultur nur immer fortschreiten, mögen die Naturwissenschaften in immer breiterer Ausdehnung und Tiefe wachsen, und der menschliche Geist sich erweitern, wie er will – über die Hoheit und sittliche Kultur des Christentums, wie es in den Evangelien schimmert und leuchtet, wird er nicht hinauskommen!
Je tüchtiger aber wir Protestanten in edler Entwicklung voranschreiten, desto schneller werden die Katholischen folgen. Sobald sie sich von der immer weiter um sich greifenden großen Aufklärung der Zeit ergriffen fühlen, müssen sie nach, sie mögen sich stellen, wie sie wollen, und es wird dahin kommen, daß endlich alles nur eins ist.
Auch das leidige protestantische Sektenwesen wird aufhören ... Denn sobald man die reine Lehre und Liebe Christi, wie sie ist, wird begriffen und in sich eingelebt haben, so wird man sich als Mensch groß und frei fühlen und auf ein bißchen so oder so im äußeren Kultus nicht mehr sonderlichen Wert legen.
Auch werden wir alle nach und nach aus einem Christentum des Wortes und Glaubens immer mehr zu einem Christentum der Gesinnung und Tat kommen."

*

Das Gespräch wendete sich auf große Menschen, die vor Christus gelebt, unter Chinesen, Indiern, Persern und Griechen, und daß die Kraft Gottes in ihnen ebenso wirksam gewesen als in einigen großen Juden des Alten Testamentes. Auch kamen wir auf die Frage, wie es mit Gottes Wirkungen stehe in großen Naturen der jetzigen Welt, in der wir leben.

„Wenn man die Leute reden hört", sagte Goethe, „so sollte man fast glauben, sie seien der Meinung, Gott habe sich seit jener alten Zeit ganz in die Stille zurückgezogen, und der Mensch wäre jetzt ganz auf eigene Füße gestellt und müsse sehen, wie er ohne Gott und sein tägliches unsichtbares Anhauchen zurechtkomme. In religiösen und moralischen Dingen gibt man noch allenfalls eine göttliche Einwirkung zu, allein in Dingen der Wissenschaft und Künste glaubt man, es sei lauter Irdisches und nichts weiter als ein Produkt rein menschlicher Kräfte.
Versuche es aber doch nur einer und bringe mit menschlichem Wollen und menschlichen Kräften etwas hervor, das den Schöpfungen, die den Namen Mozart, Raffael oder Shakespeare tragen, sich an die Seite setzen lasse. Ich weiß recht wohl, daß diese drei Edlen keineswegs die einzigen sind, und daß in allen Gebieten der Kunst eine Unzahl trefflicher Geister gewirkt hat, die vollkommen so Gutes hervorgebracht als jene Genannten. Allein, waren sie so groß als jene, so überragten sie die gewöhnliche Menschennatur in eben dem Verhältnis und waren ebenso gottbegabt als jene.
Und überall, was ist es und was soll es? – Gott hat sich nach den bekannten imaginierten sechs Schöpfungstagen keineswegs zur Ruhe begeben, vielmehr ist er noch fortwährend wirksam wie am ersten. Diese plumpe Welt aus einfachen Elementen zusammenzusetzen und sie jahraus jahrein in den Strahlen der Sonne rollen zu lassen, hätte ihm sicher wenig Spaß gemacht, wenn er nicht den Plan gehabt hätte, sich auf dieser materiellen Unterlage eine Pflanzschule für eine Welt von Geistern zu gründen. So ist er nun fortwährend in höheren Naturen wirksam, um die geringeren heranzuziehen."

Goethe schwieg. Ich aber bewahrte seine großen und guten Worte in meinem Herzen. *Eckermann, 11. März 1832.*

V. DIE PHILOSOPHEN DES DEUTSCHEN IDEALISMUS

Kant

In Immanuel *Kant* (1724–1804) findet die Philosophie der Aufklärung ihren Höhepunkt und zugleich ihre Überwindung. Die radikale Kritik am Offenbarungsglauben und an den konfessioneller Schranken, die These, daß Religion und Moral zusammenfallen und jede über die Moral hinausgehende Frömmigkeit „Afterdienst" Gottes sei: hierin stimmt Kant mit den meisten Denkern der Aufklärung überein. Aber er unterscheidet sich von der Aufklärungsphilosophie tiefgehend durch seine Auffassung vom Sittlichen: der Begriff der Pflicht schließt für Kant nicht nur jedes Nützlichkeitsdenken, sondern auch jede Neigung des Gefühls aus – wogegen sich Schiller verwahrte (Nr. 88). Am meisten entfernte sich Kant von dem Denken der Aufklärung mit seinen Ausführungen über das „radikale Böse" und die „Umwandlung der Denkungsart" worin man die philosophische Entsprechung zum theologischen Begriff der Erbsünde (Ursünde) und Buße (Umkehr) sehen kann. Goethe, der in dieser Hinsicht den Optimismus der Aufklärung teilte, fühlte sich durch Kants Lehre vom „radikalen Bösen" abgestoßen und warf ihm vor, er habe dadurch seinen „Philosophenmantel befleckt".

87. Der moralische Wille und der Begriff der Pflicht

Es ist überall nichts in der Welt, ja überhaupt auch außerhalb derselben zu denken möglich, was ohne Einschränkung für gut könnte gehalten werden, als allein ein *guter Wille.* Verstand, Witz, Urteilskraft und wie die Talente des Geistes sonst heißen mögen, oder Mut, Entschlossenheit, Beharrlichkeit im Vorsatze als Eigenschaften des Temperaments sind ohne Zweifel in mancher Absicht gut und wünschenswert; aber sie können auch äußerst böse und schädlich werden, wenn der Wille, der von diesen Naturgaben Gebrauch machen soll und dessen eigentümliche Beschaffenheit darum Charakter heißt, nicht gut ist ...

Der gute Wille ist nicht durch das, was er bewirkt oder ausrichtet, nicht durch seine Tauglichkeit zu Erreichung irgendeines vorgesetzten Zweckes, sondern allein durch das Wollen, d. i. an sich, gut und, für sich selbst betrachtet, ohne Vergleich weit höher zu schätzen als alles, was durch ihn zugunsten irgendeiner Neigung, ja wenn man will, der Summe aller Neigungen nur immer zustande gebracht werden könnte. *Grundlegung zur Metaphysik der Sitten, 2. Aufl. 1786.*

Pflicht! du erhabener großer Name, der du nichts Beliebiges, was Einschmeichelung bei sich führt, in dir fassest, sondern Unterwerfung verlangst, doch auch nichts drohest, was natürliche Abneigung im Gemüte erregte und schreckte, um den Willen zu bewegen, sondern bloß ein Gesetz aufstellst, welches von selbst im Gemüte Eingang findet, vor dem alle Neigungen verstummen, wenn sie gleich im Geheim ihm entgegenwirken: welches ist der deiner würdige Ursprung, und wo findet man die Wurzel deiner edlen Abkunft, welche alle Verwandtschaft mit Neigungen stolz ausschlägt, und von welcher abzustammen die unerläßliche Bedingung desjenigen Werts ist, den sich die Menschen allein selbst geben können?

Es kann nichts Minderes sein, als was den Menschen über sich selbst (als einen Teil der Sinnenwelt) erhebt, was ihn an eine Ordnung der Dinge knüpft, die nur der Verstand denken kann ... Es ist nichts anders als die *Persönlichkeit,* d. i. die Freiheit und Unabhängigkeit von dem Mechanismus der ganzen Natur ..., da es denn nicht zu verwundern ist, wenn der Mensch als zu beiden Welten gehörig sein eigenes Wesen in Beziehung auf seine zweite und höchste Bestimmung nicht anders als mit Verehrung und die Gesetze derselben mit der höchsten Achtung betrachten muß.

Auf diesen Ursprung gründen sich nun manche Ausdrücke, welche den Wert der Gegenstände nach moralischen Ideen bezeichnen. Das moralische Gesetz ist *heilig* (unverletzlich). Der Mensch ist zwar unheilig genug, aber die Menschheit in seiner Person muß ihm heilig sein. In der ganzen Schöpfung kann alles, was man will und worüber man etwas vermag, auch *bloß als Mittel* gebraucht werden; nur der Mensch, und mit ihm jedes vernünftige Geschöpf, ist *Zweck an sich selbst.* Er ist nämlich das Subjekt des moralischen Gesetzes, welches heilig ist, vermöge der Autonomie seiner Freiheit ...

Diese Achtung erweckende Idee der Persönlichkeit, welche uns die Erhabenheit unserer Natur (ihrer Bestimmung nach) vor Augen stellt, indem sie uns zugleich den Mangel der Angemessenheit unseres Verhaltens in Ansehung derselben bemerken läßt und dadurch den Eigendünkel niederschlägt, ist selbst der gemeinsten Menschenvernunft natürlich und leicht bemerklich. Hat nicht jeder auch nur mittelmäßig ehrliche Mann bisweilen gefunden, daß er eine sonst unschädliche Lüge, dadurch er sich entweder selbst aus einem verdrießlichen Handel ziehen oder wohl gar einem geliebten und verdienstvollen Freunde Nutzen schaffen konnte, bloß darum unterließ, um sich in Geheim in seinen Augen nicht verachten zu dürfen? Hält nicht einen rechtschaffenen Mann im größten Unglück des Lebens, das er vermeiden konnte, wenn er sich nur hätte über die Pflicht wegsetzen können, noch das Bewußtsein aufrecht, daß er die Menschheit in seiner Person doch in ihrer Würde erhalten und geehrt habe, daß er sich nicht vor sich selbst zu schämen habe? *Kritik der prakt. Vernunft, 1788,*

Wohltätig sein, wo man kann, ist Pflicht, und überdem gibt es manche so teilnehmend gestimmte Seelen, daß sie auch ohne einen andern Beweggrund der Eitelkeit oder des Eigennutzes ein inneres Vergnügen daran finden, Freude um sich zu verbreiten, und die sich in der Zufriedenheit anderer, sofern sie ihr Werk ist, ergötzen können. Aber ich behaupte, daß in solchem Falle dergleichen Handlung, so pflichtmäßig, so liebenswürdig sie auch ist, dennoch keinen wahren sittlichen Wert habe, sondern mit andern Neigungen zu gleichen Paaren gehe, z.E. der Neigung nach Ehre, die, wenn sie glücklicherweise auf das trifft, was in der Tat gemeinnützig und pflichtmäßig, mithin ehrenwert ist, Lob und Aufmunterung, aber nicht Hochschätzung verdient; denn der Maxime fehlt der sittliche Gehalt, nämlich solche Handlungen nicht aus Neigung, sondern aus Pflicht zu tun. Gesetzt also, das Gemüt jenes Menschenfreundes wäre vom eigenen Gram umwölkt, der alle Teilnehmung an anderer Schicksal auslöscht, er hätte immer noch Vermögen, anderen Notleidenden wohlzutun, aber fremde Not rührte ihn nicht, weil er mit seiner eigenen genug beschäftigt ist, und nun, da keine Neigung ihn mehr dazu anreizt, risse er sich doch aus dieser tödlichen Unempfindlichkeit heraus und täte die Handlung ohne alle Neigung, lediglich aus Pflicht: alsdann hat sie allererst ihren echten moralischen Wert. Gerade da hebt der Wert des Charakters an, der moralisch und ohne alle Vergleichung der höchste ist, nämlich daß er wohltue, nicht aus Neigung, sondern aus Pflicht. *Grundlegungen zur Metaphysik der Sitten, 1. Aufl. 1785.*

88. Schillers Kritik an Kants Moralphilosophie

So gewiß ich überzeugt bin, daß der Anteil der Neigung an einer freien Handlung für die reine Pflichtmäßigkeit dieser Handlung nichts beweist, so glaube ich eben daraus folgern zu können, daß die sittliche Vollkommenheit des Menschen gerade nur aus diesem Anteil seiner Neigung an seinem moralischen Handeln erhellen kann. Der Mensch nämlich ist nicht dazu bestimmt, einzelne sittliche Handlungen zu verrichten, sondern ein sittliches Wesen zu sein. Nicht *Tugenden,* sondern *die Tugend* ist seine Vorschrift, und Tugend ist nichts anders „als eine Neigung zur Pflicht“. Wie sehr also auch Handlungen aus Neigung und Handlungen aus Pflicht in objektivem Sinne einander entgegenstehen, so ist dies doch in subjektivem Sinne nicht also, und der Mensch *darf* nicht nur, sondern *soll* Lust und Pflicht in Verbindung bringen; er soll seiner Vernunft mit Freuden gehorchen. Nicht um sie wie eine Last wegzuwerfen, oder wie eine grobe Hülle von sich abzustreifen, nein, um sie aufs innigste mit seinem höhern Selbst zu vereinbaren, ist seiner reinen Geisternatur eine sinnliche beigesellt. Dadurch schon, daß sie ihn zum vernünftig sinnlichen Wesen, d.i. zum Menschen machte, kündigte ihm die Natur die Verpflichtung an, nicht zu trennen, was sie verbunden hat, auch in den reinsten Äußerungen seines göttlichen Teiles den sinnlichen nicht hinter sich zu lassen, und den Triumph des einen nicht auf Unterdrückung des andern zu gründen. Erst alsdann, wenn sie *aus seiner gesamten Menschheit* als die vereinigte Wirkung beider Prinzipien hervorquillt, *wenn sie ihm zur Natur geworden ist,* ist seine sittliche Denkart geborgen, denn so lange der sittliche Geist noch *Gewalt* anwendet, so muß der Naturtrieb ihm noch *Macht* entgegenzusetzen haben. Der bloß *niedergeworfene* Feind kann wieder aufstehen, aber der *versöhnte* ist wahrhaft überwunden.

In der Kantischen Moralphilosophie ist die Idee der *Pflicht* mit einer Härte vorgetragen, die alle Grazien davon zurückschreckt, und einen schwachen Verstand leicht versuchen könnte, auf dem Wege einer finstern und mönchischen Asketik die moralische Vollkommenheit zu suchen. Wie sehr sich auch der große Weltweise gegen diese Mißdeutung zu verwahren suchte, die seinem heitern und freien Geist unter allen gerade die empörendste sein muß, so hat er, deucht mir, doch selbst durch die strenge und grelle Entgegensetzung beider auf den Willen des Menschen wirkenden Prinzipien einen starken (obgleich bei seiner Absicht vielleicht kaum zu vermeidenden) Anlaß dazugegeben. Über die Sache selbst kann unter denkenden Köpfen, die überzeugt sein wollen, kein Streit mehr sein ... aber so rein er bei der *Untersuchung* der Wahrheit zu Werke ging, so scheint ihn doch in der *Darstellung* der gefundenen Wahrheit eine mehr subjektive Maxime geleitet zu haben, die, wie ich glaube, aus den Zeitumständen nicht schwer zu erklären ist.

So wie er nämlich die Moral seiner Zeit, im Systeme und in der Ausführung, vor sich fand, so mußte ihn ein grober Materialismus in den moralischen Prinzipien empören, den die unwürdige Gefälligkeit der Philosophen dem schlaffen Zeitcharakter zum Kopfkissen untergelegt hatte ... Er hatte nicht die *Unwissenheit* zu belehren, sondern die *Verkehrtheit* zurechtzuweisen. Erschütterung forderte die Kur, nicht Einschmeichelung und Überredung ... Er ward der *Drako* seiner Zeit, weil sie ihm eines *Solons* noch nicht wert und empfänglich schien ...

Womit aber hatten es die *Kinder des Hauses* verschuldet, daß er nur für die *Knechte* sorgte? Weil oft sehr unreine Neigungen den Namen der Tugend usurpieren, mußte darum auch der uneigennützige Affekt in der edelsten Brust verdächtig gemacht werden? ... Mußte schon durch die *imperative* Form des Moralgesetzes die Menschheit angeklagt und erniedrigt werden, und das erhabenste Dokument ihrer Größe zugleich die Urkunde ihrer Gebrechlichkeit sein? War es wohl bei dieser imperativen Form zu vermeiden, daß eine Vorschrift, die sich der Mensch als Vernunftswesen selbst gibt und dadurch allein mit seinem Freiheitsgefühle verträglich ist, nicht den Schein eines fremden Gesetzes annahm – einen Schein, der durch seinen *radikalen* Hang, demselben entgegenzuhandeln (wie man ihm schuld gibt) schwerlich vermindert werden dürfte.

Es ist für moralische Wahrheiten gewiß nicht vorteilhaft, Empfindungen *gegen* sich zu haben, die der Mensch ohne Erröten sich gestehen darf. Wie sollen sich aber die Empfindungen der Schönheit und Freiheit mit dem austeren Geist eines Gesetzes vertragen, das ihn mehr durch *Furcht* als durch *Zuversicht* leitet, das ihn nur dadurch, daß es ihm Mißtrauen gegen den einen Teil seines Wesens erweckt, sich der Herrschaft über den andern versichert. Nimmermehr kann die Vernunft Affekte als ihrer unwert verwerfen, die das Herz mit Freudigkeit bekennt. Wäre die sinnliche Natur im Sittlichen immer nur die unterdrückte und nie die *mitwirkende* Partei, wie könnte sie das ganze Feuer ihrer Gefühle zu einem Triumph hergeben, der über sie selbst gefeiert wird? ... Es erweckt mir kein gutes Vorurteil für einen Menschen, wenn er der Stimme des Triebes so wenig trauen darf, daß er gezwungen ist, ihn jedesmal erst vor dem Grundsatz der Moral abzuhören; vielmehr achtet man ihn hoch, wenn er sich demselben, ohne Gefahr, durch ihn mißgeleitet zu werden, mit einer gewissen Sicherheit vertraut. Denn das beweist, daß beide Prinzipien in ihm sich schon in derjenigen Übereinstimmung befinden, welche das Siegel der vollendeten Menschheit, und dasjenige ist, was man unter einer *schönen Seele* verstehet.

Eine schöne Seele nennt man es, wenn sich das sittliche Gefühl aller Empfindungen des Menschen endlich bis zu dem Grad versichert hat, daß es dem Affekt die Leitung des Willens ohne Scheu überlassen darf, und nie Gefahr läuft, mit der Entscheidung desselben im Widerspruch zu stehen. Daher sind bei einer schönen Seele die einzelnen Handlungen eigentlich nicht sittlich, sondern der ganze Charakter ist es. Man kann ihr auch keine einzige darunter zum Verdienst anrechnen, weil eine Befriedigung des Triebes nie verdienstlich heißen kann. Die schöne Seele hat kein andres Verdienst, als daß sie ist. Mit einer Leichtigkeit, als wenn bloß der Instinkt aus ihr handelte, übt sie der Menschheit peinlichste Pflichten aus, und das heldenmäßigste Opfer, das sie dem Naturtriebe abgewinnt, fällt wie eine freiwillige Wirkung eben dieses Triebes, in die Augen. Daher weiß sie selbst auch niemals um die Schönheit ihres Handelns, und es fällt ihr nicht mehr ein, daß man anders handeln und empfinden könnte; dagegen ein schulgerechter Zögling der Sittenregel jeden Augenblick bereit sein wird, vom Verhältnis seiner Handlungen zum Gesetz die strengste Rechnung abzulegen ...

In einer schönen Seele ist es also, wo Sinnlichkeit und Vernunft, Pflicht und Neigung harmonieren ... *Schiller, Über Anmuth und Würde, 1793.*

*

Herr Prof. *Schiller* mißbilligt in seiner mit Meisterhand verfaßten Abhandlung (Thalia 1793, 3tes Stück) über *Anmut und Würde* in der Moral diese Vorstellung der Verbindlichkeit, als ob sie eine karthäuserartige Gemütsstimmung bei sich führe; allein ich kann, da wir in den wichtigsten Prinzipien einig sind, auch in diesem keine Uneinigkeit statuieren; wenn wir uns nur untereinander verständlich machen können. – Ich gestehe gern, daß ich dem *Pflichtbegriffe,* gerade um seiner Würde willen, keine *Anmut* beigesellen kann. Denn er enthält unbedingte Nötigung, womit Anmut in geradem Widerspruch steht. Die Majestät des Gesetzes (gleich dem auf Sinai) flößt Ehrfurcht ein, welche Achtung des Untergebenen gegen seinen Gebieter, in diesem Falle aber, da dieser in uns selbst liegt, ein Gefühl des *Erhabenen* unserer eigenen Bestimmung erweckt, was uns mehr hinreißt als alles Schöne ... Fragt man nun, welcherlei ist die ästhetische Beschaffenheit, gleichsam das *Temperament der Tugend,* mutig, mithin *fröhlich,* oder ängstlich = gebeugt und niedergeschlagen? so ist kaum eine Antwort nötig. Die letztere sklavische Gemütsstimmung kann nie ohne einen verborgenen Haß des Gesetzes stattfinden und das fröhliche Herz in Befolgung seiner Pflicht ist ein Zeichen der Echtheit tugendhafter Gesinnung, selbst in der Frömmigkeit, die nicht in der Selbstpeinigung des reuigen Sünders, sondern im festen Vorsatz, es künftig besser zu machen, besteht, der durch den guten Fortgang angefeuert, eine fröhliche Gemütsstimmung bewirken muß, ohne welche man nie gewiß ist, das Gute auch *lieb gewonnen* zu haben. *Die Religion innerhalb der Grenzen der bloßen Vernunft, 1794.*

89. Das Gewissen

Das Bewußtsein eines inneren Gerichtshofes im Menschen („vor welchem sich seine Gedanken einander verklagen oder entschuldigen")[1] ist das *Gewissen.* Jeder Mensch hat Gewissen und findet sich durch einen inneren Richter beobachtet, bedroht und im Respekt (mit Furcht verbundener Achtung) gehalten, und diese über die Gesetze in ihm wachende Gewalt ist nicht etwas, was er sich selbst (willkürlich) macht, sondern es ist seinem Wesen einverleibt. Es folgt ihm wie sein Schatten, wenn er zu fliehen gedenkt. Er kann sich zwar durch Lüste und Zerstreuungen betäuben oder in Schlaf bringen, aber nicht vermeiden, dann und wann zu sich selbst zu kommen oder zu erwachen, wo er alsbald die furchtbare Stimme desselben vernimmt. Er kann es in seiner äußersten Verworfenheit allenfalls dahin bringen, sich daran gar nicht mehr zu kehren, aber sie zu *hören,* kann er doch nicht vermeiden. *Metaphysik der Sitten, 1797.*

90. Die Erhabenheit des moralischen Gesetzes

Zwei Dinge erfüllen das Gemüt mit immer neuer und zunehmender Bewunderung und Ehrfurcht, je öfter und anhaltender sich das Nachdenken damit beschäftigt: *der bestirnte Himmel über mir und das moralische Gesetz in mir.* Beide darf ich nicht als in Dunkelheiten verhüllt oder im Überschwenglichen, außer meinem Gesichtskreise, suchen und bloß vermuten; ich sehe sie vor mir und verknüpfe sie unmittelbar mit dem Bewußtsein meiner Existenz. Das *erste* fängt von dem Platze an, den ich in der äußern Sinnenwelt einnehme, und erweitert die Verknüpfung, darin ich stehe, ins unabsehlich Große mit Welten über Welten und Systemen von Systemen, überdem noch in grenzenlose Zeiten ihrer periodischen Bewegung, deren Anfang und Fortdauer. Das *zweite* fängt von meinem unsichtbaren Selbst, meiner Persönlichkeit, an und stellt mich in einer Welt dar, die wahre Unendlichkeit hat, aber nur dem Verstande spürbar ist, und mit welcher ich mich nicht wie dort in bloß zufälliger, sondern notwendiger Verknüpfung erkenne. Der erstere Anblick vernichtet gleichsam meine Wichtigkeit, als eines *tierischen Geschöpfs*, das die Materie, daraus es ward, dem Planeten (einem bloßen Punkt im Weltall) wieder zurückgeben muß, nachdem es eine kurze Zeit (man weiß nicht wie) mit Lebenskraft versehen gewesen. Der zweite erhebt dagegen meinen Wert, als einer *Intelligenz,* unendlich durch meine Persönlichkeit, in welcher das moralische Gesetz mir ein von der Tierheit und selbst von der ganzen Sinnenwelt unabhängiges Leben offenbart. *Kritik der praktischen Vernunft.*

---

[1] Vgl. Röm. 2,15.

91. Der kategorische Imperativ

Es gibt einen *Imperativ,* der betrifft nicht die Materie der Handlung und das, was aus ihr folgen soll, sondern die Form und das Prinzip, woraus sie selbst folgt, und das Wesentlich-Gute derselben besteht in der *Gesinnung,* der Erfolg mag sein, welcher er wolle. Dieser Imperativ mag der der *Sittlichkeit* oder *kategorischer* Imperativ heißen ...

Denke ich mir einen kategorischen Imperativ, so weiß ich sofort, was er enthält. Denn da der Imperativ nur die Maxime enthält, dem Gesetze gemäß zu sein, das Gesetz aber keine Bedingung enthält, auf die es eingeschränkt wäre, so bleibt nichts übrig als die *Allgemeinheit eines Gesetzes* überhaupt, welchem die Maxime der Handlung gemäß sein soll.

Der kategorische Imperativ ist also nur ein einziger, und zwar dieser: Handle nur nach derjenigen Maxime, durch die du zugleich wollen kannst, daß sie ein allgemeines Gesetz werde. *Grundlegung zur Metaphysik der Sitten.*

Andere Fassungen des kategorischen Imperativs:

Handle so, als ob die Maxime deiner Handlung durch deinen Willen zum allgemeinen Naturgesetz werden sollte.

Handle so, daß du die Menschheit, sowohl in deiner Person als in der Person eines jeden andern, jederzeit zugleich als Zweck, niemals bloß als Mittel brauchest.

92. Das moralisch Böse

Daß die Welt im argen liege, ist eine Klage die so alt ist als die Geschichte selbst, ja gleich alt mit der ältesten unter allen Dichtungen, der Priesterreligion. Alle lassen gleichwohl die Welt vom Guten anfangen: vom goldenen Zeitalter, vom Leben im Paradiese oder in Gemeinschaft mit himmlischen Wesen. Aber dieses Glück lassen sie bald wie einen Traum verschwinden und nun den Verfall ins Böse zum Ärgern mit accelleriertem Falle eilen, so daß wir jetzt (dieses Jetzt aber ist so alt als die Geschichte) in der letzten Zeit leben ...

Neuer, aber weit weniger ausgebreitet ist die entgegengesetzte heroische Meinung, die wohl allein unter Philosophen und in unsern Zeiten vornehmlich unter Pädagogen Platz gefunden hat: daß die Welt gerade in umgekehrter Richtung, nämlich vom Schlechten zum Bessern, unaufhörlich (obgleich kaum merklich) fortrücke. Diese Meinung aber haben sie sicherlich nicht aus der Erfahrung geschöpft, wenn vom *Moralisch*-Guten oder Bösen (nicht von der Zivilisierung) die Rede ist: denn da spricht die Geschichte gar mächtig gegen sie ... und man wird eine lange melancholische Litanei von Anklagen der Menschheit anhören müssen: von geheimer Falschheit, von einem Hange, denjenigen zu hassen, dem man verbindlich ist, worauf ein Wohltäter jederzeit gefaßt sein müsse ... und er wird an den Lastern der Kultur und Zivilisation (den kränkendsten unter allen) genug haben, um sein Auge lieber vom Betragen der Menschen abzuwenden, damit er sich nicht selbst ein anderes Laster, nämlich den Menschenhaß, zuziehe. Ist er aber damit nicht zufrieden, so darf er nur den aus beiden Zuständen (dem der Natur und dem der Zivilisation) auf wunderliche Weise zusammengesetzten, nämlich den Völkerzustand in Betracht ziehen, da zivilisierte Völkerschaften gegeneinander in Verhältnisse des rohen Naturzustandes (eines Standes der beständigen Kriegsverfassung) stehen ... *Die Religion innerhalb der Grenzen der bloßen Vernunft.*

Wie nun aber auch der *Ursprung* des moralischen Bösen im Menschen immer beschaffen sein mag, so ist unter allen Vorstellungsarten von der Verbreitung und Fortsetzung desselben durch alle Glieder unserer Gattung die unschicklichste, es sich als durch *Anerbung* von den ersten Eltern auf uns gekommen vorzustellen... Eine jede böse Handlung muß (vielmehr) so betrachtet werden, als ob der Mensch unmittelbar aus dem Stande der Unschuld in sie geraten wäre. Denn: wie auch sein voriges Verhalten gewesen sein mag und welcherlei auch die auf ihn einfließenden Naturursachen sein mögen, so ist seine Handlung doch frei und durch keine dieser Ursachen bestimmt, kann also und muß immer als ein *ursprünglicher* Gebrauch seiner Willkür beurteilt werden ... Wenn jemand bis zu einer unmittelbar bevorstehenden freien Handlung auch noch so böse gewesen wäre (bis zur Gewohnheit als anderer Natur), so ist es nicht allein seine Pflicht *gewesen,* besser zu sein; sondern es ist *jetzt* noch seine Pflicht, sich zu bessern; er muß es also auch können[1], und er ist, wenn er es nicht tut, der Zurechnung in dem Augenblicke der Handlung ebenso fähig und unterworfen, als ob er, mit der natürlichen Anlage zum Guten (die von der Freiheit unzertrennlich ist) begabt, aus dem Stande der Unschuld zum Bösen übergeschritten wäre ...

Wir müssen (also) von einer moralischen Beschaffenheit, die uns soll zugerechnet werden, keinen Zeitursprung suchen, so unvermeidlich dies auch ist, wenn wir ihr zufälliges Dasein *erklären* wollen ... Der Ursprung vielmehr dieses Hanges zum Bösen bleibt uns unerforschlich ... Das Böse hat nur aus dem Moralisch = Bösen (nicht den bloßen Schranken unserer Natur) entspringen können; und doch ist unsere ursprüngliche Anlage eine Anlage zum Guten; für uns ist also kein begreiflicher Grund da, woher das moralische Böse in uns zuerst gekommen sein könne. – Diese Unbegreiflichkeit, zusamt der näheren Bestimmung der Bösartigkeit unserer Gattung drückt die Schrift in der Geschichtserzählung dadurch aus, daß sie das Böse, zwar im Weltanfange, doch noch nicht im Menschen, sondern in einem *Geiste* von ursprünglich erhabenerer Bestimmung voranschickt: wodurch also der *erste* Anfang alles Bösen überhaupt als für uns unbegreiflich (denn woher bei jenem Geiste das Böse?), der Mensch aber nur als *durch Verführung* ins Böse gefallen, also nicht *von Grund aus* verderbt, sondern als noch einer Besserung fähig ... vorgestellt wird.

93. Die Umwandlung der Denkungsart

Wie es nun möglich sei, daß ein natürlicherweise böser Mensch sich selbst zum *guten* Menschen mache, das übersteigt alle unsere Begriffe; denn wie kann ein bö-

[1] Vgl. Nr. 72.

ser Baum gute Früchte bringen? Da aber doch ein ursprünglich (der Anlage nach) guter Baum arge Früchte hervorgebracht hat und der Verfall vom Guten ins Böse nicht begreiflicher ist, als das Wiederaufstehen aus dem Bösen zum Guten, so kann die Möglichkeit des letztern nicht bestritten werden. Denn, ungeachtet jenes Abfalls, erschallt doch das Gebot: wir *sollen* bessere Menschen werden, unvermindert in unserer Seele; folglich müssen wir es auch können ...

Wenn der Mensch aber im Grunde verderbt ist, wie ist es möglich, daß er durch eigene Kräfte diese Revolution zustande bringe und von selbst ein guter Mensch werde? Und doch gebietet die Pflicht es zu sein, sie gebietet uns aber nichts, als was uns tunlich ist. Dieses ist nicht anders zu vereinigen, als daß die *Revolution* für die Denkungsart, die allmähliche *Reform* aber für die Sinnesart notwendig, und daher auch dem Menschen möglich sein muß. Das ist: wenn der Mensch den obersten Grund seiner Maximen, wodurch er ein böser Mensch war, durch eine einzige unwandelbare Entschließung *umkehrt* (und hiermit einen neuen Menschen anzieht), so ist er sofern, dem Prinzip und der Denkungsart nach, ein fürs Gute empfängliches Subjekt; aber nur in kontinuierlichem Wirken und Werden ein guter Mensch: d. i. er kann hoffen, daß er sich auf dem guten (obwohl schmalen) Wege eines beständigen *Fortschreitens* vom Schlechten zum Besseren befinde. Dies ist für denjenigen, der den intelligiblen Grund des Herzens durchschauet, für den also diese Unendlichkeit des Fortschritts Einheit ist, d. i. für *Gott* soviel, als wirklich ein guter (ihm gefälliger) Mensch sein; für die Beurteilung der Menschen aber ... ist sie nur als ein immer fortdauerndes *Streben* zum Bessern, mithin als allmähliche Reform des Hanges zum Bösen anzusehen[1].

Hieraus folgt, daß die moralische Bildung des Menschen nicht von der Besserung der Sitten, sondern von der *Umwandlung der Denkungsart* und von Gründung eines Charakters anfangen müsse; ob man zwar gewöhnlicherweise anders verfährt und wider Laster einzeln kämpft, die allgemeine Wurzel derselben aber unberührt läßt ... *Ebd.*

94. Die moralische Religion. Kritik der gottesdienstlichen Religion

Wider diese Zumutung der Selbstbesserung bietet nun die zur moralischen Bearbeitung von Natur verdrossene Vernunft unter dem Vorwande des natürlichen Unvermögens allerlei unlautere Religionsideen auf. Man kann aber alle Religionen in die der *Gunstbewerbung* (des bloßen Kultes) und die *moralische,* d. i. die Religion des *guten Lebenswandels* einteilen. Nach der ersten schmeichelt sich entweder der Mensch: Gott könne ihn wohl ewig glücklich machen, ohne daß er eben nötig habe, ein besserer Mensch zu werden (durch Erlassung seiner Verschuldungen); oder auch, wenn ihm dieses nicht möglich zu sein scheint: *Gott* könne ihn wohl zum besseren Menschen machen, ohne daß er selbst etwas mehr dabei zu tun habe, als darum zu bitten; welches, da es vor einem allsehenden Wesen nichts weiter

[1] Vgl. Luthers Thesen über Röm. 3,28, S. 61f.

ist, als *wünschen,* eigentlich nichts getan sein würde: denn wenn es mit dem bloßen Wunsch ausgerichtet wäre, so würde jeder Mensch gut sein. Nach der moralischen Religion aber, (dergleichen unter allen öffentlichen, die es je gegeben hat, allein die christliche ist) ist es ein Grundsatz: daß ein jeder, so viel als in seinen Kräften ist, tun müsse, um ein besserer Mensch zu werden, und nur alsdann wenn er sein angebornes Pfund nicht vergraben (Luk. 29,12–16), wenn er die ursprüngliche Anlage zum Guten benutzt hat, um ein besserer Mensch zu werden, er hoffen könne, was nicht in seinem Vermögen ist, werde durch höhere Mitwirkung ergänzt werden. *Ebd.*

*

Der *reine Religionsglaube* ist der, welcher allein eine *allgemeine* Kirche gründen kann, weil er ein bloßer *Vernunftglaube* ist, der sich jedermann zur Überzeugung mitteilen läßt; indessen daß ein bloß auf Fakta gegründeter *historischer* Glaube seinen Einfluß nicht weiter ausbreiten kann, als so weit die Nachrichten in Beziehung auf das Vermögen ihre Glaubwürdigkeit zu beurteilen, nach Zeit- und Ortsumständen hingelangen können. Allein es ist eine besondere Schwäche der menschlichen Natur daran schuld, daß auf jenen reinen Glauben niemals so viel gerechnet werden kann, als er wohl verdient, nämlich eine Kirche auf ihn allein zu gründen.

Die Menschen, ihres Unvermögens in Erkenntnis übersinnlicher Dinge sich bewußt, sind nicht leicht zu überzeugen, daß die standhafte Beflissenheit zu einem moralisch guten Lebenswandel alles sei, was Gott von Menschen fordert, um ihm wohlgefällige Untertanen in seinem Reiche zu sein. Sie können sich ihre Verpflichtung nicht wohl anders als zu irgendeinem *Dienste* denken, den sie Gott zu leisten haben, wo es nicht sowohl auf den innern moralischen Wert der Handlungen als vielmehr darauf ankommt, daß sie Gott geleistet werden, um, so moralisch indifferent sie auch an sich selbst sein möchten, doch wenigstens durch passiven Gehorsam Gott zu gefallen ... Weil ein jeder große Herr der Welt ein besonderes Bedürfnis hat, von seinen Untertanen *geehrt* und durch Unterwürfigkeitsbezeugungen *gepriesen* zu werden, ohne welches er nicht genug Folgsamkeit gegen seine Befehle erwarten kann ... so behandelt man die Pflicht, sofern sie zugleich göttliches Gebot ist, als Betreibung einer Angelegenheit Gottes, nicht des Menschen, und so entspringt der Begriff einer *gottesdienstlichen,* statt des Begriffs einer reinen *moralischen* Religion. *Ebd.*

*

Ich nehme folgenden Satz als einen keines Beweises benötigten Grundsatz an: alles was, außer dem guten Lebenswandel, der Mensch noch tun zu können vermeint, um Gott wohlgefällig zu werden, ist bloßer Religionswahn und Afterdienst Gottes ... Wenn also die Kirche irgendein göttliches Geheimnis als offenbart verkündigen sollte, so wird doch die Meinung, daß solche Offenbarung zu *glauben* und sie zu *bekennen,* etwas sei, dadurch wir uns Gott wohlgefällig machen, als ein gefährlicher Religionswahn gelten müssen ...

Wenn der Mensch sich von der obigen Maxime nur im mindesten entfernt, so hat der Afterdienst Gottes (die Superstition) weiter *keine Grenzen;* denn über jene hinaus ist alles willkürlich. Von dem Opfer der Lippen an, welches ihm am wenigsten kostet, bis zu dem der Naturgüter, die sonst zum Vorteil der Menschen wohl besser benutzt werden könnten, ja bis zur Aufopferung seiner eigenen Person, indem er sich (im Eremiten-, Fakir- oder Mönchsstande) für die Welt verloren macht, bringt er alles, nur nicht seine moralische Gesinnung Gott dar, und wenn er sagt, er brächte ihm auch sein Herz, so versteht er darunter nicht die Gesinnung eines ihm wohlgefälligen Lebenswandels, sondern einen herzlichen Wunsch, daß jene Opfer für die letztere in Zahlung möchten aufgenommen werden ...

Ob der Andächtler seinen statutenmäßigen Gang zur *Kirche* oder ob er eine Wallfahrt nach den Heiligtümern in *Loretto*[1] oder Palästina anstellt, ob er seine Gebetsformeln mit den *Lippen* oder, wie der Tibetaner, durch ein *Gebet-Rad* an die himmlische Behörde bringt oder was für ein Surrogat des moralischen Dienstes Gottes es auch immer sein mag, das ist alles einerlei und von gleichen Wert ... *Ebd.*

*

Das *Beten* als ein *innerer förmlicher* Gottesdienst und darum als Gnadenmittel gedacht, ist ein abergläubischer Wahn; denn es ist ein bloß *erklärtes Wünschen,* gegen ein Wesen, das keiner Erklärung der inneren Gesinnung des Wünschenden bedarf, wodurch also nichts getan, und also keine von den Pflichten, die uns als Gebote Gottes obliegen, ausgeübt, mithin Gott wirklich nicht gedient wird. Ein herzlicher Wunsch, Gott in allem unsern Tun und Lassen wohlgefällig zu sein, ist der *Geist des Gebets*, der „ohne Unterlaß“ in uns stattfinden kann und soll. Diesen Wunsch aber in Worte und Formeln einzukleiden, kann höchstens nur den Wert eines Mittels zu wiederholter Belebung jener Gesinnung in uns selbst bei sich führen, unmittelbar aber keine Beziehung aufs göttliche Wohlgefallen haben, eben darum auch nicht für jedermann Pflicht sein ... *Ebd.*

Fichte

Johann Gottlieb Fichte (1762–1814) hat den Kantischen philosophischen Idealismus weitergeführt; in dessen Konsequenz lehnte er es ab, Gott „substantielles“ Dasein zuzuschreiben, da der Begriff „Substanz“ nur in Bezug auf materielles, sinnliches Dasein sinnvoll gebraucht werden könne. Das trug ihm den Vorwurf des Atheismus ein, gegen den sich Fichte entschieden verwahrte: „Atheismusstreit“. Fichte mußte die Universität Jena, wo er von 1793 an gelehrt hatte, deshalb verlassen (1799). Er ging nach Berlin, wo er nach Preußens Niederlage sich leidenschaftlich für eine innere Erneuerung einsetzte („Reden an die deutsche Nation“, Winter 1807/08).

---

[1] Berühmter Wallfahrtsort in der italienischen Provinz Ancona; nach der im 13. Jahrhundert entstandenen Legende sollen Engel das Haus der Maria, in dem sie das Christuskind empfing, von Nazareth dorthin gebracht haben.

95. Zum Atheismusstreit

Erblickt man die Sinnenwelt aus dem Standpunkte des gemeinen Bewußtseins, den man auch den der Naturwissenschaft nennen kann, ... so ist man genötigt, bei dem Sein der Welt als einem Absoluten stehen zu bleiben: die Welt ist, schlechthin weil sie ist, und sie ist so, schlechthin weil sie so ist ... Die Welt wird ein sich selbst begründendes, in sich selbst vollendetes, und eben darum ein organisiertes und organisierendes Ganzes, das den Grund aller in ihr vorkommenden Phänomene in sich selbst und in seinen immanenten Gesetzen enthält. Eine Erklärung der Welt und ihrer Formen aus Zwecken einer Intelligenz ist, inwiefern wir uns auf dem Gebiete der *reinen* Naturwissenschaft befinden, totaler Unsinn ... *Über den Grund unsers Glaubens an eine göttliche Weltregierung, 1798.*

*

Ich sage, daß der Beweis des Daseins Gottes aus dem Dasein einer Sinnenwelt unmöglich und widersprechend ist. Ich leugne sonach allerdings einen substantiellen, aus der Sinnenwelt abzuleitenden Gott. Dadurch nun, daß ich dies leugne, werde ich ihnen, ohnerachtet alles anderen, was ich über einen übersinnlichen Gott und den moralischen Glaubensgrund bejahe, zum Gottesleugner überhaupt. Was ich bejahe, ist sonach für sie nichts, absolut nichts: es gibt für sie überhaupt nichts anderes als Substantielles und Sinnliches, sonach auch nur einen substantiellen und aus der Sinnenwelt abzuleitenden Gott ...

Dieser ihr substantieller und um der Sinnenwelt angenommener Gott, was ist er denn für ein Wesen? Daß die fromme Einfalt Gott als eine ungeheure Ausdehnung durch den unendlichen Raum, oder die noch einfältigere ihn so, wie er vor dem alten Dresdner Gesangbuche abgemalt ist, als einen alten Mann, einen jungen Mann und eine Taube, sich bilde: – wenn dieser Gott nur sonst ein moralisches Wesen ist und mit reinem Herzen an ihn geglaubt wird – das kann der Weise gutmütig belächeln; aber daß man denjenigen, der die Gottheit unter dieser Form sich nicht vorstellen will, einen Atheisten nenne und vor den Ohren der Nation verschreie, ist um vieles ernsthafter zu nehmen. Und dieses ist ohne Zweifel hier der Fall. Der Hauptgrund dieser Bezichtigung ist ohne Zweifel der, daß ich Gott als eine besondere Substanz leugne. Ein substantieller Gott aber ist notwendig ein im Raume ausgedehnter Körper, welche Umrisse man übrigens seiner Gestalt gebe.

Ich gehe zum *zweiten* Gliede ihrer Rüge, bei welchem ich mich noch verständlicher machen kann. Wie fällt denn ein Gott, der um der Sinnenwelt willen angenommen wird, und von einem Herzen, das über dieselbe sich nicht zu erheben vermag, – notwendig aus?

Ihr Endzweck ist immer *Genuß,* ob sie denselben nun grob begehren oder noch so fein ihn geläutert haben, Genuß in diesem Leben, und wenn sie eine Fortdauer über den irdischen Tod hinaus sich gedenken, auch dort Genuß – sie kennen nichts andres als Genuß. Daß nun der Erfolg ihres Ringens nach diesem Genusse von etwas Unbekanntem, das sie Schicksal nennen, abhänge, können sie sich nicht verhehlen. Dieses Schicksal personifizieren sie – *und dies ist ihr Gott.* Ihr Gott ist der Geber alles Genusses, der Austeiler alles Glücks und Unglücks an die endlichen Wesen, dies ist sein Grundcharakter ...

Und dadurch legen sie denn ihre radikale Blindheit über geistliche Dinge, ihre gänzliche Entfremdung von dem Leben, das aus Gott ist, völlig an den Tag. Wer da Genuß will, ist ein sinnlicher, fleischlicher Mensch, der keine Religion hat und keiner Religion fähig ist; die erste wahrhaft religiöse Empfindung ertötet in uns auf immer die Begierde. Wer Glückseligkeit erwartet, ist ein mit sich selbst und seiner ganzen Anlage unbekannter Tor; es gibt keine Glückseligkeit, es ist keine Glückseligkeit möglich; die Erwartung derselben und ein Gott, den man ihr zufolge annimmt, sind Hirngespinste. Ein Gott, der der Begier dienen soll, ist ein verächtliches Wesen; er leistet einen Dienst, der selbst jedem erträglichen Menschen ekelt. Ein solcher Gott ist ein böses Wesen; denn er unterstützt und verewigt das menschliche Verderben und die Herabwürdigung der Vernunft. Ein solcher Gott ist ganz eigentlich „*der Fürst der Welt*", der schon längst durch den Mund der Wahrheit, welchem sie die Worte verdrehen, gerichtet und verurteilt ist. Ihr Dienst ist Dienst dieses Fürsten. *Sie* sind die wahren Atheisten, sie sind gänzlich ohne Gott und haben sich einen heillosen Götzen geschaffen ...

Ihr System ists, in dem die erhabenste und heiligste Lehre, die je unter Menschen kam, die des Christentums, allen ihren Geist und Kraft verloren und sich in eine entnervende Glückseligkeitslehre verwandelt hat ... Durch ihren Mund redet der, der die Leiden erduldete, da er Freuden hätte haben können, wie ein feiner Epikuräer. „Kreuziget euer Fleisch, samt den Lüsten und Begierden" (Gal. 5,24) – das sind bei ihnen orientalische Bilder und Redensarten, welche nach unsrer Denkart ohngefähr soviel heißen: sparet und verteilet weislich eure Genüsse, damit ihr desto mehr genießen könnt; eßt nicht zuviel, damit ihr nicht Bauchgrimmen bekommt, betrinkt euch nicht, damit ihr nicht des andern Tages Kopfschmerzen bekommt. „Werdet wiedergeboren, werdet aus dem Geist geboren, werdet eine neue Kreatur" – das heißt nach ihnen in unsrer Sprache ungefähr soviel: werdet von Tage zu Tage verständiger und klüger auf eure wahren Vorteile. *Appelation an das Publikum, 1799.*

96. Die zwei Ordnungen

Ich bin Glied zweier Ordnungen; einer rein geistigen, in der ich durch den bloßen reinen Willen herrsche, und einer sinnlichen, in der ich durch meine Tat wirke. Der ganze Endzweck der Vernunft ist reine Tätigkeit derselben. Unabhängigkeit von allem, das nicht selbst Vernunft ist, absolute Unbedingtheit. Der Wille ist das lebendige Prinzip der Vernunft; die Vernunft ist durch sich selbst tätig, das heißt: der reine Wille, bloß als solcher, wirkt und herrscht. Unmittelbar und lediglich in dieser rein geistigen Ordnung lebt nur die *unendliche* Vernunft. Der *Endliche,* der nicht die Vernunftwelt selbst, sondern nur ein einzelnes unter mehreren Gliedern derselben ist, lebt notwendig zugleich in einer sinnlichen Ordnung, das heißt, in einer solchen, die ihm noch ein anderes Ziel außer der reinen Vernunfttätigkeit darstellt: einen materiellen Zweck ...

Diese zwei Ordnungen, die rein geistige und die sinnliche, sind von dem ersten Augenblicke der Entwicklung einer tätigen Vernunft an in mir und laufen nebeneinander fort ... Ich *bin* unsterblich, ewig, sobald ich den Entschluß fasse, dem Vernunftgesetze zu gehorchen; ich soll es nicht erst *werden.* Die übersinnliche Welt ist keine zukünftige Welt, sie ist gegenwärtig; sie kann in keinem Punkte des endlichen Daseins gegenwärtiger sein als in diesem Augenblicke ... Ich ergreife durch jenen Entschluß die Ewigkeit und streife das Leben im Staube und alle andern sinnlichen Leben, die mir noch bevorstehen können, ab und versetze mich hoch über sie. Ich werde mir selbst zur Quelle alles meines Seins und habe von nun an das Leben in mir selbst. Mein Wille, den ich selbst, und kein Fremder, in die Ordnung jener Welt füge, ist diese Quelle des wahren Lebens und der Ewigkeit. *Die Bestimmung des Menschen, 1800.*

Hegel

Ist Kant der Begründer, so ist Hegel der Vollender des philosophischen Idealismus. Hegel verstand die Aufgabe der Philosophie wieder in dem hohen Sinne, den sie in der Antike und im Mittelalter gehabt hat: als absolute Erkenntnis, die letztlich Erkenntnis Gottes sei. Im Gegensatz zur Aufklärung suchte Hegel in seiner *Religionsphilosophie* die christliche Religion gerade in ihren Dogmen, so vor allem dem der Trinität, nach=denkend zu würdigen; im Gegensatz zu dem Sentimentalismus der Zeit und der Identifizierung von Religiosität und Gefühl, betonte er, daß es auf den *Inhalt* der Religion ankomme. Ein neues Verständnis gewann Hegel auch für die Geschichte; in seiner *Geschichtsphilosophie* hat Hegel, auch hierin die Aufklärung weit hinter sich lassend, die geschichtliche Entwicklung als einen dialektischen Prozeß verstanden, ein Gedanke, der dann von Marx und Engels aufgegriffen wurde.

Georg Friedrich Wilhelm *Hegel* (1770–1831) studierte Theologie und Philosophie am Tübinger Stift, wo er mit Hölderlin und Schelling befreundet war. Hegel lehrte an den Universitäten Jena und Heidelberg, war 1808–1816 Direktor des Gymnasiums in Nürnberg und seit 1818 Professor für Philosophie an der Universität Berlin, an der er eine beherrschende Stellung einnahm. Er starb 1831 an der Cholera.

Hegels geistiges Erbe wurde von zwei gegensätzlichen Parteien in Anspruch genommen: einer konservativen Gruppe, die in Hegel den Verteidiger der christlichen Religion und der Staatsautorität sah, und der Hegelschen „Linken", auch „Junghegelianer" genannt, die seinen Gottesglauben preisgaben, aber seine Geschichtsphilosophie weiterbildeten.

97. Das Wesen des Glaubens

Der *Glaube* ist nicht etwa nur die Gewißheit von bloß endlichen Dingen, ein Glaube an Abwesendes, Vergangenes wie daß die Kinder Israels trockenen Fußes durchs Rote Meer gegangen, daß vor den Mauern von Jericho die Posaunen so stark gewirkt haben wie unsere Kanonen, – denn wenn auch von diesem allen nichts gemeldet wäre, so wäre unsere Kenntnis von Gott darum nicht unvollständiger, und Christus selbst erklärt es für das Unrechte, daß man Zeichen und Wunder verlangt, um zu glauben. Der Glaube ist überhaupt nicht eine Gewißheit, die nur dem endlichen Subjekte angehört, sondern er ist die subjektive Gewißheit des Ewigen, der an und für sich seienden Wahrheit, der Wahrheit von Gott. Von dieser Gewißheit sagt die lutherische Kirche, daß sie nur der heilige Geist bewirkt, d.h. eine Gewißheit, die nicht dem Individuum nach seiner partikulären Besonderheit, sondern nach seinem Wesen zukommt ...

So ist die Subjektivität des Indivuduums, seine Gewißheit ... wahrhaft nur, indem sie sich umgebildet hat zum Wissen des Geistes in der Wahrheit. Sie muß das subjektive Meinen aufgegeben haben und sich den objektiven Inhalt, die Lehre der Kirche, zu eigen machen ...

Mit der Reformation beginnt (eigentlich erst) das Reich des *Geistes*, wo Gott als Geist wirklich erkannt wird. Hiermit ist das neue, das letzte Panier aufgetan, um das die Völker sich sammeln, die Fahne des freien Geistes ... Dies ist die Fahne, unter der wir dienen, und die wir tragen. *Vorlesungen über Philosophie der Weltgeschichte.*

98. Religion und Gefühl

Man spricht von *religiösem Gefühl* und sagt, in ihm ist uns der Glaube an Gott gegeben ...

Das Gefühl aber kann den allermannigfaltigsten Inhalt haben ... das Niederträchtigste und das Höchste, Edelste hat seinen Platz darin ... Auch nicht nur das, was ist, kommt in unser Gefühl, nicht bloß Reales, Seiendes, sondern auch Erdichtetes, Erlogenes ... ist in unserm Gefühl. Hoffnung ist ein Gefühl: in ihr ist, wie in der Furcht, das Zukünftige, was vielleicht sein, vielleicht nie sein wird ...

Wenn also das Sein Gottes in unserm *Gefühl* nachgewiesen wird, so ist es darin ebenso zufällig wie jedes andere, dem dieses Sein (im Gefühl) zukommen kann. Das nennen wir dann Subjektivität, aber im schlechtesten Sinne ... Subjektivität heißt hier nur Zufälligkeit.

Man beruft sich häufig auf sein Gefühl, wenn die *Gründe* ausgehen; so einen Menschen muß man stehen lassen; denn mit dem Appelieren an das eigene Gefühl ist die *Gemeinschaft* unter uns abgerissen. Auf dem Boden des Gedankens, des Begriffs dagegen sind wir auf dem des Allgemeinen, der Vernünftigkeit; darüber können wir uns verständigen, da wir uns der Sache unterwerfen und sie das uns Gemeinsame ist. Gehen wir aber zum Gefühl über, so verlassen wir dies Gemeinsame und wir ziehen uns zurück in die Sphäre unsrer Zufälligkeit. In dieser Sphäre macht dann jeder die Sache zu *seiner* Sache, zu seiner Particularität und wenn der eine fordert: du sollst solche Gefühle haben, so kann der andere antworten: ich *habe* sie einmal nicht, ich *bin* eben nicht so ... *Vorlesungen über die Philosophie der Religion, 1. Band.*

Die *Religion* muß *gefühlt* werden, muß im *Gefühl* sein, sonst ist sie nicht Religion; der Glaube kann nicht ohne Gefühl sein. – Dies muß als richtig zugegeben werden ... Habe ich die Religion nur als *Vorstellung*, so ist ihr Inhalt *vor* mir, er ist *noch Gegenstand* gegen mich, ist noch nicht identisch mit *Mir*, als einfachem Selbst; Ich bin nicht durchdrungen von ihm. Es ist aber die innigste Einheit des *Inhalts* des Glaubens mit Mir gefordert. So ist er mein Gefühl.

Das Gefühl ist jedoch nur etwas *einzelnes*, so wie ein einzelnes in Abwechslung mit anderem nach ihm sei; das *Herz* dagegen bezeichnet die umfassende Einheit der Gefühle nach ihrer Menge wie nach ihrer Dauer ...

Damit aber sind wir von selbst sogleich auf die Reflexion geführt, daß das Fühlen und das Herz als *solches* nur die *eine* Seite sind, die *Bestimmtheiten* des Gefühls und Herzens aber die *andere* Seite. Und da müssen wir sogleich weiter sagen, daß ebenso wenig die Religion die *wahrhafte* ist darum, weil sie im Gefühl oder im Herzen ist; als sie darum die wahrhafte ist, weil sie *geglaubt* wird. Alle Religionen, die falschesten, unwürdigsten sind gleichfalls im Gefühle und Herzen, wie die wahre. Es kommt auf die Bestimmtheit, den Inhalt des Gefühls an – dies ist eine so triviale Wahrheit, daß man Bedenken trägt, sie in den Mund zu nehmen ... Dieser Inhalt muß zum *voraus*, unabhängig vom Gefühl, wahrhaft sein, wie die Religion für sich wahrhaft ist ... *Vorlesungen über die Philosophie der Religion, 2. Band.*

*

Es muß aber noch das allgemeine Vorurteil angeführt werden, daß das *Gefühl* die wahrhafte und sogar die einzige Form sei, in welcher die Religiosität ihre Echtheit bewahre ... „Der natürliche Mensch vernimmt nichts vom Geiste Gottes und kann es nicht erkennen, denn es muß geistlich gerichtet sein" (1.Kor. 2,14). Der natürliche Mensch aber ist der Mensch in seinen natürlichen Gefühlen ... Unter den Gefühlen des natürlichen Menschen befindet sich freilich *auch* ein Gefühl des Göttlichen ... Aber welche andere Gefühle finden sich nicht noch in der Menschen Herz?

Soll das Gefühl die Grundbestimmung des Wesens des Menschen ausmachen, so ist er dem Tiere gleichgesetzt; denn das Eigene des Tieres ist es, das, was seine Bestimmung ist, in dem Gefühle zu haben und dem Gefühle gemäß zu leben. Gründet sich die Religion im Menschen nur auf ein Gefühl, so hat solches richtig keine weitere Bestimmung, als *das Gefühl seiner Abhängigkeit* zu sein, und so wäre der Hund der beste Christ; denn er trägt dieses am stärksten in sich und lebt vornehmlich in diesem Gefühle. Auch Erlösungsgefühle hat der Hund, wenn seinem Hunger durch einen Knochen Befriedigung wird. Der *Geist* hat aber in der Religion vielmehr seine Befreiung und des Gefühl seiner göttlichen Freiheit; nur der freie Geist hat Religion und kann Religion haben; was gebunden wird in der Religion, ist das natürliche Gefühl des Herzens, die besondere Subjektivität; was in ihr frei wird, und eben damit wird, ist der Geist ...

Allein ein ganz Anderes ist es, ob solcher Inhalt wie Gott, Wahrheit, Freiheit aus dem Gefühle geschöpft, ob diese Gegenstände das Gefühl zu ihrer Berechtigung haben sollen, oder ob umgekehrt solcher *objektiver Inhalt* als an und für sich gilt, in Herz und Gefühl erst einkehrt und die Gefühle erst ... Berichtigung und Berechtigung von demselben erhalten. Auf diesen Unterschied der Stellung kommt alles an. Auf ihm beruht die Abscheidung wahrhafter Religiosität und Sittlichkeit, welche Gott, Wahrheit und Pflicht zu dem Ersten macht, von der Verkehrtheit, dem Eigendünkel und der absoluten Selbstsucht, welche in unserer Zeit aufgegangen und den Eigenwillen, das eigne Meinen und Belieben zur Regel der Religiosität und des Rechten macht ... *Vorrede zu Hinrichs Religionsphilosophie, 1822.*

99. Religion und Philosophie

Der Gegenstand der Religion wie der Philosophie ist *die ewige Wahrheit* in ihrer Objektivität. Die Philosophie ist nicht Weisheit der Welt, sondern Erkenntnis des *Nichtweltlichen,* Erkenntnis dessen, was ewig ist, was Gott ist und was aus seiner Natur fließt ...

So fällt Religion und Philosophie in eins zusammen; die Philosophie ist in der Tat selbst Gottesdienst, ist Religion, denn sie ist dieselbe Verzichtung auf subjektive Einfälle und Meinungen in der Beschäftigung mit Gott ... In dieser Eigentümlichkeit der Beschäftigung mit Gott aber *unterscheiden* sich beide. Eben darin liegen die Schwierigkeiten, die so groß scheinen, daß es selbst für Unmöglichkeit gilt, daß die Philosophie, eins mit der Religion sein könne. Dieser feindseligen Stellung nach scheint die Philosopie auf den Inhalt der Religion verderbend, zerstörend, entheiligend zu wirken. Das ist der alte Gegensatz, den wir schon bei den Griechen sehen; bei den Atheniensern, diesem freien, demokratischen Volke sind Schriften verbrannt, ist Sokrates zum Tode verurteilt. Jetzt gilt dieser Gegensatz als Anerkanntes und mehr als die eben behauptete Einheit der Religion und Philosophie.

So alt aber dieser Gegensatz ist, so alt ist auch die *Verknüpfung* der Philosophie und Religion. Schon den Neupythagoräern und Neuplatonikern, die noch innerhalb der heidnischen Welt standen, sind die Götter des Volkes nicht Götter der Phantasie gewesen, sondern Götter des Gedankens geworden. Sodann hat jene Verknüpfung bei den vorzüglichsten der Kirchenväter stattgefunden, die sich wesentlich begreifend in ihrer Religiosität verhielten, indem sie von der Voraussetzung ausgingen, daß Theologie die Religion mit denkendem, begreifendem Bewußtsein sei. Ihrer philsophischen Bildung verdankt die christliche Kirche die ersten Anfänge von einem Inhalt der christlichen Lehre. Noch mehr wurde diese Vereinigung der Religion und Philosophie im Mittelalter durchgeführt. Man glaubte so wenig, daß das begreifende Erkennen dem Glauben nachteilig sei, daß man es für wesentlich hielt zur Fortbildung des Glaubens selbst. *Vorlesungen über die Philosophie der Religion, Einleitung.*

*

Die *Philosophie* hat zwei Gegensätze. Einerseits der *Kirche* scheint sie entgegen zu sein und das hat sie mit der Reflexion gemein, daß sie bei der Vorstellung nicht stehen bleibt, sondern sie hat in Gedanken zu begreifen ... Der zweite Gegensatz ist gegen die *Aufklärung,* gegen die Meinung, gegen die Verzweiflung des Aufgebens der Wahrheit. Die Philosophie hat den Zweck, die Wahrheit zu erkennen, Gott zu erkennen, denn er ist die absolute Wahrheit, insofern ist nichts anderes der Mühe wert gegen Gott und seine Explikation. Die Philosophie erkennt Gott wesentlich als geistige, reale Allgemeinheit, die nicht neidisch ist, sondern sich mitteilt. Das Licht schon teilt sich mit. Wer da sagt, Gott sei nicht zu erkennen, der sagt, er ist neidisch und macht keinen Ernst daraus, an ihn zu glauben, wieviel er auch von Gott spricht. Die Aufklärung, diese Eitelkeit des Verstandes, ist die heftigste Gegnerin der Philosophie, sie nimmt es übel, wenn diese die Vernunft in der christlichen Religion aufzeigt, wenn sie zeigt, daß das Zeugnis des Geistes, der Wahrheit in der Religion niedergelegt ist. In der Philosophie, welche Theologie ist, ist es einzig nur darum zu tun, die Vernunft der Religion zu zeigen.

In der Philosophie erhält die Religion ihre Rechtfertigung vom denkenden Bewußtsein aus. Die unbefangene Frömmigkeit bedarf dessen nicht, sie nimmt die Wahrheit als Autorität auf.

Im Glauben ist wohl schon der wahrhafte Inhalt, aber es fehlt ihm noch die Form des Denkens. Alle Formen, die wir früher betrachtet haben: Gefühl, Vorstellung, können wohl den Inhalt der Wahrheit haben, aber sie selbst sind nicht die wahrhafte Form, die den wahrhaften Inhalt notwendig macht. Das Denken ist der absolute Richter, vor dem der Inhalt sich bewähren und beglaubigen soll.

Der Philosophie ist der Vorwurf gemacht worden, sie stelle sich *über die Religion:* dies ist aber schon dem Faktum nach falsch, denn sie hat *nur diesen* und keinen anderen Inhalt, aber sie gibt ihn in der Form des Denkens; sie stellt sich so nur über die Form des Glaubens, der Inhalt ist derselbe. *Vorlesungen über die Philosophie der Religion, Schluß.*

100. Der Tod Christi

Der Tod Christi hat zunächst diesen Sinn, daß Christus der Gott*mensch* gewesen ist, der die menschliche Natur hatte bis zum Tode. Der Tod ist so der höchste Beweis seiner Menschlichkeit: und zwar ist Christus gestorben den gesteigerten Tod des Missetäters; nicht nur den natürlichen Tod, sondern sogar den Tod der Schande und Schmach am Kreuze: die Menschlichkeit ist an ihm bis auf den äußersten Punkt erschienen ... Indem nun der Tod außerdem, daß er der natürliche Tod ist, auch noch der Tod des Missetäters, der entehrendste Tod am Kreuze ist, so ist darin nicht nur das Natürliche, sondern auch die bürgerliche Entehrung, die *weltliche Schande* ... zum Höchsten *verkehrt.* Indem die Entehrung zur höchsten Ehre gemacht ist, so sind alle Bande des menschlichen Zusammenlebens in ihrem Grunde angegriffen, erschüttert und aufgelöst. Wenn das Kreuz zum Panier erhoben ist und zwar zum Panier, dessen positiver Inhalt das Reich Gottes ist, so ist die innere Gesinnung in ihrem tiefsten Grunde dem bürgerlichen und Staats-Leben entzogen, so daß das ganze Gebäude keine Wirklichkeit mehr, sondern eine leere Erscheinung ist, die bald krachend zusammenstürzen muß ...

Christus ist für *alle* gestorben, das ist nicht etwas Einzelnes, sondern die göttliche, ewige Geschichte. Es heißt ebenso: in ihm sind alle gestorben ... In dem Tode Christi ist für das wahrhafte Bewußtsein des Geistes die Endlichkeit des Menschen getötet worden. Das Endliche, Böse überhaupt ist vernichtet. Die Welt ist versöhnt worden, der Welt ist durch diesen Tod ihr Böses an sich abgenommen worden. Das bloße *Betrachten* der Geschichte hört hier auf: das Subjekt selbst wird in den Verlauf hineingezogen; es fühlt den Schmerz des Bösen und seiner eigenen Entfremdung, welche Christus auf sich genommen, indem er die Menschlichkeit angezogen, aber durch seinen Tod vernichtet hat ... *Vorlesungen über die Philosophie der Religion, 2. Band.*

VI. THEOLOGISCHE NEUBESINNUNG

Die Theologie hatte im Zeitalter der Aufklärung ihre führende Rolle verloren: entweder sie verschloß sich den neuen geistigen Impulsen und trat auf der Stelle oder sie versuchte sich anzugleichen und kam dabei über einen platten Rationalismus nicht hinaus. Erst als gegen Ende des 18. Jahrhunderts in Deutschland die große Gegenbewegung gegen den Rationalismus einsetzte: „Sturm und Drang" und Romantik, gewann die Theologie einen neuen Impuls und ein neues Gesicht. Als erstes galt es, Philosophie und Theologie, allgemeine Vernunftwahrheit und geschichtliche Offenbarung, Weisheit und Andacht zu *unterscheiden.* Zugleich trat an die Stelle der zeitlos gedachten „natürlichen" Religion ein neues *historisches* Verständnis der Bibel, womit zugleich der unhaltbar gewordene Standpunkt der starren Orthodoxie und ihres Dogmas von der Verbalinspiration überwunden wurde.

Den ersten bedeutsamen Schritt tat *Herder,* der vom Impuls des „Sturm und Drang" sein Leben lang getragen wurde, aber auch mit Goethe zusammen das neue Ideal der Humanität leidenschaftlich vertrat. Zur Vollendung kam die theologische Neubesinnung mit *Schleiermacher,* der seinerseits von der Romantik ausging. Beiden Männern gemeinsam ist daher der Gegensatz zum Rationalismus der Aufklärung, worin sie mit den führenden Köpfen der Literatur und Philosophie einig waren.
Die Neubesinnung auf das wesentlich Christliche bei *Kierkegaard* dagegen vollzog sich im erklärten Gegensatz zu den herrschenden geistigen Strömungen seiner Zeit: der Romantik und der idealistischen Philosophie, vor allem zu Hegel. Darüber hinaus aber führte sie schließlich zu einer radikalen Absage an das verbürgerlichte Christentum überhaupt.

Herder

Johann Gottfried Herder (1744–1803) gehörte zu den engsten Freunden Goethes, obwohl diese Freundschaft bei Herders schwierigem Charakter und einer wachsenden geistigen Entfremdung nicht immer gleich herzlich blieb. Gemeinsam aber war ihm mit Goethe nicht nur der Ausgangspunkt: „Sturm und Drang" und „Geniezeit", sondern vor allem die Entwicklung zum Neuhumanismus mit dem Ideal der *Humanität.* Im Unterschied aber zu Goethe, zumindest in dessen mittlerer Epoche, sah Herder das Ideal der Humanität aufs engste verbunden mit der christlichen Religion.

Herders geistesgeschichtliche Bedeutung lag vor allem darin, daß er die Welt der *Geschichte* (verstanden als Kulturgeschichte der Menschheit) recht eigentlich entdeckte. Er sah aber diese Menschheitsgeschichte nicht nur als eine innerweltliche Entwicklung, sondern als „Führung Gottes", dies allerdings nicht in solch einem rationalen Schema wie einst Lessing (vgl. Nr. 79), sondern als den gewaltigen „Gang Gottes über den Nationen". Dieser „Gang" ist nicht Fortschritt im Sinne des Aufklärungsdenkens und doch nicht ziel- und planlos. Der „Plan Gottes" ist freilich von uns Menschen nur zu erahnen.

Sein geschichtlicher Sinn ermöglichte Herder auch ein neues Verständnis der *Bibel.* Er sah sie nicht mehr mit den kritischen Augen des Rationalisten, aber auch nicht als buchstabengläubiger Dogmatiker, sondern suchte sie als Ausdruck einer bestimmten Nation und Zeit zu erfassen und wertete sie dann eben doch in dieser ihrer Geschichtlichkeit als Gottes Offenbarung – weil für ihn diese Offenbarung selbst eine geschichtliche und nicht eine zeitlose war. Und so war ihm auch Jesus Christus sowohl individuelle, geschichtliche Persönlichkeit wie der ewige Gottessohn.

Im Unterschied zu Goethes Diesseitigkeit hat besonders der späte Herder den Gedanken des jenseitigen Lebens in den Mittelpunkt seiner Lebensanschauung gestellt. Er sah in dieser Welt, so sehr er sie liebte, bewunderte und studierte, doch nur die „Vorbereitungsstätte" der künftigen.

101. Aus der Schrift „Auch eine Philosophie der Geschichte zur Bildung der Menschheit". 1744

Wer bisher unternommen, den Fortgang der Jahrhunderte zu entwickeln, hat meistens die Lieblingsidee auf der Fahrt: Fortgang zu mehrerer Tugend und Glückseligkeit einzelner Menschen. Dazu hat man alsdann Fakta erhöht oder erdichtet: Gegenfakta verkleinert oder verschwiegen; Wörter für Werke genommen, Aufklärung und Glückseligkeit, mehrere und feinere Ideen für Tugend – und so hat man „von der allgemein fortgehenden Verbesserung der Welt" Romane gemacht.

Andre, die das Leidige dieses Traums sahen, und nichts besseres wußten – sahen Laster und Tugenden, wie Klimaten, wechseln, Vollkommenheiten, wie einen Frühling von Blättern entstehen und untergehen, menschliche Sitten und Neigungen, wie Blätter des Schicksals fliegen, sich umschlagen – kein Plan! Kein Fortgang! Ewige Revolution – Weben und Aufreißen! – Penelopische Arbeit! –

Sollte es nicht offenbaren Fortgang und Entwicklung aber in einem höheren Sinne geben, als mans gewähnt hat? Siehest du diesen Strom fortschwimmen: wie er aus einer kleinen Quelle entsprang, wächst, dort aber abreißt, hier ansetzt, sich immer schlängelt und weiter und tiefer bohret – bleibt aber immer Wasser! Strom! Tropfe! bis er ins Meer stürzt – wenn's so mit dem menschlichen Geschlechte wäre? Oder siehst du jenen wachsenden Baum! jenen emporstrebenden Menschen! er muß durch verschiedene Lebensalter hindurch! alle offenbar im Fortgange! ein Streben in Kontinuität! Zwischen jedem sind scheinbare Ruheplätze, Revolutionen! Veränderungen! und dennoch hat jedes den Mittelpunkt seiner Glückseligkeit *in sich selbst!* Der Jüngling ist nicht glücklicher als das unschuldige, zufriedene Kind: noch der ruhige Greis unglücklicher als der heftigstrebende Mann. Indes ists doch ein ewiges Streben! Niemand ist in einem Alter allein, er bauet auf das Vorige, dies wird nichts als Grundlage der Zukunft, will nichts als solche seyn – so spricht die Analogie in der Natur, das redende Vorbild Gottes in allen Werken! Offenbar ebenso im Menschengeschlechte! Der Ägypter konnte nicht ohne den Orientalier seyn, der Grieche baute auf jene, der Römer hob sich auf den Rücken der ganzen Welt.

Großes Geschöpf Gottes! Werk dreier Weltteile, und fast sechs Jahrtausende! ... Großes Geschöpf Gottes! aber wozu? zu welchem Zwecke?

Daß offenbar dieser ganze Fortgang nicht Vervollkommnung im eingeschränkten Schulsinne sei, das hat, dünkt mich, der ganze Blick gezeigt. Nicht mehr Samenkorn, wenns Sprößling, kein zarter Sprößling mehr, wenns Baum ist. Über dem Stamm ist Krone; wenn jeder Zweig der Krone zugleich Stamm und Wurzel sein wollte – wo bliebe der Baum? Orientalier, Griechen, Römer waren ja nur einmal in der Welt – wenn *wir* Orientalier, Griechen, Römer auf einmal sein wollen, sind wir zuverlässig – nichts!

Der „Weise" (der in der Geschichte den geraden Fortschritt zur Vervollkommnung zu sehen meinte) bedachte nicht, was ihn doch das leiseste Echo vom Himmel zur Erde hätte lehren müssen, daß wahrscheinlich immer Mensch Mensch bleibe, nach der Analogie aller Dinge nichts als Mensch! Engel und Teufelsgestalt im Menschen: Romangestalten! Er ist nichts als das Mittelding dazwischen ...

– bedachte nicht, daß dies verborgene Doppelgeschöpf tausendfach modifiziert werden könne und nach dem Bau unserer Erde fast müßte; daß es eine Schöpfung von Klima, Zeitumständen, mithin National- und Säkulartugenden gebe, Blüten, die unter *dem* Himmel wachsen, dort aussterben.

– bedachte nicht, daß es unendlich mehr Fürsorge des Allvaters zeige, wenn dies geschähe; wenn in der Menschlichkeit ein unsichtbarer Keim der Glücks- und Tugendempfänglichkeit liege, der verschiedentlich ausgebildet, in verschiedenen Formen erscheine.

– bedachte endlich nicht – allwissendes Geschöpf! – daß mit dem Menschengeschlecht ein größerer Plan Gottes im Ganzen sein könne, den eben ein einzelnes Geschöpf nicht übersiehet ... weil etwa alle Szenen ... noch etwa ein Ganzes, eine Hauptvorstellung machen können, von der freilich der einzelne, eigennützige Spieler nichts wissen und sehen, die aber der Zuschauer im rechten Gesichtspunkte und in ruhiger Abwartung des Folgeganzen wohl sehen könnte ...

„Gang Gottes über die Nationen!" Was für ein Werk, zu dem so viel Nationen und Zeiten, Kolossenfiguren fast ohne Gesichtspunkt und Ansicht, so viel blinde Werkzeuge gehören, die alle im Wahn des Freien handeln und doch nicht wissen, was? oder wozu? die nichts übersehen, und doch so eifrig mithandeln, als wäre ihr Ameisenhaufe das Weltall – was für ein Werk dies Ganze! ...

102. Die Bibel

Gott hat es für gut befunden, außer dem Lichte der Vernunft und außer der Stimme, die uns in allen Kreaturen zuruft, eine deutliche und bestimmte Stimme hören zu lassen, die uns lehre, was Gott und wir sind, uns unser Verhältnis gegen ihn zeige, uns zu allem Guten ermuntre, uns mit uns selbst bekannt mache und insonderheit uns über die Unsterblichkeit der Seele Licht gebe. Wenn auch unsre Vernunft viele Wahrheiten von diesen wüßte, so wären sie doch nicht mit solcher Gewißheit und Zuverlässigkeit, am allermeisten aber nicht so unverfälscht und bleibend, daß sie ein Schatz des Menschengeschlechts hätten sein können. Nur gar zu bald wurden sie verdunkelt: die reinsten Begriffe von Gott wurden in der Seele des gemeinen Mannes die ärgsten Begriffe der Abgötterei; die reinsten Begriffe vom Menschen und von seiner Pflicht in der Seele des Lasterhaften selbst zu Laster, zu Untugend. Aus eben dem Grunde also, daß weltliche Gesetze nötig wurden, ward auch ein Gesetz der Gottesfurcht und Tugend noch ungemein nötiger. Die Gottheit nahm sich unser an; sie ließ unter ihrer gnädigen Aufsicht und Lenkung die Regel unsers Glaubens und Lebens verfassen: und siehe, das ist unsre Bibel! *Christliche Reden und Homilien.*

Gott sprach durch seine Welt. Ich kann ihn sehn!
Er sprach durch's Wort. Nun kann ich ihn verstehn.

Natur eröffnet dir den Blick,
Die Schrift das Ohr.
Wer gibt nur *einen* Sinn zurück?
verbinde beide, Tor!

*

Gott hat sich in der Seele eines Menschen, der sein Schriftsteller wurde, geoffenbart. Wie geschah dies? Etwa so, daß derselbe Mensch den Augenblick zu denken aufhörte und Gott für ihn dachte? Unmöglich! Denken ist das Wesen der menschlichen Seele; eine Seele, die nicht mehr selbst denkt, hat ihre Vernunft, die Freiheit ihres Willens, ihr Wesen verloren, sie ist nicht mehr menschliche Seele, sie ist ein Unding ...

Nein! Das sehe ich und ein jeder ja aus der Bibel, daß jeder Schriftsteller so gedacht hat, als er nach der Fähigkeit seines Geistes, nach der Richtung und Proportion seiner Seelenkräfte, nach der Mischung seines Temperaments, ja selbst nach seinen erworbenen Kenntnissen hat denken können und denken wollen ... Jeder heilige Verfasser also weihte die Kräfte seiner Seele auf dem Altare Gottes; die Gnade Gottes weihte selbst sein Temperament und heiligte es zum Werkzeuge Gottes ...
So entstanden Gedanken in ihrer Seele und mit dem Gedanken zugleich Worte; diese flossen in ihre Feder und wurden ein Buch für die Nachwelt und eine Regel der Kirche. Sie dachten unter der innigsten Aufsicht Gottes und unter der Lenkung seiner Gnade, aber noch immer behielten sie im Schreiben ihre Seelen, ihre Denkart, ihre Sprechart. Gott redete nicht statt ihrer, sondern durch sie ...

Wenn Gott sich also für Menschen offenbart, wie anders als in der Sprache und Denkart des Volkes, des Erdstrichs, des Jahrhunderts, des Zeitalters, zu dem seine Stimme geschah? Nun ist's eine ausgemachte Sache, daß die Denkart und die Art des Ausdrucks bei allen Völkern der Erde nicht gleich ist und noch weniger in allen Zeitaltern dieselbe bleibe. Der Morgenländer drückt sich anders aus als der Bewohner kalter Erdstriche, er hat eine ganz andere Welt um sich, einen Schatz von ganz anderen Begriffen in seiner Seele gesammelt als der Abend- und Nordländer ...

Da nun die Religion in den Morgenländern gegeben und durch lange Wanderung erst in unsre Nordländer gekommen, da sich die Denkart unseres Landes und unserer Zeit so sehr von jener unterscheidet, ja, da sich die Denkart und der Sprachausdruck eines Volkes fast alle Vierteljahrhunderte ändert, wie kann es anders sein, als daß viele Bilder und Vorstellungsarten der Bibel uns fremd sein müssen, die es zu ihrer Zeit und an ihrem Orte nicht waren ... *Predigten, 1768.*

103. Christus als der Mittelpunkt der Geschichte

Abgötterei, Götzendienst, Lüge und Fabel hatten seit den letzten Jahrhunderten vor Jesu Geburt Stoß auf Stoß bekommen: in mehr als einem Volk waren Boten Gottes aufgestanden, die eine Wahrheit der Vernunft und Tugend nach der anderen aufklärten, ins Licht setzten, in Anstalt und Volksverfassung zu bringen suchten: alle Grade der Morgenröte waren gleichsam vorausgegangen, bis die Sonne kam ... Alle Jahreszeiten des Menschengeschlechts, in denen es, wie ein edler Baum Gottes aus Keim und Wurzel allmählich zum Stamm erwuchs, mußten vorhergegangen sein, ehe über den Stamm das edle Reis, Christus, als eine hinaufgepflanzte Krone keimte. Man hatte so weit kommen müssen, um es überall zu erkennen und zu lehren: „in aller Welt, wer ihn fürchtet und recht tut, der ist ihm angenehm!" Da konnte Christus kommen, und siehe, da kam Er!

Da kam Jesus und brachte die erhabensten Begriffe von Gott, der Menschheit, der Tugend, der Unsterblichkeit ans Licht, in der einfältigsten, ebensten Sprache. Was alle Weisen einzelner Nationen bisher mühsam erforscht und bewiesen und in die Schranken Einer Schule, Einer Nation, Eines auserwählten Hauses eingeschlossen hatten, das sollte durch Christentum jetzt allgemeine Religion der Welt, und auch des simpelsten Volks der Welt, werden! Hätte das früher sein können? Mußte nicht vorausgehen, was vorausging? Die Morgenröte vor der Sonne, die Erziehung aus Kindheit hinauf zum männlichen Alter, die Abstreifung aller und allerlei Volks- und Nationalbegriffe zur freieren Annehmung der Wahrheit! Zur Zeit der Römer also ward Jesus geboren! Er, der von Ewigkeit ausersehen und auf den, als auf den Mittelpunkt, die Zeiträume der Welt verfaßt wurden: der *Mittelpunkt* sollte sichtbar werden und erscheinen, eben in der Mitte oder am Ende der Tage, da die Welt auf ihn gereift war! Da die Zeiten vorbei waren, die Gott als Zubereitungen und Jugendzeiten verordnet, in der Fülle der Zeit sandte er seinen Sohn ... *Christliche Reden und Homilien, 1773.*

104. Humanität

Ich wünschte, daß ich in das Wort Humanität alles fassen könnte, was ich bisher über des Menschen edle Bildung zur Vernunft und Freiheit, zu feineren Sinnen und Trieben, zur zartesten und stärksten Gesundheit, zur Erfüllung und Beherrschung der Erde gesagt habe; denn der Mensch hat kein edleres Wort für seine

Bestimmung, als er selbst ist, in dem das Bild des Schöpfers unserer Erde, wie es hier sichtbar werden konnte, abgedruckt lebt ...

... Endlich ist die *Religion* die höchste Humanität des Menschen, und man verwundere sich nicht, daß ich sie hierher rechne. Wenn des Menschen vorzüglichste Gabe der Verstand ist, so ist es das Geschäft des Verstandes, den Zusammenhang zwischen Ursache und Wirkung aufzuschließen und denselben, wo er ihn nicht gewahr wird, zu ahnen ... Das ist der Gang der Philosophie, und die erste und letzte Philosophie ist immer Religion gewesen. Auch die wildesten Völker haben sich darin geübt, denn kein Volk der Erde ist völlig ohne sie, so wenig als ohne menschliche Vernunftsfähigkeit, ohne Sprache und Ehe, ohne einige menschliche Sitten und Gebräuche gefunden worden. Sie glaubten, wo sie keine sichtbaren Urheber sahen, an unsichtbare Urheber und forschten also immer doch, so dunkel es war, einer Ursache der Dinge nach ...

Bei ganzen Völkern liegt die Vernunft unter der Tierheit gefangen, das Wahre wird auf den irresten Wegen gesucht, und die Schönheit und Aufrichtigkeit, zu der uns Gott erschuf, durch Vernachlässigung und Ruchlosigkeit verderbt. Bei wenigen Menschen ist die Humanität im reinen und weiten Umfange des Wortes eigentliches Studium des Lebens; die meisten fangen nur spät an, daran zu denken, und auch bei den besten ziehen niedrige Triebe den erhabenen Menschen zum Tier herunter. Wer unter den Sterblichen kann sagen, daß er das reine Bild der Menschheit, das in ihm liegt, erreiche oder erreicht habe?

Entweder irrt sich also der Schöpfer mit dem Ziel, das er uns vorsteckte ... oder dieser Zweck geht über unser Dasein hinaus, und die Erde ist nur ein Übungsplatz, eine Vorbereitungsstätte. Es ist befremdend und doch unleugbar, daß unter allen Erdbewohnern das menschliche Geschlecht dem Ziel seiner Bestimmung am meisten fern bleibt. Jedes Tier erreicht, was es in seiner Organisation erreichen soll; einzig der Mensch erreicht es nicht, eben weil sein Ziel so hoch, so weit, so unendlich ist, und er auf unserer Erde so tief, so spät, mit so viel Hindernissen von außen und innen anfängt. Der Mensch soll alles, was zur Humanität gehört, erst *lernen.*

... Alles ist in der Natur verbunden; ein Zustand strebt zum andern und bereitet ihn vor. Wenn also der Mensch die Kette der Erdorganisation als ihr höchstes und letztes Glied schloß, so fängt er auch eben dadurch die Kette einer höheren Gattung an Geschöpfen als ihr niedrigstes Glied an; und er ist wahrscheinlich das Mittelding zwischen zwei ineinanderliegenden Systemen der Schöpfung ... Diese Aussicht gibt uns allein den Schlüssel seiner wunderbaren Erscheinung, mithin die einzige Philosophie der Menschengeschichte. Denn nun wird der sonderbare Widerspruch klar, in dem sich der Mensch zeigt. Als Tier dient er der Erde und hängt an ihr als seiner Wohnstätte; als Mensch hat er den Samen der Unsterblichkeit in sich, die einen anderen Pflanzgarten fordert. Als Tier kann er seine Bedürfnisse befriedigen, und Menschen, die mit ihnen zufrieden sind, befinden sich sehr wohl hinieden. Sobald er irgendeine edlere Anlage verfolgt, findet er überall Unvollkommenheiten und Stückwerk ... Der größte Teil des Menschen istTier; zur Humanität hat er bloß die Fähigkeit auf die Welt gebracht, und sie muß ihm durch Mühe und Fleiß erst ausgebildet werden. Das Leben ist Kampf, und die Blume der reinen unsterblichen Humanität eine schwer errungene Krone. *Ideen zur Philosophie der Geschichte der Menschheit I, 1784.*

Schleiermacher

Friedrich Daniel Schleiermacher (1768–1834), Sohn eines reformierten Pfarrers, wurde in Anstalten der Brüdergemeine erzogen; er selbst hat sich später gern als einen „Herrnhuter höherer Ordnung" bezeichnet. Nach dem Theologiestudium in Halle, damals Hochburg der rationalistischen Theologie der Aufklärung, war er Hilfsgeistlicher in *Berlin,* wo er mit dem dortigen Romantikerkreis in Verbindung kam. Mit Friedrich *Schlegel* verband ihn eine enge und für Schleiermachers innere Entwicklung bedeutsame Freundschaft.

Schleiermacher hatte einen wesentlichen Anteil an der Gründung der Universität Berlin (1809), an der er mit Fichte für die Erhebung gegen Napoleons Herrschaft wirkte. An der Berliner Universität lehrte Schleiermacher bis zu seinem Tode als der unbestritten bedeutendste Theologe seiner Zeit.

Das bekannteste seiner Werke: „Über die Religion, Reden an die Gebildeten unter seinen Verächtern" (1799) stammt aus seiner romantischen Periode. Das zeigt sich in der Sprache, in der dies Werk abgefaßt ist; das zeigt sich in der Betonung des Gefühls und in dem zentralen Begriff „Anschauung des Universums"; das zeigt sich in der Ablehnung der „natürlichen Religion", dem Lieblingsbegriff des Aufklärungszeitalters.

An dem Grundgedanken der romantischen „Reden" hat Schleiermacher zeitlebens festgehalten, auch als er als führender Theologe und hoch geschätzter Prediger ganz ein Mann der Kirche geworden war. Seine große dogmatische Schrift „Der christliche Glaube" (1821), in der er in streng wissenschaftlicher Form die Glaubenslehre der Kirche darzustellen sucht, unterscheidet sich von allen früheren protestantischen Dogmatiken dadurch, daß Schleiermacher von dem religiösen *Bewußtsein* ausgeht, das er als „schlechthinniges Abhängigkeitsgefühl" bezeichnet.

105. Das Wesen der Religion: Anschauung des Universums

Stellet euch auf den höchsten Standpunkt der *Metaphysik* und der *Moral*, so werdet ihr finden, daß beide mit der *Religion* denselben Gegenstand haben, nämlich das Universum und das Verhältnis des Menschen zu ihm. Diese Gleichheit ist von lange her ein Grund zu mancherlei Verirrungen gewesen; daher ist Metaphysik und Moral in Menge in die Religion eingedrungen ... Was tut eure Metaphysik – oder, wenn ihr von dem veralteten Namen nichts wissen wollt –, eure Transzendentalphilosophie? Sie geht den Gründen dessen, was da ist, nach und deduziert die Notwendigkeit des Wirklichen, sie entspinnt aus sich selbst die Realität der Welt und ihre Gesetze. In dieses Gebiet darf sich also die Religion nicht versteigen, sie darf nicht sich in ein Unendliches von Gründen und Deduktionen verlieren, letzte Ursachen aufsuchen und ewige Wahrheiten aussprechen. – Und was tut eure Moral? Sie entwickelt aus der Natur des Menschen und seines Verhältnisses gegen das Universum ein System von Pflichten ... Auch das darf die Religion nicht wagen, sie darf keinen Kodex von Gesetzen enthalten ...

Die Religion entsagt hiermit, um den Besitz ihres Eigentums anzutreten, allen Ansprüchen auf irgend etwas, was der Metaphysik und der Moral angehört, und gibt alles zurück, was man ihr aufgedrungen hat ... Ihr Wesen ist weder Denken noch Handeln, sondern *Anschauung und Gefühl.* Anschauen will sie das Universum, in seinen eigenen Darstellungen und Handlungen will sie es andächtig belauschen, von seinen unmittelbaren Einflüssen will sie sich in kindlicher Passivität ergreifen und erfüllen lassen ... *Anschauung des Universums,* ich bitte, befreundet euch mit diesem Begriff, er ist der Angelpunkt meiner ganzen Rede, er ist die allgemeinste und höchste Form der Religion ... Alles Anschauen geht aus von einem Einfluß des Angeschauten auf den Anschauenden, von einem ursprünglichen und unabhängigen Handeln des ersteren, welches dann von dem letzteren seiner Natur gemäß aufgenommen, zusammengefaßt und begriffen wird ... Alle Begebenheiten in der Welt als Handlungen eines Gottes vorstellen, das ist Religion, aber über dem *Sein*[1] dieses Gottes vor der Welt und außer der Welt grübeln, mag in der Metaphysik gut und nötig sein, in der Religion wird das nur leere Mythologie ...

Dieselben Handlungen des Universums, durch welche es sich euch im Endlichen offenbart, bringen es auch in ein neues Verhältnis zu eurem Gemüt; indem ihr es anschaut, müßt ihr notwendig von mancherlei *Gefühlen* ergriffen werden ... Anschauung ohne Gefühl ist nichts und kann weder den rechten Ursprung noch die rechte Kraft haben, Gefühl ohne Anschauung ist auch nichts: beide sind nur dann und deswegen etwas, wenn und weil sie ursprünglich eins und ungetrennt sind. Jener erste geheimnisvolle Augenblick, der bei jeder sinnlichen Wahrnehmung vorkommt, ehe noch Anschauung und Gefühl sich trennen – ich weiß, wie unbeschreiblich er ist und wie schnell er vorübergeht ... Ich liege am Busen der unendlichen Welt: ich bin in diesem Augenblick ihre Seele, denn ich fühle alle ihre Kräfte und ihr unendliches Leben, wie mein eigenes ... Dieser Moment ist die Geburtsstunde alles Lebendigen in der Religion. *Reden über die Religion, 1799.*

*

Saget mir doch, was meinen sie von der *Gottheit?* ... Den meisten ist offenbar Gott nichts andres als der Genius der Menschheit. Der Mensch ist das Urbild ihres Gottes, die Menschheit ist ihr alles, und nach demjenigen, was sie für ihre Ereignisse und Führungen halten, bestimmen sie die Gesinnungen und das Wesen ihres Gottes. Nun aber habe ich euch deutlich genug gesagt, daß die Menschheit nicht mein Alles ist, daß meine Religion nach einem Universum strebt, wovon sie nur ein unendlich kleiner Teil, nur eine vergängliche Form ist: kann also ein Gott,

---

[1] Vgl. Nr. 95.

der nur der Genius der Menschheit wäre, der Höchste meiner Religion sein? ... Religion haben, heißt das Universum anschauen, und auf der Art, wie ihr es anschauet, beruht der Wert eurer Religion. Wenn ihr nicht leugnen könnt, daß sich die Idee von Gott zu jeder Anschauung des Universums bequemt, so müßt ihr zugeben, daß eine Religion ohne Gott besser sein kann als eine andre mit Gott ...

Auf einer gewissen Stufe der Bildung stellt sich das Universum dar als eine Vielheit ohne Einheit, als ein unbestimmtes Mannigfaltiges heterogener Elemente und Kräfte, deren beständiger Streit seine Erscheinungen bestimmt. Wird zu *diesem* Universum die Idee eines Gottes gebracht, so entstehen Götter in unendlicher Anzahl, unterscheidbar durch verschiedene Objekte ihrer Tätigkeit, durch verschiedene Neigungen und Gesinnungen ... Nun laßt uns höher steigen, dahin, wo alles Streitende sich wieder vereinigt, wo das Universum sich als *Totalität,* als Einheit in der Vielheit, als System darstellt und so erst den Namen verdienet: sollte nicht der, der es so anschaut als *Eins und Alles*[1], auch ohne die Idee eines Gottes mehr Religion haben als der gebildetste Polytheist? Sollte nicht Spinoza weit über einem frommen Römer stehen? ... Welche von den Anschauungen des Universums ein Mensch sich zueignet, das hängt ab von seinem Sinn für das Universum, das ist der eigentliche Maßstab seiner Religiosität, ob er zu seiner Anschauung einen Gott hat, das hängt ab von der Richtung seiner Phantasie ...

In der Religion steht also die Idee von Gott nicht so hoch wie ihr meint, auch gab es unter wahrhaft religiösen Menschen nie Eiferer oder Schwärmer für das Dasein Gottes; mit großer Gelassenheit haben sie das, was man Atheismus nennt, neben sich gesehn, und es hat immer etwas gegeben, was ihnen irreligiöser schien als dieses. *Ebd.*

*

106. Kritik des Unsterblichkeitsglaubens

Was aber die *Unsterblichkeit* betrifft, so kann ich nicht verbergen, die Art, wie die meisten Menschen sie nehmen, und ihre Sehnsucht danach ist ganz irreligiös, dem Geist der Religion gerade zuwider; ihr Wunsch hat keinen andern Grund, als die Abneigung gegen das, was das Ziel der Religion ist. Erinnert euch, wie in ihr alles darauf hinstrebt, daß die scharf abgeschnittenen Umrisse unserer Persönlichkeit sich erweitern und sich allmählich verlieren sollen ins Unendliche, daß wir durch das Anschauen des Universums soviel als möglich eins werden sollen mit ihm; sie aber sträuben sich gegen das Unendliche, sie wollen nicht hinaus, sie wollen nichts sein als sie selbst und sind ängstlich besorgt um ihre Individualität. Erinnert euch, wie es das höchste Ziel der Religion war, ein Universum jenseits und über der Menschheit zu entdecken, und ihre einzige Klage, daß es damit nicht recht gelingen will auf dieser Welt; jene aber wollen nicht einmal die einzige Gelegenheit ergreifen, die ihnen der Tod darbietet, um über die Menschheit hinaus-

---

[1] Vgl. S. 141.

zukommen; sie sind bange, wie sie sie mitnehmen werden jenseits dieser Welt, und streben höchstens nach weiteren Augen und besseren Gliedmaßen. Aber das Universum spricht zu ihnen, wie geschrieben steht: Wer sein Leben verliert um meinetwillen, der wird es erhalten, und wer es erhalten will, der wird es verlieren ... Versucht doch aus Liebe zum Universum euer Leben aufzugeben. Strebt danach, schon hier eure Individualität zu vernichten und im Einen und Allen zu leben, strebt danach, mehr zu sein als ihr selbst, damit ihr wenig verliert, wenn ihr euch verliert; und wenn ihr so mit dem Universum, so viel ihr hier davon findet, zusammengeflossen seid und eine größere und heiligere Sehnsucht in euch entstanden ist, dann wollen wir weiter reden über die Hoffnungen, die uns der Tod gibt ... Die Unsterblichkeit darf kein Wunsch sein, wenn sie nicht erst eine Aufgabe gewesen ist. Mitten in der Endlichkeit eines werden mit dem Unendlichen und ewig sein in einem Augenblick, das ist die Unsterblichkeit der Religion. *Ebd.*

107. Verstand und Gefühl

... Sie sind mit dem Verstande ein Heide, mit dem Gemüte ein Christ. Dagegen erwidert meine Dialektik: Heide und Christ sind als solche einander entgegengesetzt auf demselben Gebiete, nämlich dem der Religion; haben auf diese Verstand und Gefühl so gleiche Ansprüche, daß sie sich teilen könnten in die entgegengesetzten Formen? Die Religiosität ist Sache des Gefühls; was wir zum Unterschied davon Religion nennen, was aber immer mehr oder weniger Dogmatik ist, das ist nur die durch Reflexion entstandene Dolmetschung des Verstandes über das Gefühl – wenn Ihr Gefühl christlich ist, kann dann Ihr Verstand heidnisch dolmetschen? Darin kann ich mich nicht finden. Mein Satz dagegen ist also der: ich bin mit dem Verstande ein Philosoph; denn das ist die ursprüngliche und unabhängige Tätigkeit des Verstandes, und mit dem Gefühle bin ich ganz ein Frommer, und zwar als solcher ein Christ und habe das Heidentum ganz ausgezogen oder vielmehr nie in mir gehabt. Meine Philosophie also und meine Dogmatik sind fest entschlossen, sich nicht zu widersprechen; aber eben deshalb wollen auch beide niemals fertig sein, und, so lange ich denken kann, haben sie immer gegenseitig aneinander gestimmt und sich auch immer mehr angenähert ... *An Friedrich Heinrich Jacobi, 30. März 1818. Vgl. S. 141.*

108. Die christliche Frömmigkeit

Um auszumitteln, worin das Wesen der christlichen Frömmigkeit bestehe, müssen wir über das Christentum hinausgehen und unsern Standpunkt über demselben nehmen, um es mit andern Glaubensarten zu vergleichen.

Einer solchen Vergleichung liegt die Voraussetzung zum Grunde, daß es etwas Gemeinsames gebe in allen Glaubensweisen, weshalb wir sie als verwandt zusammenstellen, und etwas Besonderes in jeder, weshalb wir sie von den übrigen sondern.

Die Frömmigkeit an sich ist weder ein Wissen noch ein Tun, sondern eine Neigung und Bestimmtheit des Gefühls.

Das Gemeinsame aller frommen Erregungen, also das Wesen der Frömmigkeit, ist dieses, daß wir uns unsrer selbst als schlechthin abhängig bewußt sind, das heißt, daß wir uns abhängig fühlen von Gott.

Zusatz. Was früher ist, der Gedanke von Gott oder das in den frommen Erregungen enthaltene Gefühl von Gott, diese Frage zu entscheiden gehört nicht hierher. Nur sind wir gar nicht genötigt, jenen Gedanken als irgend anderswoher entstanden vorauszusetzen; sondern werden sagen können, gesetzt auch, er wäre nirgend andersher gegeben, aber die frommen Erregungen wären gegeben, so würde, wenn die Besinnung in der Form des Denkens nur weit genug entwickelt wäre, aus der Betrachtung jener Erregungen das Bestreben entstehen, den Gedanken des höchsten Wesens zu bilden ...

Indem im unmittelbaren Selbstbewußtsein wir uns als schlechthin abhängig finden, ist darin mit dem eigenen Sein als endlichen das unendliche Sein Gottes mitgesetzt.

Dies ursprüngliche Abhängigkeitsgefühl ist nicht zufällig, sondern ein wesentliches Lebenselement, ja nicht einmal persönlich verschieden, sondern gemeinsam in allem entwickelten Bewußtsein dasselbige.

Die Anerkennung, daß jenes Abhängigkeitsgefühl eine wesentliche Lebensbedingung sei, vertritt für uns die Stelle aller Beweise vom Dasein Gottes.

Das ursprüngliche, ein höchstes Wesen mitsetzende Abhängigkeitsgefühl wird in uns Christen nicht anders zum wirklichen Bewußtsein als mit der Beziehung auf Christus, aber auch alle christlich frommen Gemütszustände schließen jenes Abhängigkeitsgefühl in sich. Daher im ganzen Umfang der christlichen Frömmigkeit Beziehung auf Gott und Beziehung auf Christus unzertrennlich sind. *Der christliche Glaube, 1821.*

109. Positive und natürliche Religion[1]

Positive Religionen nennt Ihr die vorhandenen bestimmten religiösen Erscheinnungen, und sie sind unter diesem Namen schon lange das Objekt eines ganz vorzüglichen Hasses gewesen, dagegen Ihr bei allem Widerwillen gegen die Religion überhaupt etwas anderes, das man die *natürliche* Religion nennt, immer leichter geduldet und sogar mit Achtung davon gesprochen habt. Ich stehe nicht an, Euch sogleich einen Blick in das Innere meiner Gesinnungen hierüber zu vergönnen, indem ich für meinen Teil gegen diesen Vorzug aufs lauteste protestiere ... Die sogenannte natürliche Religion ist gewöhnlich so abgeschliffen und hat so philosophische und moralische Manieren, daß sie wenig von dem eigentümlichen Charakter der Religion durchschimmern läßt; sie weiß so artig zu leben, sich einzuschränken und

[1] Vgl. zur Idee einer „natürlichen Religion" Nr. 74, 78, 94.

sich zu fügen, daß sie überall wohl gelitten ist: dagegen jede positive Religion gar starke Züge und eine sehr markierte Physiognomie hat ...

Wie entsteht eine bestimmte Religion? Ein Individuum der Religion kann nicht anders zustande gebracht werden als dadurch, daß irgendeine einzelne Anschauung des Universums aus freier Willkür ... zum Zentralpunkt der ganzen Religion gemacht und alles darin auf sie bezogen wird. Dadurch kommt auf einmal ein bestimmter Geist und ein gemeinschaftlicher Charakter in das Ganze; alles wird fixiert, was vorher vieldeutig und unbestimmt war; von den unendlich vielen verschiedenen Ansichten, welche alle möglich waren und alle dargestellt werden sollten, wird durch jede solche Formation eine durchaus realisiert; alle einzelnen Elemente erscheinen nun von der gleichnamigen Seite, von der, welche jenem Mittelpunkt zugekehrt ist, und alle Gefühle erhalten eben dadurch einen gemeinschaftlichen Ton ...

Und wenn nur in und durch solche bestimmten Formen die Religion dargestellt wird, so hat auch nur der, welcher sich mit der seinigen in einen solchen niederläßt, eigentlich einen festen Wohnsitz und, daß ich so sage, ein aktives Bürgerrecht in der religiösen Welt; nur er kann sich rühmen, zum Dasein und Werden des Ganzen beizutragen; nur er ist eine eigne religiöse Person mit einem Charakter und festen und bestimmten Zügen. *Reden über die Religion, 1799.*

110. Christlicher Glaube und Wissenschaft

Wenn Sie den gegenwärtigen Zustand der *Naturwissenschaft* betrachten, wie sie sich immer mehr zu einer umfassenden Weltkunde gestaltet, von der man vor noch gar nicht langer Zeit keine Ahndung hatte: was ahndet Ihnen von der Zukunft, ich will nicht einmal sagen für unsere Theologie, sondern für unser evangelisches Christentum? Ich sage: für unser evangelisches; denn ein romanistisches kann man freilich immer haben. Wenn man mit dem Schwert dreinschlagen kann gegen die Wissenschaft; wenn man im Besitz aller äußeren Hilfsmittel sich einzäunen kann gegen alle Angriffe gesunder Forschung und drinnen eine gebietende Kirchenlehre aufstellen: so braucht man sich freilich nicht anfechten zu lassen, was irgend auf diesem Gebiet geschehen mag. Aber das können wir doch nicht und wollen es auch nicht, und darum müssen wir uns mit der Geschichte behelfen, wie sie sich eben entwickeln wird. Und deshalb will mir nun nichts anderes ahnden, als daß wir werden lernen müssen, uns ohne vieles zu behelfen, was viele noch gewohnt sind als mit dem Wesen des Christentums unzertrennlich verbunden zu denken. Ich will gar nicht vom Sechstagewerk reden, aber der Schöpfungs*begriff*, wie er gewöhnlich konstruiert wird: wie lange wird er sich noch halten können gegen die Gewalt einer aus wissenschaftlichen Kombinationen, denen sich niemand entziehen kann, gebildeten Weltanschauung? Und das zu einer Zeit, wo die Geheimnisse der Geweihten nur in der Methode und in dem Detail der Wissenschaft liegen, die großen Resultate aber sehr bald allen helleren und umsichtigen Köpfen auch im eigentlichen Volke zugänglich werden. Und unsere neutestamentischen Wunder, denn von den alttestamentischen will ich gar nicht erst reden, wie lange wird es noch währen, so fallen sie aufs neue, aber von weit besser begründeten Voraussetzungen aus als früher zu den Zeiten der Enzyklopädie, unter das Dilemma, daß *entweder* die ganze Geschichte, der sie angehören, sich muß gefallen lassen als Fabel angesehen zu werden, von der sich gar nicht mehr ausmitteln läßt, wieviel Geschichtliches ihr eigentlich zum Grunde liegen mag, *oder*, wenn sie wirklich als Tatsachen gelten sollen, werden wir zugeben müssen, daß, sofern sie in der Natur geworden sind, auch Analogien dazu in der Natur gesucht werden. Und so ist es auch hier wieder der Begriff des Wunders, der in seiner bisherigen Art und Weise nicht wird fortbestehen können. Was soll dann werden, lieber Freund? Ich werde diese Zeit nicht mehr erleben, sondern kann mich ruhig schlafen legen. Aber Sie und Ihre Altergenossen, was gedenken Sie zu tun? Wollt Ihr Euch dennoch hinter diesen Außenwerken verschanzen und Euch von der Wissenschaft blockieren lassen? Das Bombardement des Spottes zwar wird Euch wenig schaden. Aber die Blockade! Die gänzliche Aushungerung von aller Wissenschaft, die dann, notgedrungen von Euch, eben *weil* Ihr Euch so verschanzt, die Fahne des Unglaubens aufstecken muß! Soll der Knoten der Geschichte so auseinandergehn: das Christentum mit der Barbarei, und die Wissenschaft mit dem Unglauben? Viele Christen freilich werden es so machen, die Anstalten dazu werden schon getroffen, und der Boden hebt sich schon unter unseren Füßen, wo diese düsteren Larven auskriechen wollen, von enggeschlossenen religiösen Kreisen, welche alle Forschung außerhalb jener Umschanzungen eines alten Buchstabens für satanisch erklären ...

Aber wir werden es nicht mit der Naturwissenschaft allein zu tun haben, sondern es droht uns von der *Geschichtsforschung* und von der Kritik, die wir doch beide auch in unserm Geschäft selbst nicht entbehren können, die gleiche Gefahr. Wissen Sie schon, was der letzte Ausspruch sein wird über den Pentateuch und den alttestamentlichen Kanon überhaupt? Hoffen Sie, daß die bisherige Behandlung der messianischen Weissagungen noch lange Zeit glauben finden wird unter denen, in welchen sich eine gesunde und lebendige Anschauung geschichtlicher Dinge gebildet hat? Wenn ich die Zeichen der Zeit recht verstehe, kann ich es nicht glauben ... Und was wird uns die Kritik noch bringen inbezug auf unsern neutestamentlichen Kanon? Wehren wollen Sie ihr gewiß ebensowenig als ich ... Wesentliches können wir nichts dabei verlieren; Christus bleibt derselbe, und der Glaube an ihn bleibt dasselbe; aber mit unserer Lehre vom Kanon und von der Inspiration werden wir uns doch wohl besinnen müssen, daß wir nichts hineinbringen, was mit allgemein anerkannten Resultaten einer historischen Forschung streitet ...
Sendschreiben an Lücke, 1829.

Kierkegaard

Der dänische Philosoph und Theologe Sören Kierkegaard (1813–1855) stellte den christlichen Glauben in schroffen Gegensatz zu der bürgerlichen Kirchlichkeit seiner Zeit und zu dem vernünftigen Gottesglauben der Philosophen, besonders Hegels. Da ihm seine Kritik am Staatskirchentum das Amt des Geistlichen verwehrte, lebte er als einsamer Schriftsteller in Kopenhagen. Kierkegaard trug zuerst seinen Angriff auf das offizielle Christentum in indirekter Weise vor: kritisch unter verschiedenen Pseudonymen, erbaulich in Form von Meditationen oder Predigten. Dann aber entschloß er sich zum offenen Angriff auf die Kirche und ihre Geistlichkeit, zum Teil in Artikeln in Tageszeitungen, und forderte schließlich, man solle um des Christentums willen sich von der Kirche trennen:

„Wer Du auch seist, welches Leben Du im übrigen führst, mein Freund – dadurch daß Du es bleiben läßt, am öffentlichen Gottesdienst teilzunehmen, wie er jetzt ist – mit dem Anspruch, das Christentum des neuen Testaments zu sein –, hast du beständig eine, und zwar eine schwere Schuld weniger: Du nimmst nicht daranteil, Gott zum Narren zu halten dadurch, daß du neutestamentliches Christentum nennst, was nicht das Christentum des neuen Testaments ist“ (Dezember 1854).

Nicht lange danach starb Kierkegaard. Auf seinem Sterbelager hatte er sich geweigert, auch von einem ihm eng befreundeten Pfarrer das Abendmahl zu nehmen. Dem gleichen Freunde gegenüber aber betonte er sein persönliches Verhältnis zu Jesus und war bei allem Leiden von einem unerschütterlichen Frieden erfüllt.

Zu seiner Zeit nur wenig beachtet, als Sonderling angesehen und verspottet, hat Kierkegaard erst lange nach seinem Tode, eigentlich erst im 20. Jahrhundert Beachtung gefunden. Sein Einfluß sowohl auf die Philosophie („Existenzphilosophie“, bes. Heidegger) wie vor allem auf die Theologie ist kaum zu überschätzen (Barth, Bultmann; vgl. auch von Bonhoeffer Nr. 166).

111. Der Einzelne

„*Er ist geglaubt von der Welt*“[1]. Ja, das ist ganz gewiß. Du weißt, wie viele Tausende an ihn geglaubt haben, in diesem Glauben gelebt haben, auf diesen Glauben gestorben sind. Und doch, nein, dem ist nicht so. Wenn du nicht selbst glaubst, so kannst du nicht wissen, ob auch nur ein einziger Mensch an Ihn geglaubt hat; und wenn du selbst glaubst, so weißt du, daß in der Welt an Ihn geglaubt wird – daß einer da ist, der an Ihn glaubt. Der eine Mensch kann dem andern nicht ins Herz sehen; nur sich selbst betreffend weiß der Einzelne mit sich selbst vor Gott, ob er glaubt oder nicht. Jeder andere muß sich mit seiner Versicherung begnügen. Du kannst also nicht wissen, daß so und so viele Tausende geglaubt haben, du kannst nur das wissen, daß so und so viele versichert haben, sie haben geglaubt...

Sage nicht, es sei Überspanntheit, den Gedanken so hoch zu spannen. O nein, damit beginnt erst der Ernst. Was gibt es denn Ernsthafteres als diese Frage, ob *du* geglaubt hast oder nicht? Sieh, darum liegt es im Wesen des Glaubens, vor allem dem Wahn vorzubeugen, daß man den Glauben nur so von einem andern übernehmen könne. Und darum ist es dir nützlich, das so recht zu verstehen, daß du wirklich nicht wissen kannst, ob ein anderer Mensch glaubt; es hilft dir das dazu, deine Aufmerksamkeit auf das zu konzentrieren, worin der Ernst für dich liegt, ... daß es dir gilt, und du allein auf dich selbst angewiesen bist und mit anderen nichts, aber auch gar nichts zu tun hast, desto mehr aber mit dir selbst ...

---

[1] Eine Predigt zu 1. Tim. 3,16: „Und kündlich groß ist das gottselige Geheimnis: Gott ist geoffenbart im Fleisch, gerechtfertigt im Geist, erschienen den Engeln, gepredigt den Heiden, *geglaubt von der Welt,* aufgenommen in die Herrlichkeit.“

„Er ist geglaubt in der Welt". Also: Wer Paulus verstanden hat, der versteht, daß in diesen Worten eine Frage steckt. Wenn er nun aber antworten wollte: „Ja, ganz gewiß ist er geglaubt in der Welt; das kann man von jedem Jahrhundert mit größerem Recht sagen, da das Christentum sich ja immer weiter ausbreitete und also immer mehr Menschen gläubig wurden – und insbesondere seit der Entdeckung Amerikas –", ob dem Apostel dann nicht zu Mute wäre, wie wenn er mit einem Schwachsinnigen redete?

Wer aber, nachdem er verstanden, daß da eine Frage vorliegt, auf diese Frage antwortete: „*Ich* glaube an ihn" – der hat sich selbst verstanden. Und auch wenn er antwortete: „*Ich* glaube *nicht* an Ihn" – so hätte er sich doch auch selbst verstanden. Sich selbst hat der Mensch verstanden, wenn er aus der historischen Notiz: „er ist geglaubt von der Welt", die *persönliche* Frage heraushört: „Glaube ich an Ihn?" *Christliche Reden, 1848.*

112. Die Gleichzeitigkeit mit Jesus Christus. Die Nachfolge

„Kommt her zu mir, alle die ihr mühselig und beladen seid, ich will euch Ruhe geben" – Wer hat jene Worte der Einladung gesagt? Jesus Christus. Welcher Jesus Christus? Der in der Herrlichkeit zur Rechten des Vaters sitzt? Nein. Aus der Herrlichkeit hat er kein Wort geredet. Also ist es Jesus Christus im Stande der Erniedrigung, der diese Worte gesagt ... Jedes Wort, das er geredet hat, wird eo ipso unwahr, wenn wir den Schein erwecken, es sei Christus in der Herrlichkeit, der es gesagt hat. Nein, *der* schweigt, der *Erniedrigte* redet. Der Zwischenraum (zwischen der Erniedrigung und der Wiederkunft in Herrlichkeit), der in diesem Augenblick etwa 1800 Jahre beträgt und möglicherweise noch zu vielmahl 1800 Jahre werden wird; der Zwischenraum – das heißt, wozu der Zwischenraum ihn machen will: der Welt- oder Kirchengeschichte weltliche Nachricht von Christus – ist gleichgültig, ist etwas, was ihn nur entstellt und dadurch jene Worte der Einladung unwahr macht ... Er ist in seiner Erniedrigung derselbe wie in seiner Erhöhung, aber die 1800 Jahre (oder wenn es 18000 würden) haben damit gar nichts zu schaffen. Die brillanten Folgen in der Weltgeschichte, die sogar einen Professor der Geschichte fast davon überzeugen, daß er Gott war, diese brillanten Folgen sind doch wohl nicht seine Wiederkunft in Herrlichkeit? ... Die Geschichte mag eine sehr gute Wissenschaft sein; sie darf sich aber nicht einbilden, daß sie Christus mit der Herrlichkeit zu bekleiden habe, die ihm der Vater geben will, indem sie ihn in den brillanten Umhang der Folgen hüllt, als ob dies die Wiederkunft wäre ...

Er, das Zeichen des Ärgernisses und der Gegenstand des Glaubens, ist ... ein göttlicher, guter Mann geworden! Und man rühmt an Christus ganz besonders das, worüber man sich, wenn man es gleichzeitig erlebt, am meisten erbittern würde ...

Der spricht, ist also der geringe Mensch mit zwölf armseligen Jüngern aus der schlichtesten Volksklasse; eine Zeitlang Gegenstand der Neugier, aber bald nur in Gesellschaft von Sündern, Zöllnern, Aussätzigen und Verrückten: denn es galt Ehre, Leben und Gut, auf jeden Fall Ausschluß aus der Synagoge, wenn man sich von ihm nur helfen ließ. Kommt *nun* alle her, die ihr mühselig und beladen seid! O, mein Freund, wenn du taub oder blind oder lahm oder aussätzig wärest, es wäre doch möglich, daß du mehr als alle diese Leiden die Strafe fürchtetest, die darauf gesetzt ist, daß du dir von ihm helfen läßt, die Strafe, aus der Gemeinschaft der Menschen gestoßen zu werden. *Einübung im Christentum, 1850.*

*

Ein historisches Christentum ist Gallimathias und unchristliche Verrücktheit; denn was von wahren Christen in jeder Generation lebt ist mit Christus gleichzeitig, hat mit den Christen in der vorigen Generation nichts zu schaffen, aber alles mit dem gleichzeitigen Christus ...

Kannst du dich nicht selbst überwinden, in der Situation der Gleichzeitigkeit mit ihm Christ zu werden – oder kann er in der Situation der Gleichzeitigkeit dich nicht zu sich ziehen: so wirst du niemals Christ ...

„Wenn aber das Christliche etwas so Furchtbares und Schreckliches ist, wie in aller Welt kann da ein Mensch darauf verfallen, das Christentum anzunehmen?" Ganz einfach, und wenn du das noch dazu wünschest, ganz lutherisch: nur das Bewußtsein der *Sünde* kann in dies Schreckliche, wenn ich so sagen darf, hineinforcieren, während von der anderen Seite die Gnade die forcierende Kraft ist. Und in demselben Augenblick verwandelt sich das Christliche und ist lauter Milde, Gnade, Liebe und Barmherzigkeit. Für jede andere Betrachtung ist das Christentum etwas Verrücktes. *Ebd.*

*

Es ist bekannt genug, daß Christus beständig den Ausdruck „Nachfolger" gebraucht. Er redet nie davon, daß er Bewunderer, Anhänger verlangt; und wenn er den Ausdruck „Jünger" gebraucht, so erklärt er ihn immer so, daß man sieht, darunter werden Nachfolger verstanden; also nicht Anhänger einer Lehre, sondern Nachfolger eines Lebens. Auch ist hinlänglich bekannt (was an anderer Stelle immer wieder wiederholt wurde), daß es der erniedrigte Christus ist, der redet; daß jedes Wort, das wir von Christus haben, von ihm dem Erniedrigten ist ...

Was ist also der Unterschied zwischen einem „Bewunderer" und einem „Nachfolger?" Ein Nachfolger *ist,* was er bewundert, oder strebt wenigstens danach, es zu sein; ein Bewunderer hält sich persönlich außerhalb, entdeckt nicht und will nicht entdecken, daß der Bewunderte eine Forderung an ihn enthält: die Forderung, das Bewunderte zu *sein* oder doch danach zu streben, es zu werden ...

Sieh, darum ward Christus in äußerster Niedrigkeit geboren und hat in äußerster Erniedrigung gelebt: damit es unbedingt für jeden Menschen unmöglich sei, sich mit Entschuldigungen und Ausflüchten um die „Forderung" zu drücken; als ob das „Vorbild" im Besitz von irdischen und weltlichen Vorzügen wäre, die er nicht habe. In dem Sinne Christus zu bewundern, ist die unwahre Erfindung einer späteren Zeit ... In dem Sinne war da unbedingt nichts zu bewundern; es sei denn, daß man Armut, Elend, Verachtung und dergleichen bewundern will ... Und in der Situation der Gleichzeitigkeit war auch die Gelegenheit dafür nicht günstig, sich ihm als Bewunderer anzuschließen. Denn Christus hatte dem, der sich ihm anschloß, nur dieselbe Lage zu bieten – und unter solchen Verhältnissen hat nie ein Bewunderer mitmachen wollen; dieselbe Lage: ebenso arm, verachtet, verhöhnt, verspottet zu werden, ja womöglich noch etwas mehr. Als Anhänger eines solchen Verachteten, den jeder Verständige floh, forderte man die Verachtung womöglich noch stärker heraus als er. *Ebd.*

*

Christentum ist keine Lehre.

Christentum ist ein Glaube und eine ihm entsprechende ganz bestimmte Art Existieren: Nachfolge.
Also Christentum ist ein Glaube und eine Nachfolge ...

Man kann Glaube zum ersten machen und Nachfolge zum andern, soweit es doch notwendig ist, daß für mich im Glauben das ist, dem ich nachfolgen soll.

Man kann Nachfolge zum ersten und Glaube zum andern machen ... Christus, der sich nie einläßt, seiner Lehre Wahrheit zu beweisen, gebraucht nur einen Beweis: „Wenn einer meines Vaters Willen tun will, der soll erfahren, ob die Lehre von ihm ist" (Joh. 7,17). Es ist nicht so (wie die Menschen es haben wollen): erst der Beweis, dann das Wagestück, nein zuerst das Wagestück, hernach kommt der Beweis ... Aber die Menschen wollen nichts wagen, darum haben sie das Christentum zu einer Lehre gemacht, die man, ohne daß irgendeine Veränderung mit der persönlichen Existenz vorgeht, zu beweisen sich hinsetzt. *Aus den Tagebüchern.*

113. Das Gebot der Nächstenliebe

„Du *sollst* deinen Nächsten lieben" ... Liebe und Freundschaft ist Glück und daher gar keine sittliche Aufgabe ... Die Aufgabe kann da höchstens sein, daß man für sein Glück recht dankbar sei.

Wenn man dagegen den Nächsten lieben soll, so ist die Aufgabe da, die sittliche Aufgabe, die der Ursprung aller Aufgaben ist ...

Nur die *Pflicht* zu lieben, schützt die Liebe gegen jegliche Veränderung ... Die unmittelbare Liebe hat wohl das Ewige als schöne Einbildung bei sich, ist aber nicht bewußt in dem Ewigen begründet und ist darum wandelbar. Selbst wenn sie sich nicht veränderte, kann sie sich doch verändern: denn sie ist ja Glück – und „man soll niemand glücklich preisen, solange er lebt"....

Darum ist in jener unmittelbaren Liebe bei all ihrer Zuversichtlichkeit doch noch eine Angst: die Angst, sie möchte sich verändern. Diese Angst ist versteckt, und äußerlich ist nur das brennende Verlangen zu bemerken, welches doch gerade ein Zeichen ist, daß im Hintergrunde sich die Angst verbirgt. Woher käme es sonst wohl, daß die unmittelbare Liebe so darauf erpicht ist, die Liebe auf die Probe zu stellen? ...

Die unmittelbare Liebe kann in sich selbst eine Wandlung erfahren: sie kann durch Selbstvergiftung zur Eifersucht, aus dem größten Glück zur ärgsten Qual werden...

Die unmittelbare Liebe kann durch Veränderung von sich selbst abkommen, kann mit den Jahren von sich selbst abfallen – was man ja oft genug erlebt. Da verliert die Liebe ihr Feuer, ihre Freude, ihre Ursprünglichkeit. Der Fluß stürzt sich fort von Fels zu Fels, aber in längerem Lauf ermattet er und wird zum stillen Gewässer; so geht's auch mit der Liebe: sie erlahmt und ermattet unter dem erschlaffenden Einfluß der Gewohnheit und Gleichgültigkeit ... Das merkt ein Mensch mitunter selbst, daß die Gewohnheit ihn verändert hat; er will es wieder gutmachen, weiß aber nicht, wo er hingehen soll, um sich neues Öl zu kaufen, damit seine Liebe wieder aufleben könnte. Und so wird er mißmutig, seiner selbst müde; wird seiner Liebe müde, müde dessen, daß es so gar nichts mehr mit ihr ist, müde dessen, daß er es nicht ändern kann; denn auf die Veränderung der Ewigkeit hatte er leider nicht beizeiten geachtet. O, man sieht zuweilen mit Betrübnis einen Menschen verarmt, der einst in Wohlsein lebte; und doch, wieviel trauriger ist es, wenn man eine Liebe sehen muß, die so ärmlich verkümmert! – Wenn man dagegen die Liebe der Ewigkeit in sich aufgenommen hat, indem sie zur Pflicht wurde, so kennt sie keine Gewohnheit; diese kann nie Macht über sie gewinnen. Wie es vom ewigen Leben heißt, daß es keine Seufzer und Tränen darin gebe, so könnte man auch sagen: es gibt keine Gewohnheit in ihr. Und wahrlich, damit sagen wir etwas nicht weniger Herrliches. Willst du deine Seele oder deine Liebe vor der Tükke der Gewohnheit bewahren – ja die Menschen glauben, es gebe manches Mittel, sich noch und sicher zu gefallen; es gibt aber nur eines: das „Du sollst" der Ewigkeit. *Leben und Walten der Liebe, 1847.*

*

„Du sollst den *Nächsten* lieben". – Die christliche Liebe ist es, welche entdeckt und weiß, daß der Nächste da ist, und (was dasselbe ist), daß jeder der Nächste ist. Wäre es nicht Pflicht zu lieben, so wäre der Begriff „der Nächste" auch nicht da ...

Die natürliche Liebe und Freundschaft ist *Vorliebe*, leidenschaftliche Vorliebe; die christliche Liebe ist Liebe der Selbstverleugnung. Die äußerste Konsequenz der Leidenschaft der Vorliebe ist: nur einen einzigen zu lieben; die äußerste Konsequenz der selbstverleugnenden Hingebung ist: nicht einen einzigen auszuschließen...

Wer in Wahrheit den Nächsten liebt, liebt daher auch seinen *Feind.* Der Unterschied „Freund oder Feind" ist ein Unterschied, der am Gegenstand der Liebe haftet; die Liebe zum Nächsten hat ja aber den Gegenstand, der keine Besonderheit hat. Der nächste ist die ewige Gleichheit vor Gott: diese Gleichheit hat auch der Feind ...

Ignoriere alle Gleichheit und Ungleichheit zwischen den Menschen, damit du den Nächsten lieben kannst. Du sollst darum nicht aufhören, die Geliebte zu lieben, durchaus nicht! Sonst wäre ja der Begriff des Nächsten der größte Betrug, der je ersonnen wurde; wenn du um den Nächsten zu lieben den Anfang damit machen müßtest, daß du die Liebe zu denen aufgäbest, für die du eine Vorliebe hast. Bloß die Vorliebe muß weg ... Nein, das Gebot der Liebe kann nicht verbieten wollen, daß Liebende sich lieben. Wie man aber zu dem der Liebe noch Ledigen sagt: „Gib acht auf dich selbst, daß du nicht in das Netz der Selbstliebe geratest, so muß man zu den durch Liebe Gebundenen sagen: „Gebt acht, daß ihr nicht durch eure Liebe in das Netz der Vorliebe geratet" ...

Sieh, der Tod vernichtet alle Unterschiede, an die die Vorliebe als solche sich anklammert; und doch geht der Weg zum Leben und zum Ewigen durch den Tod und die Vernichtung der Unterschiede: darum führt allein die Liebe zum Nächsten in Wahrheit zum Leben. Wie die frohe Botschaft des Christentums in der Lehre von der Verwandtschaft des Menschen mit Gott enthalten ist, so ist des Menschen Gleichheit mit Gott die Aufgabe, die es stellt. Gott aber ist die Liebe, darum können wir Gott nur gleichen, indem wir lieben. Sofern du die Geliebte liebst, gleichst du Gott nicht: bei Gott gibt es keine Vorliebe; was du wohl manchmal zu deiner Demütigung; manchmal aber auch zu deiner Aufrichtung bedacht hast. Wenn du den Nächsten liebst, so gleichst du Gott. *Ebd.*

114. Die Kritik an der Kirche

Nein, man kann gut allein bleiben, um Christ zu sein. Und, falls man nicht sehr stark im Geiste ist: aus christlicher Vorsicht je weniger desto besser! Und: in der Christenheit vor allem je weniger, desto besser! Denn schließlich liegt gerade im Begriff „Kirche" die Grundverwirrung der Christenheit, sowohl des Protestantismus als auch des Katholizismus, oder sie liegt in dem Begriff „Christenheit". Als das Christentum in die Welt kam, da galt es, die Lehre zu verbreiten. In der „Christenheit", wo das Böse gerade die unwahre Ausbreitung ist, muß das, was dem Bösen (der Ausbreitung) entgegenwirken soll, vor allem darauf achten, daß es nicht selber die Form der Ausbreitung hat – deshalb je weniger, desto besser, am besten buchstäblich ein Einzelner; denn von der Ausbreitung (dem Extensiven) rührt das Böse her, so muß die Gegenwirkung von dem Intensiven kommen.

Christus hat Nachfolger verlangt und ganz genau bestimmt, was er meinte: Sie sollten Salz sein, bereit geopfert zu werden. Aber Salz zu sein und geopfert zu werden, dazu eignen sich weder Tausende oder (noch weniger!) Millionen, oder (noch weniger!) Länder, Reiche, Staaten, oder (auf keinen Fall!) die ganze Welt. Geht es hingegen um Gewinn und um Mittelmäßigkeit und um das, was der Gegensatz zum Salz sein ist, nämlich Geschwätz zu sein, da beginnt die Möglichkeit dazu schon mit den 100000, wächst mit jeder Million und erreicht den Gipfel, wenn die ganze Welt Christ geworden ist. *Aus einem Zeitungsartikel, 1855.*

*

Das Anliegen des *Christentums* ist: wahre Christen. Das Anliegen der *Pfarrerschaft* ist: viele Christen.

*

Jede Religion, in welcher doch ein wenig Wahrheit ist, das Christentum vor allem, hat die totale Umwandlung eines Menschen zum Ziel, will, in Entsagung und Selbstverleugnung, ihm all das entwinden, eben das, woran er unmittelbar hängt, worin er unmittelbar sein Leben hat. Mit dieser Art Religion ist dem Menschen nicht gedient. Die Geschichte läuft deshalb so, daß da von Geschlecht zu Geschlecht eine höchst angesehene Gesellschaftsklasse lebt: die Geistlichen. Ihr Handwerk besteht darin, das ganze Verhältnis umzudrehen: Das, wozu der Mensch Lust hat, wird dann seine Religion, jedoch gegen Anrufung von Gottes Namen und gegen Zahlung einer gewissen Summe an den Pfarrer. Der übrigen Gesellschaft ist, wenn man sich die Sache näher ansieht, selbstsüchtig daran gelegen, die Vorstellung von dem Geistlichen aufrechtzuerhalten – denn sonst könnte ja die Falschmünzerei nicht zustande kommen.

Das Christwerden im Sinne des neuen Testaments ist eine solche Grund-Veränderung, daß man, rein menschlich gesprochen, sagen müßte, es sei der schwerste Kummer für eine Familie, wenn eins ihrer Mitglieder Christ werde. Denn in einem solchen Christen wird das Gottesverhältnis so übermächtig, daß er in einem weit entschiedeneren Sinne als durch den Tod für alles verloren ist, was da Familie heißt. Das ist es, worüber Christus beständig spricht, wenn er mit Beziehung auf sich selber sagt, daß sein Jünger sein heiße, seine Mutter, Bruder, Schwester zu sein, und daß er in anderem Sinne Mutter, Brüder und Schwestern nicht habe (Matth. 12,19); und wenn er von dem Widerstreit redet, daß man Vater und Mutter haßt (Luk. 14,26). Das Christwerden im Sinne des neuen Testaments ist darauf berechnet, den Einzelnen aus dem Zusammenhang zu lösen, an dem er in unmittelbarer Leidenschaft hängt ...

Das Christentum der Pfarrer aber heißt: Mit Hilfe der Religion die Familien mehr und mehr in Eigensucht zusammenzukleistern, und Familienfeste zu arrangieren, z.B. Kindtaufe und Konfirmation, welche Feste, verglichen z.B. mit Tiergarten-Ausflügen und anderen Familienfreuden, eine besondere Art Zauber haben, nämlich daß sie zugleich religiös sind ...

Von Morgen bis zum Abend drückt unsere Gesellschaft mit ihren Tausenden und Millionen eine Lebensanschauung aus, die der des Christentums stracks entgegengesetzt ist, so entgegengesetzt, wie es das Leben dem Sterben ist. Dies kann man nicht niederträchtig nennen, es ist menschlich. Nun aber kommt das Niederträchtige: daß 1000 auf das neue Testament vereidigte Männer dabei sind, die selber, ebenso wie die ganze übrige Gesellschaft, die Lebensanschauung ausdrücken, die der des Christentums stracks zuwider ist, die aber *zugleich* die Gesellschaft dessen versichern, daß dies Christentum sei. *Der Augenblick, Nr. 7, 1855.*

*

115. „Meine Aufgabe“

Ich nenne mich nicht einen Christen, sage nicht von mir selbst, daß ich ein Christ sei ... Ja, ich weiß wohl, es klingt fast wie eine Narrheit in dieser christlichen Welt, wo alle und jeder Christ ist, wo Christsein etwas ist, was jeder von selbst ist: daß da jemand von sich selber sagt: ich nenne mich nicht einen Christen; und zwar jemand, den das Christentum in dem Maße beschäftigt wie mich.

Aber anders kann es nicht sein; das Wahre muß sich immer als eine Art Narrheit ausnehmen – in der Welt des Geschwätzes; und daß es eine Welt des Geschwätzes ist, worin ich lebe, daß sie dies unter anderem gerade auch durch dieses Geschwätz ist: daß jeder so ohne weiteres Christ sei, daran kann kein Zweifel sein ...

Meine Aufgabe ist eine sokratische Aufgabe, nämlich die Bestimmung des Christseins einer Prüfung zuunterziehen ... O Sokrates! Hättest du mit Pauken und Trompeten verkündet, daß du am meisten wissest, die Sophisten wären bald mit dir fertig geworden. Nein, du warst der Unwissende; aber du hattest zugleich die verflixte Eigenschaft, daß du (gerade mit Hilfe dessen, daß du selber der Unwissende warst) es offenbar machen konntest, daß die anderen noch weniger wußten, sie wußten nicht einmal, daß sie Unwissende waren. *Der Augenblick, Nr. 10.*

Was ich will?

Ganz einfach: Ich will Redlichkeit. Ich bin nicht, wie man wohlmeinend mich hat hinstellen wollen, christliche Strenge gegenüber einer gegebenen christlichen Milde ... Ich bin weder Milde noch Strenge – ich bin: Menschliche Redlichkeit.

Ich will, daß man die Abmilderung, die das gewöhnliche Christentum hierzulande ist, neben das neue Testament halte, um zu erfahren, wie diese beiden sich zueinander verhalten.

Zeigt es sich dann, daß die Abmilderung gegenüber dem Christentum des neuen Testaments bestehen kann: so werde ich mit der größten Freude darauf eingehen. Eines aber will ich nicht, um keinen, keinen Preis: Ich will nicht durch Verschweigen oder durch Kunststücke den Schein hervorzubringen suchen, daß das gewöhnliche Christentum im Lande und das Christentum des neuen Testaments einander glichen ...

Und das ist jene Unwahrheit, der sich meines Erachtens das amtliche Christentum schuldig macht: Es macht nicht rückhaltlos die christliche Forderung kenntlich, vielleicht weil es fürchtet, man werde voll Schaudern sehen, in wie großem Abstand wir davon leben ... Wenn Gott uns trotzdem „aus Gnade" als Christen annehmen soll: *eines* muß doch gefordert werden: daß wir durch ein genaues Wissen um die Forderung eine wahre Vorstellung davon haben, wie unendlich groß die Gnade sei, die uns erzeigt wird. Niemals darf die Verkündigung der Gnade benutzt werden, um die Forderung zu verschweigen oder zu verkleinern ...

Für diese Redlichkeit will ich wagen. Ich sage nicht, daß ich für das Christentum wage. Dennoch bin ich dessen gewiß, daß dies mein Wagen Gottes Zustimmung hat. Ja, ich weiß, es hat seine Zustimmung, daß in einer Welt, wo Millionen und Abermillionen sich Christen nennen – daß da ein Mensch sagt: Ich darf mich nicht einen Christen nennen. *Zeitungsartikel, 1855.*

VII. DER ATHEISMUS

A. Der „bürgerliche“ Atheismus

116. Schopenhauer: Das Ende der Religion

Arthur Schopenhauer (1788–1860) war wohl der erste deutsche Philosoph, der sich offen und wie selbstverständlich als Atheist bekannte, obwohl er für die christliche Ethik gößte Hochachtung hatte. Er deutete sie freilich im Sinne des Buddhismus als Überwindung des Willens zum Leben, als Lebens- und Weltverneinung. Eben aus seiner „pessimistischen“ Lebensansicht heraus mußte ihm auch der Pantheismus – das letzte Refugium des philosophischen Gottesglaubens – töricht erscheinen.

Die, welche wähnen, daß die Wissenschaften immer weiter fortschreiten und immer mehr sich verbreiten können, ohne daß dies die Religion hindere, immerfort zu bestehn und zu florieren, – sind in einem großen Irrtum befangen. Physik und Metaphysik sind die natürlichen Feinde der Religion, und daher diese die Feindin jener, welche allezeit strebt sie zu unterdrücken, wie jene sie zu unterminieren. Religionen sind Kinder der Unwissenheit, die ihre Mutter nicht lange überleben ... So ist es denn augenscheinlich, daß nachgerade die Völker schon damit umgehen, das Joch des Glaubens abzuschütteln: die Symptome davon zeigen sich überall, wie wohl in jedem Lande anders modifiziert. Die Ursache ist das zu viele Wissen, welches unter sie gekommen ist. Die sich täglich vermehrenden und nach allen Richtungen sich immer weiter verbreitenden Kenntnisse jeder Art erweitern den Horizont eines jeden, je nach seiner Sphäre, so sehr, daß er endlich eine Größe erlangen muß, gegen welche die Mythen, welche das Skelett des Christentums ausmachen, dermaßen einschrumpfen, daß der Glaube nicht mehr daran haften kann. Die Menschheit wächst die Religion aus, wie ein Kinderkleid; und da ist kein Halten: es platzt. Glauben und Wissen vertragen sich nicht wohl im selben Kopfe: sie sind darin wie Wolf und Schaf in *einem* Käfig; und zwar ist das Wissen der Wolf, der den Nachbarn aufzufressen droht. – In ihren Todesnöten sieht man die Religion sich an die Moral anklammern, für deren Mutter sie sich ausgeben möchte: – aber mit nichten! Echte Moral und Moralität ist von keiner Religion abhängig; wiewohl jede sie sanktioniert und ihr dadurch eine Stütze gewährt. *Parerga und Paralipomena, 1851.*

*

Gegen den *Pantheismus* habe ich haupstächlich nur dieses daß er nichts besagt. Die Welt Gott nennen heißt sie nicht erklären, sondern nur die Sprache mit einem überflüssigen Synonym des Wortes Welt bereichern. Ob ihr sagt „die Welt ist Gott“ oder „die Welt ist die Welt“ läuft auf eins hinaus. Zwar wenn man dabei vom Gott, als wäre er das Gegebene und zu Erklärende, ausgeht, also sagt: „Gott ist die Welt“, da gibt es eine Erklärung ... Daher setzt der Pantheismus den *Theismus*, als ihm vorhergegangen, voraus: denn nur sofern man von einem Gotte ausgeht, also ihn schon vorweg hat und mit ihm vertraut ist, kann man zuletzt dahin kommen, ihn mit der Welt zu identifizieren, eigentlich um ihn auf eine anständige Art zu beseitigen. Dies ist der Ursprung des Pantheismus. Denn von vorne herein und unbefangenerweise diese Welt für einen Gott ansehen, wird keinem einfallen. Es müßte ja offenbar ein übel beratener Gott sein, der sich keinen besseren Spaß zu machen verstände, als sich in eine Welt, wie die vorliegende, zu verwandeln, um daselbst in Gestalt zahlloser Millionen lebender, aber geängstigter und gequälter Wesen, die sämtlich nur dadurch eine Weile bestehen, daß eines das andere auffrißt, Jammer, Not und Tod, ohne Maß und Ziel zu erdulden. *Ebd.*

Feuerbach

Ludwig Feuerbach (1804–1872) studierte zuerst Theologie, wechselte dann unter dem Eindruck von Hegel, den er in Berlin hörte, zur Philosophie über und lehrte von 1829 an Philosophie in Erlangen. Seine freien Anschauungen versperrten ihm die akademische Laufbahn, sodaß er sich fortan entschloß als Privatgelehrter zu leben.

Feuerbach erkannte sehr wohl, daß demjenigen, der die Wahrheit der Religion leugnet und der behauptet, daß alle religiösen Vorstellungen einer Täuschung entspringen, der Nachweis obliegt, die Entstehung dieser Täuschung glaubhaft zu machen. *Wie entsteht Religion?* das ist für ihn die entscheidende Frage. Die Antwort gab Feuerbach zunächst für die christliche Religion in dem „Wesen des Christentums“ (1841), für die Religion insgesamt, also auch die älteren heidnischen oder „Naturreligionen“, in der 1845 erschienenen Schrift *„Wesen der Religion“*. Dies Buch lag den Vorlesungen zugrunde, die Feuerbach im Winter 1848/49 im Rathaus von Heidelberg hielt und 1851 veröffentlichte.

Feuerbach unterscheidet streng zwei Arten von Religionen und Gottesvorstellungen: Naturreligionen, in denen die Kräfte der äußeren Welt vergöttlicht und verehrt werden, und Geistesreligionen (er behandelt darunter nur die christliche Religion), in denen sich das Wesen des menschlichen Geistes ausspricht. Beide Arten religiöser Vorstellungen entspringen dem menschlichen Egoismus oder *Streben nach Glück*, sei es nach äußerem, irdischen, wie in den Naturreligionen, sei es nach innerem, überirdischen, wie im Christentum.

117. Theologie ist Anthropologie

Meine Lehre ist kürzlich die: die Theologie ist Anthropologie, d. h. in dem Gegenstande der Religion, den wir griechisch Theós, deutsch Gott nennen, spricht sich nichts andres aus als das Wesen des Menschen, oder: der Gott des Menschen ist nichts anderes als das vergötterte Wesen des Menschen, folglich die Religions- oder, was eins ist, Gottesgeschichte ... nichts andres, als die Geschichte des Menschen. So gut, um sogleich diese Behauptung an einem Beispiel, das aber mehr als ein Beispiel ist, zu erläutern und veranschaulichen, der griechische, römische, überhaupt heidnische Gott, wie selbst unsre Theologen und Philosophen zugeben, nur ein Gegenstand der heidnischen Religion, ein Wesen ist, welches nur im Glauben und in der Vorstellung eines Heiden, aber nicht eines christlichen Volkes oder Menschen Existenz hat, folglich nur ein Ausdruck, ein Bild des heidnischen Geistes und Wesens ist; so gut ist auch der christliche Gott nur ein Gegenstand der christlichen Religion, folglich auch nur ein charakteristischer Ausdruck des christlichen Menschengeistes und Wesens ...

Der Unterschied zwischen dem *Polytheismus* und *Monotheismus* ist nur der Unterschied zwischen den Arten und der Gattung. Die Arten sind viele, aber die Gattung ist nur eine, denn sie ist es ja, worin die verschiedenen Arten übereinstimmen... Der Polytheismus ist nur da zu Hause, wo sich der Mensch nicht über den Artbegriff des Menschen erhebt, wo er nur den Menschen seiner Art als seinesgleichen, als gleichberechtigtes, gleichbefähigtes Wesen anerkennt. In dem Begriff der Art liegt aber die Vielheit, folglich gibt es da viele Götter, wo der Mensch das Wesen der Art zum absoluten Wesen macht. Zum Monotheismus erhebt sich aber da der Mensch, wo er sich zum Begriff der Gattung erhebt, worin alle Menschen übereinstimmen, worin ihre Art-, ihre Stammes-, ihre Nationalunterschiede verschwinden ... Die Sichtbarkeit, Handgreiflichkeit, kurz Sinnfälligkeit der polytheistischen Götter ist nichts andres als die Sinnfälligkeit der menschlichen Art- und Nationalunterschiede ..., die Unsichtbarkeit, Unsinnlichkeit des monotheistischen Gottes ist nichts anderes, als die Unsinnlichkeit, Unsichtbarkeit der Gattung, worin alle Menschen übereinstimmen, die aber nicht als solche sinnlich, handgreiflich existiert; denn es existieren ja nur die Arten ... *Das Wesen der Religion, 3. Vorlesung.*

118. Abhängigkeitsgefühl und Egoismus

Das Abhängigkeitsgefühl ist der Grund der Religion; der ursprüngliche Gegenstand dieses Abhängigkeitsgefühls ist aber die *Natur,* die Natur also ist der erste Gegenstand der Religion ... Die sogenannten spekulativen Philosophen haben sich darüber mokiert, daß ich das Abhängigkeitsgefühl zum Ursprung der Religion mache. Das Wort Abhängigkeitsgefühl steht nämlich bei ihnen in üblem Ruf, seitdem Hegel Schleiermacher gegenüber, welcher bekanntlich das Abhängigkeitsgefühl zum Wesen der Religion erhob, den Witz machte, daß demnach auch der Hund Religion haben müsse, weil er sich von seinem Herrn abhängig fühle[1]. Die sogenannten spekulativen Philosophen sind übrigens *die* Philosophen, welche nicht ihre Begriffe nach den Dingen, sondern vielmehr die Dinge nach ihren Begriffen einrichten. Und es ist daher ganz gleichgültig, ob meine Erklärung den spekulativen Philosophen mund- und sinngerecht, es handelt sich nur darum, ob sie ihrem Gegenstande, ob sie der Sache ge-

[1] Vgl. S. 168.

mäß ist. Eine solche ist aber die angegebene. Wenn wir die Religionen sowohl der sogenannten Wilden, von denen uns die Reisenden berichten, als der kultivierten Völker betrachten, wenn wir in unser eigenes, unmittelbar und untrüglich der Beobachtung zugängliches Innere blicken, so finden wir keinen entsprechenden und umfassenden psychologischen Erklärungsgrund der Religion als das Abhängigkeitsgefühl oder Bewußtsein. Die alten Atheisten und selbst sehr viele sowohl alte als neue Theisten haben die *Furcht,* welche aber eben nichts andres ist als die populärste, augenfälligste Erscheinung des Abhängigkeitsgefühls, für den Grund der Religion erklärt. Allgemein bekannt ist der Ausspruch des römischen Dichters: *Primus in orbe Deos fecit Timor,* d.h. die Furcht hat zuerst auf der Welt die Götter geschaffen. Bei den Römern hat sogar das Wort: Furcht, *Metus,* die Bedeutung der Religion, und umgekehrt das Wort *Religio* bisweilen die Bedeutung der Furcht, Scheu, daher ein *Dies religiosus,* ein religiöser Tag, bei ihnen so viel ist als ein unglücklicher Tag, ein Tag, den man fürchtet. Selbst unsere deutsche Ehrfurcht – der Ausdruck der höchsten, der religiösen Verehrung – ist, wie schon das Wort sagt, aus Ehre und Furcht zusammengesetzt ...

Aber gleichwohl ist die Furcht nicht der vollständige, ausreichende Erklärungsgrund der Religion, und dies nicht nur aus dem Grunde, weil die Furcht ein vorübergehender Affekt ist, sondern deswegen, weil auf die Furcht, wenn die augenblickliche Gefahr vorüber ist, ein entgegengesetzter Affekt folgt, und dieses der Furcht entgegengesetzte Gefühl sich an denselben Gegenstand anknüpft. Dieses Gefühl ist das der Erlösung von der Gefahr, von der Furcht und Angst, das Gefühl der Entzückung, der *Freude,* der *Liebe,* der *Dankbarkeit.* Die Furcht und Schrecken erregenden Erscheinungen der Natur sind ja auch meist die in ihren Folgen wohltätigsten. Der Gott, der durch seinen Blitzstrahl Bäume, Tiere und Menschen zerschmettert, derselbe ist es auch, der durch seine Regengüsse die Felder und Fluren erquickt. Woher das Übel, daher kommt auch das Gute, woher die Furcht, daher auch die Freude ... *4. Vorlesung.*

*

... Wir sind damit auf den wichtigsten Satz gekommen, auf den Satz, daß der Mensch das, wovon er sein Leben abhängig weiß oder glaubt, als Gott verehrt, daß eben deswegen in dem *Gegenstand* der Verehrung nur der *Wert* zum Vorschein, zur Anschauung kommt, den er auf sein Leben, auf sich überhaupt legt, daß folglich die Verehrung Gottes von der Verehrung des Menschen abhängt. Ich gebrauche zum Entsetzen der heuchlerischen Theologen und phantastischen Philosophen als Bezeichnung des Grundes und Wesens der Religion das Wort: *Egoismus* ... Wenn ich aber das Wort Egoismus in der Bedeutung eines philosophischen oder universellen Prinzips gebrauche, so verstehe ich darunter nicht den Egoismus im gewöhnlichen Sinne des Wortes ... ich verstehe daher darunter nicht den Egoismus des Menschen den Menschen gegenüber, den moralischen Egoismus ... Ich verstehe unter Egoismus den *notwendigen,* den unerläßlichen Egoismus, den, wie gesagt, nicht moralischen, sondern metaphysischen, d. h. im Wesen des Menschen ohne Wissen und Willen begründeten Egoismus, *den* Egoismus, ohne welchen der Mensch gar nicht leben kann ... Ich verstehe unter Egoismus die Liebe des Menschen zu *sich selbst,* d. h. die Liebe zum *menschlichen* Egoismus, ohne welchen der Mensch gar nicht leben kann ... Ich verstehe unter Egoismus die Liebe des Menschen *zu sich selbst,* d.h. die Liebe zum *menschlichen Wesen, die* Liebe, welche der Anstoß zur Befriedigung aller der Triebe und Anlagen ist, ohne deren Befriedigung und Ausbildung er kein wahrer, vollendeter Mensch ist und sein kann; ich verstehe unter Egoismus die Liebe des Individuums zu Individuen *seinesgleichen;* – denn was bin ich ohne sie, was ohne die Liebe zu Wesen meinesgleichen? – die Liebe des Individuums zu sich selbst nur insofern, als jede Liebe eines Gegenstandes, eines Wesens eine indirekte Selbstliebe ist; denn ich kann ja nur lieben, was meinem Ideal, meinem Gefühl, meinem Wesen entspricht... *7. Vorlesung.*

Das Abhängigkeitsgefühl scheint dem Egoismus zu widersprechen; denn im Egoismus unterordne ich den Gegenstand mir, im Abhängigkeitsgefühl aber mich dem Gegenstand; im Egoismus fühle ich mich als etwas Gewichtiges, Bedeutendes, aber in dem Abhängigkeitsgefühl empfinde ich ja meine Nichtigkeit vor dem Mächtigeren. Aber untersuchen wir nur die Furcht, die der äußerste Grad und Ausdruck des Abhängigkeitsgefühls ist! Warum fürchtet der Sklave seinen Herrn, warum der Naturmensch den Gott des Donners und Blitzes! Weil der Herr das Leben des Sklaven, der Donnergott das Leben des Menschen überhaupt in seinen Händen hat. Was fürchtet er also? den Verlust seines Lebens. Er fürchtet sich also nur aus Egoismus, aus Liebe zu sich selbst, zu seinem Leben. *Wo kein Egoismus, ist auch kein Abhängigkeitsgefühl.* Wem das Leben gleichgültig, nichts ist, dem ist auch das nichts, wovon dasselbe abhängig; er fürchtet und erwartet nichts davon ... Das Abhängigkeitsgefühl ist daher nichts andres als ein indirektes oder negatives Selbstgefühl ... Wo kein Bedürfnis, ist kein Abhängigkeitsgefühl; bedürfte der Mensch die Natur nicht zu seiner Existenz, so würde er sich nicht von ihr abhängig fühlen, so würde er sie folglich auch nicht zum Gegenstande religiöser Verehrung machen. *10. Vorlesung.*

119. Die Naturreligion

Ich komme nun zu dem *Gegenstand* der Religion. Hierüber habe ich wenig Worte zu verlieren, denn es ist jetzt fast allgemein anerkannt, daß die älteste oder erste Religion des Menschen die *Naturreligion,* daß selbst die späteren geistigen und politischen Götter, wie der Griechen und Germanen, zuerst ursprünglich nur Naturwesen waren ... Die Natur war daher und ist noch heute bei den Naturvölkern nicht etwa als Symbol oder Werkzeug eines hinter der Natur versteckten Wesens oder Gottes, sondern als solche, als Natur, Gegenstand religiöser Verehrung. Insofern ist die Religion allerdings dem Menschen wesentlich oder eingeboren, freilich nicht die Religion im Sinne der Theologie und des Theismus, des eigentlichen Gottesglaubens, sondern nur die Religion, inwiefern sie nichts andres ausdrückt, als das Gefühl der Endlichkeit und Abhängigkeit des Menschen von der Natur ...

Die Religion ist ursprünglich nichts vom menschlichen Wesen Unterschiedenes. Erst im Verlauf, erst in der späten Entwicklung wird sie etwas Apartes, tritt sie mit besonderen Prätensionen auf. Und nur gegen diese arrogante, hochmütige, geistliche Religion, die eben deswegen auch einen besonderen offiziellen Stand zu ihrem Vertreter hat, ziehe ich zu Felde. Ich selbst, ob ich gleich Atheist bin, bekenne mich offen zur Religion in dem angegebenen Sinne, zur Naturreligion. Ich hasse den Idealismus, der den Menschen aus der Natur herausreißt; ich schäme mich nicht meiner Abhängigkeit von der Natur; ich gestehe offen, daß die Wirkungen der Natur nicht nur meine Oberfläche, meinen Leib, sondern auch meinen Kern, mein Inneres affizieren, daß die Luft, die ich bei heiterem Wetter einatme, nicht nur auf meine Lunge, sondern auch auf meinen Kopf wohltätig einwirkt, das Licht der Sonne nicht nur meine Augen, sondern auch meinen Geist und mein Herz erleuchtet. Und ich finde diese Abhängigkeit nicht, wie der Christ, im Widerspruch mit meinem Wesen, hoffe deswegen auch keine Erlösung von diesem Widerspruch... *5. Vorlesung.*

*

Unsere Welt, aber keineswegs nur die politische und soziale, sondern auch unsere geistige und gelehrte Welt, ist eine verkehrte Welt. Der Triumph unserer Bildung, unserer Kultur bestand größtenteils nur in der größtmöglichen Entfernung und Abirrung von der Natur, der Triumph unserer Wissenschaft, unserer Gelehrsamkeit in der größtmöglichen Entfernung und Abirrung von der einfachen und sinnfälligen Wahrheit. So ist es ein allgemeiner Grundsatz unserer verkehrten Welt, daß die Natur aus Gott entstanden, während es umgekehrt heißen muß, daß Gott aus der Natur entstanden ist, Gott aus der Natur abgeleitet, ein von ihr abstrahierter, abgezogener Begriff ist. Denn alle Eigenschaften und Vollkommenheiten, welche in Gott zusammengefaßt werden, alle göttlichen Prädikate sind aus der Quelle der Natur geschöpft, vergegenständlichen, veranschaulichen uns nichts anders als das Wesen der Natur ... Eine Wesensbestimmung Gottes ist, daß er ein mächtiges, ja das mächtigste, in späteren Vorstellungen das allmächtige Wesen ist. Aber was ist diese Macht? nichts als die Macht der Naturerscheinungen. Daher sind Blitz und Donner, als die Erscheinung, welche den mächtigsten, furchtbarsten Eindruck auf den Menschen macht, die Wirkung des höchsten, mächtigsten Gottes. Selbst im Alten Testament heißt der Donner die Stimme Gottes ... Wie aber die Macht, so sind auch die anderen Prädikate der Gottheit wie die Ewigkeit, die Unendlichkeit ursprünglich Prädikate der Natur ...

Dasselbe gilt von den moralischen Eigenschaften. Die Güte Gottes ist nur abgezogen von den dem Menschen nützlichen, guten, wohltätigen Erscheinungen der Natur ... Weil aber die Natur zugleich auch die Ursache von dem Menschen feindlichen, verderblichen Wirkungen ist, so verselbständigt und vergöttert er diese Ursache in einem bösen Gott. Dieser Gegensatz findet sich fast in allen Religionen; aber die in dieser Beziehung berühmteste Religion ist die persische, welche an die Spitze ihres Glaubens zwei sich feindliche Götter stellt: den Ormuzd, welcher der Gott oder die Ursache aller dem Menschen wohltätigen Wesen, der nützlichen Tiere, der erfreulichen Erscheinungen, wie des Lichts, des Tags, der Wärme ist, und den Ahriman, welcher der Gott oder die Ursache der Finsternis, der verderblichen Hitze, der schädlichen Tiere ist. Auch die christliche Religion, deren Glaubensvorstellungen fast insgesamt aus der persischen, überhaupt orientalischen Weltanschauung stammen, hat eigentlich zwei Götter, wovon aber nur der eine Gott, der andere Satan heißt. Und selbst, wo man die bösen, verderblichen Wirkungen der Natur nicht von einer selbständigen, persönlichen Ursache, dem Teufel ableitet, da werden sie wenigstens von dem *Zorne* Gottes abgeleitet. Aber der Gott im Zorn oder der gerechte Gott ist nichts anderes als der *böse Gott* ...

12. und 13. Vorlesung.

120. Die christliche Religion

Ich habe bewiesen, daß sich in der *Naturreligion* nichts anderes darstellt als das Wesen der Natur. Jetzt habe ich zu beweisen, daß sich in der *Geistesreligion* nichts anderes ausspricht als das Wesen des menschlichen Geistes. Ich sehe in diesen Vorlesungen von den untergeordneten Unterschieden der Religion ab, und reduziere die Religion nur auf zwei große Unterschiede oder Gegensätze: auf Naturreligion und Menschen- oder Geistesreligion, auf Heidentum und Christentum. Ich komme daher jetzt vom Wesen der Naturreligion oder des Heidentums zum Wesen des Christentums. *19. Vorlesung.*

*

Ich sagte: die Götter sind die verwirklichten, oder die als wirkliche Wesen vorgestellten Wünsche der Menschen; der Gott ist nichts als der in der Phantasie befriedigte Glückseligkeitstrieb des Menschen. Ich bemerkte aber, daß die Götter so verschieden seien als die Wünsche der Menschen und Völker, denn obgleich alle Menschen glücklich sein wollen, so macht doch der eine dieses, der andere jenes zum Gegenstande seiner Glückseligkeit. Die Heiden haben daher andere Götter als die Christen, weil sie andere Wünsche haben. „Wie dein Herze, so dein Gott", sagt Luther ... Die Heiden hatten beschränkte Wünsche, sinnliche, materielle, in der Sprache der Christen: irdische, fleischliche Wünsche. Ebendeswegen hatten sie auch materielle, sinnliche, beschränkte Götter, und ebensoviele Götter, als es sinnliche, wünschenswerte Güter gibt. So hatten sie einen Gott des Reichtums, einen Gott der Gesundheit, einen Gott des Glücks, des guten Erfolgs usw. und, da die Wünsche der Menschen sich nach ihrem Stande, ihrer Beschäftigung richten, so hatte jeder Stand bei den Griechen und Römern seine besonderen Götter, der Hirte Hirtengötter, der Ackerbauer Bauerngötter, der Kaufmann seinen Merkur, den er um Profit anflehte ... Viele Christen haben daher den Heiden geradezu den Gottesglauben abgesprochen, denn die Götter der Heiden sind keine Götter im Sinne der Christen. Der *christliche Gott* ist nun aber nichts andres als das personifizierte oder vergegenständlichte, als ein selbständiges Wesen von der Einbildungskraft vorgestellte Wesen des *christlichen Menschen*. Der Christ hat überirdische, übersinnliche, übermenschliche, überweltliche Wünsche. Der Christ, wenigstens der wahre Christ, der keine heidnischen Elemente in sich aufgenommen, wie die modernen Welt- und Maulchristen, wünscht sich nicht Reichtum, nicht Ehrenstellen, nicht langes Leben, nicht Gesundheit. Was ist Gesundheit in den Augen der Christen? Dieses ganze Leben ist ja selbst nichts als eine Krankheit, nur im ewigen Leben ist wahre Gesundheit, wie der heilige Augustin sagt. Was ist langes Leben im Sinne des Christen? Im Vergleich mit der Ewigkeit, die der Christ im Kopfe hat, ist ja das längste Leben ein verschwindender Augenblick. Was ist irdischer Glanz und Ruhm? Im Vergleich zu der himmlischen Glorie dasselbe, was ein Irrlicht im Vergleich zum Himmelslicht ist. Eben wegen dieser seiner Wünsche hat der Christ einen überirdischen, übermenschlichen, außer- und überweltlichen Gott ...

Der Christ wünscht, ein vollkommenes, sündloses, unsinnliches, keinen leiblichen Bedürfnissen unterworfenes, seliges, unsterbliches, göttliches Wesen zu sein, aber er ist es nicht; er stellt sich daher das, was er selbst zu sein wünscht und einst zu werden hofft, als ein von ihm unterschiedenes Wesen vor, welches er Gott nennt, welches aber im Grunde nichts andres ist, als das Wesen seiner eigenen übernatürlichen Wünsche, also sein eigenes über die Grenzen der Natur hinausgehendes Wesen ... Die Bürgschaft, daß die übernatürlichen Wünsche des Christen in Erfüllung gehen, liegt ja eben nur darin, daß die Natur selbst von einem übernatürlichen Wesen abhängt, nur der Willkür dieses Wesens ihre Existenz verdankt. Ist die Natur nicht von einem Gott, ist sie aus sich, ist sie notwendig, so ist auch der Tod notwendig, so sind überhaupt alle die Gesetze oder Naturnotwendigkeiten, denen die menschliche Existenz unterworfen ist, unabhänderlich, unüberwindbar ... Vermittels des Glaubens an die Schöpfung aus dem Nichts, die ja das größte Meisterstück der göttlichen Allmacht ist, bringt der Christ sich den törichten Glauben bei, daß die Welt nichts ist und nichts vermag gegen den Menschen. „Wer da glaubet", sagt Luther, „daß Gott ein Schöpfer sei, der aus dem, das nicht ist, alles macht, der muß von Notwegen also schließen und sagen: darum kann Gott auch Tote auferwecken". *25. Vorlesung.*

121. Die positive Bedeutung des Atheismus

Wir haben bewiesen, daß der Inhalt und Gegenstand der Religion ein durchaus menschlicher ist, bewiesen, daß das Geheimnis der Theologie die Anthropologie, des göttlichen Wesens das menschliche Wesen ist. Aber die Religion hat nicht das Bewußtsein von der Menschlichkeit ihres Inhalts; sie setzt sich vielmehr dem Menschen entgegen. Der notwendige Wendepunkt der Geschichte ist daher dieses offene Bekenntnis und Eingeständnis,... daß der Mensch kein anderes Wesen als absolutes, als göttliches Wesen denken, ahnen, vorstellen, fühlen, glauben, wollen, lieben und verehren kann als das *menschliche* Wesen ... Was der Religion das erste ist, Gott, das ist an sich, der Wahrheit nach, das zweite; denn er ist nur das sich gegenständlich gewordene Wesen des Menschen; und was ihr das zweite ist, der Mensch, das muß daher als das erste gesetzt werden ... *Der Mensch ist dem Menschen sein Gott* – dies ist der oberste praktische Grundsatz, dies der Wendepunkt der Weltgeschichte. *Wesen des Christentums.*

„Nur Gott allein ist zu lieben", sagt der heilige Augustin, „diese ganze Welt aber, d.h. alles Sinnliche ist zu verachten." „Gott", sagt Luther, „will entweder allein oder kein Freund sein." „Gott allein", sagt er, „gebührt Glaube, Hoffnung, Liebe, daher sie auch die theologischen Tugenden heißen." Der *Theismus* ist daher „negativ und destruktiv", nur auf die Nichtigkeit der Welt und des Menschen ... baut er seinen Glauben. Nun ist aber Gott nichts anderes als das abgezogene, phantastische, durch die Einbildungskraft verselbständigte Wesen des Menschen und der Natur; der Theismus opfert daher das wirkliche Leben und Wesen der Dinge und Menschen einen bloßen Gedanken- und Phantasiewesen auf. Der *Atheismus* dagegen opfert das Gedanken- und Phantasiewesen dem wirklichen Leben und Wesen auf. Der Atheismus ist daher positiv, bejahend; er gibt der Natur und Menschheit die Bedeutung, die Würde wieder, die ihr der Theismus genommen; er belebt die Natur und die Menschheit, welchen der Theismus die besten Kräfte ausgesogen hat...

Ebenso wie mit dem Atheismus ist es mit der von ihm unzertrennlichen Aufhebung des *Jenseits*. Wenn diese Aufhebung nichts weiter als eine leere, inhalt- und erfolglose Verneinung wäre, so wäre es besser oder doch gleichgültig, ob man es stehen oder fallen ließe. Allein die Verneinung des Jenseits hat die Bejahung des Diesseits zur Folge; die Aufhebung eines besseren Lebens im Himmel schließt die Forderung in sich: es soll, es muß besser werden auf der Erde. Sie verwandelt die bessere Zukunft aus dem Gegenstand eines müßigen, tatlosen Glaubens in einen Gegenstand der Pflicht, der menschlichen Selbsttätigkeit ... Die Liebe, welche das Jenseits erzeugt hat, welche den Leidenden mit dem Jenseits vertröstet, ist die Liebe, welche den Kranken heilt, nachdem er gestorben ist, den Hungernden speist, nachdem er bereits verhungert ist. Lassen wir daher die Toten in Frieden ruhen ... und kümmern uns nur um die Lebendigen! Wenn wir nicht mehr ein besseres Leben *glauben,* sondern *wollen,* aber nicht vereinzelt, sondern mit vereinigten Kräften wollen, so werden wir auch ein besseres Leben *schaffen.* Aber, um dieses zu wollen und zu bewirken, müssen wir an die Stelle der Gottesliebe die Menschenliebe als die einzige, wahre Religion setzen, an die Stelle des Gottesglaubens den Glauben des Menschen an sich, an seine Kraft, den Glauben, daß das Schicksal der Menschheit nicht von einem Wesen außer oder über ihr, sondern von ihr selbst abhängt, daß der einzige Teufel des Menschen der Mensch, der rohe, abergläubische, selbstsüchtige, böse Mensch, aber auch der einzige Gott des Menschen der Mensch selbst ist. *Wesen der Religion, 30. Vorlesung.*

*

... Mir war es und ist es noch jetzt hauptsächlich nur insofern um die Religion zu tun, als sie, wenn auch nur in der Einbildung, die Grundlage des menschlichen Lebens, die *Grundlage der Moral und Politik* ist. Mir war es und ist es vor allem darum zu tun, das dunkle Wesen der Religion mit der Fackel der Vernunft zu beleuchten, damit der Mensch endlich aufhöre, eine Beute, ein Spielball aller jener menschenfeindlichen Mächte zu sein, die sich von jeher, die sich noch heute des Dunkels der Religion zur Unterdrückung des Menschen bedienen. Mein Zweck war, zu beweisen, daß ... das Wesen, welches der Mensch als ein anderes von ihm unterschiedenes Wesen in der Religion und Theologie sich gegenübersetzt, sein eigenes Wesen ist, damit der Mensch, da er doch unbewußt immer nur von seinem eigenen Wesen beherrscht und bestimmt wird, in Zukunft mit Bewußtsein sein eigens, das menschliche Wesen zum Gesetz und Bestimmungsgrund, Ziel und Maßstab seiner Moral und Politik mache. Und so wird es, so muß es auch geschehen. Wenn bis jetzt die unerkannte Religion, das Dunkel der Religion das oberste Prinzip der Politik und Moral war, so wird von nun an oder wenigstens einst die erkannte, die in den Menschen aufgelöste Religion das Schicksal des Menschen bestimmen ... Der Zweck meiner Schriften, so auch meiner Vorlesungen ist: die Menschen aus Theologen zu Anthropologen, aus Theophilen zu Philanthropen, aus Kandidaten des Jenseits zu Studenten des Diesseits, aus religiösen und politischen Kammerdienern der himmlischen und irdischen Monarchie und Aristokratie zu freien, selbstbewußten Bürgern der Erde zu machen. Mein Zweck ist daher nichts weniger als nur ein negatives, verneinendes, sondern ein positives, ja ich verneine nur, um zu bejahen; ich verneine nur das phantastische Scheinwesen der Theologie und Religion, um das wirkliche Wesen des Menschen zu bejahen. *3. Vorlesung.*

122. Stirners Kritik an Feuerbach

Max Stirner (1806–1856) hat in seiner (unter einem Pseudonym) 1845 veröffentlichten Schrift *„Der Einzige und sein Eigentum"* aus den materialistischen Anschauungen seiner Zeit die Konsequenz gezogen, daß ein radikaler Egoismus oder Individualismus die einzig realistische Lebensanschauung sei. Der Feuerbachschen Verherrlichung der Menschenliebe wirft er Inkonsequenz vor: denn hier werde nun doch wieder unter dem Deckmantel des Atheismus eine „göttliche" Forderung erhoben.

Nach der Vernichtung des Glaubens wähnt Feuerbach in die vermeintlich sichere Bucht der *Liebe* einzulaufen. „Das höchste und erste Gebot muß die Liebe des Menschen zum Menschen sein. *Homo homini Deus est* – dies ist der oberste praktische Grundsatz – dies der Wendepunkt der Weltgeschichte" (Wesen des Christentums, S. 407). Eigentlich ist aber nur der Gott verändert, die Liebe ist geblieben: dort Liebe zum übermenschlichen Gott, hier Liebe zum menschlichen Gott, zum *homo* als *Deus.* Also der Mensch ist mir heilig. Und alles wahrhaft Menschliche ist mir heilig. „Die Ehe ist durch sich selbst heilig. Und so ist es mit allen sittlichen Verhältnissen. Heilig ist und sei dir die Freundschaft, heilig das Eigentum, heilig die Ehre, heilig das Wohl jedes Menschen, aber heilig an und für sich selbst" (ebd. S. 403). Hat man da nicht wieder den Pfaffen? Wer ist sein Gott? Der Mensch! Was das Göttliche? Das Menschliche! ... Sittlichkeit und Frömmigkeit sind nun ebenso synonym als im Anfang des Christentums. Es hat dann nämlich das bisher dem höchsten untergeordnete Wesen, der Mensch, die absolute Höhe erstiegen, und wir verhalten uns zu ihm als zum höchsten Wesen, d. h. religiös. Statt des Satzes „Gott ist die Liebe" heißt es „die Liebe ist göttlich", statt „Gott ist Mensch geworden" – „der Mensch ist Gott geworden". Es ist eben nur eine neue – Religion. Feuerbachs Satz: die Theologie ist Anthropologie, heißt nur: die Religion muß Ethik sein, die Ethik ist allein Religion. *Der Einzige und sein Eigentum, 1845.*

123. Büchner: Der Materialismus

Ludwig *Büchner* (1824–1899) erregte durch sein Buch „Kraft und Stoff“ (1855), in dem er einen konsequenten Materialismus vertrat, größtes Aufsehen. Das Buch, das bis in unser Jahrhundert hinein auch unter der Arbeiterschaft weit verbreitet war, wurde so etwas wie eine „Bibel des Materialismus“.

Eine der einfachsten und zugleich folgewichtigsten Entdeckungen der heutigen, mit so großen Erfolgen gekrönten Naturforschung bildet die untrennbare *Einheit von Kraft und Stoff* ... Welche allgemeine, unsere Weltanschauung bestimmende Folgerung läßt sich aus dieser ebenso einfachen wie natürlichen Erkenntnis ziehen? Daß die bisherige Annahme, als habe eine für sich bestehende Schöpferkraft Natur und Welt ... aus dem Nichts hervorgebracht, mit dem ersten und einfachsten Grundsatz einer auf Logik und Erfahrung gebauten Naturbetrachtung in unversöhnlichem Widerspruch gerät ... Daraus folgt aber mit absoluter Gewißheit, daß die Welt nicht, wie die religiöse Weltanschauung lehrt, *erschaffen* sein kann, sondern daß sie *ewig* ist ...

Die Gesetze, nach denen die Natur in ihrem ewigen Bewegen, in ihrem unaufhörlichen Werden und Vergehen verfährt, sind nicht, wie sich dieses die kindliche Phantasie der Völker in früherer Zeit auszumalen pflegte, durch einen außer oder über der Natur stehenden Gesetzgeber veranlaßt und derselben gewissermaßen vorgeschrieben, sondern sie sind der natürliche und notwendige Ausdruck des Zusammenwirkens der Naturdinge selbst ... Das Naturgesetz besteht nicht neben oder außer der Materie oder der Natur, sondern es ist eins und dasselbe mit ihr und nur ein anderer Ausdruck für die notwendig mit ihr verknüpften Eigenschaften und Tätigkeiten ... Keine Revolution der Erde und des Himmels, mochte sie noch so gewaltig sein, konnte auf andere Weise zustandekommen; keine gewaltige, aus dem Äther herabgreifende Hand hob die Berge und versetzte die Meere oder wies den Sonnen und Planeten ihre Bahnen ..., sondern alles geschah durch dieselben Kräfte, die noch heute Berge und Meere versetzen oder den Lauf der Weltkörper regeln; und alles dieses geschah als der Ausdruck strengster Notwendigkeit ...

Dieselben Gesetze, welche in der makrokosmischen oder großen Welt walten, walten auch in der kleinen, mikrokosmischen Welt des *Menschen.* Daß der Mensch mit allen seinen Vorzügen und Fähigkeiten nicht ein Werk der Gottheit, sondern ein Naturprodukt ist, wie alle seine Nebengeschöpfe, und aus allmählicher, natürlicher Entwicklung und Selbsterziehung hervorgegangen – diese große und offenkundige Wahrheit kann heute nur noch von der Unwissenheit oder von absichtlicher Verstocktheit in Zweifel gezogen werden ... Jene bekannten Unterscheidungszeichen zwischen Mensch und Tier, welche ... das Vorhandensein einer ewig unüberbrückbaren Kluft zwischen Mensch und Tier beweisen sollten, haben sich bei genauerer Prüfung als relative, nicht als absolute herausgestellt und lassen sich alle aus allmählicher Entwicklung, Vervollkommnung und Selbsterziehung begreifen.

Heine

Heinrich Heine (1797–1856) stammte aus einem jüdischen Elternhaus und war, nur aus äußerlichen Gründen, zur evangelischen Kirche übergetreten. In seinen Schriften zur Literatur hat er vielfach zu der die Zeit bewegenden religiösen Fragen Stellung genommen. Gerade weil er selbst kein originaler Denker war, geben seine Äußerungen ein gutes Bild der herrschenden Strömungen und Kämpfe um die Mitte des vorigen Jahrhunderts. Von pantheistischen, fast atheistischen Anschauungen wechselt Heine zu einem Gottesglauben theistischer, nicht konfessioneller Art, der stark an Rousseau und andere Denker des 18. Jahrhunderts erinnert. Die Gründe für diese religiöse Wandlung sind vielfältig: neben einer schweren Krankheit in seinen letzten Lebensjahren war es wohl vor allem der Widerwille gegen die Radikalisierung der antikirchlichen Strömungen. So spiegeln sich in den widersprechenden Zeugnissen Heines die Gegensätze seiner Zeit.

124. Pantheismus gegen Christentum

... Da sehen wir nun, einige Jahrhunderte nach Christi Geburt, eine Religion emporsteigen, welche ewig die Menschheit in Erstaunen setzen und den spätesten Geschlechtern die schauerlichste Bewunderung abtrotzen wird. Ja, es ist eine große, heilige, mit unendlicher Süßigkeit erfüllte Religion, die dem Geiste auf dieser Erde die unbedingteste Herrschaft erobern wollte. – Aber diese Religion war eben allzu erhaben, allzu rein, allzu gut für diese Erde, wo ihre Idee nur in der Theorie proklamiert, aber niemals in der Praxis ausgeführt werden konnte ... Der Versuch, die Idee des Christentums zur Ausführung zu bringen, ist ... aufs kläglichste verunglückt, und dieser unglückliche Versuch hat der Menschheit Opfer gekostet, die unberechenbar sind, und trübselige Folge derselben ist unser jetziges soziales Unwohlsein in ganz Europa. Wenn wir noch, wie viele glauben, im Jugendalter der Menschheit leben, so gehörte das Christentum gleichsam zu ihren überspanntesten Studentenideen, die weit mehr ihrem Herzen als ihrem Verstande Ehre machen ...

Die Menschheit lächelt heute mitleidig über jene Jugendideale ... und sie wird männlich praktisch. Die Menschheit huldigt jetzt dem irdischen Nützlichkeitssystem, sie denkt ernsthaft an eine bürgerliche wohlhabende Einrichtung, an vernünftigen Haushalt und an Bequemlichkeit für ihr späteres Alter ... Die nächste Aufgabe ist: gesund zu werden; denn wir fühlen uns noch sehr schwach in den Gliedern. Die heiligen Vampire des Mittelalters haben uns so viel Lebensblut ausgesaugt ...

Der nächste Zweck aller unserer neues Institutionen ist die Rehabilitierung der *Materie,* die Widereinsetzung derselben in ihre Würde, ihre moralische Anerkennung, ihre religiöse Heiligung, ihre Versöhnung mit dem Geiste ...

*

Die Spiritualisten haben uns immer vorgeworfen, daß bei der *pantheistischen* Ansicht der Unterschied zwischen dem Guten und dem Bösen aufhöre. Das Böse ist aber einesteils nur ein Wahnbegriff ihrer eigenen Weltanschauung, andererseits ist es ein reelles Ergebnis ihrer eigenen Welteinrichtung. Nach ihrer Weltanschauung ist die Materie an und für sich böse, was doch wahrlich eine Verleumdung ist, eine entsetzliche Gotteslästerung. Die Materie wird nur alsdann böse, wenn der Geist sie fletriert hat und sie sich aus Selbstverachtung prostituiert, oder wenn sie gar mit Verzweiflungshaß sich an dem Geiste rächt; und somit ist das Übel nur ein Resultat der spiritualistischen Weltanschauung. Gott ist identisch mit der Welt. Er manifestiert sich in den Pflanzen, die ohne Bewußtsein ein kosmisch-magnetisches Leben führen. Er manifestiert sich in den Tieren, die in ihrem sinnlichen Traumleben eine mehr oder weniger dumpfe Existenz empfinden. Aber am herrlichsten manifestiert er sich in dem Menschen, der zugleich fühlt und denkt ... Im Menschen kommt die Gottheit zum Selbstbewußtsein, und solches Selbstbewußtsein offenbart sie wieder durch den Menschen. Aber dieses geschieht nicht in dem einzelnen und durch den einzelnen Menschen, sondern in und durch die Gesamtheit der Menschen: so daß jeder Mensch nur einen Teil des Gott-Welt-Alls auffaßt und darstellt, alle Menschen zusammen aber das ganze Gott-Welt-All in der Idee auffassen und darstellen werden. Jedes Volk vielleicht hat die Sendung, einen bestimmten Teil jenes Gott-Welt-Alls zu erkennen und kundzugeben, eine Reihe von Erscheinungen zu begreifen und eine Reihe von Ideen zur Erscheinung zu bringen, und das Resultat den nachfolgenden Völkern, denen eine ähnliche Sendung obliegt, zu überliefern. Gott ist daher der eigentliche Held der *Weltgeschichte;* diese ist sein beständiges Denken, sein beständiges Handeln, sein Wort, seine Tat; und von der ganzen Menschheit kann man mit Recht sagen, sie ist eine Inkarnation Gottes!

Es ist eine irrige Meinung, daß diese Religion, der Pantheismus, die Menschen zum Indifferentismus führe ... Im Gegenteil, das Bewußtsein seiner Göttlichkeit wird den Menschen auch zur Kundgebung derselben begeistern, und jetzt erst werden die wahren Großtaten des wahren Herrentums diese Erde verherrlichen.

Die politische Revolution, die sich auf die Prinzipien des französischen Materialismus stützt, wird in den Pantheisten keine Gegner finden, sondern Gehülfen, aber Gehülfen, die ihre Überzeugungen aus einer tieferen Quelle, aus einer religiösen Synthese, geschöpft haben. Wir befördern das materielle Glück der Völker, nicht weil wir gleich den Materialisten den Geist mißachten, sondern weil wir wissen, daß die Göttlichkeit des Menschen sich auch in seiner leiblichen Erscheinung kundgibt, und das Elend den Leib, das Bild Gottes, zerstört oder erniedrigt, und der Geist dadurch ebenfalls zu Grunde geht ... *Zur Geschichte der Religion und Philosophie in Deutschland, 1834.*

125. Widerruf

Aus der Vorrede zur *zweiten* Auflage des Buches „Zur Geschichte der Religion und Philosophie in Deutschland“ 1852.

... Das vorliegende Buch ist Fragment, und soll auch Fragment bleiben. Ehrlich gestanden, es wäre mir lieb, wenn ich das Buch ganz ungedruckt lassen könnte.

Es haben sich nämlich seit dem Erscheinen desselben meine Ansichten über manche Dinge, besonders über göttliche Dinge, bedenklich geändert, und manches, was ich behauptete, widerspricht jetzt meiner besseren Überzeugung. Aber der Pfeil gehört nicht mehr dem Schützen, sobald er von der Sehne des Bogens fortfliegt, und das Wort gehört nicht mehr dem Sprecher, sobald es seiner Lippe entsprungen und gar durch die Presse vervielfältigt worden. Außerdem würden fremde Befugnisse mir mit zwingendem Einspruch entgegentreten, wenn ich dieses Buch ungedruckt ließe und meinem Gesamtwerk entzöge ... Einem ehrlichen Manne bleibt aber unter allen Umständen das unveräußerliche Recht, seinen Irrtum offen zu gestehen, und ich will es ohne Scheu ausüben. Ich bekenne daher unumwunden, daß alles, was in diesem Buche namentlich auf die große Gottesfrage Bezug hat, eben so falsch wie unbesonnen ist. Eben so unbesonnen wie falsch ist die Behauptung, die ich der Schule nachsprach, daß der Deismus in der Theorie zu Grunde gerichtet sei und sich nur noch in der Erscheinungswelt kümmerlich hinfriste. Nein, es ist nicht wahr, daß die Vernunftkritik, welche die Beweistümer für das Dasein Gottes, wie wir dieselben seit Anselm von Canterbury kennen, zernichtet hat, auch dem Dasein Gottes ein Ende gemacht habe. Der Deismus lebt, lebt sein lebendiges Leben, er ist nicht tot und am allerwenigsten hat ihn die neueste deutsche Philosophie getötet. Diese spinnwebige Berliner Dialektik kann keinen Hund aus dem Ofenloch locken, sie kann keine Katze töten, wie viel weniger einen Gott ...

Ich habe mich bereits in meinem jüngsten Buche, im „Romanzero", über die Umwandlung ausgesprochen, welche in Bezug auf göttliche Dinge in meinem Geiste stattgefunden. Es sind seitdem mit christlicher Zudringlichkeit sehr viele Anfragen an mich ergangen, auf welchem Wege die bessere Erleuchtung über mich gekommen. Fromme Seelen schienen danach zu lechzen, daß ich ihnen irgend ein Mirakel aufbinde, und sie möchten gerne wissen, ob ich nicht wie Saulus ein Licht erblickte auf dem Wege nach Damaskus ... Nein, weder eine Vision, noch eine seraphische Verzückung, noch eine Stimme vom Himmel brachte mich auf den Weg des Heils, und ich verdanke meine Erleuchtung ganz einfach der Lektüre eines Buches – Eines Buches? Ja, und es ist ein altes, schlichtes Buch, bescheiden wie die Natur, auch natürlich wie diese; ein Buch, das werkeltägig und anspruchslos aussieht, wie die Sonne, die uns wärmt, wie das Brot, das uns nährt ... – und dieses Buch heißt auch ganz kurzweg das Buch, die Bibel. Mit Fug nennt man diese auch die heilige Schrift; wer seinen Gott verloren hat, der kann ihn in diesem Buche wiederfinden, und wer ihn nie gekannt, dem weht hier entgegen der Odem des göttlichen Wortes.

*

Ja, ich bin zurückgekehrt zu Gott, wie der verlorene Sohn, nachdem ich lange Zeit bei den Hegelianern die Schweine gehütet. War es die Misère, die mich zurücktrieb? Vielleicht ein minder miserabler Grund. Das himmlische Heimweh überfiel mich und trieb mich fort über die schwindelichsten Pfade der Dialektik. Auf meinem Wege fand ich den Gott der Pantheisten, aber ich konnte ihn nicht gebrauchen. Dies arme träumerische Wesen ist mit der Welt verwebt und verwachsen, gleichsam in ihr eingekerkert, und gähnt dich an, willenlos und ohnmächtig. Um einen Willen zu haben, muß man eine Person sein ... Wenn man nun einen Gott begehrt, der zu helfen vermag – und das ist doch die Hauptsache – so muß man auch seine Persönlichkeit, seine Außerweltlichkeit und seine heiligen Attribute, die Allgüte, die Allweisheit, die Allgerechtigkeit usw. annehmen ... Ich habe vom Gott der Pantheisten geredet, aber ich kann nicht umhin zu bemerken, daß er im Grunde gar kein Gott ist, so wie überhaupt die Pantheisten eigentlich nur verschämte Atheisten sind, die sich weniger vor der Sache als vor dem Schatten, den sie an die Wand wirft, fürchten ...

In der *Politik* verharre ich bei denselben demokratischen Prinzipien, denen meine früheste Jugend huldigte und für die ich seitdem immer flammender erglühte. In der *Theologie* hingegen muß ich mich eines „Rückschreitens" beschuldigen, indem ich zu dem alten Aberglauben, zu einem persönlichen Gott, zurückkehrte. Das läßt sich nun einmal nicht vertuschen, wie es mancher aufgeklärte und wohl meinende Freund versuchte. Ausdrücklich widersprechen muß ich jedoch dem Gerüchte, als hätten mich meine Rückschritte bis zur Schwelle irgend einer Kirche oder gar in ihren Schoß geführt. Nein, meine religiösen Überzeugungen und Ansichten sind frei geblieben von jeder Kirchlichkeit; kein Glockenklang hat mich verlockt, keine Altarkerze hat mich geblendet. Ich habe mit keiner Symbolik gespielt und meiner Vernunft nicht ganz entsagt. *Nachwort zum „Romanzero" 1851.*

Nietzsche

Die *Aufklärung* hatte an dem christlichen *Offenbarungs*glauben Anstoß genommen, aber an dem *Gottes*glauben selbst festgehalten. Der *Atheismus* von Feuerbach und Marx hatte auch diesen Gottesglauben abgelehnt, aber die christliche *Ethik* bejaht. Denn der Sozialismus sollte ja gerade die Idee der Brüderlichkeit und Nächstenliebe verwirklichen, deren „überschwenglicher Ausdruck das Christentum ist" (Marx). Erst *Nietzsche* tat den dritten Schritt in der großen Kritik des Christentums: er lehnte auch die christliche Ethik ab. Er war sich dabei wohl bewußt, daß er sich damit der gesamten europäischen Tradition von fast 2000 Jahren entgegenstellte und sich nicht nur zu den christlichen, sondern auch zu den demokratischen und sozialistischen Anschauungen in Widerspruch setzte. Er behauptete – und nicht ganz zu Unrecht –, diese seien ja doch auch Erben der christlichen Weltanschauung. Dieser Vorwurf, Feuerbach und die anderen liberalen Gegner des Christentums suchten dieses durch eine Religion der Menschenliebe zu ersetzen, war bereits von Max *Stirner* erhoben worden (Nr. 122).

Nietzsche warf dem Christentum vor, seine Ethik der Nächstenliebe, der Barmherzigkeit und der Vergebung sei eine Ethik der Schwachen und der Leidenden, die sich mit der Hoffnung auf eine Vergeltung im Jenseits zu trösten suchten. Nun, da der Glaube an eine jenseitige Existenz aufgegeben sei, gelte es auch die mit diesem Glauben verknüpften Wertungen aufzugeben und durch rein diesseitige Werte aristokratisch-kriegerischer Herkunft zu ersetzen. In welchem Maße man Nietzsche mit seiner Glorifizierung des „Willens zur Macht" als Vorläufer des Faschismus und

Nationalsozialismus betrachten kann, ist eine schwer zu beantwortende Frage. Gewiß ist, daß er selbst ein entschiedener Gegener des damaligen Nationalismus und vor allem der Antisemiten war, deren kleinbürgerliches Ressentiment er sehr wohl durchschaute: „Die Antisemiten vergeben es den Juden nicht, daß die Juden ‚Geist' haben und Geld" („Wille zur Macht", Nr. 864). Auch war er für alle menschlichen Werte zu empfänglich, als daß er nicht ein Gespür gehabt hätte für die innere Größe der Bibel, besonders des Alten Testaments und für die innere Größe Christi und der überzeugten Christen (vgl. Nr. 130); daher auch seine Bewunderung für Pascal, „in der Vereinigung von Glut, Geist und Redlichkeit der erste aller Christen".

Friedrich Nietzsche (1844–1900) stammte aus einer Pastorenfamilie. Seine Bildung erhielt er in dem streng humanistischen Gymnasium Schulpforta in Thüringen. Er studierte Altphilologie und wurde schon mit 25 Jahren als Professor an die Universität Basel berufen, wo ihn alsbald eine enge Freundschaft mit Overbeck (vgl. S. 278) verband. Ein schweres Migräne- und Augenleiden veranlaßte ihn 1879, seine Professur niederzulegen; er lebte nun ganz seiner schriftstellerischen Tätigkeit, bis zum Ausbruch einer Geisteskrankheit (1889), von der er nicht mehr genesen sollte.

126. Am Ende des Christentums

Am Sterbebett des Christentums. – Die wirklich aktiven Menschen sind jetzt innerlich ohne Christentum, und die mäßigeren und bedachtsameren Menschen des geistigen Mittelstandes besitzen nur noch ein zurechtgemachtes, nämlich ein wunderlich vereinfachtes Christentum. Ein Gott, der in seiner Liebe alles so fügt, wie es uns schließlich am besten sein wird, ein Gott, der uns unsere Tugend wie unser Glück gibt und nimmt, so daß es im ganzen immer recht und gut zugeht und kein Grund bleibt, das Leben schwer zu nehmen oder gar zu verklagen, kurz die Bescheidenheit und Resignation zur Gottheit erhoben – das ist das Beste und Lebendigste, was vom Christentum noch übrig ist. Aber man sollte doch merken, daß damit das Christentum in einen sanften Moralismus übergetreten ist ... Es ist die Euthanasie des Christentums. *Morgenröte, 1881.*

Das größte neuere Ereignis – daß „Gott tot ist", daß der Glaube an den christlichen Gott unglaubwürdig geworden ist – beginnt bereits seine ersten Schatten über Europa zu werfen. Für die wenigen wenigstens, deren Augen, deren *Argwohn* in den Augen stark und fein genug für das Schauspiel ist, scheint eben irgend eine Sonne untergegangen, irgend ein altes tiefes Vertrauen in Zweifel umgedreht: ihnen muß unsere alte Welt täglich abendlicher, mißtrauischer, fremder, „älter" scheinen. In der Hauptsache aber darf man sagen: das Ereignis selbst ist viel zu groß, zu fern, zu abseits vom Fassungsvermögen vieler, als daß auch nur seine Kunde schon angelangt heißen dürfte, geschweige denn daß viele bereits wüßten, *was* eigentlich sich damit begeben hat – und was alles, nachdem dieser Glaube untergraben ist, nunmehr einfallen muß, weil es auf ihm gebaut, an ihn gelehnt, in ihn hineingewachsen war: zum Beispiel unsere ganze europäische Moral ...
Die fröhliche Wissenschaft, 1882 (Nr. 343).

Es gibt Tage, wo mich ein Gefühl heimsucht, schwärzer als die schwärzeste Melancholie – die *Menschenverachtung.* Und damit ich keinen Zweifel darüber lasse, *was* ich verachte, *wen* ich verachte: der Mensch von *heute* ist es, der Mensch, mit dem ich verhängnisvoll gleichzeitig bin ... Was ehemals bloß krank war, heute ward es unanständig, – es ist unanständig, heute *Christ* zu sein. Und hier beginnt mein Ekel. – Ich sehe mich um: es ist kein Wort von dem mehr übriggeblieben, was ehemals „Wahrheit" hieß; wir halten es nicht mehr aus, wenn ein Priester das Wort „Wahrheit" auch nur in den Mund nimmt. Selbst bei dem bescheidensten Anspruch auf Rechtschaffenheit *muß* man heute wissen, daß ein Theologe, ein Priester, ein Papst mit jedem Satz, den er spricht, nicht nur irrt, sondern lügt, – daß es ihm nicht freisteht, aus „Unschuld", aus „Unwissenheit" zu lügen. Auch der Priester weiß, so gut es jedermann weiß, daß es keinen „Gott" mehr gibt ... Jedermann weiß das: *und trotzdem bleibt alles beim Alten!* Wohin kam das letzte Gefühl von Anstand, von Achtung vor sich selbst, wenn unsere Staatsmänner sogar, eine sonst sehr unbefangene Art Mensch und Antichristen der Tat durch und durch, sich heute noch Christen nennen und zum Abendmahl gehn? ... Ein Fürst an der Spitze seiner Regimenter, prachtvoll als Ausdruck der Selbstsucht und Selbstüberhebung seines Volks, – aber, ohne jede Scham, sich als Christen bekennend! ... Wen verneint denn das Christentum? was heißt es „Welt"? Daß man Soldat, daß man Richter, daß man Patriot ist; daß man sich wehrt; daß man auf seine Ehre hält; daß man seinen Vorteil will; daß man stolz ist ... Jede Praktik jedes Augenblicks, jeder Instinkt, jede zur Tat werdende Wertschätzung ist heute antichristlich: was für eine Mißgeburt von Falschheit muß der moderne Mensch sein, daß er sich trotzdem nicht *schämt,* noch Christ zu heißen! *Umwertung aller Werte, 1888, Nr. 38.*

127. Die beiden Moralen

Bei einer Wanderung durch die vielen Moralen, welche bisher auf Erden geherrscht haben oder noch herrschen, fand ich gewisse Züge regelmäßig miteinander wiederkehrend und aneinander geknüpft: bis sich mir endlich zwei Grundtypen verrieten und ein Grundunterschied heraussprang. Es gibt *Herren-Moral* und *Sklaven-Moral* – ich füge sofort hinzu, daß in allen höheren und gemischteren Kulturen auch Versuche der Vermittlung beider Moralen zum Vorschein kommen, noch öfter das Durcheinander derselben, ja bisweilen ihr hartes Nebeneinander – sogar im selben Menschen, innerhalb einer Seele.

Die moralischen Wertunterscheidungen sind entweder unter einer herrschenden Art entstanden, welche sich ihres Unterschieds gegen die beherrschte mit Wohlgefühl bewußt wurde, – oder unter den Beherrschten, den Sklaven und Abhängigen jeden Grades. Im ersten Falle, wenn die Herrschenden es sind, die den Begriff „gut" bestimmen, sind es die erhobenen stolzen Zustände der Seele, welche als das Auszeichnende und die Rangordnung Bestimmende empfunden werden. Man bemerke sofort, daß in dieser ersten Moral der Gegensatz „gut" und *„schlecht"* so viel bedeutet wie „vornehm“ und „verächtlich“: – der Gegensatz „gut“ und „*böse*“ ist anderer Herkunft. Verachtet wird der Feige, der Ängstliche, der Kleinliche; ebenso der Mißtrauische, der Sich-Erniedrigende, die Hunde-Art von Mensch, welche sich mißhandeln läßt, der bettelnde Schmeichler, vor allem der Lügner: – es ist ein Grundglaube aller Aristokraten, daß das gemeine Volk lügnerisch ist. „Wir Wahrhaftigen“ – so nannten sich im alten Griechenland die Adligen.

Es liegt auf der Hand, daß die moralischen Wertbezeichnungen überall zuerst auf Menschen und erst abgeleitet und spät auf Handlungen gelegt worden sind ... Die vornehme Art Mensch fühlt sich als wertbestimmend, sie weiß sich als das, was überhaupt erst Ehre den Dingen verleiht, sie ist werteschaffend. Alles, was sie an sich kennt, ehrt sie: eine solche Moral ist Selbstverherrlichung ...

Es steht anders mit dem zweiten Typus der Moral, der *Sklaven-Moral* ... Der Blick des Sklaven ist abgünstig für die Tugenden der Mächtigen: er hat Skepsis und Mißtrauen gegen alles „Gute“, was dort geehrt wird –, er möchte sich überreden, daß das Glück selbst dort nicht echt sei. Umgekehrt werden die Eigenschaften hervorgezogen und mit Licht übergossen, welche dazu dienen, Leidenden das Dasein zu erleichtern: Hier kommt das Mitleiden, die gefällige hilfsbereite Hand, das warme Herz, die Geduld, der Fleiß, die Demut, die Freundlichkeit zu Ehren –, denn das sind hier die nützlichen Eigenschaften und beinahe die einzigen Mittel, den Druck des Daseins auszuhalten. Hier ist der Herd für die Entstehung jenes berühmten Gegensatzes „gut“ und „*böse*“. – *Jenseits von Gut und Böse, 1886, Nr. 260.*

*

Die beiden entgegengesetzten Werte „gut und schlecht“, „gut und böse“ haben einen furchbaren, Jahrtausende langen Kampf auf Erden gekämpft; und so gewiß der zweite Wert seit langem im Übergewicht ist, so fehlt es doch auch jetzt noch nicht an Stellen, wo der Kampf unentschieden fortgekämpft wird. Man könnte selbst sagen, daß er inzwischen immer höher hinaufgetragen und eben damit immer tiefer, immer geistiger geworden sei: so daß es heute vielleicht kein entscheidenderes Abzeichen der „höheren Natur“, der geistigeren Natur gibt, als zwiespältig in jenem Sinne und wirklich noch ein Kampfplatz für jene Gegensätze zu sein. Das Symbol dieses Kampfes, in einer Schrift geschrieben, die über alle Menschengeschichte hinweg bisher lesbar blieb, heißt „Rom gegen Judäa, Judäa gegen Rom“: – es gab bisher kein größeres Ereignis als *diesen* Kampf, *diese* Fragestellung, *diesen* todfeindlichen Widerspruch. Rom empfand in Judäa etwas wie die Widernatur selbst, gleichsam sein antipodisches Monstrum; in Rom galt der Jude „des Hasses gegen das ganze Menschengeschlecht überführt“: mit Recht, sofern man Recht hat, das Heil und die Zukunft des Menschengeschlechts an die unbedingte Herrschaft der aristokratischen Werte, der römischen Werte anzuknüpfen. Was dagegen die Juden gegen Rom empfunden haben? Man errät es aus tausend Anzeichen; aber es genügt, sich einmal wieder die Johanneische Apokalypse zu Gemüte zu führen, jenen wüstesten aller geschriebenen Ausbrüche, welche die Rache auf dem Gewissen hat. (Unterschätze man übrigens die tiefe Folgerichtigkeit des christlichen Instinktes nicht, als er gerade dieses Buch des Hasses mit dem Namen des Jüngers der Liebe überschrieb, desselben, dem er jenes verliebt-schwärmerische Evangelium zu eigen gab –: darin steckt ein Stück Wahrheit, wieviel literarische Falschmünzerei auch zu diesem Zwecke nötig gewesen sein mag). Die Römer waren ja die Starken und Vornehmen, wie sie stärker und vornehmer bisher auf Erden nie dagewesen; jeder Überrest von ihnen, jede Inschrift entzückt, gesetzt daß man errät, *was* da schreibt. Die Juden umgekehrt waren jenes priesterliche Volk des Ressentiment par excellence, dem eine volkstümlich-moralische Genialität sondergleichen innewohnte ...

Wer von ihnen einstweilen gesiegt hat, Rom oder Judäa? Aber es ist ja gar kein Zweifel: man erwäge doch, vor wem man sich heute in Rom selber als vor dem Inbegriff aller höchsten Werte beugt! ... Allerdings gab es in der Renaissance ein glanzvoll-unheimliches Wiedererwachen des klassischen Ideals, der vornehmen Wertungsweise aller Dinge: Rom selber bewegte sich wie ein aufgeweckter Scheintoter unter dem Druck des neuen, darüber gebauten judaisierten Rom, das den Aspekt einer ökumenischen Synagoge darbot und „Kirche" hieß: aber sofort triumphierte wieder Judäa, dank jener gründlich pöbelhaften (deutschen und englischen) Ressentiment-Bewegung, welche man die Reformation nennt, hinzugerechnet, was aus ihr folgen mußte, die Wiederherstellung der Kirche. *Zur Generalogie der Moral, 1887, Nr. 16.*

128. Die Kritik an der christlichen Moral

Der Glaube, wie ihn das erste Christentum verlangt und nicht selten erreicht hat, inmitten einer skeptischen und südlich-freigeisterischen Welt, die einen jahrhundertelangen Kampf von Philosophenschulen hinter sich hatte, hinzugerechnet die Erziehung zur Toleranz, welche das imperium Romanum gab, – dieser Glaube ist *nicht* jener treuherzige und bärbeißige Untertanen-Glaube, mit dem etwa ein Luther oder ein Cromwell oder sonst ein nordischer Barbar des Geistes an ihrem Gotte und Christentum gehangen haben; viel eher schon jener Glaube Pascals, der auf schreckliche Weise einem dauernden Selbstmorde der Vernunft ähnlich sieht ... Der christliche Glaube ist von Anbeginn Opferung: Opferung aller Freiheit, alles Stolzes, aller Selbstgewißheit des Geistes; zugleich Verknechtung und Selbst-Verhöhnung, Selbst-Verstümmelung. Es ist Grausamkeit in diesem Glauben, der einem mürben und vielverwöhnten Gewissen zugemutet wird: seine Voraussetzung ist, daß die Unterwerfung des Geistes unbeschreiblich wehetut, daß die ganze Vergangenheit und Gewohnheit eines solchen Geistes sich gegen das absurdissimum wehrt, als welches ihm der „Glaube" entgegentritt. Die modernen Menschen mit ihrer Abstumpfung gegen alle christliche Nomenklatur fühlen das Schauerlich-Superlative nicht mehr, das für einen antiken Geschmack in der Paradoxie „Gott am Kreuze" lag. Es hat bisher noch niemals und nirgendwo eine gleiche Kühnheit im Umkehren, etwas gleich Furchtbares, Fragendes und Fragwürdiges gegeben wie diese Formel: sie verhieß eine Umwertung aller antiken Werte. *Jenseits von Gut und Böse, Nr. 46.*

*

Aus dem Stamme jenes Baumes der Rache und des Hasses, des jüdischen Hasses – des tiefsten und sublimsten, nämlich Ideale schaffenden, Werte umschaffenden Hasses, desgleichen nie auf Erden dagewesen ist – wuchs etwas ebenso Unvergleichliches heraus, eine *neue Liebe,* die tiefste und sublimste aller Arten Liebe – und aus welchem anderen Stamme hätte sie auch wachsen können? Daß man aber ja nicht vermeine, sie sei etwa als die eigentliche Verneinung jenes Durstes nach Rache, als der Gegensatz des jüdischen Hasses emporgewachsen! Nein, das Umgekehrte ist die Wahrheit! ... Dieser Jesus von Nazareth, als das leibhafte Evangelium der Liebe, dieser den Armen, den Kranken, den Sündern die Seligkeit und den Sieg bringende „Erlöser" – war er nicht gerade die Verführung in ihrer unheimlichsten und unwiderstehlichsten Form, die Verführung und der Umweg zu eben jenen *jüdischen* Werten des Ideals? Hat Israel nicht gerade auf dem Umwege dieses „Erlösers", dieses scheinbaren Widersachers und Auflösers Israels, das letzte Ziel seiner sublimen Rachsucht *erreicht?* ... *Zur Generalogie der Moral, Nr. 7 u. 8.*

*

Die ausklingende Christlichkeit in der Moral „On n'est bon que par la pitié ..." – so klingt jetzt die Moral! Und woher kommt das? – Daß der Mensch der uninteressierten, gemeinnützigen, gesellschaftlichen Handlungen jetzt als der *moralische* empfunden wird – das ist vielleicht die allgemeinste Wirkung und Umstimmung, welche das Christentum in Europa hervorgebracht hat: obwohl sie weder seine Absicht noch seine Lehre gewesen ist. Aber es war das residuum christlicher Stimmungen, als der sehr entgegengesetzte, streng egoistische Grundglaube an das „Eins ist not", an die absolute Wichtigkeit des ewigen *persönlichen* Heils, mit den Dogmen, auf denen er ruhte, allmählich zurücktrat, und der Nebenglaube an die „Liebe", an die „Nächstenliebe", zusammenstimmend mit der ungeheuren Praxis der kirchlichen Barmherzigkeit, dadurch in den Vordergrund gedrängt wurde. Je mehr man sich von den Dogmen loslöste, um so mehr suchte man gleichsam die *Rechtfertigung* dieser Loslösung in einem Kultus der Menschenliebe: hierin in dem christlichen Ideale nicht zurückzubleiben, sondern es wohlmöglich zu *überbieten,* war ein geheimer Sporn bei allen französischen Freidenkern, von Voltaire auf Auguste Comte[1]: und letzterer hat mit seiner berühmten Moralformel *vivre pour autrui* in der Tat das Christentum überchristlicht. Auf deutschem Boden hat Schopenhauer, auf englischem John Stuart Mill[2] der Lehre von den sympathischen Affektionen und vom Mitleiden als dem Prinzip des Handelns die meiste Berühmtheit gegeben ... und alle sozialistischen Systeme haben sich unwill-

---

[1] Auguste *Comte* (1789–1857), Begründer des sogenannten „Positivismus". Die Liebe zum Mitmenschen ist für ihn der Inhalt der neuen „Menschheitsreligion", die allein einen allgemeinen sittlichen Fortschritt verbürgt.

[2] *Schopenhauer,* s. S. 193.

John Stuart *Mill* (1806–1873) vertrat wie Hume (S. 135) und viele andere englische Philosophen einen strengen Empirismus und, unter dem Einfluß Comtes, den Glauben an den sittlichen Fortschritt der Menschheit und eine Menschheitsreligion.

kürlich auf den gemeinsamen Boden dieser Lehren gestellt ... Es scheint jetzt jedermann wohlzutun, wenn er hört, daß die Gesellschaft auf dem Wege sei, den einzelnen den allgemeinen Bedürfnissen *anzupassen,* und daß das Glück und zugleich das Opfer des einzelnen darin liege, sich als ein nützliches Glied und Werkzeug des Ganzen zu fühlen ... Man will nichts Geringeres als eine gründliche Umbildung, ja Schwächung und Aufhebung des *Individuums.* *Morgenröte, Nr. 132.*

129. Vom „Übermenschen"

In Nietzsches bekanntestem Buch *„Also sprach Zarathustra"* (1883/84) findet sich zum ersten Male der Begriff „Übermensch", in dem Nietzsche das Ideal männlich herrscherlicher „Tugend" als Ziel der künftigen Menschheitsententwicklung proklamiert.

Und Zarathustra sprach also zum Volke:

Ich lehre euch den Übermenschen. Der Mensch ist etwas, das überwunden werden soll. Was habt ihr getan, ihn zu überwinden?
Alle Wesen bisher schufen etwas über sich hinaus: und ihr wollt die Ebbe dieser großen Flut sein und lieber noch zum Tiere zurückgehen, als den Menschen überwinden?
Was ist der Affe für den Menschen? Ein Gelächter oder eine schmerzliche Scham. Und ebendas soll der Mensch für den Übermenschen sein: ein Gelächter oder eine schmerzliche Scham ...

Seht, ich lehre euch den Übermenschen!
Der Übermensch ist der Sinn der Erde. Euer Wille sage: der Übermensch *sei* der Sinn der Erde!
Ich beschwöre euch, meine Brüder, bleibt der Erde treu und glaubt denen nicht, welche euch von überirdischen Hoffnungen reden! Giftmischer sind es, ob sie es wissen oder nicht.
Verächter des Lebens sind es, Absterbende und selber Vergiftete, deren die Erde müde ist: so mögen sie dahinfahren!
Einst war der Frevel an Gott der größte Frevel, aber Gott starb, und damit starben auch diese Frevelhaften. An der Erde zu freveln ist jetzt das Furchtbarste ...
Aus der Vorrede.

*

Ihr höheren Menschen, dies lernt von mir: auf dem Markt glaubt niemand an höhere Menschen ... „Ihr höheren Menschen – so blinzelt der Pöbel – es gibt keine höheren Menschen, wir sind alle gleich, Mensch ist Mensch; vor Gott – sind wir alle gleich!"
Vor Gott! – Nun aber starb dieser Gott. Vor dem Pöbel aber wollen wir nicht gleich sein! –

Die Sorglichsten fragen heute: „wie bleibt der Mensch erhalten?" Zarathustra aber fragt als der Einzige und Erste: „wie wird der Mensch *überwunden?*

Der Übermensch liegt mir am Herzen, *der* ist mein Erstes und Einziges – und *nicht* der Mensch: nicht der Nächste, nicht der Ärmste, nicht der Leidendste, nicht der Beste.

O meine Brüder, was ich lieben kann am Menschen, das ist, daß er ein Übergang ist und ein Untergang. Und auch an euch ist vieles, das mich lieben und hoffen macht.

Daß ihr verachtet, ihr höheren Menschen, das macht mich hoffen. Die großen Verachtenden nämlich sind die großen Verehrenden ... *Vom höheren Menschen.*

130. Die Bibel. Jesus

In unseren Schulen wird die jüdische Geschichte als die heilige vorgetragen: Abraham ist uns mehr als irgend eine Person der griechischen oder deutschen Geschichte, und von dem, was wir bei Davids Psalmen empfinden, ist das, was das Lesen Pindars oder Petrarcas in uns erregt, so verschieden wie die Heimat von der Fremde. Dieser Zug zu Erzeugnissen einer asiatischen, sehr fernen und sehr absonderlichen Rasse ist vielleicht inmitten der Verworrenheit unserer modernen Kultur eine der wenigen sicheren Erscheinungen, welche noch über dem Gegensatz von Bildung und Unbildung erhaben stehen: die stärkste sittliche Nachwirkung des Christentums, welches sich nicht an Völker, sondern an Menschen wendete und deshalb gar kein Arg dabei hatte, den Menschen der indogermanischen Rasse das Religionsbuch eines semitischen Volkes in die Hand zu geben. Erwägt man aber, welche Anstrengungen das nichtsemitische Europa gemacht hat, um diese fremdartige kleine jüdische Welt sich recht nahe ans Herz zu legen, sich über nichts mehr darin zu wundern, sondern sich nur über sich selbst und seine Befremdung zu wundern, – so hat vielleicht in nichts Europa sich so sehr selbst überwunden, wie in dieser Aneignung der jüdischen Literatur. Das jetzige europäische Gefühl für die Bibel ist der größte Sieg über die Beschränktheit der Rasse und über den Dünkel, daß für jeden eigentlich nur das wertvoll sei, was sein Großvater und dessen Großvater gesagt und getan haben. *Die Unschuld des Werdens II, Nr. 910.*

Im jüdischen „Alten Testament", dem Buche von der göttlichen Gerechtigkeit, gibt es Menschen, Dinge und Reden in einem so großen Stile, daß das griechische und indische Schrifttum ihm nichts zur Seite zu stellen hat. Man steht mit Schrecken und Ehrfurcht vor diesen ungeheuren Überbleibseln dessen, was der Mensch einstmals war, und wird dabei über das alte Asien und sein vorgeschobenes Halbinselchen Europa, das durchaus gegen Asien den „Fortschritt des Menschen" bedeuten möchte, seine traurigen Gedanken haben. Freilich: wer selbst nur ein dünnes zahmes Haustier ist und nur Haustier-Bedürfnisse kennt (gleich unsern Gebildeten von heute, die Christen des „gebildeten" Christentums hinzugenommen), der hat unter jenen Ruinen weder sich zu verwundern, noch gar sich zu betrüben – der Geschmack am Alten Testament ist ein Prüfstein in Hinsicht auf „groß" und „klein" –; vielleicht daß er das Neue Testament, das Buch von der Gnade, immer noch eher nach seinem Herzen findet (in ihm ist viel von dem rechten, zärtlichen, dumpfen Betbrüder und Kleinen-Seelen-Geruch). Dieses neue Testament, eine Art Rokoko des Geschmacks in jedem Betrachte, mit dem Alten Testament zu *einem* Buche zusammengeleimt zu haben, als „Bibel", als „das Buch an sich": das ist vielleicht die größte Verwegenheit und „Sünde wider den Geist", welche das literarische Europa auf dem Gewissen hat. *Jenseits von Gut und Böse, Nr. 52.*

Es gibt einen Instinkt für den Rang, welcher, mehr als alles, schon das Anzeichen eines hohen Ranges ist; es gibt eine Lust an den Nuancen der Ehrfurcht, die auf vornehme Abkunft und Gewohnheiten raten läßt ... Die Art, mit der im ganzen bisher die Ehrfurcht vor der *Bibel* in Europa aufrecht erhalten wird, ist vielleicht das beste Stück Zucht und Verfeinerung der Sitte, das Europa dem Christentum verdankt: solche Bücher der Tiefe und letzten Bedeutsamkeit brauchen zu ihrem Schutz eine von außer kommende Tyrannei von Autorität, um jene Jahrtausende von *Dauer* zu gewinnen, welche nötig sind, sie auszuschöpfen und auszuraten. Es ist viel erreicht, wenn der großen Menge jenes Gefühl endlich angezüchtet ist, daß sie nicht an alles rühren dürfe; daß es heilige Erlebnisse gibt, vor denen sie die Schuhe auszuziehen und die unsaubere Hand fernzuhalten hat, – es ist beinahe ihre höchste Steigerung zur Menschlichkeit. Umgekehrt wirkt an den sogenannten Gebildeten, den Gläubigen der „modernen Ideen", vielleicht nichts so ekelerregend als ihr Mangel an Scham, ihre bequeme Frechheit des Auges und der Hand, mit der von ihr an alles gerührt, geleckt, getastet wird; und es ist möglich, daß sich heute im Volke, im niederen Volke, namentlich unter Bauern, immer noch mehr *relative* Vornehmheit des Geschmacks und Takt der Ehrfurcht vorfindet als bei der zeitungslesenden Halbwelt des Geistes, den Gebildeten. *Jenseits von Gut und Böse, Nr. 263.*

*

Es gibt viele Dinge, gegen welche ich nicht nötig gefunden habe zu reden: es versteht sich von selbst, daß mir der Literat widerlich ist, daß mir alle politischen Parteien von heute widerlich sind, daß der Sozialist von mir nicht nur mit Mitleiden behandelt wird. Die beiden vornehmsten Formen Mensch, denen ich leibhaft begegnet bin, waren der vollkommene Christ – ich rechne es mir zur Ehre, aus einem Geschlechte zu stammen, das in jedem Sinne ernst mit dem Christentum gemacht hat – und der vollkommene Künstler des romantischen Ideals, welchen ich tief unter dem christlichen Niveau gefunden habe: es liegt auf der Hand, daß, wenn man *diesen* Formen den Rücken gekehrt hat, weil sie einem nicht genügen, man nicht leicht in einer anderen Art Mensch von heute sein Genüge findet. *Unschuld des Werdens I, Nr. 1255.*

*

Das „Christentum" ist etwas Grundverschiedenes von dem geworden, was sein *Stifter* tat und wollte ... Es ist die Heraufkunft des Pessimismus, und zwar des Pessimismus der Schwachen, der Unterlegenen, der Leidenden, der Unterdrückten.

Die ganze christliche Lehre von dem, was geglaubt werden *soll,* die ganze christliche „Wahrheit" ist eitel Lug und Trug: und genau das Gegenstück von dem, was den Anfang der christlichen Bewegung gegeben hat.

Das gerade, was im *kirchlichen* Sinn das Christliche ist, ist das *Antichristliche* von vornherein; lauter Sachen und Personen statt der Symbole, lauter Historie ..., lauter Formeln, Riten, Dogmen statt einer *Praxis des Lebens* ... Die Praxis des Christentums ist keine Phantaterei, sowenig die Praxis des Buddhismus sie ist: sie ist ein Mittel, glücklich zu sein.

Jesus stellte ein wirkliches Leben, ein Leben in der Wahrheit dem gewöhnlichen Leben gegenüber: Nichts liegt ihm ferner als der plumpe Unsinn eines „verewigten Petrus", einer ewigen Personal-Fortdauer. Was er bekämpft, das ist die Wichtigtuerei der „Person": wie kann er gerade *die* verewigen wollen?

Er bekämpft insgleichen die Hierarchie innerhalb der Gemeinde: er verspricht nicht irgend eine Proportion von Lohn je nach der Leistung: wie kann er Strafe und Lohn im Jenseits gemeint haben! *Der Wille zur Macht, Nr. 195, 159, 166.*

Ich wehre mich dagegen, daß man den Fanatiker in den Typus des Erlösers einträgt ... Die „gute Botschaft" ist eben, daß es keine Gegensätze mehr gibt; das Himmelreich gehört den Kindern; der Glaube, der hier laut wird, ist kein erkämpfter Glaube, – er ist ... gleichsamt ein ins Geistige zurückgetretene Kindlichkeit ...

Das „Himmelreich" ist ein Zustand des Herzens, – nicht etwas, das „über der Erde" oder „nach dem Tode" kommt. Der ganze Begriff des natürlichen Todes *fehlt* im Evangelium: der Tod ist keine Brücke, kein Übergang, er fehlt, weil er einer ganz andern, bloß scheinbaren, bloß zu Zeichen nützlichen Welt zugehörig ... Das „Reich Gottes" ist nichts, das man erwartet; es hat kein Gestern und kein Übermorgen, es kommt nicht in „tausend Jahren", – es ist eine Erfahrung an einem Herzen; es ist überall da, es ist nirgends da ...

Dieser „frohe Botschafter" starb, wie er lebte, wie er lehrte: nicht um „die Menschen zu erlösen", sondern um zu zeigen, wie man zu leben hat. Die *Praktik* ist es, welche er der Menschheit hinterließ; sein Verhalten vor den Richtern, vor den Häschern, vor den Anklägern und aller Art Verleumdung und Hohn, sein Verhalten am Kreuz. Er widersteht nicht, er verteidigt nicht sein Recht, er tut keinen Schritt, der das Äußerste von ihm abwehrt, mehr noch, er fordert es heraus ... Und er bittet, er leidet, er liebt mit denen, in denen, die ihm Böses tun ... Nicht sich wehren, nicht zürnen, nicht verantwortlich-machen. Sondern auch nicht dem Bösen widerstehen, – ihn lieben ... *Umwertung aller Werte, Nr. 32, 34, 35.*

Der *Schächer am Kreuz:* Wenn der Verbrecher selbst, der einen schmerzhaften Tod leidet, urteilt: „So, wie dieser Jesus, ohne Revolte, ohne Feindschaft, gütig, ergeben leidet und stirbt, so allein ist es das Rechte", hat er das Evangelium bejaht: und damit *ist er im Paradiese* ... *Der Wille zur Macht, Nr. 162.*

B. Der Marxismus

Feuerbachs Atheismus hatte eine soziale Tendenz: mit der Negierung des religiösen Jenseitsglaubens sollten alle menschlichen Kräfte frei werden zur Schaffung einer besseren Zukunft. Feuerbach lehnte jedoch für seine Person eine direkte politische Schlußfolgerung oder gar Agitation ab. Eben das machte Marx, der Feuerbachs Religionskritik aufnahm, ihm zum Vorwurf: er habe die geschichtlich-gesellschaftlichen Voraussetzungen ausgeklammert, ohne die weder die Entstehung von Religion überhaupt noch die der einzelnen geschichtlichen Religionen recht verstanden werden könnten. In dem marxistischen System erscheint daher die Kritik der Religion als Teil der Kritik der *Gesellschaft,* welche Religion benötigt und schafft. Die These, daß die Religion nicht ein autochthoner Bereich der menschlichen Gesellschaft sei, sondern nur die Folge bestimmter gesellschaftlicher Zustände, mußte zu einem Atheismus führen, der alle religiösen Gefühle, Überzeugungen und Institutionen als Überreste einer längst überwundenen Gesellschaftsordnung lächerlich erscheinen ließ. Darum hat erst die marxistische Weiterführung des „bürgerlichen" Atheismus der Religionskritik jene Schärfe und Stoßkraft gegeben, die zur Entmachtung, Verfolgung und Lähmung der Kirchen in den Staaten des Ostblocks geführt hat.

Karl *Marx* (1818–1883) stammte aus einem gebildeten jüdischen Elternhause; sein Vater, zur protestantischen Kirche übergetreten, war Rechtsanwalt in Trier. Entscheidend für die Entwicklung des jungen Marx war das Studium in Berlin, wo zu der Zeit die Hegelsche Schule herrschte. In der Auseinandersetzung mit *Hegels* Philosophie, vor allem mit dessen Philosophie der Geschichte, entwickelte Marx seine eigene philosophische Anschauung, die des „historischen Materialismus". 1842–1843 war Marx Redakteur der „Rheinischen Zeitung" in Köln; nach seiner Ausweisung aus Preußen hielt er sich einige Jahre in Paris auf, wo er die „Deutsch-Französischen Jahrbücher" herausgab; nach einem kurzen Zwischenaufenthalt in Deutschland im Revolutionsjahre 1848 ging Marx nach London, wo er unablässig an seinem großen nationalökonomischen Werke „Das Kapital" arbeitete, aber auch an den Anfängen der internationalen Arbeiterbewegung führend Anteil hatte.

Friedrich *Engels* (1820–1895), aus pietistischen Fabrikantenkreisen des Wuppertales stammend, schloß sich eng an Marx an, mit dem er das Exil in England teilte und dessen treuer Freund und Mitarbeiter er wurde. Mitverfasser des Kommunistischen Manifestes, Mitbegründer und 1. Sekretär der 1. Internationale.

131. Die Bedeutung der Geschichte

a) Hegel: Die welthistorischen Individuen

Wenn man handeln will, muß man nicht nur das Gute wollen, sondern man muß wissen, ob dieses oder jenes das Gute ist. Welcher Inhalt aber gut oder nicht gut, recht oder unrecht sei, dies ist für die gewöhnlichen Fälle des Privatlebens in den Gesetzen und Sitten gegeben ... Ein Anderes aber ist es in den großen geschichtlichen Verhältnissen. Hier ist es gerade, wo die großen Collisionen zwischen den bestehenden, anerkannten Pflichten, Gesetzen und Rechten und zwischen Möglichkeiten entstehen, welche diesem System entgegengesetzt sind, es verletzen, ja seine Grundlage und Wirklichkeit zerstören, und zugleich einen Inhalt haben, der auch gut, im Großen vorteilhaft, wesentlich und notwendig scheinen kann. Diese Möglichkeiten nun schließen ein Allgemeines anderer Art in sich als das Allgemeine, das in dem Bestehen eines Volkes oder Staates die Basis ausmacht. Dies Allgemeine ist ein Moment der *produzierenden Idee,* ein Moment der nach sich selbst strebenden und treibenden Wahrheit. Die geschichtlichen Menschen, die *welthistorischen Individuen* sind diejenigen, in deren Zweck ein solches Allgemeine liegt.

Cäsar in Gefahr, die Stellung, wenn auch etwa noch nicht des Übergewichts, doch wenigstens der Gleichheit, zu der er sich neben den Anderen, die an der Spitze des Staates standen, erhoben hatte, zu verlieren, und denen, die im Übergange sich befanden seine Feinde zu werden, zu unterliegen, gehört wesentlich hierher. Diese Feinde, welche zugleich die Seite ihrer persönlichen Zwecke beabsichtigten, hatten die formelle Staatsverfassung und die Macht des rechtlichen Scheins für sich. Cäsar kämpfte im Interesse, sich seine Stellung, Ehre und Sicherheit zu erhalten und der Sieg über seine Gegner, indem ihre Macht die Herrschaft über die Provinzen des römischen Reichs war, wurde zugleich die Eroberung des ganzen Reichs: so wurde er mit Belassung der Form der Staatsverfassung der individuelle Gewalthaber im Staate. Was ihm so die Ausführung seines zunächst negativen Zwecks erwarb, die Alleinherrschaft Roms, war aber zugleich an sich notwendige Bestimmung in Roms und der Welt Geschichte, so daß sie nicht nur sein particularer Gewinn, sondern ein Instinkt war, der das vollbrachte, was an und für sich an der Zeit war. Dies sind die großen Menschen in der Geschichte, deren eigene particulare Zwecke das Substantielle enthalten, welches Wille des Weltgeistes ist. Sie sind insofern *Heroen* zu nennen, als sie ihre Zwecke und ihren Beruf nicht bloß aus dem ruhigen, durch das bestehende System geheiligten Lauf der Dinge geschöpft haben, sondern aus einer Quelle, deren Inhalt verborgen ist, aus dem inneren Geiste, der noch unterirdisch ist, der an die Außenwelt wie an die Schale pocht und sie sprengt, weil er ein andrer Kern als der Kern dieser Schale ist ...

Ein welthistorisches Indivuduum hat nicht die Nüchternheit, dies und jenes zu wollen, sondern es gehört ganz rücksichtslos dem Einen Zwecke an. So ist es auch der Fall, daß sie andre große, ja heilige Interessen leichtsinnig behandeln, welches Benehmen sich freilich dem moralischen Tadel unterwirft. Aber solche große Gestalt muß manche unschuldige Blume zertreten, Manches zertrümmern auf ihrem Wege.

Das besondere Interesse der Leidenschaft ist also unzertrennlich von der Bestätigung des Allgemeinen ... Nicht die allgemeine Idee ist es, welche sich in Gegensatz und Kampf, welche sich in Gefahr begibt; sie hält sich unangegriffen und unbeschädigt im Hintergrund. Das ist die *List der Vernunft* zu nennen, daß sie die Leidenschaften für sich wirken läßt ... Die Idee bezahlt den Tribut des Daseins und der Vergänglichkeit nicht aus sich, sondern aus den Leidenschaften der Individuen. *Einleitung zu den Vorlesungen über die Philosophie der Geschichte, 1830*[1].

---

[1] Die Vorlesungen wurden 1848 posthum veröffentlicht, die Einleitung nach einer von Hegel stammenden Niederschrift von 1830.

b) Engels: Die Massen als die „treibenden Mächte" des Geschichtsprozesses

Was *Hegels* Denkweise vor der aller andern Philosophen auszeichnet, war der enorme historische Sinn, der ihr zugrunde lag. So abstrakt und idealistisch die Form, so sehr ging doch immer seine Gedankenentwicklung parallel mit der Entwicklung der Weltgeschichte, und letztere soll eigentlich nur die Probe auf die erstere sein. Wenn dadurch auch das richtige Verhältnis umgedreht und auf den Kopf gestellt wurde, so kam doch überall der reale Inhalt in die Philosophie hinein ... Er war der erste, der in der Geschichte eine Entwicklung, einen inneren Zusammenhang nachzuweisen versuchte, und wie sonderbar uns auch manches in seiner Philosophie der Geschichte jetzt vorkommen mag, so ist die Großartigkeit der Grundanschauung selbst heute noch bewundernswert. *„Zur Kritik der politischen Ökonomie", 1859.*

Die Menschen machen ihre Geschichte, wie diese auch immer ausfalle, indem jeder seine eignen, bewußt gewollten Zwecke verfolgt ... Andrerseits fragt es sich weiter, welche treibenden Kräfte wieder hinter diesen Beweggründen (der vielen Einzelwillen) stehn, welche geschichtlichen Ursachen es sind, die sich in den Köpfen der Handelnden zu solchen Beweggründen umformen?

Diese Frage hat sich der alte Materialismus nie vorgelegt. Seine Geschichtsauffassung, soweit er überhaupt eine hat, ist daher auch wesentlich pragmatisch, beurteilt alles nach den Motiven der Handlung, teilt die geschichtlich handelnden Menschen in edle und unedle und findet dann in der Regel, daß die edlen die Geprellten und die unedlen die Sieger sind, woraus dann folgt, daß beim Geschichtsstudium nicht viel Erbauliches herauskommt ... Die Geschichtsphilosophie dagegen, wie sie durch Hegel vertreten wird, erkennt an, daß die ostensiblen Beweggründe der geschichtlich handelnden Menschen keineswegs die letzten Ursachen der geschichtlichen Ereignisse sind, daß hinter diesen Beweggründen andere bewegende Mächte stehn, die es zu erforschen gilt, aber sie sucht diese Mächte nicht in der Geschichte selbst auf, sie importiert sie vielmehr von außen, aus der philosophischen Ideologie, in die Geschichte hinein ...

Wenn es also darauf ankommt, die treibenden Mächte zu erforschen, die – bewußt oder unbewußt, und zwar sehr häufig unbewußt – hinter den Beweggründen der geschichtlich handelnden Menschen stehn und die eigentlichen letzten Triebkräfte der Geschichte ausmachen, so kann es sich nicht so sehr um die Beweggründe bei einzelnen, wenn auch noch so hervorragenden Menschen handeln, als um diejenigen, welche große Massen, ganze Völker und in jedem Volk wieder ganze Volksklassen in Bewegung setzen; und auch dies nicht in momentan zu einem vorübergehenden Aufschnellen und rasch verlodernden Strohfeuer, sondern zu dauernder, in einer großen geschichtlichen Veränderung auslaufender Aktion. Die treibenden Ursachen zu ergründen, die sich hier in den Köpfen der handelnden Massen und ihrer Führer – der sogenannten großen Männer – als bewußte Beweggründe klar oder unklar, unmittelbar oder in ideologischer, selbst in verhimmelter Form widerspiegeln – das ist der einzige Weg, der uns auf die Spur der die Geschichte im ganzen und großen wie in den einzelnen Perioden und Ländern beherrschenden Geset-

zu führen kann. *Ludwig Feuerbach und der Ausgang der klassischen deutschen Philosophie, 1888.*

132. Die Religionskritik des historischen Materialismus

Der Hauptmangel alles bisherigen Materialismus (den Feuerbachschen mit eingerechnet) ist, daß der Gegenstand, die Wirklichkeit, Sinnlichkeit nur unter der Form des Objekts oder der Anschauung gefaßt wird; nicht aber als sinnlich-menschliche Tätigkeit, Praxis, nicht subjektiv ...

Feuerbach geht von dem Faktum der religiösen Selbstentfremdung, der Verdoppelung der Welt in eine religiöse und eine weltliche, aus. Seine Arbeit, besteht darin, die religiöse Welt in ihre weltliche Grundlage aufzulösen ... Feuerbach löst das religiöse Wesen in das menschliche Wesen auf. Aber das menschliche Wesen ist kein dem einzelnen Individuum innewohnendes Abstraktum. In seiner Wirklichkeit ist es das Ensemble der *gesellschaftlichen Verhältnisse.* Feuerbach, der auf die Kritik dieses wirklichen Wesens nicht eingeht, ist daher gezwungen:

1) Von dem geschichtlichen Verlauf zu abstrahieren und das religiöse Gemüt für sich zu fixieren und ein abstrakt-isoliert-menschliches Individuum vorauszusetzen.
2) Das Wesen kann daher nur als „Gattung", als innere, stumme, die vielen Individuen natürlich verbindende Allgemeinheit gefaßt werden.

Feuerbach sieht daher nicht, daß das „religiöse Gemüt" selbst ein gesellschaftliches Produkt ist und daß das abstrakte Individuum, das er analysiert, einer bestimmten Gesellschaftsform angehört.
Das Höchste, wozu der anschauende Materialismus kommt, d. h. der Materialismus, der die Sinnlichkeit nicht als praktische Tätigkeit begreift, ist die Anschauung der einzelnen Individuen und der bürgerlichen Gesellschaft.
Der Standpunkt des alten Materialismus ist die bürgerliche Gesellschaft, der Standpunkt des neuen die menschliche Gesellschaft oder die gesellschaftliche Menschheit.
Die Philosophen haben die Welt nur verschieden interpretiert; es kommt darauf an, sie zu verändern. *Marx, Die deutsche Ideologie, Thesen über Feuerbach, 1845/46.*

*

Für Deutschland ist die Kritik der Religion im wesentlichen beendigt, und die Kritik der Religion ist die Voraussetzung aller Kritik ...

Das Fundament der irreligiösen Kritik ist: der Mensch macht die Religion, die Religion macht nicht den Menschen. Und zwar ist die Religion das Selbstbewußtsein und das Selbstgefühl des Menschen, der sich selbst entweder noch nicht erworben oder schon wieder verloren hat. Aber der Mensch, das ist kein abstraktes, außer der Welt hockendes Wesen. Der Mensch, das ist die Welt des Menschen, Staat, Sozietät. Dieser Staat, diese Sozietät produzieren die Religion, ein verkehrtes Weltbewußtsein, weil sie eine verkehrte Welt sind. Die Religion ist die allgemeine Theorie dieser Welt, ihre Logik in populärer Form, ihre moralische Sanktion, ihre feierliche Ergänzung, ihr allgemeiner Trost und Rechtfertigungsgrund. Sie ist die phantastische Verwirklichung des menschlichen Wesens, weil das menschliche Wesen keine wahre Wirklichkeit besitzt. Der Kampf gegen die Religion ist also mittelbar der Kampf gegen jene Welt, deren geistiges Aroma die Religion ist.

Das religiöse Elend ist in einem Ausdruck des wirklichen Elendes und in einem die Protestation gegen das wirkliche Elend. Die Religion ist der Seufzer der bedrängten Kultur, das Gemüt einer herzlosen Welt, wie sie der Geist geistloser Zustände ist. Sie ist das Opium des Volkes[1].

Die Aufhebung der Religion als des illusorischen Glücks des Volkes ist die Forderung seines wirklichen Glücks. Die Forderung, die Illusionen über seinen Zustand aufzugeben, ist die Forderung, einen Zustand aufzugeben, der der Illusionen bedarf. Die Kritik der Religion ist also im Keim die Kritik des Jammertals, dessen Heiligenschein die Religion ist.

Die Kritik hat die imaginären Blumen an der Kette zerpflückt, nicht damit der Mensch die phantasielose, trostlose Kette trage, sondern damit er die Kette abwerfe und die lebendige Blume breche. Die Kritik der Religion enttäuscht den Menschen, damit er denke, handle, seine Wirklichkeit gestalte wie ein enttäuschter, zu Verstande gekommener Mensch, damit er sich um sich selbst und damit um seine wirkliche Sonne bewege. Die Religion ist nur die illusorische Sonne, die sich um den Menschen bewegt, solange er sich nicht um sich selbst bewegt.
Marx, Zur Kritik der Hegelschen Rechtsphilosophie, 1843.

133. Sein und Bewußtsein – Basis und Überbau

Man kann die Menschen durch das Bewußtsein, durch die Religion, durch, was man sonst will, von den Tieren unterscheiden. Sie selbst fangen an, sich von den Tieren zu unterscheiden, sobald sie anfangen, ihre Lebensmittel zu produzieren, ein Schritt, der durch ihre körperliche Organisation bedingt ist. Indem die Menschen ihre Lebensmittel produzieren, produzieren sie indirekt ihr materielles Leben selbst ...

Die Vorstellungen, die sich diese Individuen machen, sei es über ihr Verhältnis zur Natur oder über ihr Verhältnis zueinander oder über ihre eigene Beschaffenheit, sind in allen Fällen der – wirkliche oder illusorische – bewußte Ausdruck ihrer wirklichen Verhältnisse und Betätigung, ihrer Produktion, ihres Verkehrs, ihres gesellschaftlichen und politischen Verhaltens ... Das Bewußtsein kann nie etwas anderes sein als das bewußte Sein, und das Sein der Menschen ist ihr wirklicher Lebensprozeß ...

Ganz im Gegensatz zur deutschen Philosophie, welche vom Himmel auf die Erde herabsteigt, wird hier von der Erde zum Himmel gestiegen. D.h. es wird nicht aus-

[1] Der berühmt gewordene Ausdruck ist vielleicht nicht von Marx erfunden; so hatte schon Heinrich *Heine* in seiner Schrift über Ludwig Börne, 1839, im gleichen Sinne, freilich mit entgegengesetzter Wertung, geschrieben: „Für Menschen, denen die Erde nichts mehr bietet, ward der Himmel erfunden ... Heil dieser Erfindung! Heil einer Religion, die dem leidenden Menschengeschlecht in den bitteren Kelch einige süße, einschläfernde Tropfen goß, geistiges Opium, einige Tropfen Liebe, Hoffnung und Glauben".

gegangen von dem, was die Menschen sagen, sich einbilden, sich vorstellen, auch nicht von den gesagten, gedachten, eingebildeten, vorgestellten Menschen, um bei den leibhaftigen Menschen anzukommen; es wird von den wirklich tätigen Menschen ausgegangen und aus ihrem wirklichen Lebensprozeß auch die Entwicklung der ideologischen Reflexe und Echos dieses Lebensprozesses dargestellt. Die Moral, Religion, Metaphysik und sonstige Ideologie und ihnen entsprechende Bewußtseinsformen behalten hiermit nicht länger den Schein der Selbständigkeit. Sie haben keine Geschichte, sie haben keine Entwicklung, sondern die ihre materielle Produktion und ihren materiellen Verkehr entwickelnden Menschen ändern mit dieser ihrer Wirklichkeit auch ihr Denken und die Produkte ihres Denkens. Nicht das Bewußtsein bestimmt das Leben, sondern das Leben bestimmt das Bewußtsein. *Marx, Deutsche Ideologie, 1845/46. Thesen über Feuerbach.*

*

Bedarf es tiefer Einsicht, um zu begreifen, daß mit den Lebensverhältnissen der Menschen, mit ihren gesellschaftlichen Beziehungen, mit ihrem gesellschaftlichen Dasein, auch ihre Vorstellungen, Anschauungen und Begriffe, mit einem Worte auch ihre Bewußtsein sich ändert? ...

„Aber", wird man sagen, „religiöse, moralische, philosophische, politische, rechtliche Ideen usw. modifizierten sich allerdings im Lauf der geschichtlichen Entwicklung. Die Religion, die Moral, die Philosophie, die Politik, das Recht erhielten sich stets in diesem Wechsel. – Es gibt zudem ewige Wahrheiten wie Freiheit, Gerechtigkeit usw., die allen gesellschaftlichen Zuständen gemeinsam sind. Der Kommunismus aber schafft die ewigen Wahrheiten ab, er schafft die Religion ab, die Moral, statt sie neu zu gestalten, er widerspricht also allen bisherigen geschichtlichen Entwicklungen".

Worauf reduziert sich diese Anklage? Die Geschichte der ganzen bisherigen Gesellschaft bewegte sich in Klassengegensätzen, die in verschiedenen Epochen verschieden gestaltet waren.
Welche Form sie aber auch immer angenommen, die Ausbeutung des einen Teils der Gesellschaft durch den anderen ist eine allen vergangenen Jahrhunderten gemeinsame Tatsache. Kein Wunder daher, daß das gesellschaftliche Bewußtsein aller Jahrhunderte, aller Mannigfaltigkeit und Verschiedenheit zum Trotz, in gewissen gemeinsamen Formen sich bewegt, in Bewußtseinsformen, die nur mit dem gänzlichen Verschwinden des Klassengegensatzes sich vollständig auflösen.

Die kommunistische Revolution ist das radikalste Brechen mit den überlieferten Eigentumsverhältnissen; kein Wunder, daß in ihrem Entwicklungsgange am radikalsten mit den überlieferten Ideen gebrochen wird. *Kommunistisches Manifest, 1848.*

*

In der gesellschaftlichen Produktion ihres Lebens gehen die Menschen bestimmte, notwendige, von ihrem Willen unabhängige Verhältnisse ein, Produktionsverhältnisse, die einer bestimmten Entwicklungsstufe ihrer materiellen Produktivkräfte entsprechen. Die Gesamtheit dieser Produktionsverhältnisse bildet die ökonomische Struktur der Gesellschaft, die reale Basis, worauf sich ein juristischer und politischer Überbau erhebt und welcher bestimmte gesellschaftliche Bewußtseinsformen entsprechen. Die Produktionsweise des materiellen Lebens bedingt den sozialen, politischen und geistigen Lebensprozeß überhaupt. Es ist nicht das Bewußtsein der Menschen, das ihr Sein, sondern umgekehrt ihr gesellschaftliches Sein, das ihre Bewußtsein bestimmt. Auf einer gewissen Stufe ihrer Entwicklung geraten die materiellen Produktivkräfte der Gesellschaft in Widerspruch mit den vorhandenen Produktionsverhältnissen oder, was nur ein juristischer Ausdruck dafür ist, mit den Eigentumsverhältnissen, innerhalb deren sie sich bisher bewegt hatten. Aus Entwicklungsformen der Produktionskräfte schlagen diese Verhältnisse in Fesseln derselben um. Mit der Veränderung der ökonomischen Grundlage wälzt sich der ganze ungeheure Überbau langsamer oder rascher um. In der Betrachtung solcher Umwälzungen muß man stets unterscheiden zwischen der materiellen naturwissenschaftlich treu zu konstatierenden Umwälzung in den ökonomischen Produktionsbedingungen und den juristischen, politischen, religiösen, künstlerischen oder philosophischen, kurz, ideologischen Formen, worin sich die Menschen dieses Konflikts bewußt werden und ihn ausfechten. Sowenig man das, was ein Individuums ist, nach dem beurteilt, was es sich selbst dünkt, ebensowenig kann man eine solche Umwälzungsepoche aus ihrem Bewußtsein beurteilen, sondern muß vielmehr dies Bewußtsein aus den Widersprüchen des materiellen Lebens, aus dem vorhandenen Konflikt zwischen gesellschaftlichen Produktivkräften und Produktivverhältnissen erklären...

In großen Umrissen können asiatische, antike, feudale und modern bürgerliche Produktionsweisen als progressive Epochen der ökonomischen Gesellschaftsformation bezeichnet werden. Die bürgerlichen Produktionsverhältnisse sind die *letzte* antagonistische Form des gesellschaftlichen Produktionsprozesses, antagonistisch nicht im Sinn von individuellem Antagonismus, sondern eines aus den gesellschaftlichen Lebensbedingungen der Individuen hervorwachsenden Antagonismus; aber die im Schoß der bürgerlichen Gesellschaft sich entwickelnden Produktivkräfte schaffen zugleich die materiellen Bedingungen zur Lösung dieses Antagonismus. Mit dieser Gesellschaftsformation schließt daher die Vorgeschichte der menschlichen Gesellschaft ab. *Marx, Vorwort „Zur Kritik der politischen Ökonomie", 1859.*

134. Kritische Einschränkung der materialistischen Geschichtsauffassung

... Nach materialistischer Geschichtsauffassung ist das *in letzter Instanz* bestimmende Moment in der Geschichte die Produktion und Reproduktion des wirklichen Lebens. Mehr hat weder Marx noch ich je behauptet. Wenn nun jemand das dahin verdreht, das ökonomische Moment sei das *einzig* bestimmende, so verwandelt er jenen Satz in eine nichtssagende, abstrakte, absurde Phrase. Die ökonomische Lage ist die Basis, aber die verschiedenen Momente des Überbaus – politische Formen des Klassenkampfs und seine Resultate, Verfassungen, Rechtsformen – und nun gar die Reflexe aller dieser wirklichen Kämpfe im Gehirn der Beteiligten, politische, juristische, philosophische Theorien, religiöse Anschauungen und deren Weiterentwicklung zu Dogmensystemen üben auch ihre Einwirkung auf den Verlauf der geschichtlichen Kämpfe aus und bestimmen in vielen Fällen vorwiegend deren *Form.* Es ist eine Wechselwirkung aller dieser Momente, worin schließlich durch alle die unendliche Menge von Zufälligkeiten (d.h. von Dingen und Ereignissen, deren innerer Zusammenhang untereinander so entfernt oder so unnachweisbar ist, daß wir ihn als nichtvorhanden betrachten, vernachlässigen können) als *Not*wendiges die ökonomische Bewegung sich durchsetzt. Sonst wäre die Anwendung der Theorie auf eine beliebige Geschichtsperiode ja leichter als die Lösung einer einfachen Gleichung ersten Grades ...

Daß von den Jüngeren zuweilen mehr Gewicht auf die ökonomische Seite gelegt wird, als ihr zukommt, haben Marx und ich teilweise selbst verschulden müssen. Wir hatten den Gegnern gegenüber das von diesen geleugnete Hauptprinzip zu betonen, und da war nicht immer Zeit, Ort und Gelegenheit, die übrigen an der Wechselwirkung beteiligten Momente zu ihrem Recht kommen zu lassen. *Engels an Bloch, 1890.*

*

Daraus, daß das gesellschaftliche Bewußtsein durch das gesellschaftliche Sein bestimmt wird, folgt durchaus nicht, daß es keinerlei selbständige Entwicklung hat. Die Entwicklung des gesellschaftlichen Bewußtseins ... zeigt, daß im Rahmen der allgemeinen Abhängigkeit des Bewußtseins vom Sein das gesellschaftliche Bewußtsein eine relative Selbständigkeit besitzt.

Das Bewußtsein ist die Wiederspiegelung des Seins und es verändert sich als Folge des veränderten gesellschaftlichen Seins. Diese Veränderung tritt jedoch nicht sofort ein. Die Erfahrung zeigt, daß das Bewußtsein vieler Mitglieder der Gesellschaft eine bestimmte Zeit lang nicht mit dem veränderten Sein übereinzustimmen braucht. Alte gesellschaftliche Ideen und Theorien, Vorstellungen und Gefühle sind sehr zählebig und halten sich auch dann noch ziemlich lange, wenn die materiellen Bedingungen, aus denen sie entstanden, sich bereits grundlegend gewandelt haben. Die Zählebigkeit alter Ideen erklärt sich jedoch nicht nur aus der Macht der Gewohnheit, sondern auch daraus, daß es bestimmte gesellschaftliche Schichten gibt, die daran interessiert sind, sie zu erhalten.

Aber das Bewußtsein kann nicht nur hinter dem gesellschaftlichen Sein zurückbleiben. Es kann auch der praktischen Tätigkeit der Menschen vorauseilen, das heißt, die Notwendigkeit spiegeln, das gesellschaftliche Sein zu verändern, und dadurch zur Veränderung des gesellschaftlichen Seins beitragen ... In den gesellschaftlichen Theorien hervorragender Ideologen der Bourgeoisie (zum Beispiel in Rousseaus „Gesellschaftsvertrag") wurde, wie Marx sagte, die bürgerliche Gesellschaft in idealisierter Weise vorweggenommen. Die Bilder der künftigen sozialistischen Gesellschaft, die von den großen Utopisten des 19. Jahrhunderts geschaffen wurden, entsprangen aus dem „ersten ahnungsvollen Drängen" des Proletariats „nach einer allgemeinen Umgestaltung der Gesellschaft" (Kommunistisches Manifest)

Die relative Selbständigkeit in der Entwicklung der gesellschaftlichen Ideen besteht ferner darin, daß die gesellschaftlichen Ideen jeder neuen historischen Epoche in kontinuierlichem Zusammenhang mit den Ideen der vergangenen Epochen stehen. Die gebildeten Vertreter einer bestimmten Klasse beginnen, wenn sie die Ideologie dieser Klasse ausarbeiten, nicht auf „leerem Grund", sondern stützen sich auf das ideelle Material, das von ihren Vorgängern geschaffen wurde, wobei sie manche Ideen ablehnen, andere sich aneignen und überarbeiten.
Infolge dieser historischen Aufeinanderfolge ist es nicht möglich, den ganzen Inhalt der Ideologie einer Epoche lediglich aus den jeweiligen ökonomischen Verhältnissen zu erklären. Auf die Entwicklung der christlichen Religion übten nicht nur die sozialökonomischen Verhältnisse des auf Sklaverei begründeten Römischen Imperiums, sondern auch andere Religionen ihren Einfluß aus, insbesondere die religiösen Mythen der orientalischen Völker von den leidenden, sterbenden und auferstehenden Göttern (Osiris, Mithra usw.). In der heutigen christlichen Religion hat sich der aus der Vorzeit stammende Inhalt erhalten. Es wäre sinnlos, eine ökonomische Begründung der religiösen Mythen von der Geburt Christi, von seinen Wundern, von seiner Auferstehung in den Bedingungen der modernen Gesellschaft zu suchen. Diese Mythen sind als Tradition von einer Epoche zur anderen überliefert worden.

In jeder Form der Ideologie besitzt der kontinuierliche Zusammenhang seine Besonderheiten. In der Religion, die die konservativste ideologische Form ist, kommt die Aufeinanderfolge in der Reproduktion traditioneller, versteinerter Dogmen, Mythen und Zeremonien (bei gleichzeitiger Anpassung an die neuen Bedingungen) zum Ausdruck. *Grundlagen der marxistischen Philosophie, 1966.*

135. Ideologischer Kampf gegen die „religiösen Vorurteile"

Der Marxismus hat das Banner des kämpferischen Atheismus der alten Materialisten übernommen. Zugleich hat er den Kampf mit der Religion auf eine wissenschaftliche Grundlage gestellt. Er hat gezeigt, daß der Kampf gegen die Religion in der Klassengesellschaft nicht auf die bloße Aufklärung beschränkt werden darf. Der Kampf gegen die Religion muß vor allem ein Kampf gegen die sozialen Bedingungen sein, die die Religion erzeugen, gegen jene sozialen Kräfte, die die Religion stützen, um ihre Herrschaft zu festigen und die Massen zu unterdrücken.
Obgleich die Bedingungen der kapitalistischen Gesellschaft die Erhaltung der religiösen Vorurteile fördern (denn die sozialen Wurzeln der Religion bleiben erhalten), obgleich die herrschende Klasse diese Vorurteile unterstützt und kultiviert, ist die Religion heute in den kapitalistischen Ländern durch den Kampf der Arbeiterklasse und durch die Erfolge bei der Entwicklung der Wissenschaft schwer erschüttert. Die wissenschaftlich-atheistische Propaganda der fortschrittlichen Philosophen und Gelehrten fördert die Befreiung des Bewußtseins der Werktätigen von den religiösen Vorurteilen.
In der UdSSR, wo der Sozialismus bereits gesiegt hat, wo es keine Ausbeuterklassen und kein Massenelend mehr gibt, sind die sozialen Wurzeln der Religion unter-

graben. Die Mehrzahl der Werktätigen hat sich von den religiösen Vorurteilen befreit. Trotzdem existieren im Bewußtsein vieler Menschen diese Vorurteile weiter. Sie existieren infolge eingewurzelter Gewohnheiten als Überreste, die die alte Gesellschaft hinterlassen hat, aber auch infolge des Einflusses religiöser Organisationen, die schon jahrhundertelang bestehen. Ungenügendes Wissen von den Gesetzmäßigkeiten der Entwicklung der Natur und Gesellschaft, von den Ursachen bestimmter natürlicher und sozialer Erscheinungen hemmt die Überwindung dieser Überreste.

In der UdSSR ist die Gewissensfreiheit voll gewährleistet: die Freiheit der Religionsausübung und die Freiheit der wissenschaftlich-atheistischen Propaganda. Insofern die sozialen Wurzeln der Religion untergraben sind, ist im Sozialismus die Hauptform des Kampfes gegen die Religion der ideologische Kampf, das heißt die wissenschaftlich-atheistische Propaganda, die Verbreitung der wissenschaftlichen Weltanschauung und die Aufklärung über die Schädlichkeit der religiösen Überreste. Darum heißt es im Programm der KPdSU: „Geduldig muß die Unzulänglichkeit religiöser Glaubensvorstellungen erklärt werden, die in der Vergangenheit entstanden, weil die Menschen unter dem Druck der blinden Naturgewalten und in sozialer Knechtschaft lebten und die wahren Ursachen der Erscheinungen in Natur und Gesellschaft nicht kannten. Dabei muß man sich auf die Errungenschaften der modernen Wissenschaft stützen, die das Weltbild immer vollständiger offenbart, dem Menschen größere Macht über die Natur verleiht und für die phantastischen Märchen der Religion von überirdischen Kräften keinen Platz mehr übrigläßt". *Ebd.*

C. Christentum und Marxismus

Marx und Engels bekannten sich als Atheisten. Der historische Materialismus, den sie vertraten, schließt, so scheint es, jede positive Einstellung zur Religion aus. Nur als fossile Reste des „Überbaus" längst vergangener Wirtschafts- und Herrschaftssysteme läßt sich das gegenwärtige Christentum begreifen und tolerieren (vgl. Nr. 135). So war es begreiflich, daß die Christen ihrerseits den Marxismus als den unversöhnlichen Feind der Religion ansahen. Heute hat sich an dieser reinen Feindstellung einiges geändert. Und zwar zunächst und vor allem dadurch, daß viele Christen ihre Einstellung zur sozialen und ökonomischen Problematik unserer Gesellschaft änderten. Indem man die Not und die Notwendigkeit radikaler Umgestaltung zugab, näherte man sich den Marxisten, zumindest in ihren gesellschaftlichen Forderungen, aber darüber hinaus auch in ihrer Auffassung von der dominierenden Bedeutung der materiellen Lebensprobleme. Man war nicht mehr geneigt, mit Berufung auf das Jesuswort „Der Mensch lebt nicht von Brot allein" den Darbenden auf ein besseres Jenseits zu verweisen. Viele glaubten zudem in dem militanten Marxismus, trotz dessen betont materialistischer Weltanschauung, ein dem Urchristentum verwandtes Element zu erkennen: den Glauben an eine baldige Verwandlung dieser ungerechten Welt.

Eine ähnliche Annäherung fand von marxistischer Seite aus statt. Hierzu ist nicht eigentlich zu rechnen die Verwandlung einer revolutionären, klassenkämpferischen Arbeiterpartei in eine undogmatische, auf pragmatischen Fortschritt bedachte Volkspartei, wie sie zuerst in England und nach und nach auch in Deutschland vor sich ging. Für die Auseinandersetzung zwischen Christentum und Marxismus bedeutungsvoll sind allein die Beziehungen zwischen gläubigen Christen und „gläubigen", kämpferischen Marxisten. Was kann einen überzeugten Marxisten zu einer solchen Auseinandersetzung veranlassen? Offenbar dasselbe Faktum, das auch gläubige Christen zu ihr veranlaßt hat: der unübersehbare Ernst, mit der – in einer Welt spätbürgerlicher Skepsis und Gleichgültigkeit – Menschen sich einem höheren Gebot als dem des Augenblicks verpflichtet fühlen und zwar einem Gebot und einer Hoffnung, die auf ein menschlicheres Miteinanderleben der Menschen, Klassen und Völker zielen. Eine positive Auseinandersetzung zwischen Christen und Marxisten steht gewiß erst in den Anfängen, und es ist noch völlig ungewiß, ob sie über diese Anfänge hinauskommen und es ihr gelingen wird, die starren Fronten konservativer Kirchlichkeit und revolutionären Antiklerikalismus zu durchbrechen. Sicher ist, daß eine solche Einigung nicht im Rückgriff auf überholte politische Ideologieen wie die „Volksgemeinschaft" oder durch Werke christlicher Nächstenliebe erfolgen kann.

136. Wichern: Der Kommunismus

Johann Hinrich Wichern (1808–1881) war von der Not verwahrloster Jugendlicher in Hamburg ausgegangen; nach und nach waren ihm immer weitere soziale Nöte bewußt geworden ebenso wie die Schuld, die die Kirche durch die Ignorierung dieser Nöte auf sich geladen hatte. Sein Aufruf zur Gründung eines *Zentralausschusses für die Innere Mission* (1848/1849) fand ein weites Echo, und in den folgenden Jahrzehnten entstand das gewaltige Liebeswerk der Inneren Mission, das aus unserer Gesellschaft nicht mehr wegzudenken ist (vgl. Mittelstufenband S. 220f. und S. 262f.). Aber eine positive Antwort auf die marxistische Parole und eine wirkliche Lösung des durch die moderne Industrialisierung und den modernen Kapitalismus entstandenen Notstandes findet sich bei Wichern nicht. Wichern sah auf Grund seiner konservativen und monarchistischen Überzeugung in der marxistischen Arbeiterbewegung nur den Feind. Durch die Innere Mission hoffte er diesem politisch-weltanschaulichen Gegner gerade innerhalb des Proletariats entgegen arbeiten zu können. Nur ganz am Rande erscheint wohl bei Wichern eine Bemerkung, die die Gemeinsamkeit des Anliegens und die verborgene Christlichkeit des Marxismus anerkennt: „Was der Sozialismus und Kommunismus im tiefsten Grunde seines Strebens verbirgt, sind die entstellten, aber doch die Wahrheit bergenden Züge des Angesichts einer tief gebeugten, schmerzerfüllten Menschheit, die sich in sozialer Hinsicht nach Erlösung und Wiedergeburt sehnt und die noch nicht weiß und versteht, es aber noch erfahren soll, daß ihre Hoffnung nur durch das Evangelium Erfüllung zu erwarten hat".

Für die Notwendigkeit einer Mitbeteiligung der Kirche bei Lösung der ... sozialen Fragen kann nichts schlagender und überzeugender sprechen als die Tatsache, daß sich gerade in Beziehung auf diese Verhältnisse das Antichristentum zu einer die verschiedenen Klassen der Gesellschaft vulkanisch gegeneinander aufregenden Macht erhoben hat. Diese antichristliche Bewegung hat sich scharf und klar zugespitzt und ihre praktischen letzten Ausläufer in dem *Kommunismus* gefunden ... Der Kommunismus, der, sei es mit der Kälte des Hohns oder mit der Wut des Fanatikers oder der Glätte des Heuchlers, nicht bloß das Christentum von sich wirft, sondern auch den Rest des Glaubens im Heidentum für den noch zu vertilgenden Rest der menschenverderbenden „Unsittlichkeit" erklärt, hat den durch jene Sünden im Volke bereiteten Boden erst instinktmäßig und dann planmäßig benutzt, um die Macht der sich widerstrebendsten Leidenschaften zum Kriege gegeneinander aus dem Abgrunde der von Gott verlassenen Selbstsucht heraufzubeschwören und so das Gesamtleben des Volkes zu zerklüften ... Die faktische innere Auflösung des Familienlebens ist ihm schon der Anfang der Verwirklichung seiner Hoffnung, die darin besteht, daß alle und jede Ehe werde vernichtet werden, da sie ihm für etwas „Unsittliches", für die Vernichtung der „Freiheit" gilt. Die Aufhebung des Unterschiedes der göttlichen Ordnungen von oben und unten, von Regierenden und Regierten, Eltern und Kindern, Herren und Knechten, Obrigkeiten und Untertanen folgt aus der Auflösung der Familie von selbst und erscheint dem Kommunismus als ein um so gewisser erreichbares Ziel, als die Sünde, welche an dieser Ordnung rüttelt, in unserem Jahrhundert schon längst gar mächtig geworden ist ...

Es war eine natürliche Konsequenz der kommunistischen Richtung, daß dieselbe sich erst theoretisch, dann praktisch auf das Gebiet der Arbeit und die in demselben vorhandenen Gliederungen warf. Die Arbeit bedingt den rechtmäßigen Besitz, das persönliche Eigentum ... Statt aber, wie die Gerechtigkeit es erfordert haben würde, die Arbeit aller Klassen als Arbeit gelten zu lassen, überging man dabei alle diejenigen Klassen, deren Arbeit mehr regierender, wissenschaftlicher, lehrender, künstlerischer Natur ist, deren Arbeit sich unter allemeinen Gesichtspunkten zum Besten der ganzen Gesellschaft oder immer eines größeren Teils derselben in Staat oder Kirche bewegt. Man wandte sich vielmehr ausschließlich an die begreiflicherweise sehr leicht erregbaren Sympathien derjenigen Klassen, deren Arbeit den Rohstoff unmittelbar zu bewältigen hat, und nennt nunmehr nur sie „Arbeiter", da doch die Arbeit der letzteren ohne die Arbeit jener ersteren eine unmögliche oder doch meist erfolglose bleiben würde ... Dadurch aber sind diese Stände wie der Gefahr des Ruins im Äußeren, so namentlich auch der Versuchung zum völligen Abfall vom Christentum und dessen Lebensordnungen nunmehr um so unmittelbarer ausgesetzt ... *Die Innere Mission der deutschen evangelischen Kirche, 1849.*

137. Naumann: Jesus und die gegenwärtige soziale Frage

Friedrich Naumann (1860–1919) war von Wichern ausgegangen, hatte sich aber bald von ihm gelöst, zumal er auch theologisch nicht Wicherns konservativen Standpunkt teilte. Aber von den Sozialdemokraten seiner Zeit trennte ihn nicht nur seine christliche, sondern auch seine nationale Einstellung. Je mehr sich Naumann der Politik und den konkreten Problemen und Aufgaben des damaligen Deutschen Reiches zuwandte, desto mehr empfand er den Abstand zu der neutestamentlichen Gesinnung des „Anti-mammonismus".

Der Kapitalismus, die wirtschaftliche Grundform unseres Zeitalters, ist zwar an sich nichts absolut Neues, nahm aber bei uns in Deutschland im letzten Menschenalter sehr an Ausdehnung zu. Diese Tatsache selbst ist weltbekannt, aber nicht ebenso bekannt ist, daß dieses Wachstum in doppelter Weise auf die Religion einwirkte: einmal als Verstärkung des Geistes reiner Verständigkeit, der alle Geheimnisse und alle Romantik verscheuchte, und dann als Verstärkung des alten, nie ganz erstorbenen religiösen Protestes gegen den Mammon. Man wurde sich des Zusammenhanges bewußt, der gleichsam unterirdisch zwischen Jesus, dem heiligen Franziskus, den Widertäufern, Rousseau und den ersten sozialistischen Utopisten vorhanden war. Oft war dabei reaktionärer und fortschrittlicher Antikapitalismus nicht deutlich geschieden. Es entstand ebensowohl innerhalb des Katholizismus wie innerhalb des Protestantismus eine Stimmung, deren Grundgedanke war, das Christentum könnte, wenn es nur echt wäre, die Welt vom Kapitalismus erlösen! Fast alle Vorwürfe, die die Sozialdemokraten gegen das kirchliche Christentum richten, gehen in dieser Linie, fast alle christlich-sozialen Hoffnungen haben etwas Ähnliches im Hintergrund. In dieser Stimmung lebte wirklich etwas Starkes, und ich werde niemals bedauern, an ihr Anteil gehabt zu haben. Es schien, als könnte der galiläische Glaube nach langer, langer Zeit wieder einmal unmittelbar und im großen Stile wirksam werden. Und doch schien es wohl nur so! Es schien so, weil wir alle, die wir von dieser Strömung erfaßt waren, den Unterschied des galiläischen und des modernen Antikapitalismus unterschätzten. Das Volk, zu dem Jesus redete, war in seinem galiläischen Hauptbestandteil noch völlig vorkapitalistisch. Nur von außen kamen geldwirtschaftliche Anregungen ins Land, und diese sind es, denen Jesus ablehnend gegenüberstand ... Jesus wehrt die damals falsch moderne Denkweise ab, denkt aber nicht daran, ein Mittelstandssystem oder einen Sozialismus im modernen Sinn dafür zu empfehlen. Hier lag der Punkt, wo für uns der Irrtum sich leicht einstellte. Wir wollten Jesus einfach als hohen und obersten Anwalt moderner Wirtschaftsbestrebungen verwenden. Jedesmal aber, wenn wir nun ernstlich versuchten, bestimmte Forderungen aus seinem Evangelium abzuleiten, versagte es. Das Evangelium war eben galiläisch. Es blieb nichts übrig, als unsere Klassenkämpfe eben moderne Kämpfe zu nennen, und es fand sich keine Möglichkeit, Jesus zum besonderen Verfechter der Klasse der Lohnarbeiter zu machen ...

In dieser Welt gibt es für das Christentum im Grunde nur zwei Möglichkeiten. Entwedet es erklärt: Der Jünger Jesu Christi kann mit den schaffenden und erwerbenden Tätigkeiten dieser Zeit nichts zu tun haben und wird Mönch, oder der Jünger Jesu Christi wird sich der Begrenztheit seines Christentums bewußt. Er sagt: ich will Christ sein, so viel und so gut es in dieser Welt möglich ist! Er verzichtet darauf, nur christliche Motive zu haben, sondern hat sie neben anderen. *Briefe über die Religion, 1903.*

138. Ragaz: Bejahung und Kritik des Marxismus

Ganz anders urteilte Ragaz und andere „religiöse Sozialisten“. Leonhard Ragaz (1868–1945) war Pfarrer in der Schweiz. Er schloß sich schon vor dem 1. Weltkrieg öffentlich der Sozialdemokratischen Partei an. Das war in jener Zeit ein kühnes Wagnis für einen evangelischen Geistlichen, da ja die damalige Sozialdemokratische Partei sehr viel radikaler gesonnen war als die heutige (die kommunistische Gruppe hatte sich ja von ihr noch nicht getrennt). Ragaz war bis 1908 Pfarrer, dann Professor der Theologie in Zürich; 1912 zog er sich aus jeder amtlichen, von Kirche und Staat besoldeten Tätigkeit zurück, um ohne jede äußere Bindung wirken zu können.

Als wir zur *Sozialdemokratie* gingen, so gingen wir *nicht* zu einer *politischen Partei,* sondern zum *Proletariat.* Was gingen uns Parteiprogramme und Parteidogmen an? Wir sahen das Proletariat vor uns. Wir sahen es vor uns, als die Klasse der Entwurzelten, Ausgestoßenen, Enterbten, der politisch, religiös und moralisch Geächteten. Dies letzte war es ja in den Augen der bürgerlichen und christlichen Gesellschaft. Es war es aber gerade durch die Verbindung mit der Sozialdemokratie. Diese hatte sich des Proletariats angenommen. Sie allein hatte das mit rechtem Ernst und rechter Aufrichtigkeit getan. Darum hatte sie sein Vertrauen gewonnen. Ob ihr Weg der richtige war oder andere Wege besser gewesen wären, ließen wir dahingestellt; jedenfalls war nun diese enge Verbindung zustande gekommen. Dieses Proletariat aber war in seinem Elend die Frucht der bürgerlichen und christlichen Welt. Sein Zustand, sein Vorhandensein war eine gewaltige Anklage gegen sie. Wir hörten diese Anklage. Sie ließ uns keine Ruhe bei Tag und Nacht. Darum gingen wir zur Sozialdemokratie. Denn dies war für uns die einzig wirksame Form des Bekenntnisses zum Proletariat. Wir gehörten zu diesem. Hier mußte die Schuld der Gesellschaft gebüßt werden. Hier war unser Ort: bei den Geringen, den Geächteten. Unser Bekenntnis zur Sozialdemokratie war ein Bekenntnis zu der Sache des Sozialismus, zur Schuld der Gesellschaft, besonders des Christentums. Es war ein Protest und ein Glaubensbekenntnis. Nicht ein Weg zu einer politischen Partei war unser Weg zur Sozialdemokratie, sondern ein Weg der Nachfolge Christi. Die Religion hält es mit den herrschenden Mächten, das Reich Gottes geht zu den Zöllnern und Sündern. *Weltreich, Religion u. Gottesherrschaft.*

Das Reich Gottes ist keine Religion; es bedeutet eher die Aufhebung aller Religion ... Was verstehen wir gewöhnlich unter Religion? ... Es gehört dazu einmal eine heilige Lehre. Es gehören dazu bestimmte Bräuche, Übungen und Einrichtungen. Vor allem gehört dazu, was man einen Gottesdienst oder Kultus nennt. Auch eine Gemeinschaft, die sich um diese Lehre und diesen Gottesdienst sammelt ... Eine Absonderung gegen andere Religionen ergibt sich ebenfalls von selbst.

Und nun erklären wir, daß das, was Jesus will, etwas ganz anderes ist, so ziemlich das Gegenteil. Wir müßten es schon von Israel sagen ... Moses will keine Religion und der Kampf der Propheten ist ein Kampf gegen die Religion. Was wollen sie denn? Nicht eine Religion, sondern ein *Reich,* das Reich Gottes und des Menschen, eine Welt der Gerechtigkeit und Güte. Sie stehen im Namen Gottes gegen Tempel und Priester.

Auf dieser Linie steht auch Jesus; er geht auf ihr weiter bis zum Ende. Er hat nicht eine *neue* Religion gebracht, sondern überhaupt keine Religion ... Nicht eine Religion will er, sondern ein Reich, eine neue Schöpfung, eine neue Welt. Er will die neue Gerechtigkeit, die Befreiung der Welt aus Angst und Sinnlichkeit, Mammonismus, Verzweiflung, Tod und – Religion.

Der Marxismus zieht uns an, insofern er *Messianismus ist,* das heißt Glaube, daß es ein *Reich der Gerechtigkeit* und wahren Menschlichkeit auf Erden geben kann und daß dieses Reich den Geringen gehören soll. Wir fühlen die Verwandtschaft dieser Geschichtsauffassung mit der biblischen, besonders der der Propheten – von der sie ja abstammt, freilich ohne es zu wissen. Wir glauben auch, daß dem marxistischen „*Materialismus*" eine tiefe religiöse Wahrheit innewohne, jene Wahrheit, die das bekannte Wort eines christlichen Mystikers ausdrückt, daß das Ende der Wege Gottes Leiblichkeit sei. Wir können es auch verstehen, daß es einen großen Sinn hat, wenn Marx erklärt, daß der Sozialismus von selber komme, durch die notwendige „Dialektik" der Entwicklung, das heißt: durch den Kampf gewaltiger Gegensätze, der die Wahrheit heraustreibe. Wenn er das anstößige Wort spricht, daß die Arbeiterbewegung keine „Ideale" zu verwirklichen habe, so liegt darin die Erkenntnis, daß das Größte und Letzte nicht von den Menschen gemacht, sondern ihnen geschenkt wird ... Wir verstehen, daß gerade diese Botschaft besser zur Auferweckung eines in stumpfer Hoffnungslosigkeit versunkene Proletariats diente, als wenn der Sozialismus zu ihm in erster Linie als sittliche Forderung gekommen wäre. Der Mensch muß zuerst etwas bekommen, damit er etwas leisten kann; nur aus der Gabe wird eine Aufgabe. Das müde und elende Volk, das in der Finsternis saß, mußte ein großes Hoffnungslicht sehen, es mußte ein Evangelium hören. So konnte es Kraft und Lust zu einem Tun bekommen ...
Aber so sehr wir dies und anderes von dieser Art am Marxismus anerkennen und lieben, so entschieden lehnen wir ihn ab, wenn er aus einer prophetischen Vision eine *wissenschaftliche Theorie,* ein System, ein Dogma wird. Er verkennt das Wesen der Wissenschaft so gut wie das des Sozialismus. Wissenschaft mag dem Sozialismus Dienste leisten, aber der Sozialismus selbst ist ein sittliches (oder auch religiöses) Ideal. Ideale aber werden geglaubt oder nicht, als wahr erlebt oder nicht, keine Wissenschaft kann ihre Wahrheit beweisen, keine sie widerlegen ... Wir glauben an den Geist. Uns sind nicht wirtschaftliche Mächte die letzten Triebkräfte der Geschichte, so einflußreich sie auch sind, sondern geistige. Wir glauben auch, daß in der Menschenseele noch andere, tiefere, stärkere Kräfte wirksam sind als der Egoismus, und daß das oberste Weltgesetz nicht der „Kampf ums Dasein" ist. Der Geist ist der Herr der Welt, nicht der Stoff.

Mit einem Wort: wir gehen aus von einer *sittlichen* Weltanschauung. Sie wurzelt in einer „religiösen". Wir können von diesem Boden aus die großen Wahrheiten des Marxismus uns zu eigen machen, aber wir lösen alles davon ab, was den Geist im wahren Sinn des Wortes verrät. Wir holen den Idealismus, der dem Marxismus zugrunde liegt, aus seiner Verhüllung und Entstellung durch eine schlechte Philosophie heraus und fügen ihn in die Wahrheit ein, die wir von anderswoher kennen, dankbar für das Licht, das er uns geschenkt, aber als ganz Freie. Denn wir sind – wie bekanntlich auch Marx selbst – keine Marxisten.

*

Im Mittelpunkt der Sozialdemokratie steht die Lehre vom *Klassenkampf.* Wie stellen wir uns zu ihr?

Auch hier wollen wir die Wahrheit anerkennen, die in dieser Lehre liegt. Daß der Klassenkampf eine gewaltige Tatsache der Geschichte (die Gegenwart inbegriffen) darstellt, kann nur leugnen, wer gänzlich unwissend oder blind ist. Auch kann man wohl nichts dagegen einwenden, daß gerade das Proletariat wirklich die weltgeschichtliche Berufung hat, durch einen letzten Klassenkampf das ganze bisherige System der Klassenherrschaft umzustürzen ... Es entspricht dies auch der Anschauung der Bibel und dazu den Erfahrungen der Geschichte, daß die großen Umwälzungen regelmäßig von unten kommen, daß sie vom „Volke" ausgehen, von den Einfachen, den Gedrückten, Enterbten, die eben „geistlich Arme", Hoffende, Sehende werden ... Man kann sich diesen Klassenkampf sehr ideal denken, als Kampf um die Erhebung des Proletariats aus Knechtschaft und Stumpfheit, als Vorwärtsdrängen zu der neuen Welt.
Soweit der Klassenkampf diesen Sinn hat, ist er eine Sache, der wir zustimmen.
Aber so wie er gewöhnlich verstanden wird, und auch zum guten Teil schon bei Marx gemeint ist, müssen wir ihn ablehnen ... Wir lehnen die Rolle ab, die die *Gewalt* in dieser Lehre spielt. Der Klassenkampf soll nach ihr nicht durch geistige Mittel, durch den Glauben an die gute Sache, an die Wahrheit und Gerechtigkeit und die entsprechenden Taten geführt, sondern als eine reine Machtfrage behandelt werden ... In diesem Kampfe geben rein materielle Kräfte den Ausschlag. Es gilt, die wirtschaftliche Macht zu erobern und zu diesem Zwecke die politische. Dafür muß das Proletariat aufgerüttelt werden. Sein stärkstes Motiv: die Klassenselbstsucht, muß in Bewegung gesetzt werden. Der Kampf wird aus Gründen der Klugheit am besten nicht mit eisernen, sondern mit papierenen Waffen, vor allem mit dem Stimmzettel, geführt, aber wenn die Dinge zur Entscheidung kommen, so wird wohl noch die blutige Gewalt als Geburtshelferin walten müssen, damit die neue Gesellschaft das Licht erblikken kann. Grundsätzliche Abneigung gegen die Gewalt kennt man nicht, wie man auch den Krieg nicht ohne weiteres und jedenfalls nicht aus diesem Grunde ablehnt.
Hier stehen wir nun anders, und es handelt sich gerade hier um einen Grundbestanteil unseres Denkens und Fühlens ... Die Gewalt ist für uns böse. Sie kann nicht zum wirklichen Sozialismus führen, sondern nur zu einer neuen Gewalt. Denn was könnte Gewalt anderes erzeugen denn Gewalt? Wo Gewalt herrscht, da herrscht nicht Sozialismus, das heißt: freie, brüderliche Gemeinschaft. Denn Gewalt ist Herrschaft ... Es liegt auf der Gewalt ein Fluch. Ein Sozialismus, der den Gewaltgeist in sich trägt, ist im Grunde Kapitalismus. Sein Prinzip ist der Egoismus, nur ein etwas anders geformter ...
Der Sozialismus, der berufen war, allem Militarismus ein Ende zu machen, ja den Krieg ganz zu beseitigen und im sozialen wie im politischen Leben die Herrschaft der Gewalt zu zerbrechen, richtet einen neuen Militarismus auf, setzt an Stelle des Völkerkrieges den Klassenkrieg, proklamiert ein Regiment der Gewalt.
Und auch jenes älteste und tiefste Gesetz soll nicht vergessen werden, daß Unrecht *leiden* einer Sache weiter hilft als Unrecht tun, daß unschuldiges Leiden die stärkste Kraft der Welt ist und der Weg alles Großen ein Opferweg. Kurz: Wir können

auch im Kampf um den Sozialismus das Kreuz nicht verleugnen. Unser Gott ist der Gott der Liebe und nicht der Gewalt; der tiefste Sinn der Weltordnung nicht der Kampf ums Dasein, sondern die gegenseitige Hilfe. Danach muß sich auch unser Kampf gestalten. Der Sozialismus siegt durch Liebe, nicht durch Haß. *Ebd.*

139. Christen und Marxisten im Gespräch

Aus der zunächst recht heftigen und oft unsachlichen Polemik zwischen Marxisten und Christen ist es in neuester Zeit vielfach zu einer sachlichen Auseinandersetzung gekommen und zu einem Gespräch, in dem man sich von beiden Seiten bemühte, den gegnerischen Standpunkt zu verstehen und neben dem Unterschiedlichen auch das Gemeinsame zu sehen. Ein Zeugnis hierfür war der von der katholischen „Paulusgesellschaft" *1965 in Salzburg* veranstaltete Kongreß „Christentum und Marxismus – heute", an dem 240 Professoren und Dozenten europäischer Hochschulen und Universitäten sich zu einem offenen Dialog trafen. Freilich nahmen nur Marxisten aus den westlichen Ländern, vorzugsweise aus Frankreich und Italien, teil, und der Hauptsprecher der Marxisten, Robert *Garaudy,* damals Chefideologe der kommunistischen Partei Frankreichs, ist inzwischen wegen seiner fortschrittlichen Ideen aus der Partei ausgeschieden. Der Nachteil, daß an diesem Dialog zwischen Marxisten und Christen nur *katholische* Theologen teilnahmen, wurde durch den Vorteil ausgeglichen, daß auf diese Weise nicht interkonfessionelle Differenzen die Konfrontation komplizierten. Im übrigen zeigte sich bei den katholischen Theologen eine erstaunliche Nähe zu genuin reformatorischen Überzeugungen.

Vgl. auch Nr. 149, die Stellungnahme des 2. Vatikanischen Konzils zum Atheismus.

I.

Seiner Bezeichnung nach besteht der *Atheismus* in einer Negation. Der positiven Aussage „Es gibt einen Gott" steht eine bloße Negation gegenüber, nicht eine eigene positive Aussage. Die Aussage „Es gibt einen Gott" ist eine transzendente Aussage, deren Gültigkeit im Rahmen eines immanenten Begriffsschemas, wie es die Naturwissenschaft oder auch des Materialismus gebraucht, weder zu beweisen noch zu widerlegen ist. Die Negation einer transzendenten Aussage aber ist wieder eine transzendente Aussage. Das heißt: der Atheismus selbst ist, so betrachtet, transzendent ... Als reine Negation bleibt der zweite Satz an die inhaltliche Aussage des ersten gebunden, er besitzt also keinerlei Eigenständigkeit oder eigenen Inhalt. *Hans Wehrhahn.*

*

Der Atheismus ist als *historisches* Phänomen zu beurteilen, das sich jeweils im Widerspruch zu historischer Religion entwickelt hat ... Damit aber ist der Atheismus in seiner historischen Erscheinung als ein vorwiegend *nachchristliches* Phänomen anzusprechen ... diese antithetische Struktur des modernen Atheismus beruht offenbar auf dem Widerspruch gegen eine Theologia naturalis und damit gegen eine denkerische Erzwingbarkeit der Existenz des höchsten Wesens. Nun hat Prof. Karl *Rahner* bereits im Namen des christlichen Glaubens der Naturwissenschaft einen „methodologischen Atheismus" zugestanden. Die Theologie sieht heute keine Nötigung mehr, Gott als Arbeitshypothese für die Welterklärung zu fordern, und bejaht daher in einem ganz bestimmten Sinne die Säkularisierung des Weltverständnisses, gemäß dem Motto: *si deus non daretur* ...[1] Sicherlich wird christliche Theologie nicht ablassen können, den Atheisten mit der Frage zu bedrängen, mit welchen Gründen er die Möglichkeit der Existenz Gottes negiert, statt sich mindestens fragend dafür offenzuhalten. Es kommt aber darauf an, wie nun seitens des christlichen Glaubens argumentiert wird. Uns drängt sich heute die Überzeugung auf, daß die im Theismus vorliegende Vergegenständlichung Gottes dem Wesen der biblischen Gottesaussagen keineswegs entspricht ... Das eigentliche Gewicht des neutestamentlichen Zeugnisses liegt beim Ereignis der *Inkarnation*: in einem geschichtlichen Menschen, und zwar in dessen Verkündigen und Handeln wie im Leiden und Sterben, begegnet den Menschen Gottes Heil. Die Kreuzestheologie des Paulus, die in den Evangelien kräftig unterstrichen ist, redet von einer Selbstpreisgabe Gottes für die Welt, so daß man von einer „Selbstsäkularisierung Gottes" sprechen muß. Christus zieht die säkularisierten Gottlosen in seine Gemeinschaft und stirbt als „Gottloser" ... Die Heilstat Gottes in Christus wird im Evangelium so dargeboten, daß der Glaube an Gott sich gerade an der allen göttlichen Nimbus entkleideten säkularisierten Menschlichkeit Jesu entzünden möge. Die antitheistische Aggression des Atheismus stößt damit in eine seltsame Leere. *Wilhelm Dantine.*

*

Die Behauptung, daß der Atheismus nur die Negation des Theismus sei, trifft nicht die wirkliche Position, die der Marxismus der Religion gegenüber einnimmt ... Die Methode, nach der wir Marxisten die Frage nach Gott stellen, lautet nicht, ob Gott existiert oder nicht. Die Grundthese des atheistischen Marxismus lautet nicht: „Gott existiert nicht", sie lautet: „Der Mensch existiert". Wenn wir aber sagen, *der Mensch ist*, dann bedeutet dies: jede Frage, die der Mensch stellt, hat er vom Menschen her zu stellen. Auch die Frage nach Gott. In diesem Sinn ist der Marxismus atheistisch. Wir Marxisten sind der Überzeugung, daß jede Frage des Menschen nur Sinn haben kann in bezug auf den Menschen, und zwar auf den Menschen eines bestimmten Zeitalters. Die Frage nach der Religion ist für uns Marxisten wesentlich ein historisches Problem ...

Ausgangspunkt allen Kampfes ist für uns Marxisten der Mensch und seine schöpferische Arbeit. Ziel unseres Kampfes ist es, in der Welt jene sozialen Bedingungen zu schaffen, die der Mensch braucht, um wirklich Mensch, schöpferischer Mensch sein zu können ... Wenn Sie als Christen diesen Humanismus für eine zu enge Auffassung des Menschen halten, die Frage also so stellen: *ob wir Marxisten nicht eine wesentliche Dimension des Menschen vernachlässigen* – dazu haben Sie das Recht. Denn der Marxismus hat alles zu integrieren, was im Menschen menschlich ist, also auch alles das, was das Christentum an Menschlichem in die Welt gebracht hat. Und zweifelsohne sind es große Reichtümer an Werten des Menschlichen, die durch das Christentum in die Welt gekommen sind ...

Die wunderbare Konzeption der *christlichen Liebe,* wonach ich mich selbst nur durch den anderen und in ihm verwirklichen kann, ist für mich das höchste Bild,

---

[1] Vgl. S. 41.

das der Mensch über sich selbst wie über den Sinn seines Lebens entwerfen kann ... Ich befasse mich hier nicht mit dem Problem der historischen Existenz Christi. Von Bedeutung ist hier die Tatsache, daß Menschen vor zweitausend Jahren die Idee einer menschlichen Gemeinschaft ohne Grenzen hatten und eine Lebensform eingingen, die eine erste Vorform des „totalen" Menschen ist. Sie kannten bereits das Gefühl der persönlichen Verantwortung gegenüber dem Ganzen, das bis zum Tod und durch den Tod zu leben ist. Dieses Leben, dieser Tod, ist uns Menschen, über die zeitbedingte Form des Bildes hinaus, das höchste Modell der Freiheit und der Liebe, der Offenheit für eine unendliche Bestimmung.

Aber gerade hier raubt das Beharren auf dem Buchstaben der Evangelientexte diesem Leben, diesem Tod Christi alles das, was für die Menschen ein Beispiel sein könnte. Leben und Tod Christi werden ihres menschlichen Charakters beraubt. Seine Geburt ist nicht mehr die eines Menschen ... Selbst sein Tod ist uns entrissen, dieser herrliche Tod des Menschen, der sich für das Schicksal aller verantwortlich fühlt, der seinem Leben Sinn und Schönheit eines Opfers im Dienst des ganzen Menschengeschlechtes gibt. Man will uns überzeugen, daß es sich nicht um einen echten Tod handle, man läßt ihn auferstehen ...

Dann aber ist die Freiheit nicht mehr eine Freiheit des Menschen, sondern ein göttliches Geschenk, die Liebe ist nicht mehr von dieser Welt: Man lehrt uns, sie existieren bereits, Christus *habe* uns bereits erlöst. Die Geschichte der Kämpfe des Menschen um die Freiheit und Einheit der Menschheit wird zur Scheingeschichte, wenn wir bereits erlöst *sind.* Das Eigentliche und Wesentliche ist durch einen Mythos verhüllt und unkenntlich gemacht ... Wohl ist wahr, daß der Mensch nicht vollkommen Mensch ist, wenn er nicht das Streben hat, mehr zu sein, als er ist, wenn er sich nicht ein bis zur Unendlichkeit gesteigertes Bild von sich selber macht, dem er seit Jahrtausenden das Antlitz eines Gottes verleiht. Alles Schöne, das sich Menschen unter dem Namen Gottes erträumt haben, liegt nicht hinter uns, sondern vor uns, als eine Aufgabe, die es zu erfüllen gibt ... Transzendenz, das ist die Erfahrung, durch die der Mensch das Bewußtsein gewinnt, selbst Gott im Werden zu sein. Der Marxismus integriert die wunderbare Wirklichkeit der *„Gemeinschaft der Heiligen"*, indem er sie säkularisiert: aber diese Wirklichkeit gilt es erst noch zu verwirklichen. Der Marxismus transponiert die Perspektiven eines endzeitlichen Reiches, das im Christentum *„Reich Gottes"* genannt wird, von der eschatologischen auf eine kämpferische Ebene.

Wenn ein Mensch bewußt arbeitet und kämpft, in dem Willen, dieses Glück auf Erden für sich und für alle anderen zu erobern, wenn er in dieser Arbeit und in diesem Kampf bereit ist, sein Leben zu ofern, wenn er sogar bereit ist, den Tod willentlich in sein Leben zu stellen, ihm einen Sinn zu geben, so erringt dieser Mensch noch im Leben die *Unsterblichkeit.* Er hat für immer seine Spur in dieser Welt hinterlassen, sein Tun dauert nicht nur fort im Gedächtnis der Menschen, sondern auch in ihrem Leben. *Robert Garaudy.*

*

In Prof. *Garaudys* Konzeption kehrt die Anklage der christlichen Religion als einer Form der *Selbstentfremdung* des Menschen immer wieder. Wer möchte es leugnen – ich nicht –, daß im Namen des Christentums häufig eine Art Selbstentfremdung des Menschen abgedeckt wurde, daß man zum Beispiel bestimmte gesellschaftliche Situationen im Namen des Christentums kanonisierte, daß man für die Armen und Geknechtetem oft allzu rasch die Vertröstung auf das Jenseits zur Hand hatte ... Gibt es aber wirklich nur solche Selbstentfremdungen, die – wie der Marxismus unterstellt – durch soziale Anstrengungen überwunden werden können? Gibt es nicht vielmehr Formen der menschlichen Selbstentfremdung, die keineswegs durch eine wenn auch noch so geglückte ökonomisch-soziale Revolution aufgehoben werden? Was ist zum Beispiel mit dem Problem der *Schuld,* mit dem Problem des *Bösen?* Oder was ist mit der Erfahrung, die wir Theologen mit dem merkwürdigen Namen *„Konkupiszenz“* bezeichnen?

In diesem theologischen Stichwort drückt sich die Erfahrung einer Selbstentfremdung aus, die offenbar einer rein ökonomischen Lösung des Problems unzugänglich ist. Wir erfahren in uns eine ständige Diskrepanz zwischen der Idee unseres Lebens und seiner Durchführung. Wir erfahren zum Beispiel, daß das, was ein verwandelndes Schicksal für uns hätte sein können – ein großes Leid etwa –, auf die Dauer von uns doch wieder in unsere kompromißbereite Alltagserfahrung nivelliert wird; wir erfahren, daß uns auch der Schmerz nicht wandelt, daß wir auch mit ihm ein bürgerliches Auskommen suchen und finden und alles erniedrigen zur Selbstverständlichkeit unseres dumpfen Alltags. Was ich damit meine, hat *Camus* einmal so ausgedrückt: „Es scheint, die großen Seelen seien manchmal vom Schmerz weniger erschreckt als von der Tatsache, daß er nicht dauert“. In solchen und ähnlichen Erfahrungen kündigt sich für uns eine Gestalt der menschlichen Selbstentfremdung an, die man nicht einfach ökonomisch überwinden kann.

Und, um dieses Beispiel hier auch noch zu erwähnen: was ist es mit der Erfahrung des *Todes*? Wenn wir Prof. *Garaudy* mit dem, was er zum Tod sagt, beim Wort nehmen, dann erhebt sich für mich – bei allem Respekt für den Idealismus seiner Konzeption – die Frage: Setzt sich dieses Todesverständnis nicht mindestens im selben Maße der Mythisierung und Mystifikation des sterblichen Daseins aus, wie er das dem christlichen Todesverständnis vorwirft? Der Christ sieht im Tod eine Erfahrung der Bedrohung seines Daseins, der radikalen Selbstentfremdung, die er nur in der Solidarität mit Jesus, dem Gekreuzigten und Auferstandenen, zu bestehen hofft, und die er nur in jenem Horizont versteht, der ihm durch die Botschaft von Jesus hierfür entworfen ist. *Johannes Baptist Metz*

Die Forderung Prof. *Garaudys,* methodisch vom Menschen auszugehen, von dort die Frage zu stellen, warum der Mensch, so wie er existiert, Theist ist oder Atheist, können wir Christen als Ausgangspunkt durchaus akzeptieren ... Und wenn der Marxismus behauptet, im Grunde genommen könnten wir nur existieren, indem wir uns als Menschen vorausentwerfen und eine *Zukunft* suchen, so können wir auch diese Erklärung bejahen. Es fragt sich nur: Welches ist die letzte, die eigentliche Zukunft, auf die hin wir uns verstehen müssen? Das Thema, das mir gestellt ist: Christentum als Religion der absoluten Zukunft, ließe sich formulieren als die christliche Lehre von der Zukunft des *Menschen*. Es könnte polemischer ausgedrückt werden: der Unterschied zwischen christlicher Eschatologie und innerwelt licher Utopie ...

Das Christentum ist die Religion der *absoluten* Zukunft ... Die absolute Zukunft ist die wahre und eigentliche Zukunft des Menschen; *sie* ist für ihn reale Möglichkeit, Angebot; ihre Annahme die letzte Aufgabe seines Daseins ... Absolute Zukunft ist nur ein anderer Name für das, was mit „*Gott*" eigentlich gemeint ist ... Gott ist nicht ein Gegenstand neben anderen, mit denen als einzelnen man innerhalb des unbegrenzten Koordinatensystems der Erkenntnis und der planenden Tat zu tun hat, sondern er ist der *Grund* eben dieses ganzen Zukunftsentwurfes ... Gott als absolute Zukunft ist grundsätzlich und notwendig das unsagbare Geheimnis, dessen Bestimmung nicht der innerweltlichen Erfahrung entnommen werden kann ... *Karl Rahner.*

II.

Die Idee des *Pluralismus* als eines Gleichgewichts politischer und ideologischer Gruppen, die einander fremd und gegenseitig undurchdringbar sind, entspricht der innersten Natur der kapitalistischen Gesellschaft. Sie hat ihre Wurzeln in der Tatsache, daß diese Gesellschaft in antagonistische Klassen getrennt ist.

Um von diesem Pluralismus fremder und feindlicher Komponenten zum *dialogischen* und dialektischen Pluralismus zu gelangen, ist es notwendig, die Trennung der Gesellschaft in entgegengesetzte Klassen aufzuheben, den Schritt von der kapitalistischen zur sozialistischen Gesellschaft zu tun.

Ich möchte versuchen, unsere Definition des dialogischen und dialektischen Pluralismus am Beispiel der *wissenschaftlichen Gesellschaft* zu erklären.
Die Pluralität der Schulen, das heißt die Vielfalt von Grundhypothesen und ihre offene Konfrontation ist ein anerkanntes Kennzeichen der wissenschaftlichen Gesellschaft. Sie ist notwendige Bedingung für die Entwicklung und den Fortschritt der Wissenschaft. Die verschiedenen Schulen oder Richtungen entwickeln sich durch ein ununterbrochenes Gespräch mit den anderen Schulen. Es gibt Gegensätze und wissenschaftliche Streitgespräche: doch der Sieg der einen Richtung (ihrer Hypothese) impliziert keineswegs die Zerstörung der entgegengesetzten Richtung (ihrer Hypothese). Jede wirklich umwälzende Entdeckung, jede wissenschaftliche Revolution ist in einem echten Sinn dialektische „Aufhebung", Synthese, höhere Stufe der Erkenntnis ...
Daß Irrtum und Wahrheit keine absoluten Begriffe sind, wußten *Marx, Engels* und *Lenin* sehr gut. Darum waren zum Beispiel die Klassiker fähig, die positive Seite des *Idealismus* zu erfassen. Sie vernichteten nicht den deutschen Idealismus, sondern stellten *Hegel* „auf die Füße" ... Dennoch wurde (von russischen Marxisten) die Theorie vertreten, durch Marx und Engels sei die Lage völlig verändert worden, jede andere Weltanschauung sei, nachdem es den Marxismus, mehr noch den Leni-

nismus gebe, unfähig zu wirklicher Erkenntnis geworden. Eine solche Theorie ist grundsätzlich dogmatisch. Denn sie verwandelt die Entdeckungen des klassischen Marxismus – in „endgültige Wahrheiten letzter Instanz“; sie betrachtet den Marxismus als eine ein für allemal allseitige und vollständige Weltanschauung. Sie weist radikal andere Weltanschauungen zurück als ihrer Klassennatur nach unfähig, auch nur eine Seite der Wirklichkeit zu erfassen ...
Es gibt aber in der Tat keine vollständige, allseitige „Wahrheit“. Die Wirklichkeit ist für den menschlichen Verstand, selbst für den kollektiven Menschenverstand, für die Wissenschaft, zu kompliziert; sie bewegt sich ständig, wächst und ändert sich. Deshalb ist jede „Wahrheit“, jede Theorie, jedes Experiment, das neue Erkenntnisse vermittelt, stets einseitig ...
... Palmiro *Togliatti* hat in einer Denkschrift geschrieben: „Wir müssen die Verfechter der Freiheit des intellektuellen Lebens, des freien künstlerischen Schaffens und wissenschaftlichen Fortschritts werden. Das erfordert, daß wir nicht abstrakt unsere Anschauungen den Tendenzen und Strömungen anderer Art entgegenstellen, sondern daß wir mit allen diesen anderen Richtungen ins Gespräch kommen ... Nicht alle Menschen, die heute auf den verschiedenen Gebieten der Kultur uns fernstehen, sind unsere Feinde oder Agenten unserer Feinde.“
Togliattis Behauptung ist die praktische Verhaltenslinie der italienischen Kommunistischen Partei, und zwar schon seit langer Zeit. Aber diese Linie muß, meiner Meinung nach, theoretisch noch stärker begründet werden ... Wie auf einem wissenschaftlichen Gebiet mehrere Theorien (Modelle) die realen Verhältnisse in der Außenwelt darstellen können, wenn auch in verschiedenen Stufen der Exaktheit, so muß man anerkennen, daß *mehrere Weltanschauungen* das „objektive“ Streben der menschlichen Gesellschaft nach Fortschritt, nach einer höheren Stufe der sozialen Organisation in sich aufnehmen und es ausdrücken können. Ich erwähne hier nur einige Weltanschauungen, die zur Grundidee des Marxismus von der Befreiung aller Menschen durch die Befreiung des Proletariats nicht im Gegensatz stehen, auch wenn sie mit dem Marxismus keine Übereinstimmung zeigen. Es gibt Weltanschauungen, die die menschliche Person als solche in den Vordergrund stellen: an erster Stelle das *Christentum,* aber auch der Pazifismus, der Gandhismus und andere. Es gibt Weltanschauungen, die den Begriff der Freiheit zu ihrem Grundbegriff nehmen, andere den Begriff der Vernunft ... In einem Land wie Italien, wo solche Weltanschauungen eine bedeutende Rolle spielen, vertreten die Marxisten (in ihrer Mehrheit) die Überzeugung, daß die sozialistische Gesellschaft das Ziel verschiedener Richtungen, die gemeinsame „dialogische“ Arbeit mehrerer ideologischer Komponenten sein muß.

Unsere Schlußfolgerungen sind jetzt klar. Die Freiheit ist für die revolutionäre Arbeiterbewegung keine politische Konzession, keine Taktik, um Verbündete in den westeuropäischen Ländern zu gewinnen. Die italienischen Marxisten und Kommunisten (ausgenommen kleine Gruppen) sind der Überzeugung, daß der *Pluralismus* ein inneres Bedürfnis der Revolution ist. Sie sind des Glaubens, daß in der neuen Gesellschaft freie Meinungsäußerung notwendig ist zur Vermeidung von Fehlern und zu raschem Fortschritt ...

Die Konfrontation der Ideen, der „Werte“ von Organisationen, die verschiedene Standpunkte und Interessen ausdrücken, kann *„Koexistenz“* genannt werden, aber man sollte dem Wort das Adjektiv *„dynamisch“* hinzufügen. Als Marxist kann ich nicht konzedieren, daß eine Organisation oder eine Idee unveränderlich, „ewig“ ist. Als Marxist kann ich insbesondere nicht glauben, daß Riten, Organisationen, Dogmen eines religiösen Bekenntnisses unverändert, fest, unbeweglich bleiben können in einer Gesellschaft, in der die freie Konfrontation, die Zirkulation der Ideen, die vorurteilslose Prüfung allgemein sind. Ich glaube statt dessen, daß es zwar immer unterschiedliche Standpunkte geben wird, und ich kann zudem vermuten, daß ein Standpunkt auch in ferner Zukunft noch religiöser Standpunkt genannt werden wird, weil er aus der Entwicklung der aktuellen Religionen entstanden ist; aber ich kann nicht an den dauerhaften Charakter der Bekenntnisse, wenigstens in der jetzigen dogmatischen Form, glauben. Und es scheint mir richtig, das ehrlich am Schluß meines Referats zu sagen, welches von einem Publikum angehört wurde, das zum großen Teil aus Menschen tiefer und aufrichtiger religiöser Gläubigkeit besteht.
Kann aber ein Gläubiger bis auf den Grund und in der Praxis die Methode der freien Konfrontation akzeptieren? Ist die Zugehörigkeit zu einem religiösen Bekenntnis vereinbar mit einer *dynamischen Auffassung* von der „Wahrheit“?
Lucio Lombardo-Radice.

Lassen Sie mich in aller Offenheit ein Wort zu den Vorwürfen sagen, die Prof. *Lombardo-Radice* gegen den Pluralismus in einer kapitalistischen Welt erhebt. Natürlich gibt es im Westen auch einen bloß nominellen Pluralismus, der nicht ernst zu nehmen ist. Aber der Pluralismus, der uns Christen in einer sozialistischen Welt verheißen wird, der aus dem inneren Wesen des Sozialismus folgt: Ist er nicht die reine Beschreibung dessen, was in der westlichen Welt als Pluralismus, wenn auch vielfach nicht praktiziert, so prinzipiell doch angestrebt wird?
Mögen mir meine marxistischen Freunde die Frage verzeihen: Warum werden diese Thesen einer pluralistischen Freiheit in einer sozialistischen Gesellschaft nur von Marxisten in *westlichen* Ländern vorgetragen? ... *Karl Rahner.*

III.

Schlußwort von Roger *Garaudy*: „Was uns trennt – was uns verbindet“.

Lassen Sie mich zuerst sagen, was wir gemeinsam haben, dann aber anfügen, was uns zutiefst trennt. Was uns gemeinsam ist, das wurde mir völlig klar aus den Gedanken von Prof. *Rahner.* Ich habe gespürt, wie sehr die gleichen Fragen uns bewegen, wie gleichgerichtet unsere Anliegen sind, auch wenn wir zu den gleichen Fragen und Anliegen eine je verschiedene Haltung einnehmen. Das Christentum definiert Prof. Rahner als die Religion der absoluten Zukunft; er betont, daß der Mensch sich nur im Ausgreifen auf seine Zukunft begreifen kann. Das ist eine Sprache, die uns brüderlich vereint, *denn die Zukunft ist die einzige Transzendenz, die von uns Atheisten, die wir uns als Marxisten bekennen, anerkannt wird . . .*

Diese Zukunft ist bereits gegenwärtig unter uns, als Sauerteig unseres Handelns in der Gegenwart. Denn auch wir glauben, daß der Mensch nicht nur das ist, was er ist, sondern daß er auch all das ist, was ihm fehlt: alles, was er zu vollbringen, alles, was er zu werden hat ... Die Zukunft ist eine Forderung, nicht eine Verheißung: denn uns Atheisten ist nichts versprochen, niemand erwartet uns. Was der Mensch nach unserer Auffassung zu tun hat, das ist die Schaffung einer Welt, in der jeder Mensch ein Mensch ist, das heißt ein Schöpfer ... Welche Methode wenden wir an, um diese Zukunft, diesen totalen Menschen zu verwirklichen? ... Es wurde in diesem Gespräch das Problem der *Freiheit* angesprochen. Auf diese zentrale Frage möchte ich noch eingehen ... Was ist Freiheit? Ausgehend von der marxistischen Auffassung über den Menschen würde ich sagen: die Freiheit besteht darin, daß ein Mensch die Möglichkeit besitzt, alle menschlichen Qualitäten, die er in sich hat, voll zu entfalten. Schon *Marx* schrieb: Der Kommunismus wird nicht aus jedem Menschen einen Raffael machen. Aber er wird die Bedingungen schaffen, daß jeder Mensch, der einen Raffael in sich trägt, ihn auch voll entfalten kann. – Wende ich dieses Kriterium an, um die sogenannte westliche Demokratie zu beurteilen, so muß ich leider feststellen, daß sie im Unrecht ist, wenn sie beansprucht, die *freie Welt* zu konstituieren. In meinem Vaterland Frankreich, das reich ist an Kultur und Tradition, stellen die Statistiken des nationalen Erziehungswesens fest, daß nur sechs Prozent der Arbeitersöhne die höhere Schule besuchen können. Das bedeutet: Kultur ist ein Privileg bestimmter Klassen. Tausende von Kindern werden ohne Rücksicht auf ihre Fähigkeit und Begabung mit 14 Jahren aus der Schule weggenommen, weil die wirtschaftliche Lage ihrer Eltern nicht erlaubt, daß sie ihr Studium fortsetzen. Das eine oder andere Kind hätte vielleicht das Genie eines *Descartes* oder eines *Mozart.* Es wird nie ein Descartes oder ein Mozart werden. Sie werden mir gestatten, diese Welt nicht eine freie Welt zu nennen. Gleiches gilt für die Erwachsenen. In der Zeit, als ich Bergarbeiter war, habe ich erlebt, wie man durch den Zwang des Arbeitsrhythmus Kraft und Verlangen nach Lektüre verlor, daß man keine Lust mehr danach verspürte, wenn man aus dem Schacht stieg ... Diese stillschweigende und fortdauernde Gewalt, die Menschen da angetan wird, dieses Regime, das Millionen von Menschen, die man trotzdem freie Bürger nennt, dazu verurteilt, auf geistiges und seelisches Leben zu verzichten: Sie werden mir erlauben, diese Welt nicht als eine freie Welt zu bezeichnen ...

Dies alles glaubte ich, Ihnen nicht vorenthalten zu dürfen, damit ich bei dem gemeinsamen Willen, den Menschen keiner seiner Dimensionen zu berauben, meiner Pflicht als Marxist nachkomme, indem ich die historische und konkrete Dimension betone. Meiner Ansicht nach war das Fruchtbarste an dieser Begegnung die Möglichkeit, zu *lernen;* vor allem zu lernen, den anderen als eigenen Widerspruch in sich zu tragen. Der Marxist, der ich bin, wird von hier fortgehen, indem er als eigenen Widerspruch die Einwände mit sich trägt, die ihm die Christen machten, die Sie sind. Und ich bin sicher, daß viele unter Ihnen als eigenen Widerspruch die Einwände von Marxisten mitnehmen, die wir sind.

VIII. DIE KIRCHE IM 20. JAHRHUNDERT

Jahrhunderte lang haben die verschiedenen christlichen Kirchen sich begnügt, ihr jeweiliges Erbe zu hüten, ohne viel von einander Notiz zu nehmen. Selbst die massiven Angriffe des Atheismus hatten an dieser selbstgefälligen Isolierung nicht viel geändert. Das wurde anders im 20. Jahrhundert. Der Angriff beispielsweise, den die nationalsozialistische Parteidiktatur gegen die evangelische und die katholische Kirche richtete, hat damals ein tiefes Gefühl der Gemeinsamkeit in beiden Konfessionen ausgelöst. Vor allem aber war es die *ökumenische Bewegung*, die in bis heute stetig wachsendem Maße die verschiedenen Kirchen – zunächst freilich ohne die römisch-katholische – einander näher brachte. Aber auch diese hat mit dem 2. Vatikanischen Konzil die Aufgabe gegenseitigen Verstehens begriffen und ist, indem sie aus ihrer strengen Abgeschlossenheit und ihrem starren Traditionalismus heraustrat, in eine Bewegung geraten, die sie ohne Zweifel den nicht-römischen Kirchen näher bringt. Reform, Bewegung und Streben nach Einigung oder zumindest nach gegenseitigem Verstehen ist das Charakteristikum der heutigen kirchlichen Situation.

Der Kirchenkampf im Hitlerreich

Der Sieg Hitlers im Frühjahr 1933 führte in der evangelischen Kirche Deutschlands zu schweren inneren Auseinandersetzungen, in die sich Partei und Staat vielfach einmischten. Wir können drei Richtungen oder „Lager" in diesem kirchenpolitischen und weltanschaulichen Kampfe unterscheiden: die Deutsche Glaubensbewegung, die „Deutschen Christen" und die Bekennende Kirche. Die *Deutsche Glaubensbewegung* stand nicht mehr auf dem Boden der Kirchen; so verschwommen und zusammengelesen ihre „Weltanschauung" war, so stark war diese Bewegung, weil sie vor allem in ihren Angriffen auf die christlichen Kirchen von der nationalsozialistischen Partei unterstützt wurde, wenn auch Staat und Partei offiziell konfessionell neutral zu sein vorgaben. Teilweise noch radikaler war Alfred *Rosenberg*, der Beauftragte Hitlers für Weltanschauungsfragen; sein Buch „Der Mythos des XX. Jahrhunderts" galt neben Hitlers „Mein Kampf" als die maßgebende Schrift der nationalsozialistischen Weltanschauung.

Die *Deutschen Christen* versuchten, innerhalb der evangelischen Kirche eine möglichst enge Verbindung der nationalsozialistischen Bewegung mit dem Christentum herzustellen. Sie wurden anfangs von Hitler protegiert und konnten, obwohl ihre Anhängerschaft bei Pfarrern und den ernsten Gemeindegliedern gering war, durch Mobilisierung der Massen, die zur Kirchenwahl 1933 kommandiert wurden, die zahlenmäßige Mehrheit in den kirchlichen Körperschaften gewinnen. Den Einsichtigen war von vornherein klar, daß sie nur als Vorspann für die radikale Beseitigung der Kirche und des Christentums überhaupt dienten. Als sich die Gegensätze verschärften, wandten sich denn auch alle ernsthaften Theologen, die mit ihnen sympathisiert hatten, enttäuscht ab. Im Verlauf des weiteren Kirchenkampfes und der damit verbundenen Verfolgung traten sie in den Hintergrund.

Die *Bekennende Kirche* entstand, ohne eigentliche Absicht, aber mit innerer Folgerichtigkeit als die große Abwehrbewegung gegen die Verfälschung des Evangeliums und Behinderung oder

Vergewaltigung der kirchlichen Verkündigung und wurde so zum Kern und Repräsentant der evangelischen Kirche überhaupt. In ihr hatten Karl Barth – der allerdings 1934 Deutschland verließ und an die Universität Basel ging – und seine Freunde den maßgebenden Einfluß; in ihr sammelten sich aber überhaupt alle diejenigen, die entschlossen waren, gegen alle Verführungskünste, Bedrohungen und Gewaltmaßnahmen Widerstand zu leisten.

140. Rosenberg: Kritik am Christentum

Der *Protestantismus* offenbart sich von Anfang an als geistig gespalten. Als Abwehrbewegung betrachtet, bedeutete er das Aufbäumen des germanischen Freiheitswillens, des nationalen Eigenlebens, des persönlichen Gewissens. Religiös aber hat er versagt, weil er auf halbem Wege stehen blieb und an die Stelle des römischen das jerusalemistische Zentrum setzte: das Herrscherrecht des Buchstabens ...

Heute erwacht ein neuer Glaube: Der Mythus des Blutes, der Glaube, mit dem Blute auch das göttliche Wesen des Menschen überhaupt zu verteidigen. Der mit hellstem Wissen verkörperte Glaube, daß das nordische Blut jenes Mysterium darstellt, welches die alten Sakramente ersetzt und überwunden hat.

Alle christlichen – richtiger paulinischen – Kirchen haben das Anerkennen gewisser übersinnlicher Lehren als Zwangsglaubenssätze (Dogmen) zur Voraussetzung der Angehörigkeit gemacht. Das Für-Wahr-Erklären metaphysisch-religiöser Behauptungen und geschichtlicher oder sagenhafter Ereignisse als Bedingung einer Religion ist die jüdische Überlieferung, die sich früher mit Feuer und Schwert durchsetzte und erst heute – wenigstens äußerlich – einem notgedrungen duldsameren Standpunkt gewichen ist, jedoch bereit, neue Dogmenkämpfe anzufachen. Ein kommender deutscher Staatsmann und Denker wird deshalb an die religiös-kirchliche Frage von einem anderen Standpunkt herangehen.

Er wird jeder religiösen Überzeugung ungehindert Raum lassen, unter der Bedingung, daß sie der Behauptung der Nationalehre nicht hindernd im Wege steht ...

Abgeschafft werden muß danach ein für allemal das sog. Alte Testament als Religionsbuch. Damit entfällt der mißlungene Versuch der letzten anderthalb Jahrtausende, uns geistig zu Juden zu machen ... Es ist deshalb die Bewegung zu stärken, welche die Streichung offenbar verstellter und abergläubischer Berichte aus dem Neuen Testament anstrebt.

Die Religion Jesu ist zweifellos die Predigt der Liebe ... Niemand wird dieses Gefühl mißachten; aber eine deutsche religiöse Bewegung, die sich zu einer Volkskirche entwickeln möchte, wird erklären müssen, daß das Ideal der Nächstenliebe der Idee der Nationalehre unbedingt zu unterstellen ist; daß keine Tat von einer deutschen Kirche gutgeheißen werden darf, welche nicht in erster Linie der Sicherung des Volkstums dient ...

Konfessionen sind nicht Zwecke an sich, sondern wandelbare Mittel im Dienst des nationalistischen Lebensgefühls und der germanischen Charakterwerte ... Die Ablehnung des germanistischen Ideals in Deutschland ist nackter Volksverrat. Eine spätere Zeit wird dieses Verbrechen auf die gleiche Stufe mit Landesverrat während des Krieges stellen.

Voraussetzung jeglicher deutscher Erziehung ist die Anerkennung der Tatsache, daß nicht das Christentum uns Gesittung gebracht hat, sondern daß das Christentum seine dauernden Werte dem germanischen Charakter zu verdanken hat. Die germanischen Charakterwerte sind deshalb das Ewige, wonach sich alles andere einzustellen hat. Wer das nicht will, verzichtet auf eine deutsche Wiedergeburt. Ein Mann aber oder eine Bewegung, welche diesen Werten zum vollkommenen Siege verhelfen wollen, haben das sittliche Recht, das Gegnerische nicht zu schonen. Sie haben die Pflicht, es *geistig zu überwinden, es organisatorisch verkümmern zu lassen* und *politisch ohnmächtig zu erhalten.* *Der Mythos des 20. Jahrhunderts, 1934.*

In dieser Formel ist das *kirchenpolitische Programm des Nationalsozialismus* zusammengefaßt: um die christliche Kirche „geistig zu überwinden", wurden Bücher wie das von Rosenberg geschrieben und zur Grundlage von Schulungskursen, zum Gegenstand staatlicher Prüfungen gemacht; um die Kirche „organisatorisch verkümmern zu lassen", wurde ihr jede Möglichkeit der Verkündigung, Sammlung und Erziehung genommen außer der des eigentlichen Gottesdienstes (der zudem von der Geheimen Staatspolizei überwacht und oft genug behindert wurde); um sie „politisch ohnmächtig zu halten", wurde ihr jede Stellungnahme zu öffenltichen Angelegenheiten verboten, wurde jede Vertretung christlicher Anschauungen im öffentlichen Leben unmöglich gemacht. Entgegnungen auf Rosenbergs Buch von christlicher Seite wurden alsbald verboten, ihre Autoren verfolgt.

141. Die Deutschen Christen

1. Diese Richtlinien wollen allen gläubigen deutschen Menschen Wege und Ziele zeigen, wie sie zu einer Neuordnung der Kirche kommen. Diese Richtlinien wollen weder ein Glaubensbekenntnis sein oder ersetzen, noch an den Bekenntnisgrundlagen der Evangelischen Kirche rütteln. Sie sind ein Lebensbekenntnis.

4. Wir stehen auf dem Boden des positiven Christentums. Wir bekennen uns zu einem bejahenden, artgemäßen Christus-Glauben, wie er deutschem Luther-Geist und heldischer Frömmigkeit entspricht.

5. Wir wollen das wiedererwachte deutsche Lebensgefühl in unserer Kirche zur Geltung bringen ...

7. Wir sehen in Rasse, Volkstum und Nation uns von Gott geschenkte und anvertraute Lebensordnungen, für deren Erhaltung zu sorgen uns Gottes Gesetz ist. Daher ist der Rassenvermischung entgegenzutreten.

9. In der Judenmission sehen wir eine schwere Gefahr für unser Volkstum. Sie ist das Eingangstor fremden Blutes in unseren Volkskörper. Sie hat neben der äußeren Mission keine Daseinsberechtigung. Wir lehnen die Judenmission in Deutschland ab, solange die Juden das Staatsbürgerrecht besitzen und damit die Gefahr der Rassenverschleierung und Bastardisierung besteht. Die Heilige Schrift weiß auch etwas zu sagen von heiligem Zorn und versagender Liebe. Insbesondere ist die Eheschließung zwischen Deutschen und Juden zu verbieten.

10. Wir wollen eine Evangelische Kirche, die im Volkstum wurzelt, und lehnen den Geist eines christlichen Weltbürgertums ab. *Richtlinien der Glaubensbewegung „Deutsche Christen", 1932.*

Wir erwarten, daß unsere Landeskirche als eine deutsche Volkskirche sich frei macht von allem Undeutschen in Gottesdienst und Bekenntnis, insbesondere vom Alten Testament und seiner jüdischen Lohnmoral.
Wir fordern, daß eine deutsche Volkskirche Ernst macht mit der Verkündigung der von aller orientalischen Entstellung gereinigten, schlichten Frohbotschaft und einer heldischen Jesus-Gestalt als Grundlage eines artgemäßen Christentums, in dem an die Stelle der zerbrochenen Knechtsseele der stolze Mensch tritt, sich als Gotteskind dem Göttlichen in sich und in seinem Volk verpflichtet fühlt.
Wir bekennen, daß der einzige wirkliche Gottesdienst für uns der Dienst an unseren Volksgenossen ist, und fühlen uns als Kampfgemeinschaft vor unserem Gott verpflichtet, mitzubauen an einer wehrhaften und wahrhaften völkischen Kirche, in der wir die Vollendung der deutschen Reformation Martin Luthers erblicken, und die allein dem Totalitätsanspruch des nationalsozialistischen Staates gerecht wird.
Entschließung des Gaues Groß-Berlin der Glaubensbewegung „Deutsche Christen", 1933.

*

Im Sommer 1933 nahm Karl *Barth* in einer kleinen Schrift „Theologische Existenz heute" zu der damals sehr verworrenen kirchenpolitischen Lage Stellung. Wie man es nicht anders von ihm erwartete, übte er scharfe und ironische Kritik an den *Deutschen Christen.*

Ich sage unbedingt und vorbehaltlos Nein zum Geist und zum Buchstaben dieser Lehre. Ich halte dafür, daß diese Lehre in der evangelischen Kirche kein Heimatrecht hat. Ich halte dafür, daß das Ende der evangelischen Kirche gekommen wäre, wenn diese Lehre, wie es der Wille der „Deutschen Christen" ist, in ihr zur Alleinherrschaft kommen würde. Ich halte dafür, daß die evangelische Kirche lieber zu einem kleinsten Häuflein werden und in die Katakomben gehen sollte, als daß sie mit dieser Lehre auch nur von ferne Frieden schlösse ... Von einer Diskussion mit den „Deutschen Christen" erwarte ich gar nichts. Gewiß ist ihr Auftreten und ihre Ausbreitung besorgniserregend. Aber doch nicht darum, weil in ihnen eine noch nie dagewesene Ketzerei auf den Plan getreten wäre ... auch nicht darum, weil sie ihre Lehre etwa mit einer besonders gefährlichen geistigen Kunst und Kraft vorzubringen wüßten! Sondern schließlich doch nur darum, weil sie gezeigt haben und noch zeigen, daß man einer „*Glaubens*bewegung" auch einfach durch die Mittel der *Gewalt* im Stil der politischen Massenvergewaltigung und des politischen Propaganda-Marsches Gestalt und Nachdruck geben kann ...

Wir müssen heute unsere theologische Existenz wahren, heute besser als gestern ... Gewiß, theologische Existenz ist kein Selbstzweck, so gewiß Gott selbst sich nicht damit begnügt hat, Selbstzweck zu sein, welcher vielmehr „auch seines eigenen Sohnes nicht hat verschonet, sondern hat ihn für uns alle dahingegeben – wie sollte er uns mit ihm nicht alles schenken?" (Röm. 8,27). Ist Gott in Jesus Christus ganz für uns Menschen, so muß auch die Kirche als der Ort, da seine Ehre wohnt, ganz und dar für die Menschen sein und also die deutsche evangelische Kirche für das deutsche evangelische Volk und also auch die deutschen Theologen ganz und gar für dieses Volk. Wir müssen es aber sein als die, die *wir* sind und mit dem, was *uns* aufgetragen ist. Uns ist aber aufgetragen, in diesem Volke dem *Worte Gottes zu dienen.* Wir versündigen uns nicht nur an Gott, sondern auch an diesem Volk, wenn wir anderen Idealen und Aufgaben nachgehen, die nun eben *uns* nicht aufgetragen sind. Es liegt aber auch in der Natur dieses Auftrags, daß er keinem anderen Anliegen, das uns auch bewegen mag, untergeordnet oder nebengeordnet werden kann. Wieder versündigen wir uns nicht nur an Gott, sondern auch an unserem Volk, wenn wir an dieser *Rangordnung* auch nur im Geringsten rütteln lassen. Und dieser Auftrag will durchgeführt sein, gleichviel ob das Volk selbst es wünscht oder nicht wünscht, versteht oder nicht versteht, gutheißt oder nicht gutheißt. Wir dürfen dabei weder Dank noch Ehre erwarten. Wir dürfen uns nicht wundern, wenn wir von alledem das Gegenteil ernten. Wir müssen es unter Umständen auf uns nehmen, sehr einsam zu werden, sehr einsam gerade um der Gemeinsamkeit mit dem Volke willen. Wir würden uns auch darin nicht nur an Gott, sondern auch am Volk versündigen, wenn wir *mit* dem Volk gehen wollten, statt *für* das Volk zu stehen. Das Volk, auch und gerade das deutsche Volk von 1933, braucht es, daß der uns gewordene Auftrag ausgeführt werde ...

142. Das Barmer Bekenntnis

Vom 29. bis 31. Mai 1934 fand in Barmen eine Bekenntnissynode der Deutschen Evangelischen Kirche statt, die eine grundsätzliche „Theologische Erklärung zur gegenwärtigen Lage der Deutschen Evangelischen Kirche" beschloß. Vertreten waren in dieser Synode die verschiedenen Landeskirchen Deutschlands. Die Theologische Erklärung war in einem Ausschuß, dem sowohl Vertreter des lutherischen Bekenntnisses (z. B. Pastor Asmussen) wie des reformierten (z. B. Karl Barth) angehörten, formuliert worden und wurde am 31. Mai von der Synode einstimmig angenommen.

Wir bekennen uns angesichts der die Kirche verwüstenden und damit auch die Einheit der Deutschen Evangelischen Kirche sprengenden Irrtümer der „Deutschen Christen" und der gegenwärtigen Reichskirchenregierung zu folgenden evangelischen Wahrheiten:

1. *Joh. 14,6. Joh. 10,1.9.* Jesus Christus, wie er uns in der Heiligen Schrift bezeugt wird, ist das eine Wort Gottes, das wir zu hören, dem wir im Leben und im Sterben zu vertrauen und zu gehorchen haben.

Wir verwerfen die falsche Lehre, als könne und müsse die Kirche als Quelle ihrer Verkündigung außer und neben diesem einen Worte Gottes auch noch andere Ereignisse und Mächte, Gestalten und Wahrheiten als Gottes Offenbarung anerkennen.

2. *1. Kor. 1,30.* Wie Jesus Christus Gottes Zuspruch der Vergebung aller unserer Sünden ist, so und mit gleichem Ernst ist er auch Gottes kräftiger Anspruch auf

unser ganzes Leben: durch ihn widerfährt uns frohe Befreiung aus den gottlosen Bindungen dieser Welt zu freiem, dankbarem Dienst an seinen Geschöpfen.

Wir verwerfen die falsche Lehre, als gebe es Bereiche unseres Lebens, in denen wir nicht Jesus Christus, sondern *anderen Herren* zu eigen wären, Bereiche, in denen wir nicht der Rechtfertigung und Heiligung durch ihn bedürften.

3. *Eph. 4,15–16.* Die christliche Kirche ist die Gemeinde von Brüdern, in der Jesus Christus in Wort und Sakrament durch den Heiligen Geist als der Herr gegenwärtig handelt. Sie hat mit ihrem Glauben wie mit ihrem Gehorsam, mit ihrer Botschaft wie mit ihrer Ordnung mitten in der Welt der Sünde als die Kirche der begnadigten Sünder zu bezeugen, daß sie allein *sein* Eigentum ist, allein von seinem Trost und von seiner Weisung in Erwartung seiner Erscheinung lebt und leben möchte.

Wir verwerfen die falsche Lehre, als dürfe die Kirche die Gestalt ihrer Botschaft und ihrer Ordnung ihrem Belieben oder dem Wechsel der jeweils herrschenden weltanschaulichen und politischen Überzeugungen überlassen ...

4. *Matth. 20,25–26.* Die verschiedenen Ämter in der Kirche begründen keine Herrschaft der einen über die anderen ...

Wir verwerfen die falsche Lehre, als könne und dürfe sich die Kirche abseits von diesem Dienst besondere, mit Herrschaftsbefugnissen ausgestattete Führer geben oder geben lassen.

5. *1. Petr. 2,17.* Die Schrift sagt uns, daß der Staat nach göttlicher Anordnung die Aufgabe hat, in der noch nicht erlösten Welt, in der auch die Kirche steht, nach dem Maß menschlicher Einsicht und menschlichen Vermögens unter Androhung und Ausübung von Gewalt für Recht und Frieden zu sorgen ...

Wir verwerfen die falsche Lehre, als solle und könne der Staat über seinen besonderen Auftrag hinaus die einzige und totale Ordnung menschlichen Lebens werden und also auch die Bestimmung der Kirche erfüllen.

Wir verwerfen die falsche Lehre, als solle und könne sich die *Kirche* über ihren besonderen Auftrag hinaus staatliche Art, staatliche Aufgaben und staatliche Würde aneignen und damit selbst zu einem Organ des Staates werden.

6. *Matth. 28,20. 2. Tim. 2,9.* Der Auftrag der Kirche, in welchem ihre Freiheit gründet, besteht darin, an Christi Statt und also im Dienst seines eigenen Wortes und Werkes durch Predigt und Sakrament die Botschaft von der freien Gnade Gottes auszurichten an alles Volk.

Wir verwerfen die falsche Lehre, als könne die Kirche in menschlicher Selbstherrlichkeit das Wort und Werk des Herrn in den Dienst irgendwelcher eigenmächtig gewählter Wünsche, Zwecke und Pläne stellen.

Pastor *Asmussen* hatte die Aufgabe übernommen, die „Theologische Erklärung“ auf der Barmer Synode im einzelnen zu begründen.

Wir dürfen um unseres Herrn Jesu Christi willen nicht müde werden, immer wieder zu betonen, daß es falsche Lehre ist, wenn man neben die Bindung an das in Christo fleischgewordene Wort und das in ihm gepredigte Wort noch andere Bindungen für die Kirche stellt. Das geschieht heute. Man ist dauernd und nachhaltig an die Kirche und an ihre Glieder mit dem Anspruch herangetreten, die Ereignisse des Jahres 1933 als bindend für Verkündigung und Schriftauslegung, als Gehorsam heischend neben der Heiligen Schrift und über ihren Anspruch hinaus anzuerkennen. Wenn wir dagegen protestieren, dann protestieren wir nicht als Volksglieder gegen die jüngste Geschichte des Volkes, nicht als Staatsbürger gegen den neuen Staat, nicht als Untertanen gegen die Obrigkeit, sondern wir erheben Protest gegen dieselbe Erscheinung, die seit mehr als 200 Jahre die Verwüstung der Kirche schon langsam vorbereitet hat. Denn es ist nur ein relativer Unterschied, ob man neben der Heiligen Schrift in der Kirche geschichtliche Ereignisse oder aber die Vernunft, die Kultur, den Fortschritt oder andere Mächte und Größen als bindende Ansprüche an die Kirche nennt. Alle diese Größen können die Verkündigung von Christus nicht begrenzen, sie können auch nicht neben Christus als Gegenstände Verkündigung treten ...

Vom ersten zum zweiten Vatikanum

Die *römisch-katholische Kirche* hat in den letzten hundert Jahren wohl die stärkste Wandlung durchgemacht, deren Pole die beiden großen Konzilien 1870 und 1962–65 bilden. Freilich vollzieht sich dieser Wandel nicht als Bruch, sondern in einer langsamen, heute eher gebremsten Entwicklung. Es ist auch von den extremsten Reformern im 2. Vatikanischen Konzil keines der bestehenden Dogmen offen kritisiert worden; auch die Stellung und Vollmacht des Papstes hat sich durch das zweite Konzil nicht wesentlich verändert. Aber der scheinbare Stillstand heute wird die begonnene Entwicklung nicht aufhalten. Besonders sichtbar ist der Fortschritt in dem Verhältnis der katholischen Kirche zu den *anderen* Kirchen und zu dem atheistischen Marxismus.

143. Die Mariendogmen

Zur Ehre der heiligen Dreifaltigkeit, zur Zierde und Verherrlichung der jungfräulichen Gottesgebärerin, zur Erhöhung des katholischen Glaubens und zum Wachstum der christlichen Religion erklären, verkünden und bestimmen Wir in Vollmacht unseres Herrn Jesus Christus, der seligen Apostel Petrus und Paulus und in Unserer eigenen:

Die Lehre, daß die seligste Jungfrau Maria im ersten Augenblick ihrer Empfängnis durch einzigartiges Gnadengeschenk und Vorrecht des allmächtigen Gottes im Hinblick auf die Verdienste Christi Jesu, des Erlösers des Menschengeschlechts, von jedem Fehl der Erbsünde rein bewahrt blieb, ist von Gott geoffenbart und deshalb von allen Gläubigen fest und standhaft zu glauben. Wenn sich deshalb jemand, was Gott verhüte, anmaßt, anders zu denken, als es von Uns bestimmt wurde, so soll er klar wissen, daß er durch eigenen Urteilsspruch verurteilt ist und von der Einheit der Kirche abfiel ... *Verkündigung des Dogmas von der unbefleckten Empfängnis Marias durch Papst Pius IX., 1854.*

Nachdem Wir nun immer und inständig zu Gott gefleht und den Geist der Wahrheit angerufen haben, verkünden, erklären und definieren Wir zur Verherrlichung des allmächtigen Gottes, dessen ganz besonderes Wohlwollen über der Jungfrau Maria gewaltet hat, zur Ehre seines Sohnes, des unsterblichen Königs der Ewigkeit, des Siegers über Sünde und Tod, zur Mehrung der Herrlichkeit der erhabenen Gottesmutter, zur Freude und zum Jubel der ganzen Kirche, in Kraft der Vollmacht unseres Herrn Jesus Christus, der heiligen Apostel Petrus und Paulus und Unserer eigenen Vollmacht:

Es ist eine von Gott geoffenbarte Glaubenswahrheit, daß die unbefleckte, immer jungfräuliche Gottesmutter Maria nach Vollendung ihres irdischen Lebenslaufes mit Leib und Seele zur himmlischen Herrlichkeit aufgenommen worden ist. *Verkündigung des Dogmas von der leiblichen Aufnahme Marias in den Himmel durch Papst Pius XII., 1950.*

Aus der Erklärung des *2. Vatikanischen Konzils* „Über die selige jungfräuliche Gottesmutter Maria im Geheimnis Christi und der Kirche“:

... Indem sie Christus empfing, gebar und nährte, im Tempel dem Vater darstellte und mit ihrem am Kreuz sterbenden Sohn litt, hat sie beim Werk des Erlösers in durchaus einzigartiger Weise in Gehorsam, Glaube, Hoffnung und brennender Liebe mitgewirkt zur Wiederherstellung des übernatürlichen Lebens der Seelen ...

Deshalb wird die selige Jungfrau in der Kirche unter dem Titel der Fürsprecherin, der Helferin, des Beistandes und der Mittlerin angerufen. Das aber ist so zu verstehen, daß es der Würde und Wirksamkeit Christi, des einzigen Mittlers[1] nichts abträgt ...

144. Unfehlbarkeit des Papstes und Vollmacht der Bischöfe

Zur Ehre Gottes, unseres Heilandes, zur Erhöhung der katholischen Religion, zum Heil der christlichen Völker lehren und erklären wir endgültig als von Gott geoffenbarten Glaubenssatz, in treuem Anschluß an die von Anfang des christlichen Glaubens her erhaltene Überlieferung, und mit der Zustimmung des heiligen Konzils:

---

[1] 1.Tim. 2,5.

Wenn der römische Bischof in höchster Lehrvollmacht (ex cathedra) spricht, d.h. wenn er seines Amts als Hirt und Lehrer aller Christen waltend in höchster, apostolischer Amtsgewalt endgültig entscheidet, eine Lehre über Glauben und Sitten sei von der ganzen Kirche festzuhalten, so besitzt er auf Grund des göttlichen Beistandes, der ihm im heiligen Petrus verheißen ist, jene Unfehlbarkeit, mit der der göttliche Erlöser seine Kirche bei endgültigen Entscheidungen in Glaubens- und Sittenlehren ausgerüstet haben wollte. Diese endgültigen Entscheidungen des römischen Bischofs sind daher aus sich und nicht auf Grund der Zustimmung der Kirche unabänderlich. *Die Unfehlbarkeitserklärung des Papstes auf dem 1. Vatikanischen Konzil, 1870.*

*

Die *Kirchenverfassung* beruht in allen wesentlichen Punkten auf göttlicher Anordnung und ist jeder menschlichen Willkür entzogen. Kraft derselben göttlichen Einsetzung, worauf das Papsttum beruht, besteht auch der *Episkopat;* auch er hat seine Rechte und Pflichten vermöge der von Gott selbst getroffenen Anordnung, welche zu ändern der Papst weder das Recht noch die Macht hat. Es ist also ein völliges Mißverständnis der vatikanischen Beschlüsse, wenn man glaubt, durch dieselben sei „die bischöfliche Jurisdiktion in der päpstlichen aufgegangen", der Papst sei „im Prinzip an die Stelle jedes einzelnen Bischofs getreten", die Bischöfe seien nur noch „Werkzeuge des Papstes, seine Beamten ohne eigene Verantwortlichkeit". Nach der beständigen Lehre der katholischen Kirche, wie sie auch vom Vatikanischen Konzil ausdrücklich erklärt worden ist, sind die Bischöfe nicht bloße Werkzeuge des Papstes, nicht päpstliche Beamte ohne eigene Verantwortlichkeit, sondern „vom Heiligen Geiste gesetzt und an die Stelle der Apostel getreten, weiden und regieren sie als wahre Hirten die ihnen anvertrauten Herden".[1]

Wie in den bisherigen achtzehn Jahrhunderten der christlichen Kirchengeschichte der Primat neben und über dem ebenfalls von Christus angeordneten Episcopat kraft göttlicher Einsetzung im Organismus der Kirche bestanden und zum Heile derselben gewirkt hat, so wird solches auch ferner geschehen: und so wenig das zu allen Zeiten bestandene Recht des Papstes, seine kirchliche Regierungsgewalt in der ganzen katholischen Welt auszuüben, seither dazu geführt hat, die Autorität der Bischöfe illusorisch zu machen, ebensowenig kann die neue Erklärung der alten katholischen Lehre über den Primat eine solche Befürchtung für die Zukunft begründen. Werden ja auch bekanntlich die Diözesen der katholischen Welt von ihren Bischöfen seit dem Vaticanischen Konzil in genau derselben Art und Weise geleitet und regiert wie vorher.

Was insbesondere die Behauptung betrifft, die Bischöfe seien durch die vaticanischen Beschlüsse päpstliche Beamte ohne eigene Verantwortlichkeit geworden, so können wir dieselbe nur mit Entschiedenheit zurückweisen: es ist wahrlich nicht

---

[1] Das 1. Vaticanum spricht ausdrücklich von einer „unmittelbaren Vollmacht" auch der kirchlichen Rechtsprechung, welche die Bischöfe besitzen. Fraglich war nur (bis zum 2. Vaticanum), ob sich diese Vollmacht nur auf ihren Sprengel oder auch die Gesamtkirche erstreckt.

die katholische Kirche, in welcher der unsittliche und despotische Grundsatz: der Befehl des Oberen entbinde unbedingt von der eigenen Verantwortlichkeit, Aufnahme gefunden hat ... *Kollektiverklärung des deutschen Episkopats, 1875*[1].

Karl Barth über das Dogma vom päpstlichen Lehramt:

Autorität nimmt die (evangelische) Kirche nicht für sich selbst, sondern *allein für die heilige Schrift* als Gottes Wort in Anspruch ...

Ist das wahr und wird das, weil es wahr ist, geglaubt, dann ist die Offenbarung so hoch *über* der Kirche beschlossen in dem Wort der Propheten und Apostel ..., daß sie es wohl unterlassen wird, sie zu ihrem Besitz zu machen und also in ihre Macht zu bringen ... Es steht und fällt die *evangelische* Kirche damit, daß sie den Satz: die Bibel ist Gottes Wort *exklusiv* versteht ... Es ist demgegenüber für das *römisch-katholische* System ebenso wesentlich und bezeichnend, daß es diese angebliche Einengung der Offenbarung auf ihre biblische Bezeugung ablehnt und an Stelle dessen zunächst ein bestimmtes, als göttliche Offenbarung qualifiziertes Moment des kirchlichen Lebens, die sog. *Tradition* neben die heilige Schrift stellt, dann dieses Moment mehr und mehr erweitert, bis das Ganze des kirchlichen Lebens gerade in ihm beschlossen scheint, schließlich die heilige Schrift diesem Ganzen unter- und einordnet und zuletzt dieses Ganze – und damit sich selbst! – mit Gottes Offenbarung *identisch* erklärt ...

Wenn die katholische Theologie *Schrift* und *Tradition* als Offenbarungsquellen zusammenstellte, um sie dann als einen *einzigen* Überlieferungszusammenhang darzustellen, dann mündeten ihre Überlegungen und Behauptungen fast immer in dem Hinweis auf jene dritte, *neben* Schrift und Tradition oder vielmehr als deren berufener Mund, als deren authentischer Ausleger zu hörende Instanz: bei der *Kirche selber*, sichtbar und vertreten durch ihr autoritativ redendes *Lehramt* ... Die Kirche ist es, in deren Glauben das Wort Gottes *ein*gegangen, in deren Glauben es faktisch *auf*gegangen ist. Sie hat es; sie legt es aus; sie ist in concreto die Offenbarung. Sie ist der heute redende, regierende, handelnde, entscheidende Christus ...

Aber noch nicht endgültig geklärt war die Frage, wo denn die mit der Autorität des Wortes Gottes identische Autorität der Kirche *in concreto* zu suchen und zu hören sei. Noch pflegte man auf diese Frage die überkommene Antwort zu geben: sie sei zu hören im Urteil des Papstes und der Bischöfe als ihrer „Mitte" und ihrer „Peripherie", welche für das kirchliche Leben „sehr wohltätige Gegensätze" bilden (Möhler)[2].

... Daß ein Konzil als Repräsentant der kirchlichen „Peripherie" nicht ohne den Papst als den Repräsentanten der „Mitte" reden und entscheiden könne, das war tief bis in das erste Jahrtausend hinauf faktisch anerkannt und auch von der überwiegenden Mehrzahl der maßgebenden Theologen theoretisch vertreten worden ... Konnte und durfte nun auch das Umgekehrte gelten: daß der Papst nicht ohne die tatsächliche und ausdrückliche Mitwirkung, sondern nur unter der ausgesprochenen Zustimmung der Bischöfe autoritativ reden und entscheiden

---

[1] Diese während des Kulturkampfes veröffenltichte Erklärung antwortet auf ein amtliches Rundschreiben Bismarcks. Die Erklärung der Bischöfe wurde von Pius IX. voll und ganz gebilligt.

[2] Johann Adam *Möhler*, einer der bedeutendsten römisch-katholischen Theologen des vorigen Jahrhunderts, hat vor allem die katholische Lehre in ihrem Unterschied zur protestantischen dargestellt: „Symbolik oder Gegensätze der Katholiken und Protestanten nach ihren öffentlichen Bekenntnisschriften" (1832).

könne? ... Konnte, durfte man es darauf ankommen lassen, daß jene „sehr wohltätigen Gegensätze“ sich faktisch nie anders als wohltätig auswirken würden? ... War die ganze Verwandlung der *Schriftautorität* in *Kirchenautorität*, die der Sinn der Entwicklung gewesen war, nicht in ihrem Sinn noch vieldeutig und letztlich unanschaulich, solange nicht *ein* Mensch als der lebendige Träger der mit der Offenbarung identischen Überlieferung und also als die heute zu hörende Offenbarung allein die Kirche repräsentiert? Durfte die längst zur Aussprache reif gewordene Erkenntnis länger unausgesprochen bleiben, daß dies eben das Wesen und die Funktion des *römischen Papstes* sei? Durfte es unausgesprochen bleiben: das amtliche Votum des Papstes bedarf keiner Bestätigung; es ist *auch* das Votum des Episkopates und also das Votum der unfehlbaren Kirche, die unfehlbare Erklärung der Offenbarung und also selbst unfehlbare Offenbarung für die Gegenwart ... Konnte, durfte dies länger verschwiegen bleiben, nachdem es von Anfang an wahr gewesen und schon so lange, wenn auch erst teilweise, als wahr erkannt worden war? Das war die Frage, vor der sich die Kirche unter dem Pontifikat *Pius IX.* gestellt sah ... Seit dem Vaticanum kann man wissen, was man nach alledem noch nicht wußte; wo und wer *in concreto* die die Offenbarung lehrende Kirche ist ... Es gibt danach in voller Anschaulichkeit einen solchen Ort und einen solchen Menschen, in welchem Himmel und Erde sich berühren, Gott und Mensch ... Eines sind, „eine lebendige Autorität auf göttliche Einwirkung beruhend inmitten der Streitigkeiten der Welt“ (Leopold v. Ranke).
Karl Barth, Kirchliche Dogmatik I,2, 1938.

Das zweite Vatikanische Konzil

145. Heilige Schrift und kirchliches Lehramt

Damit das Evangelium in der Kirche für immer unversehrt und lebendig bewahrt werde, haben die Apostel Bischöfe als ihre Nachfolger zurückgelassen und ihnen ihre eigenes Lehramt überliefert. Diese heilige *Überlieferung* und die Heilige *Schrift* sind gleichsam ein Spiegel, in dem die Kirche Gott, von dem sie alles empfängt, auf ihrer irdischen Pilgerschaft anschaut.

Diese apostolische Überlieferung kennt in der Kirche unter dem Beistand des Heiligen Geistes einen *Fortschritt;* es wächst das Verständnis der überlieferten Dinge und Worte durch das Nachsinnen und Studium der Gläubigen, die sie in ihrem Herzen erwägen, durch die innere Einsicht, die aus geistlicher Erfahrung stammt, durch die Verkündigung derer, die mit der Nachfolge im Bischofsamt das sichere Charisma der Wahrheit empfangen haben. Denn die Kirche strebt im Gang der Jahrhunderte ständig der Fülle der göttlichen Wahrheit entgegen ...

Die heilige Überlieferung und die Heilige Schrift sind eng miteinander verbunden und haben aneinander Anteil. Demselben göttlichen Quell entspringend, fließen beide gewissermaßen in eins zusammen und streben demselben Ziele zu. Denn die Heilige Schrift ist Gottes Rede, insofern sie unter dem Anhauch des Heiligen Geistes schriftlich aufgezeichnet wurde. Die heilige Überlieferung aber gibt das Wort Gottes, das von Christus dem Herrn und vom Heiligen Geist den Aposteln anvertraut wurde, unversehrt an deren Nachfolger weiter, damit sie es unter der erleuchtenden Führung des Geistes der Wahrheit in ihrer Verkündigung treu bewahren, erklären und ausbreiten. So ergibt sich, daß die Kirche ihre Gewißheit über alles Geoffenbarte nicht aus der Heiligen Schrift allein schöpft. Daher sollen beide mit gleicher Liebe und Achtung angenommen und verehrt werden ...

Die Aufgabe aber, das geschriebene oder überlieferte Wort Gottes verbindlich zu erklären, ist nur dem lebendigen *Lehramt* der Kirche anvertraut, dessen Vollmacht im Namen Jesu Christi ausgeübt wird.
Das Lehramt ist nicht über dem Wort Gottes, sondern dient ihm, indem es nichts lehrt, als was überliefert ist ...
Es zeigt sich also, daß die heilige Überlieferung, die Heilige Schrift und das Lehramt der Kirche gemäß dem weisen Ratschluß Gottes so miteinander verknüpft und einander zugesellt sind, daß keines ohne das andere besteht und daß alle zusammen, jedes auf seine Art, durch das Tun des einen Heiligen Geistes wirksam dem Heil der Seelen dienen. *Dogmatische Konstitution über die göttliche Offenbarung.*

*

Der *Zugang zur Heiligen Schrift* muß für die an Christus Glaubenden weit offenstehen. Darum hat die Kirche schon in ihren Anfängen die älteste Übersetzung des Alten Testaments, die griechische, die nach den Siebzig (Septuaginta) benannt wird, als die ihre übernommen. Die anderen orientalischen und die lateinischen Übersetzungen, besonders die sogenannte Vulgata, hält sie immer in Ehren. Da aber das Wort Gottes allen Zeiten zur Verfügung stehen muß, bemüht sich die Kirche in mütterlicher Sorge, daß brauchbare und genaue Übersetzungen in die verschiedenen Sprachen erarbeitet werden, mit Vorrang aus dem Urtext der heiligen Bücher. Wenn die Übersetzungen bei sich bietender Gelegenheit und mit Zustimmung der kirchlichen Autorität in Zusammenarbeit auch mit den getrennten Brüdern zustandekommen, dann können sie von allen Christen benutzt werden[1]. *Ebd.*

146. Papst und Bischöfe

Diese heilige Synode setzt den Weg des Ersten Vatikanischen Konzils fort[2] und lehrt und erklärt feierlich mit ihm, daß der ewige Hirt Jesus Christus die heilige Kirche gebaut hat, indem er die Apostel sandte, wie er selbst gesandt war vom Vater. Er wollte, daß deren Nachfolger, das heißt die Bischöfe, in seiner Kirche bis zur Vollendung der Weltzeit Hirten sein sollten. Damit aber der Episkopat selbst einer und ungeteilt sei, hat er den heiligen Petrus an die Spitze der übrigen Apostel gestellt und in ihm ein immerwährendes und sichtbares Prinzip und Fundament der Glaubenseinheit und der Gemeinschaft eingesetzt. Diese Lehre über

---

[1] Vgl. S. 112.

[2] Vgl. hierzu Nr. 144.

Einrichtung, Dauer, Gewalt und Sinn des dem römischen Bischof zukommenden heiligen *Primates* sowie über dessen *unfehlbares Lehramt* legt die heilige Synode abermals allen Gläubigen fest zu glauben vor. Das damals Begonnene fortführend, hat sie sich entschlossen, nun die Lehre von den *Bischöfen,* den Nachfolgern der Apostel, die mit dem Nachfolger Petri, dem Stellvertreter Christi und sichtbarem Haupt der ganzen Kirche, zusammen das Haus des lebendigen Gottes leiten, vor allen zu bekennen und zu erklären ...

Jene göttliche Sendung, die Christus den Aposteln anvertraut hat, wird bis zum Ende der Welt dauern. Aus diesem Grunde trugen die Apostel für die Bestellung von *Nachfolgern* Sorge. Sie übertrugen, damit die ihnen anvertraute Sendung nach ihrem Tode weitergehe, gleichsam nach Art eines Testamentes ihren Mitarbeitern die Aufgabe, das von ihnen begonnene Werk zu vollenden. Deshalb bestellten sie solche Männer und gaben dann Anordnung, daß nach ihrem Hingang andere bewährte Männer ihr Amt übernähmen ...

Aus diesem Grunde lehrt die heilige Synode, daß die Bischöfe auf Grund göttlicher Einsetzung an die Stelle der Apostel als Hirten der Kirche getreten sind. Wer sie hört, hört Christus, und wer sie verachtet, verachtet Christus und ihn, der Christus gesandt hat ...

Das Kollegium oder die Körperschaft der Bischöfe hat aber nur Autorität, wenn das Kollegium verstanden wird in Gemeinschaft mit dem Bischof von Rom, dem Nachfolger Petri, als seinem Haupt und unbeschadet dessen primatialer Gewalt über alle Hirten und Gläubigen. Der Bischof von Rom hat nämlich kraft seines Amtes als Stellvertreter Christi und Hirt der ganzen Kirche volle, höchste und universale Gewalt über die Kirche und kann sie immer frei ausüben. Die Ordnung der Bischöfe aber, die dem Kollegium der Apostel im Lehr- und Hirtenamt nachfolgt, ja, in welcher die Körperschaft der Apostel immerfort weiterbesteht, ist gemeinsam mit ihrem Haupt, dem Bischof von Rom, und niemals ohne dieses Haupt, gleichfalls Träger der höchsten und vollen Gewalt der Kirche. Diese Gewalt kann nur unter Zustimmung des Bischofs von Rom ausgeübt werden ... Insofern dieses Kollegium aus vielen zusammengesetzt ist, stellt es die *Vielfalt* und Universalität des Gottesvolkes, insofern es unter einem Haupte versammelt ist, die *Einheit* der Herde Christi dar. In diesem Kollegium wirken die Bischöfe, unter treuer Wahrung des primatialen Vorrangs ihres Hauptes, in eigener Vollmacht zum Besten ihrer Gläubigen, ja der ganzen Kirche. Die höchste Gewalt über die ganze Kirche, die dieses Kollegium besitzt, wird in feierlicher Weise im ökumenischen Konzil ausgeübt. Ein ökumenisches Konzil gibt es nur, wenn es vom Nachfolger Petri als solches bestätigt oder wenigstens angenommen wird; der Bischof von Rom hat das Vorrecht, diese Konzilien zu berufen, auf ihnen den Vorsitz zu führen und sie zu bestätigen ...

Die Bischöfe, die den Teilkirchen vorstehen, üben als einzelne ihr Hirtenamt über den ihnen anvertrauten Anteil des Gottesvolkes, nicht über andere Kirchen und nicht über die Gesamtkirche aus. Aber als Glieder des Bischofs*kollegiums* und rechtmäßige Nachfolger der Apostel sind sie auf Grund von Christi Stiftung und Vorschrift zur Sorge für die Gesamtkirche gehalten ...

Die einzelnen Bischöfe besitzen zwar nicht den Vorzug der *Unfehlbarkeit;* wenn sie aber, in der Welt räumlich getrennt, jedoch in Wahrung des Gemeinschaftsbandes untereinander und mit dem Nachfolger Petri, authentisch in Glaubens- und Sittensachen lehren und eine bestimmte Lehre übereinstimmend als endgültig verpflichtend vortragen, so verkündigen sie auf unfehlbare Weise die Lehre Christi. Dies ist noch offenkundiger der Fall, wenn sie auf einem *Ökumenischen Konzil* vereint für die ganze Kirche Lehrer und Richter des Glaubens und der Sitten sind. Dann ist ihren Definitionen mit Glaubensgehorsam anzuhangen ...

Dieser Unfehlbarkeit erfreut sich der römische Bischof, das Haupt des Bischofskollegium, kraft seines Amtes, wenn er als oberster Hirt und Lehrer ... eine Glaubens- oder Sittenlehre in einem endgültigen Akt verkündet. Daher heißen seine Definitionen mit Recht aus sich und nicht erst auf Grund der Zustimmung der Kirche unanfechtbar. Sie bedürfen daher keiner Bestätigung durch andere und dulden keine Berufung an ein anderes Urteil. *Dogmatische Konstitution über die Kirche.*

147. Der Zölibat der Priester

Die Kirche hat die vollkommene und ständige Enthaltsamkeit um des Himmelreichs willen ... besonders im Hinblick auf das *priesterliche* Leben immer hoch eingeschätzt ... Zwar ist sie nicht vom Wesen des Priestertums selbst gefordert, wie die Praxis der frühesten Kirche und die Tradition der Ostkirchen zeigt ... Der Zölibat ist jedoch in vielfacher Hinsicht dem Priestertum angemessen. Durch die Keuschheit und Ehelosigkeit um des Himmelreiches willen (Matth. 19,12) werden die Priester in vorzüglicher Weise Christus geweiht; sie hangen ihm leichter ungeteilten Herzens an, schenken sich freier in ihm und durch ihn dem Dienst für Gott und Menschen und dienen ungehinderter seinem Reich ...

Der ... Zölibat wurde zunächst den Priestern empfohlen und schließlich in der lateinischen Kirche allen, die die heilige Weihe empfangen sollten, als Gesetz auferlegt. Diese heilige Synode billigt und bekräftigt von neuem dieses Gesetz für jene, die zum Priestertum ausersehen sind ... Das Konzil mahnt daher alle Priester, die in freier Entscheidung nach Christi Vorbild den Zölibat auf sich genommen haben, ihm mit ganzem Herzen anzuhangen und treu in diesem Stand auszuhalten... Und je mehr in der heutigen Welt viele Menschen ein Leben in vollkommener Enthaltsamkeit für unmöglich halten, umso demütiger und beharrlicher werden die Priester und mit ihnen die ganze Kirche die Gabe der Beständigkeit und Treue erflehen, die denen niemals verweigert wird, die darum bitten ... *Dekret „Über Dienst und Leben der Priester“.*

Ein *brasilianischer* Bischof wollte folgenden Diskussionsbeitrag im Plenum vortragen, wurde jedoch daran gehindert. Sein Manuskript gelangte in die Presse und erregte großes Aufsehen.

Das Dekret über die Beibehaltung des Zölibats wurde jedoch ohne Diskussion und fast einstimmig angenommen.

Ehrwürdige Väter! Schon zu Beginn sage ich euch, was ich vorhabe: Um die Kirche in unseren *lateinamerikanischen* Ländern zu retten, muß möglichst bald ein Klerus aus verheirateten und ausgezeichnet beleumundeten Gliedern eingeführt werden. Dennoch bliebe das Gesetz des kirchlichen Zölibats in Kraft. Es ist statistisch erwiesen, daß die katholische Kirche in der Welt allgemein und in Lateinamerika im besonderen wegen des Bevölkerungszuwachses und der Angriffe des Atheismus, der Sekten und der großen nichtkatholischen Religionen immer mehr zurückgeht. Die Hauptursache dafür ist der Mangel an Priestern und Berufungen von ehelosen Menschen zum Priestertum. Dieser Mangel wächst von Tag zu Tag, wenn man den Bevölkerungszuwachs berücksichtigt. Lateinamerika stellt ein Drittel der Weltkirche dar. Dennoch arbeiten hier nur 6 Prozent der Priester der ganzen Welt. In 35 Jahren, also im Jahre 2000, wird Lateinamerika 600 Millionen Menschen zählen. Es wird dann die Hälfte der katholischen Kirche bilden und 150000 Priester brauchen, wenn für jeweils 5000 Seelen ein Seelsorger vorhanden sein soll, ohne daß dabei der anormalen Größe des Gebietes Rechnung getragen wäre, das dieser Priester zu versorgen hätte ...

148. Die katholische Kirche und die anderen Kirchen

Die *Einheit* unter allen Christen wiederherstellen zu helfen ist eine der Hauptaufgaben des heiligen ökumenischen Zweiten Vatikanischen Konzils. Denn Christus der Herr hat eine einige und einzige Kirche gegründet, und doch erheben mehrere christliche Gemeinschaften vor den Menschen den Anspruch, das wahre Erbe Jesu Christi dazustellen; sie alle bekennen sich als Jünger des Herrn, aber sie weichen in ihrem Denken voneinander ab und gehen verschiedene Wege, als ob Christus selber geteilt wäre. Eine solche Spaltung widerspricht aber ganz offenbar dem Willen Christi, sie ist ein Ärgernis für die Welt und ein Schaden für die Verkündigung des Evangeliums.

Der Herr der Geschichte aber ... hat in jüngster Zeit begonnen, über die gespaltene Christenheit ernste Reue und Sehnsucht nach Einheit reichlicher auszugießen. Von dieser Gnade sind heute überall sehr viele Menschen ergriffen, und auch unter unseren getrennten Brüdern ist unter der Einwirkung der Gnade des Heiligen Geistes eine sich von Tag zu Tag ausbreitende Bewegung zur Wiederherstellung der Einheit aller Christen entstanden. Diese Einheitsbewegung, die man als *Ökumenische Bewegung* bezeichnet, wird von Menschen getragen, die den dreieinigen Gott anrufen und Jesus als Herrn und Erlöser bekennen und zwar nicht nur einzeln für sich, sondern auch in ihren Gemeinschaften, die sie ihre Kirche und Gottes Kirche nennen. Fast alle streben, wenn auch auf verschiedene Weise, zu einer einen, sichtbaren Kirche Gottes hin ...

... In dieser einen und einzigen Kirche Gottes sind schon von den ersten Zeiten an *Spaltungen* entstanden; in den späteren Jahrhunderten aber sind noch tiefergehende Gegensätze entstanden, und es kam zur Trennung recht großer Gemeinschaften von der vollen Gemeinschaft der katholischen Kirche, oft nicht ohne Schuld der Menschen auf beiden Seiten. Den Menschen jedoch, die jetzt in solchen Gemeinschaften geboren sind und in ihnen den Glauben an Christus erlangen, darf die Schuld der Trennung nicht zur Last gelegt werden – die katholische Kirche betrachtet sie als Brüder, in Verehrung und Liebe. Denn wer an Christus glaubt und in der rechten Weise die Taufe empfangen hat, steht dadurch in einer gewissen, wenn auch nicht vollkommenen, Gemeinschaft mit der katholischen Kirche. Da es zwischen ihnen und der katholischen Kirche sowohl in der Lehre und bisweilen auch in der Disziplin wie auch bezüglich der Struktur der Kirche Diskrepanzen verschiedener Art gibt, so stehen sicherlich nicht wenige Hindernisse der vollen kirchlichen Gemeinschaft entgegen, bisweilen recht schwerwiegende, um deren Überwindung die Ökumenischen Bewegung bemüht ist. Nichtsdestoweniger sind sie durch den Glauben in der Taufe gerechtfertigt und dem Leibe Christi eingegliedert, darum gebührt ihnen der Ehrenname des Christen, und mit Recht werden sie von den Söhnen der katholischen Kirche als Brüder im Herrn anerkannt ...

Dennoch erfreuen sich die von uns getrennten Brüder, sowohl als einzelne wie auch als Gemeinschaften und Kirchen betrachtet, nicht jener Einheit, die Jesus Christus allen denen schenken wollte, die er zu *einem* Leibe wiedergeboren hat, zu jener Einheit, die die Heilige Schrift und die verehrungswürdige Tradition der Kirche bekennt. Denn nur durch die katholische Kirche Christi, die das allgemeine Hilfsmittel des Heiles ist, kann man Zutritt zu der ganzen Fülle der Heilsmittel haben ...

*

Die Kirchen und kirchlichen Gemeinschaften, die in der schweren Krise, die im Abendland schon vom Ende des Mittelalters ihren Ausgang genommen hat, vom Römischen Apostolischen Stuhl getrennt wurden, sind mit der katholischen Kirche durch das Band besonderer Verwandtschaft verbunden ...

Die Liebe und Hochschätzung, ja fast kultische Verehrung der Heiligen Schrift führen unsere Brüder zu einem unablässigen und beharrlichen Studium dieses heiligen Buches. Unter Anrufung des Heiligen Geistes suchen sie in der Heiligen Schrift Gott, wie er zu ihnen spricht in Christus ...

Während die von uns getrennten Christen die göttliche Autorität der Heiligen Schrift bejahen, haben sie jedoch, jeder wieder auf andere Art, eine von uns verschiedene Auffassung von dem Verhältnis zwischen der Schrift und der Kirche, wobei nach dem katholischen Glauben das authentische Lehramt bei der Erklärung und Verkündigung des geschriebenen Wortes Gottes einen besonderen Platz einnimmt. Nichtsdestoweniger ist die Heilige Schrift gerade beim Dialog ein ausgezeichnetes Werkzeug in der Hand Gottes, um jene Einheit zu erreichen, die der Erlöser allen Menschen anbietet ... *Dekret über den Ökumenismus.*

*

Die Art und Weise der Formulierung des katholischen Glaubens darf keinerlei Hindernis bilden für den Dialog mit den Brüdern ... Beim Vergleich der Lehren miteínander soll man nicht vergessen, daß es eine Rangordnung oder *„Hierarchie“ der Wahrheiten* innerhalb der katholischen Lehre gibt, je nach der verschiedenen Art ihres Zusammenhangs mit dem Fundament des christlichen Glaubens ... *Ebd.*

Katholische wie evangelische Theologen haben die ökumenische Bedeutung von der *„Hierarchie der Wahrheiten“* hervorgehoben.

„Als revolutionärsten und möglicherweise fruchtbarsten Gedanken des Konzils möchte ich die Hierarchie der dogmatischen Werte, also eine Rangordnung der Dogmen nennen ... Es sollte die Abhängigkeit der Verbindlichkeit eines Dogmas von seiner theologischen Werthaftigkeit her untersucht werden. Jesus ist mehr als Maria. So ist ein Dogma über Jesus in der Verkündigung und in der Annahme der Offenbarung wichtiger, werthafter als ein solches über Maria“. *Lortz.* „Zur genaueren Erfassung einer „Hierarchie der Wahrheiten“ muß ein Kriterium gefunden werden, von dem aus man von einer Hierarchie reden kann. Daß dieses die Offenbarung in Jesus Christus und dessen Erlöserwirken in Kreuz und Auferstehung ist, kann wohl kaum bezweifelt werden. Damit ist eine theologische Basis geschaffen, die es ermöglicht, die Frage der Einheit der Christenheit neu zu bedenken. Denn in dem Bekenntnis zu dieser Mitte stimmen alle Konfessionen überein“. *Fries.*

Zu diesen Stimmen katholischer Theologen die eines *lutherischen*: „Diese Sicht ist insofern neu, als sie nicht nur den Umfang, sondern die Ordnung der Lehre als das vordringlichste ökumenische Problem erkennt ... Die These von der Hierarchie der Wahrheiten stellt nicht nur die römische, sondern auch jede andere Kirche vor die große und schwierige Aufgabe, eine derartige Ordnung innerhalb dessen vorzunehmen, was sie als die Gesamtheit ihres Offenbarungsgutes hütet ... Ist man sich darüber im eigenen Raum klargeworden, so hat man damit zugleich Kategorien gewonnen, die das gegenseitige ökumenische Gespräch in einem Ausmaß fruchtbar machen können, das augenblicklich noch gar nicht abzusehen ist. In vielen Fällen krankt dieses Gespräch bisher daran, daß man zwar von der gleichen Sache spricht, aber die sehr verschiedene *Wertung*, die diese Sache hüben und drüben genießt, nicht in Rechnung setzt und infolgedessen aneinander vorbeiredet“. *Dietzfelbinger.*

149. Der Atheismus

Ein besonderer Wesenszug der Würde des Menschen liegt in seiner Berufung zur Gemeinschaft mit Gott. Viele unserer Zeitgenossen erfassen aber diese innigste und lebensvolle Verbindung mit Gott gar nicht oder verwerfen sie ausdrücklich. So muß man den *Atheismus* zu den ernstesten Gegebenheiten dieser Zeit rechnen und aufs sorgfältigste prüfen.

Mit dem Wort „Atheismus“ werden voneinander sehr verschiedene Phänomene bezeichnet. Manche leugnen Gott ausdrücklich; andere meinen, der Mensch könne überhaupt nichts über ihn aussagen; ... viele überschreiten den Zuständigkeitsbereich der Erfahrungswissenschaften und erklären, alles sei nur Gegenstand naturwissenschaftlicher Forschung, oder sie verwerfen jede Möglichkeit einer absoluten Wahrheit. Manche sind, wie es scheint, mehr interessiert an der Bejahung des Menschen als an der Leugnung Gottes ... Der Atheismus entsteht nicht selten aus dem heftigen Protest gegen das Übel in der Welt ... Auch die heutige Zivilisation kann oft, zwar nicht von ihrem Wesen her, aber durch ihre einseitige Zuwendung zu den irdischen Wirklichkeiten, den Zugang zu Gott erschweren.

Gewiß sind die, die in Ungehorsam gegen den Spruch ihres Gewissens absichtlich Gott von ihrem Herzen fernhalten und religiöse Fragen zu vermeiden suchen, nicht ohne Schuld; aber auch die Gläubigen selbst tragen daran eine gewisse Verantwortung. Denn der Atheismus ist nicht eine ursprüngliche und eigenständige Erscheinung; er entsteht vielmehr aus verschiedenen Ursachen, zu denen auch die kritische Reaktion gegen die Religionen, und zwar in einigen Ländern vor allem gegen die christliche Religion, zählt. Deshalb können an dieser Entstehung des Atheismus die Gläubigen einen erheblichen Anteil haben, insofern man sagen muß, daß sie durch Vernachlässigung der Glaubenserziehung, durch mißverständliche Darstellung der Lehre oder auch durch die Mängel ihres religiösen, sittlichen und gesellschaftlichen Lebens das wahre Antlitz Gottes und der Religion eher verhüllen als offenbaren ...

Unter den Formen des heutigen Atheismus darf jene nicht übergangen werden, die die *Befreiung des Menschen* vor allem von seiner wirtschaftlichen und gesellschaftlichen Befreiung erwartet. Er behauptet, daß die Religion dieser Befreiung im Wege stehe, insofern sie die Hoffnung des Menschen auf ein künftiges und trügerisches Leben richte und ihn dadurch vom Aufbau der irdischen Gesellschaft abhalte. Daher bekämpfen die Anhänger dieser Lehre, wo sie zur staatlichen Macht kommen, die Religion heftig und breiten den Atheismus aus, auch unter Verwendung, vor allem in der Erziehung der Jugend, jener Mittel der Pression, die der öffentlichen Gewalt zur Verfügung stehen ...

Die Kirche kann, in Treue zu Gott wie zu Menschen, nicht anders, als voll Schmerz jene verderblichen Lehren und Maßnahmen, die der Vernunft und der allgemein menschliche Erfahrung widersprechen, mit aller Festigkeit zu verurteilen, wie sie sie auch bisher verurteilt hat ...

Die Kirche hält daran fest, daß die Anerkennung Gottes der Würde des Menschen keineswegs widerstreitet, da diese Würde eben in Gott selbst gründet und vollendet wird ... Wenn dagegen das göttliche Fundament und die Hoffnung auf das ewige Leben schwinden, wird die Würde des Menschen aufs schwerste verletzt, wie sich heute oft bestätigt, und die Rätsel von Leben und Tod, Schuld und Schmerz bleiben ohne Lösung. Jeder Mensch bleibt vorläufig sich selbst eine ungelöste Frage, die er dunkel spürt. Denn niemand kann in gewissen Augenblicken, besonders in den bedeutenderen Ereignissen des Lebens, diese Frage gänzlich verdrängen. Auf diese Frage kann nur Gott die volle und ganz sichere Antwort geben, Gott, der den Menschen zu tieferem Nachdenken und demütigerem Suchen aufruft ...

Wenn die Kirche den Atheismus eindeutig verwirft, so bekennt sie doch aufrichtig, daß alle Menschen, Glaubende und Nichtglaubende, zum richtigen Aufbau der Welt, in der sie gemeinsam leben, zusammenarbeiten müssen. Das kann gewiß nicht geschehen, ohne einen aufrichtigen und klugen Dialog. Deshalb beklagt sie die Diskriminierung zwischen Glaubenden und Nichtglaubenden, die gewisse Staatslenker,

in Nichtachtung der Grundrechte der menschlichen Person, ungerechterweise durch führen. Für die Glaubenden verlangt die Kirche Handlungsfreiheit ..., die Atheisten aber lädt sie ein, das Evangelium Christi zu würdigen. Denn sehr genau weiß die Kirche, daß ihre Botschaft dem tiefsten Verlangen des menschlichen Herzens entspricht, wenn sie die Würde der menschlichen Berufung verteidigt und denen, die schon an ihrer höheren Bestimmung verzweifeln, die Hoffnung wiedergibt ...
Pastoralkonstitution über die Kirche in der Welt von heute.

*

Evangelische Theologen zur Atheismuserklärung:

Der „moderne Atheismus", und gerade der östliche, ist ein genuines Erzeugnis des Abendlandes. Ist aber inmitten einer Welt, in der seit 1500 Jahren christliche Predigt alle Menschen erreicht hat und die Kirche konkurrenzlosen Einfluß besaß, heute der Atheismus „unter die ernstesten Gegebenheiten dieser Zeit rechnen", dann muß in einer solchen Erklärung sich ausdrücken, daß die Kirche zuerst und vor allem über sich selbst alarmiert ist. Die Erklärung ist also so weit christlich, als sie ***bußfertig*** ist und nach der eigenen Schuld der Kirche am Atheismus fragt – wie im letzten Satz von Artikel 19, – gerade auch nach der kollektiven und offiziellen: falsche Antwort der anerkannten Theologie und der kirchlichen Behörden auf die Probleme der geistigen Entwicklung (von Galilei bis zu Darwin); unevangelischer Kampf für das Evangelium mit Ketzerverfolgung, Inquisition, Diffamierung und gesellschaftlicher Diskreditierung der Andersdenkenden (in verfeinerter Form in manchen Gegenden bis zum heutigen Tage); Verfilzung der kirchlichen Hierarchie mit den am sozialen Unrecht und Elend nutznießenden oberen Kreisen der Gesellschaft; Bündnis der offiziellen Kirche mit den reaktionären Kräften gegen sozialen Fortschritt, gegen Liberalität, gegen wirtschaftliche und gesellschaftliche Befreiung; falsche Sorge der Kirche um sich selbst, darum unbesehene Kollaboration mit jedem Machthaber, wenn er nur Privilegien und Besitz der Kirche nicht antastete; feiges Dulden der Kriegslust der christianisierten Völker (bis zur Mitschuld des Kardinals Spellmann an der Entwicklung des Mordens in Vietnam) statt entschiedenes Aufrichten der Evangeliumsbotschaft gegen den Krieg. Diese nur anfängliche Liste, von Anfang an zum Repertoire sozialistischer Kirchenkritik gehörig, muß dem vor Augen stehen, der zum kommunistischen Atheismus etwas sagen will und, wie es doch wohl die erste Adresse einer Konzilserklärung ist, die *Christen* anleiten will, der atheistischen Krankheit das Heilmittel zu reichen. Christen und Kirchenmänner haben sich immer noch nicht hinlänglich klargemacht: der praktische Atheismus auf christlicher Seite ist – wahrhaftig zu einem „erheblichen Anteil" – Wurzel des theoretischen Atheismus...

In dem Satz von der Mitschuld der Gläubigen am Atheismus ist zu sehr nur individuell, nicht kollektiv und institutionell gesprochen, das heißt, das Bußgeständnis und die Ermahnung reichen noch nicht bis in die Politik der Kirche hinein, sie sind deshalb zu harmlos, zu unverbindlich, es fehlt ihnen die ins eigene Fleisch schneidende Schärfe.

Stünde es damit besser, dann könnte auch mehr gefragt werden nach einer spirituellen Sicht der Erstarkung und Verbreitung des modernen Atheismus. In der vorliegenden Erklärung erscheint er als Krankheit und als intellektueller Irrtum. Was aber ist er von Gott her? In der „Gottesfinsternis" geschieht doch Verborgenheit Gottes – eine Verborgenheit, die sich im systematischen Atheismus besonders deutlich ausspricht, aber nicht nur in ihm, auch den Gläubigen ist sie schmerzlich bekannt. Gott ist doch nicht ein aller Welt vor Augen liegender Gegenstand, der nur von Menschen ohne gesunden Menschenverstand nicht gesehen wird. (Dies allerdings behauptet das Konzil, wenn es zu Beginn von Artikel 21 sagt, der Atheismus widerspreche „der Vernunft und der allgemeinen menschlichen Erfahrung"; ich bin mir bewußt, daß ich in meiner Kritik von Standort evangelischer Theologie aus spreche, aber ich wundere mich doch sehr, daß das Konzil im Jahre 1965, nach den langen Diskussionen über die „vernünftige Gotteserkenntnis" so ungeschützt und undifferenziert meint reden zu können!). Gott gibt sich zu erkennen oder gibt sich nicht zu erkennen. Ausbreitung von Nicht-Erkenntnis Gottes muß also die Kirche erschrecken; denn Verborgenheit Gottes in der Gottesfinsternis ist göttliches Gericht ... *Helmut Gollwitzer.*

Die Gegenwart Gottes ist etwas so wenig Selbstverständliches, daß es redlicher ist, von seiner Abwesenheit zu sprechen. Die paradoxen Formulierungen Dietrich *Bonhoeffers,* die sich im Dialog zwischen Christen und Atheisten als wesentlich und hilfreich erweisen, wären hier zu bedenken, seine revolutionäre, die konventionell Frommen erschreckende Behauptung, daß wir heute leben müssen, „etsi deus non daretur" – als ob es Gott nicht gäbe –, seine gläubige Feststellung, daß Gott selbst es ist, der uns zu verstehen gibt, daß wir als solche leben müssen, die ohne die „Arbeitshypothese Gott" fertig werden ...[1]

Weder die christliche noch die atheistischen Apologeten taugen im allgemeinen zum *Dialog.* Die Legitimation zum äußeren Dialog empfangen Atheisten und Christen immer nur aus der Tatsache des inneren Dialogs. Ein Ergebnis solchen inneren Dialogs auf atheistischer Seite ist offensichtlich das auf der Tagung der Paulus-Gesellschaft 1966 von einem italienischen Marxisten gemachte Eingeständnis, daß der Marxismus kein System ewiger Wahrheiten, sondern ein auf Problementwicklung angelegtes Forschungs- und Experimentiermodell sei ...[2]

Das Wesen des Glaubens besteht doch gewiß nicht allein in der Anerkennung eines Systems bestimmter überlieferter Glaubenssätze, er bewährt sich am glaubwürdigsten im Elan des Vertrauens, im „Futurismus der Hoffnung", auf deren religiöse Relevanz der Marxist Ernst *Bloch* die Christen hingewiesen hat. Ein rückwärts gerichteter Glaube, der im Grunde nur an sich selber glaubt, wäre demgegenüber die raffinierteste Form eines illegitimen Atheismus. Es ist nicht einzusehen, warum Atheisten, die aus Sorge um den sich selbst entfremdeten Menschen sich mit den Christen gemeinsam um die Humanisierung der Welt bemühen möchten, weniger Vertrauen verdienen als die Integralisten, die um transzendenter Glaubenssätze willen die diesseitige Solidarität mit den Ungläubigen verweigern. In solchem Falle können die Worte des Propheten Jesaja, in denen sich Gott gegenüber seinem abtrünnigen Volk zu den Heiden bekennt, eine bestürzende Aktualität gewinnen: „Ich werde gesucht von denen, die nicht nach mir fragten; ich werde gefunden von denen, die nicht nach mir suchten ..." (Jes. 65,1).
Heinz Flügel

Aus der ökumenischen Bewegung

150. Die Weltkirchenkonferenz in Stockholm 1925

1925 fanden sich – mit Ausnahmen der römischen Katholiken – Vertreter der gesamten Christenheit in Stockholm zusammen. Das Gesprächsthema waren Fragen des *praktischen* Christentums.

---

[1] Vgl. S. 309f.
[2] Vgl. S. 237.

1. Die Allgemeine Konferenz der Kirche Christi für praktisches Christentum, versammelt in Stockholm vom 19. bis 27. August 1925 und beschickt von Vertretern der meisten Kirchen aus 37 verschiedenen Völkern der alten und der neuen Welt, des nahen und des fernen Ostens, richtet hierdurch eine brüderliche Botschaft an alle Nachfolger Christi mit der herzlichen Bitte, sich in Gebet, Bekenntnis und Dank, in Denkarbeit und Dienst mit der Konferenz zu vereinen. Wir bedauern, daß nicht alle christlichen Kirchen es für möglich hielten, die Einladung anzunehmen...

2. Durch Arbeit und Gebet christlicher Männer und Frauen ist unsere Konferenz seit fünf Jahren vorbereitet worden ... Sie hat sich als der bisher umfassendste Ausdruck der Gemeinschaft und der Zusammenarbeit der Kirchen über die Grenzen von Nation und Konfession hinaus erwiesen. Die Sünden und Sorgen, Kämpfe und Verluste der christlichen Kirchen in und nach dem Kriege haben sie zu der beschämenden Erkenntnis geführt, daß gegenüber einer in sich uneinigen Christenheit die Welt die Übermacht hat ...

3. Wir bekennen vor Gott und der Welt die Sünden und Versäumnisse, deren die Kirche sich durch Mangel an Liebe und mitfühlendem Verständnis schuldig gemacht hat. Menschen, die mit Ernst nach Wahrheit und Gerechtigkeit trachteten, haben sich von Christus ferngehalten, weil seine Nachfolger ihn vor der Menschheit so unvollkommen vertreten haben. Der Ruf der gegenwärtigen Stunde an die Kirche muß deshalb ein Bußruf sein und doch auch ein Ruf zu einem freudigen Neuanfang aus der unerschöpflichen Kraftquelle Jesus Christus.

4. ... Es erfüllt uns mit tiefer Dankbarkeit, daß wir trotz deutlich vorhandener starker Verschiedenheit des Standpunktes imstande gewesen sind, uns über so viele schwere Fragen in Wahrheit und Liebe auseinanderzusetzen ... Wenn wir alle zusammen, ein jeder in seiner Muttersprache, das Gebet des Herrn beteten, dann wurden wir unseres gemeinsamen Glaubens froh und erlebten wie nie zuvor die wahre Einheit der Kirche Christi.

5. Die Konferenz hat ... die Pflicht erkannt, das Evangelium auf allen Gebieten des menschlichen Lebens zu der entscheidenden Macht zu machen – im industriellen, sozialen, politischen und internationalen Leben.

6. So haben wir auf dem Gebiete des Wirtschaftslebens uns dazu bekannt, daß die Seele der höchste Wert ist, der den Rechten des Besitzes oder dem Mechanismus der Industrie nicht untergeordnet werden darf, und daß die Seele als ihr Grundrecht das Recht auf ihre Rettung beanspruchen kann. Wir kämpfen deshalb für eine freie und vollkommene Entwicklung der menschlichen Persönlichkeit. Im Namen des Evangeliums haben wir von neuem betont, daß die Industrie sich nicht gründen darf auf den bloßen Wunsch nach persönlichem Gewinn, sondern daß sie als ein Dienst an der Gemeinschaft das Eigentum als ein anvertrautes Gut ansehen muß, für das wir Gott Rechenschaft schuldig sind ...

8. Wir haben die für die internationalen Beziehungen maßgebenden christlichen Gedanken durchberaten, die von völkischer Selbstvergötterung ebenso weit entfernt sind wie von einem matten Kosmopolitismus, dem jedes beliebige Land gleichviel

bedeutet. Wir haben die Verpflichtung des Einzelgewissens dem Staat gegenüber betrachtet. Wir haben den universellen Charakter der Kirchen und ihre Pflicht, die Bruderliebe zu predigen und auszuüben, anerkannt. Wir haben das Rassenproblem, die Frage ... nach der Herstellung einer internationalen Ordnung untersucht, die eine friedliche Methode zur Entfernung der Kriegsursachen enthalten könnte, Fragen, welche uns in der Tragik unserer Tage so tief berühren. Wir bitten die Kirchen, ein Gefühl zu haben für die Schrecken des Krieges, wie auch für seine Unzulänglichkeit für die wirkliche Lösung internationaler Streitfragen und dafür zu beten und zu arbeiten, daß unter dem Szepter des Friedefürsten „Güte und Treue einander begegnen, Gerechtigkeit und Friede sich küssen".

12. ... Wir richten unser Auge auf die jungen Menschen in allen Ländern. Wir haben mit herzlicher Freude von dem Streben und Ringen der Jugendbewegung vieler Völker um eine bessere Gestaltung des Gemeinschaftslebens gehört. Den Eifer und die frische Kraft der Jugend möchten wir völlig einstellen in den Dienst des Reiches Gottes ... Wir richten diese Botschaft im Namen des Menschensohnes, des Zimmermanns von Nazareth, auch an die Arbeiter der Welt, voll Dankbarkeit gegen alle, welche unter den heutigen Verhältnissen ihr Handeln durch Jesus Christus haben bestimmen lassen. Wir beklagen die noch vorhandenen Ursachen von Entfremdung oder mangelndem Einvernehmen und wollen sie zu beseitigen suchen. Wir teilen ihr Streben nach einer sozialen Ordnung, in der durch Gerechtigkeit und Brüderlichkeit die Möglichkeit für eine Entwicklung jedes einzelnen und des ganzen Menschengeschlechtes nach Gottes Willen gesichert ist ...

14. Nur so weit wir, jeder einzelne, durch Innerlichkeit zur Einheit gelangen, werden wir zur wahrhaften Geistes- und Gesinnungsgemeinschaft vordringen. Je näher wir dem gekreuzigten Christus kommen, um so näher kommen wir einander, wie verschieden auch die Farben sein mögen, in denen unser Glaube das Licht widerstrahlen läßt. Unter dem Kreuze Jesu Christi strecken wir einander die Hände entgegen, denn der gute Hirte starb dafür, daß er die zerstreuten Kinder Gottes zusammenführe. In dem gekreuzigten und auferstandenen Herrn allein liegt die Hoffnung der Menschheit. *Die Botschaft von Stockholm, 1925.*

151. Die Weltkirchenkonferenz in Amsterdam 1948

Die Weltkirchenkonferenz zu *Amsterdam* stand ganz unter dem Eindruck der Schrecken des vergangenen Krieges. Ihr Gesamtthema war daher: „Die Unordnung der Welt und Gottes Heilsplan". Gemeinsam war der Wille, in der politisch zerspaltenen Welt die Einheit der Christenheit zu bezeugen und organisatorisch im *„Ökumenischen Rat der Kirchen"* zu sichern.

Der Ökumenische Rat der Kirchen, in Amsterdam versammelt, grüßt alle, die Jesus Christus angehören, und alle, die bereit sind, zu hören.

Wir preisen Gott den Vater und unsern Herrn Jesus Christus, daß Er die verstreuten Kinder Gottes sammelt und uns hier in Amsterdam zusammengeführt hat. Wir sind darin einig, daß wir ihn als Gott und Heiland anerkennen. Wir sind voneinander getrennt, nicht nur in Fragen der Lehre, der Ordnung und der Überlieferung, sondern auch durch unseren sündigen Stolz: Nationalstolz, Klassenstolz, Rassenstolz. Aber Christus hat uns zu seinem Eigentum gemacht und in Ihm ist keine Zertrennung. Wo wir Ihn suchen, finden wir einander. Hier in Amsterdam haben wir uns von Ihm und damit voneinander aufs neue in Pflicht nehmen lassen, und deshalb haben wir diesen *Ökumenischen Rat der Kirchen* gebildet. Wir haben den festen Willen, beieinander zu bleiben. Wir rufen die christlichen Gemeinden allenthalben auf, diesen Zusammenschluß zu bejahen und ihn auch in ihrem eigenen Leben miteinander Wirklichkeit werden zu lassen. So danken wir Gott und befehlen ihm getrost die Zukunft.

Wenn wir auf Christus schauen, sehen wir die Welt, wie sie ist, nämlich als Seine Welt, in die Er hineinkam und für die Er in den Tod ging. Diese Welt ist voll von Hoffnungen und zugleich voll von hoffnungsloser Verzweiflung. Einige Nationen sind voller Freude in ihrer neugeschenkten Freiheit und Kraft; andere werden nicht frei von ihrer Bitterkeit, weil ihnen die Freiheit versagt bleibt; andere wieder bleiben gelähmt durch mangelnde Einheit. Überall aber spürt man in der Tiefe eine *Angst.* Millionen von Menschen leiden Hunger, Millionen sind ohne Obdach, ohne Heimat, ohne Hoffnung, und über der gesamten Menschheit hängt die Drohung des totalen Krieges. Wir selber haben unseren Anteil an der Schuld dieser Welt. Deshalb haben wir Gottes Gericht über uns anzuerkennen und zu tragen ...

Aber Gott hat ein Wort gesprochen für unsere Welt. Es besagt, daß diese Welt in der Hand des lebendigen Gottes ist, der nur Gutes mit ihr im Sinn hat. In Jesus Christus ... hat Gott die Macht des Bösen ein für allemal gebrochen und für jedermann das Tor zur Freiheit und zur Freude im Heiligen Geist aufgetan. Das letzte Gericht über die ganze menschliche Geschichte und über jede einzelne menschliche Tat ist das Gericht des *barmherzigen* Christus, und am Ende der Geschichte steht der Triumph Seines Reiches. Da werden wir dann wohl verstehen, wie sehr Gott die Welt geliebt hat. – Das ist Gottes unwandelbares Wort für die Welt, aber Millionen unserer Brüder haben es niemals vernommen. Und wir, die wir hier aus vielen Ländern versammelt sind, bitten Gott, er möchte Seine ganze Kirche dazu aufwecken, daß sie Seine Frohe Botschaft der ganzen Welt bekanntmacht und alle Menschen aufruft, an Christus zu glauben, in Seiner Liebe zu leben und auf Sein Kommen zu hoffen.

Daß wir hier zusammenkamen, um den Ökumenischen Rat zu schaffen, würde ein vergebliches Beginnen bleiben, wenn nicht die Christenmenschen allenthalben sich Christus, dem Haupt der Kirche, zu eigen gäben, in einem neuen Bemühen, dort, wo sie stehen, Seine Jünger zu sein und sich als Seine Diener unter ihren Nächsten zu erweisen ... Wir müssen lernen, dem Terror, der Grausamkeit, dem Rassenhaß zu widerstehen, dem Ausgestoßenen, dem Gefangenen, dem Flüchtling zur Seite zu sein und die Kirche überall zum Mund zu machen für die Stummen und zur Heimat, in der jeder ein Zuhause finden kann ... Wir wollen Gott bitten, daß Er uns miteinander lehre, ein echtes Nein und ein echtes Ja zu sprechen.

Ein *Nein* zu allem, was der Liebe Christi zuwider ist, zu jedem System, zu jedem Programm, zu jedem Menschen, die einen Menschenbruder behandeln, als wäre er nicht Gottes Geschöpf, sondern ein Stück Ware, das man ausnutzen kann; ein Nein zu denen, die im Namen der Ordnung das Unrecht zum Recht machen, zu denen, die die Saat des Krieges säen oder zum Kriege drängen, weil er doch unvermeidbar sei.

Ein *Ja* zu allem, was mit der Liebe Christi zusammenstimmt, zu allen Menschen, die das Recht aufrichten, zu allen, die in der Welt einen echten Frieden schaffen möchten ...

Es steht nicht in menschlicher Macht, Sünde und Tod von der Erde zu verbannen, die Einheit der Einen Heiligen Kirche zu schaffen, die Mächte des Satans zu überwinden; aber Gott kann es tun. Aber wir können eins: indem wir gute Werke des Glaubens und Gehorsams tun, können wir auf Erden Zeichen aufrichten, die auf den kommenden Sieg hinweisen ... Als die, die in Zuversicht und Freude dem Tag ihrer Befreiung entgegengehen, wollen wir uns an die Aufgaben machen, die unser warten, und damit die Zeichen aufrichten, die gesehen werden können.

Dem aber, der überschwenglich tun kann über alles, das wir bitten oder verstehen, nach der Kraft, die da in uns wirkt, dem sei Ehre in der Gemeinde, die in Christo Jesu ist, zu aller Zeit, von Ewigkeit zu Ewigkeit! *Die Botschaft des Ökumenischen Rates Amsterdam 1948.*

*

Über den Krieg:

Der Krieg kommt daher, daß die Menschen sich um Gott nicht gekümmert haben. Eben darum aber ist er nicht unvermeidlich, wenn die Menschen sich nur wieder zu Gott wenden, Buße tun und seinen Geboten gehorchen wollten ...

Wir wissen sehr wohl, daß Kriege bisweilen von Ursachen herkommen, auf die Christen keinen Einfluß haben. Und doch brauchen wir nicht blind oder einsam unsere Arbeit zu tun. Wir sind *Gottes Mitarbeiter.* Er hat uns in unserem Herrn Christus den Weg gezeigt, wie dämonische Kräfte in der Geschichte der Menschen überwunden werden können. Durch die Kirchen, die sich in seiner Gewalt wissen und so miteinander arbeiten, gestaltet sich allmählich eine Gemeinschaft, die keine Schranken der Rasse, der Hautfarbe und der Nationen mehr kennt, wie sie so oft Menschen miteinander in Konflikt bringen ... Die Rolle, die der Krieg im heutigen internationalen Leben spielt, ist Sünde wider Gott und eine Entwürdigung des Menschen ... Der Krieg bedeutet heute etwas völlig anderes als früher. Wir haben jetzt den *totalen* Krieg ... Die herkömmliche Annahme, daß man für eine gerechte Sache einen gerechten Krieg mit rechten Waffen führen könne, ist unter solchen Umständen nicht mehr aufrechtzuerhalten. Es mag sein, daß man auf Mittel der Gewalt nicht verzichten kann, wenn das Recht zur Geltung gebracht werden soll. Ist der Krieg aber erst einmal ausgebrochen, dann wird die Gewalt in einem Umfang angewandt, der dem Recht seine Grundlage zu zerstören droht.

... Kann der Krieg heute noch ein Akt der Gerechtigkeit sein? Drei verschiedene Grundhaltungen werden in unserer Mitte vertreten:

1. Da sind zunächst jene, die die Überzeugung haben, daß, wenn der Christ auch unter bestimmten Umständen wird in den Krieg ziehen müssen, ein moderner Krieg mit seinen allumfassenden Zerstörungen niemals ein Akt der Gerechtigkeit sein kann.
2. Andere meinen, militärische Maßnahmen seien das letzte Mittel, um dem Recht Geltung zu verschaffen, und man müsse die Staatsbürger klar und deutlich lehren, daß es ihre Pflicht ist, das Recht mit der Waffe in der Hand zu verteidigen . . .
3. Wieder andere lehnen jeden Kriegsdienst irgendwelcher Art ab und sind überzeugt, daß Gott von ihnen verlangt, bedingungslos gegen den Krieg und für den Frieden Stellung zu nehmen, und nach ihrer Meinung müßte die Kirche im gleichen Sinne sprechen . . .
Bei aller Verschiedenheit der Meinungen aber gibt es gewisse Grundsätze, in denen wir alle übereinstimmen . . . Die Kirchen müssen sich darum bemühen, daß das, was geändert werden muß, auf friedliche und gerechte Weise geändert wird, und müssen eben dadurch den *Ursachen des Krieges* zu Leibe gehen. Sie müssen dafür eintreten, daß Treu und Glauben gewahrt und daß das einmal gegebene Wort gehalten wird. Sie müssen den überheblichen Ansprüchen imperialistischer Mächte Widerstand entgegensetzen und für die allseitige Verminderung der Rüstung eintreten. Sie müssen dagegen ankämpfen, daß sich angesichts der Erfahrung, daß Kriege zu nichts führen, Gleichgültigkeit und Verzweiflung breit machen. Sie müssen jedem einzelnen Christen zum Bewußtsein bringen, daß ein geistiger Widerstand, wenn er auf einer weitverbreiteten festen Überzeugung beruht, eine Macht ist, die vom Kriege abhalten kann.
Beschluß der IV. Sektion, die das Thema behandelte: Die Kirche und die internationale Unordnung.

152. Oliver Tomkins: Die Einheit der Kirche

Die Christen sind uneins im Blick auf das Wesen der Einheit des Volkes Gottes, der Einen, Heiligen, Katholischen und Apostolischen Kirche . . . Da sind zuerst jene, für die die Einheit der Kirche in Gestalt einer der als „Kirchen" bezeichneten Körperschaften bereits da ist. Für sie besteht die Aufgabe der christlichen Einheit einfach darin, alle die, die sich als Christen bekennen und gegenwärtig noch draußen stehen, zu der bereits vorhandenen Einheit der Kirche herbeizubringen. Das handgreifliche Beispiel hierfür ist die römisch-katholische Kirche. Sie betrachtet sich selbst ganz einfach als *die* katholische (allgemeine) Kirche und ruft alle „irrenden" Christen ernstlich zum Eintritt in die volle Gemeinschaft mit dem Sitz des Hl. Petrus, des Stellvertreters Christi, auf. In dieser Überzeugung hat es die römisch-katholische Kirche immer abgelehnt, sich offiziell irgendwie an der Ökumenischen Bewegung zu beteiligen.

Andere würden die Eine Heilige Katholische und Apostolische Kirche nicht so vollständig mit *einer* der bestehenden Kirchen gleichsetzen und würden doch nicht weniger sicher behaupten, die Einheit der katholischen Kirche sei eine vorhandene

geschichtliche Wirklichkeit. Innerhalb gewisser bestimmbarer Grenzen ist die Kirche da, außerhalb ihrer ist sie nicht da ... Die überwältigende Mehrheit der Christen würde darin eins sein, daß die Kirche zum wenigsten folgende sichtbare Kennzeichen aufweisen müßte: 1. Einen gemeinsamen Glauben, 2. die Taufe als Ritus der Eingliederung in die Eine Kirche, 3. das heilige Abendmahl als von Christus gestiftet, daß wir uns daran halten, 4. ein ordnungsmäßiges, mit Vollmacht versehens anerkanntes geistliches Amt.
Bei jedem dieser Punkte jedoch entwickelt sich die Auseinandersetzung über das, was damit genau gemeint ist ...

Der (ökumenische) Rat setzt den Gedanken voraus, daß Gott eine größere Einheit zwischen den Kirchen will, als die gegenwärtig vorhandene ...
Der Rat als solcher bekennt sich zu keiner der mannigfaltigen, unter seinen Gliedkirchen vertretenen Anschauungen von der Einheit der Kirche ...
Es gehört zu den unausgesprochenen Voraussetzungen des Rates, daß jede Anschauung über das Wesen der kirchlichen Einheit, die wir kennen, in ihm einen legitimen Platz hat. Kirchen, die draußen stehen, haben sich selbst ausgeschlossen ...
Es gehört zu den stillen Voraussetzungen des Rates, daß er der Ort ist, wo schlechterdings jede dieser Anschauungen von der Einheit der Kirche jeder anderen lebendig gegenübertreten kann ...
Zu den stillen Voraussetzungen des Rates gehört sodann die Überzeugung davon, daß die Verheißung Christi noch immer gilt, Er werde bei denen sein, die in Seinem Namen zusammenkommen, und werde denen den Heiligen Geist schenken, die ihn vom Vater begehren ...

Alle, die Jesus als Herrn anerkennen, richten ihren Blick auf die Heilige Schrift, die Gottes Offenbarung für die Menschen bezeugt. Obwohl die Art und Weise unserer Deutung der Schrift einer der Punkte ist, an denen wir voneinander abweichen, wohnt ihr eine Autorität inne, die wir alle, wie mittelbar auch immer anerkennen. Und die Schrift bezeugt, wie Gott in Christus sein einigendes Werk ausrichtet. Denn durch Ihn ist alles geschaffen, was im Himmel und auf Erden ist, das Sichtbare und Unsichtbare, es seien Throne oder Herrschaften oder Fürstentümer oder Obrigkeiten, es ist alles durch Ihn und zu Ihm geschaffen. Und Er ist vor allem, und es besteht alles in Ihm" (Kol. 1,16–17). Der ganze Christus wartet darauf, daß wir in Seine Einheit eingehen. Was auch immer an Seinem Leibe getrennt erscheint, es hat in der Ganzheit keinen Raum, die Seine ewige Einheit mit dem Vater ist. Ja, mehr als dies: die ganze Menschheit und die ganze Schöpfung ist der Gegenstand Seines erlösenden Tuns. Zuletzt wird kein Raum mehr sein für irgendein gelehrtes Wissen, das von der Erkenntnis Gottes, und für das Schaffen des Künstlers, das von Seinem Lobe geschieden wäre; kein Volk wird sein Schwert gegen ein anderes aufheben, und alle Schöpfung sehnt sich nach ihrer Erlösung, seit „Gott uns das Geheimnis seines Willens hat wissen lassen ..., auf daß alle Dinge zusammengefaßt würden in Christus" (Eph. 1,9–10). *Oliver Tomkins, Sekretär des Ökumenischen Rates: Um die Einheit der Kirche, 1951.*

IX. DIE PROTESTANTISCHE THEOLOGIE

Die neutestamentliche Wissenschaft

Schon Schleiermacher hatte erkannt, welche Veränderung für Glaube und Glaubenslehre die *historische* Betrachtungsweise bringen müsse (vgl. S. 184). In der 2. Hälfte des vorigen Jahrhunderts und bis heute hat denn auch die historische Bibelwissenschaft für die evangelische Kirche und Theologie eine entscheidende Bedeutung erlangt, und auch die katholische Kirche hat sich dieser historischen Betrachtungsweise nicht mehr verschließen können. Die Ziele und Anliegen dieser wissenschaftlichen Arbeit sind vielfach; je nach den Schwerpunkten kann man verschiedene Richtungen oder „Schulen" unterscheiden, deren Ergebnisse oft erheblich von einander abweichen, wenn nicht gar sich widersprechen:
1. Es galt die Entstehung der neutestamentlichen Berichte und Reden zu rekonstruieren: ältere von jüngeren Schichten zu unterscheiden, Umformungen ursprünglicher (authentischer) Herrenworte usw.
2. Das Ziel dieser kritischen Arbeit an den „Quellen" war die Rekonstruktion
a) der wirklichen Geschichte, insbesondere des Lebens Jesu;
b) der Verkündigung Jesu, insbesondere im Unterschied zur Verkündigung der Gemeinde (und der Theologie des Paulus)
3. Es galt die Verkündigung Jesu und der urchristlichen Gemeinde mit den spätjüdischen Vorstellungen und denen der Religionen des vorderen Orients im hellenistischen Zeitalter zu vergleichen und ihre Gemeinsamkeiten und Unterschiede herauszuarbeiten: Religionsgeschichtliche Schule.

Bei all diesen Untersuchungen ging es nicht nur um die Frage, „wie es tatsächlich gewesen ist", sondern auch, ja vor allem um die Frage des rechten *Verständnisses*: Was ist eigentlich gemeint? Was ist Inhalt, was Form, was „Kern" und was „Schale', in der neutestamentlichen Verkündigung? Diese Frage aber betrifft letztlich den christlichen Glauben auch des forschenden Theologen, und insofern ist dabei wissenschaftliche und Glaubensaussage niemals klar zu scheiden.

153. Die kritische Untersuchung der Evangelientexte

Wie die kritische Bibelwissenschaft im 18. Jahrhundert begann auch die des 19. Jahrhunderts mit Kritik und *Negation*: Es galt den alten Bibelglauben zu erschüttern. So David Friedrich *Strauß* (1808–1874) in seinem Buch „Das Leben Jesu, kritisch betrachtet" (1835). In diesem Buch unterwarf Strauß alle Erzählungen, die die Evangelien von Jesus berichten, einer radikalen Kritik, wobei er geschickt die zu seiner Zeit sich streitenden Parteien sich gegenseitig widerlegen ließ: die „supranaturale" Erklärungsweise, die am übernatürlichen Wunder festhielt, und die rationalistische, die alles Berichtete auf natürliche Geschehnisse zurückzuführen suchte. Für Strauß ergab sich aus diesen Widersprüchen die Ungeschichtlichkeit fast sämtlicher Erzählungen: nicht nur die von der wunderbaren Geburt, von der Auferstehung und Himmelfahrt Jesu, und aller Wundertaten, sondern ungeschichtlich galten ihm auch viele Berichte, die an sich nicht unwahrscheinlich sind, aber dennoch als fromme Erfindung zu betrachten seien, etwa als Erfüllung einer alttestamentlichen Weissagung (z. B. Matth. 21,1–7 = Sach. 9,9) oder als Erweiterung eines Jesuswortes zu einer Geschichte (vgl. Mark. 1,17 mit Luk. 5,1–11). Alles Nichthistorische in den Evangelien sei „*mythisch*“, d. h. Einkleidung der gläubigen Vorstellungen der Urgemeinde in scheinbar geschichtliche Berichte.

„Der neue Standpunkt, der an die Stelle der veralteten übernatürlichen und natürlichen Betrachtungsweise treten soll, ist der mythische. Das heißt keineswegs, daß die ganze Geschichte Jesu für mythisch ausgegeben werden soll, sondern nur alles in ihr kritisch darauf angesehen, ob es nichts Mythisches an sich habe. Wenn die altkirchliche Auslegung von der doppelten Voraussetzung ausging, daß in den Evangelien erstlich Geschichte und zweitens eine übernatürliche enthalten sei, wenn der Rationalismus die zweite dieser Voraussetzungen wegwarf, doch nur um desto fester an der ersten festzuhalten, daß in jenen Büchern lautere, wenn auch natürliche Geschichte sich finde: so kann auf diesem halben Wege die Wissenschaft nicht stehen bleiben, sondern es muß auch die andere Voraussetzung fallen gelassen und erst untersucht werden, ob und wie weit wir überhaupt in den Evangelien auf historischem Boden stehen . . . “

Schon Strauß hatte die Sonderstellung des *Johannesevangeliums* innerhalb der vier Evangelien betont und daß es als sehr späte Quelle für eine historische Rekonstruktion von Jesu Leben und Verkündigung ausscheide. Die Arbeit der neutestamentlichen Forschung konzentrierte sich daher auf die sogenannten *Synoptiker* und ihr gegenseitiges Verhältnis, wobei sich als heute nicht mehr bestrittene Einsicht ergab: Das älteste Evangelium ist das *Markusevangelium,* welches daher in den beiden anderen fast vollständig enthalten ist; neben ihm bringen die beiden anderen Evangelisten *gemeinsames Spruchgut,* das aus einer (aramäisch geschriebenen) „Redenquelle“ (von den neutestamentlichen Wissenschaftlern kurz Q genannt) stammt. Zu ihr gehören weite Teile der sogenannten Bergpredigt und viele Gleichnisse und andere Jesusworte. Daneben besitzen Matthäus und Lukas je verschiedenes *Sondergut,* so eine Anzahl von Sprüchen in der Bergpredigt des Matthäus, die sich im Lukasevangelium nicht finden, so eine Anzahl bekannter Gleichnisse (nur bei Matthäus z. B. zehn Jungfrauen 25,1–13, Weltgericht 25,31–46; nur bei Lukas barmherziger Samariter 10,29–39, vom verlorenen Schaf, Groschen, Sohn 15,1–32, vom reichen Mann und armen Lazarus 16,19–31). Beide Evangelien beginnen im Unterschied zu Markus (und Johannes) mit einer Vorgeschichte, die aber völlig verschieden ist. Auch die Berichte von den Erscheinungen des Auferstandenen (Matth. 28 und Luk. 24) zeigen keine Übereinstimmung.

Damit war nachgewiesen, daß zumindestens das erste und dritte Evangelium nicht als einheitliche Erzählung, sondern als Zusammenfügung verschiedener Quellen entstanden ist. Aber auch das Markusevangelium ist nicht aus einem Guß, wie die sogenannte „*formgeschichtliche*“ Betrachtung zeigte. Man hatte nämlich erkannt, daß die Gesamterzählung, also der Aufbau der Evangelien sekundär ist, eine mehr oder weniger künstliche Zusammenfügung ursprünglicher *Einzelstücke* (Perikopen), seien dies nun einzelne Jesusworte oder Jesusgeschichten. Diese Perikopen wurden zunächst mündlich überliefert, insbesondere im Gottesdienst vorgetragen, wohl auch zur Auseinandersetzung mit fremden oder irrigen Glaubensanschauungen genutzt. In unseren Evangelien sind sie, meist durch recht einförmige und unbestimmte Zeit- und Ortsangaben, nachträglich miteinander verknüpft.

„Die älteste Jesusüberlieferung ist Perikopen-Überlieferung, also Überlieferung einzelner Szenen und einzelner Aussprüche, die zum größten Teil ohne feste zeitliche und örtliche Bestimmung überliefert worden sind. Vieles, was nach zeitlicher und örtlicher Bestimmung aussieht, ist nur der Rahmen, der zu den einzelnen Bildern hinzukam.“ *K. L. Schmidt, Der Rahmen der Geschichte Jesu 1919.*

„Das literarische Verständnis der Synoptiker beginnt mit der Erkenntnis, daß sie Sammelgut enthalten. Die Verfasser sind nur zum geringeren Teil Schriftsteller, in der Hauptsache Sammler und Redaktoren . . . Was voraus liegt, ist Gestaltung und Wachstum der kleinen Einheiten, aus denen die Evangelien zusammengesetzt sind. Wurden diese in der Predigt erzählt, so brauchten sie nicht im Zusammenhang berichtet werden, sondern nur zur Illustration, als Beispiele.“ *Dibelius, Die Formgeschichte des Evangeliums, 1919.*

Enthielten die Synoptiker die ältere Überlieferung von Jesus, so schien es möglich, aus ihnen ein getreues Bild von der *Predigt Jesu,* vielleicht auch von seinem Leben zu gewinnen. Das war das vorzügliche Ziel der neutestamentlichen Forschung.

„Für uns handelt es sich um die Frage, ob es noch möglich ist, die geschichtliche Gestalt dessen, auf den das Christentum nicht bloß seinen Namen und Bestand zurückführt, sondern dessen Person es auch zum Mittelpunkt seiner eigentümlichen religiösen Weltanschauung gemacht hat, in einer Weise nachzuzeichnen, die allen gerechten Ansprüchen der fortgeschrittenen historisch-kritischen Wissenschaften genügt; ob es möglich sein werde, das, was der Stifter unserer Religion an sich war, also das echte und naturgetreue Bild seines Wesens, herauszustellen unter Anwendung der allein legitimen Mittel einer gewissenhaften historischen Kritik – oder ob wir ein für allemal auf die Erreichung eines derartigen Zieles zu verzichten haben.“ *Holtzmann, Die synoptischen Evangelien, 1863.*

154. „Liberale“ und „positive“ Theologie

Mit diesem scheinbar rein historischen Anliegen verband sich bei den meisten Theologen ein *religiöses*: das geschichtliche, von allen späteren Zusätzen gereinigte Evangelium, wie es Jesus selbst verkündet hatte, galt ihnen als der bleibende Inhalt der christlichen Religion, der auch dem modernen Menschen einleuchte. In einer Vorlesung über „Das Wesen des Christentums“ (1900), die als Buch veröffentlicht größtes Aufsehen erregte, hat Adolf *von Harnack* (1851–1930), Verfasser einer bedeutenden Dogmengeschichte und das unbestrittene Haupt der sogenannten „*liberalen*“ Theologie, es unternommen, diese ursprüngliche Verkündigung Jesu als auch für uns verständlich und überzeugend darzustellen. Als Beispiel der scharfen Kritik, die seine Anschauung bei den Vertretern der konservativen, „positiven“ Theologie fand, diene die Gegenschrift des Rostocker Theologen Wilhelm Markus *Walther* (1846–1924).

Harnack: Jesus Christus und seine ersten Jünger haben ebenso in ihrer Zeit gestanden, wie wir in der unsrigen stehen, d. h. sie haben gefühlt, erkannt, geurteilt und gekämpft in dem Horizont und Rahmen ihres Volkes und seines damaligen Zustandes. Sie wären nicht Menschen von Fleisch und Blut, sondern gespenstische Wesen gewesen, wenn es anders wäre. Freilich, siebzehn Jahrhunderte hindurch hat man gemeint, und viele unter uns meinen es noch, der „Menschheit“ Jesu Christi, welche auch sie lehren, sei bereits genügt, wenn man annehme, er habe einen menschlichen Leib und eine menschliche Seele gehabt. Als ob es so etwas ohne individuelle Bestimmtheit gäbe! Ein Mensch sein heißt erstlich, eine so und so bestimmte und damit begrenzte und beschränkte geistige Anlage besitzen, und zweitens, mit dieser Anlage in einem wiederum begrenzten und beschränkten geschichtlichen Zusammenhang stehen. Darüber hinaus gibt es keine „Menschen". Hieraus folgt aber unmittelbar, daß nichts, schlechterdings nichts, von einem Menschen gedacht, gesprochen und getan werden kann ohne die Koeffizienten seiner eigentümlichen Anlage und Zeit.

Für den Historiker, der das Wertvolle und Bleibende festzustellen hat – und das ist seine höchste Aufgabe – ergibt sich aus diesen Verhältnissen die notwendige Forderung, sich nicht an Worte zu klammern, sondern das Wesentliche zu ermitteln. Der „ganze" Christus, das „ganze" Evangelium, wenn man unter dieser Devise das äußere Bild in allen seinen Zügen versteht und zur Nachahmung aufstellt, sind ebenso schlimme und täuschende Schlagworte wie der „ganze" Luther u. a. Schlimm sind sie, weil sie knechten, und täuschend sind sie, weil selbst die, die sie ausgeben, nicht daran denken, mit ihnen Ernst zu machen, und versuchten sie es, sie vermöchten es nicht. Sie vermögen es nicht, weil sie nicht aufhören können als Kinder ihrer Zeit zu empfinden, zu erkennen und zu urteilen.

Es sind hier nur zwei Möglichkeiten: entweder das Evangelium ist in allen Stücken identisch mit seiner ersten Form: dann ist es mit der Zeit gekommen und mit ihr gegangen; oder aber es enthält immer Gültiges in geschichtlich wechselnden Formen. Das letztere ist das Richtige . . .

Wir werden sehen, daß das Evangelium im Evangelium etwas so Einfaches und kraftvoll zu uns Sprechendes ist, daß man es nicht leicht verfehlen kann. Es sind nicht weitschichtige, methodische Anweisungen und breite Einleitungen nötig, um den Weg zu ihm zu finden. Wer einen frischen Blick für das Lebendige und wahre Empfindung für das wirklich Große besitzt, der muß es sehen und von den zeitgeschichtlichen Hüllen unterscheiden können. Und mag es auch an manchen einzelnen Punkten nicht ganz leicht sein, Bleibendes und Vergängliches, Prinzipielles und bloß Historisches zu unterscheiden – es soll uns nicht gehen wie jenem Kinde, welches, nach dem Kerne suchend, einen Wurzelstock so lange entblätterte, bis es nichts mehr in der Hand hatte und einsehen mußte, daß eben die Blätter der Kern selbst waren.

Walther: „Was das Wesentliche und wahrhaft Wertvolle" im Christentum ist, will Harnack ermitteln, „Bleibendes und Vergängliches, Prinzipielles und bloß Historisches unterscheiden". Gibt es denn wertvollen Kern und wertlose Schale im Christentum?

Ohne Zweifel bedarf es solcher Unterscheidung dann, wenn wir die Ausprägung des Christentums in dem Laufe der Jahrhunderte ins Auge fassen. Denn sein Wesen deckt sich nicht mit der Gestalt, die es in den verschiedenen Zeiten und Ländern aufweist. Ist doch diese Gestalt gar mannigfaltig, während das Wesen stets dasselbe bleiben muß.

Aber Harnack will diese Unterscheidung auf die allerersten Anfänge, sogar auf die Verkündigung des Herrn Jesu selbst erstrecken. Und gewiß ist sie auch hier durchaus am Platze. Denn die Zeit und die Umgebung, darin Christus lebte, haben wie auf sein Handeln, so auch auf seine Worte Einfluß geübt; unter anderen Verhältnissen würde er sich anders ausgedrückt haben ... Wir könnten also jener Forderung Harnacks zustimmen, wenn er nur nicht damit ein weit größeres Recht beanspruchen wollte: Er will auch an den Inhalt des von Jesu Christo Verkündigten „das Messer ansetzen und scheiden", er will das von Jesu gepredigte Evangelium auf das „*Evangelium im Evangelium*" reduzieren ...

So ungemein leicht soll es sein, das Christentum richtig zu beurteilen? Hier ist jedenfalls ein Punkt, über den Christus anders gedacht hat. Als endlich Petrus zu jener Glaubenserkenntnis gekommen war, um deren willen er ihn „selig" nannte, und auf die er seine Gemeinde gründen zu wollen erklärte, hat er auch ausgesprochen, was den Jünger dazu befähigt habe, so „das Wesentliche zu ermitteln". Aber er hat nicht seinen „frischen Blick" und seine „wahre Empfindung" genannt, sondern hat behauptet, das habe nicht Fleisch und Blut, nicht seine eigene Befähigung ihn finden lassen, sondern sein Vater im Himmel habe es ihm *offenbart* ... Als das Göttliche, das Evangelium in seiner vollendetsten Gestalt, in seiner vollen Herrlichkeit auf Erden erschien, hat die Welt es so wenig verstehen können, daß sie es gehaßt und verfolgt hat: „Wenn sie Gottes Weisheit erkannt hätten, so hätten sie den Herrn der Herrlichkeit nicht gekreuzigt." Wie kann man angesichts dieser unleugbaren Tatsache noch behaupten, das Evangelium sei „etwas so Einfaches, daß man es nicht leicht verfehlen könne"?

Ist es denn den ersten Jüngern so leicht geworden, es richtig zu erfassen? Nein, das Göttliche, davon das Evangelium redet, ist dem Menschlichen so total entgegengesetzt, daß der so willige und eifrige Petrus, nachdem er schon jahrelang des Herrn Unterricht genossen, doch noch das harte Wort hören muß: „Du bist mir ärgerlich; denn du meinest nicht, was göttlich, sondern was menschlich ist."

*

Harnack: Vor sechzig Jahren glaubte David Friedrich Strauß, die Geschichtlichkeit auch der drei ersten Evangelien fast in jeder Hinsicht aufgelöst zu haben. Es ist der historisch-kritischen Arbeit zweier Generationen gelungen, sie in großem Umfange wiederherzustellen. Allerdings, die Evangelien sind nicht Geschichtswerke; sie sind nicht geschrieben, um einfach zu berichten, wie es gewesen, sondern sie sind Bücher für die Evangelisation. Ihre Absicht ist, Glauben an die Person und Mission Jesu Christi zu erwecken, und die Schilderung seiner Reden und Taten – sowie die Zurückbeziehung auf das Alte Testament dient diesem Zwecke. Dennoch sind sie als Geschichtsquellen nicht unbrauchbar ...

Allerdings, gemessen mit dem Maßstab der „Inspiration", lassen diese Schriften sehr viel zu wünschen übrig, und auch nach einem menschlicheren Maßstab beurteilt, leiden sie an nicht wenigen Unvollkommenheiten. Zwar grobe Eintragungen aus einer späteren Zeit finden sich nicht – es wird immer denkwürdig bleiben, daß nur das vierte Evangelium *Griechen* nach Jesus fragen läßt (Joh. 12,20) –, aber hin und her spiegeln sich doch in ihnen die Verhältnisse der Urgemeinde und die Erfahrungen, die sie in späterer Zeit gemacht hat. Ferner hat die Überzeugung, daß sich in der Geschichte Jesu die alttestamentliche Weissagung erfüllt habe, trübend auf die Überlieferung eingewirkt. Endlich erscheint das wunderbare Element in manchen Erzählungen offenbar gesteigert. Dagegen hat sich die Behauptung von Strauß, die Evangelien enthielten sehr viel „Mythisches", nicht bewahrheitet ... Fast nur in der Kindheitsgeschichte, und auch da nur spärlich, läßt es sich nachweisen ...

Aber das *Wunderbare,* alle diese *Wunderberichte*! Nicht nur Strauß, sondern auch viele andere haben sich durch sie so abschrecken lassen, daß sie ihretwegen die Glaubwürdigkeit der Evangelien rund verneint haben. Wiederum ist es ein großer Fortschritt, den die geschichtliche Wissenschaft im letzten Menschenalter gemacht hat, daß sie jene Erzählungen verständnisvoller und wohlwollender zu beurteilen gelernt hat und daher auch Wunderberichte als geschichtliche Quellen zu würdigen und zu werten vermag.

Erstlich, wir wissen, daß die Evangelien aus einer Zeit stammen, in welcher Wunder, man darf sagen, fast etwas Alltägliches waren. Man fühlte und sah sich von Wundern umgeben – keineswegs nur in der Sphäre der Religion ... Den strengen Begriff, den wir mit dem Wort Wunder verbinden, kannte man damals noch nicht; erst mit der Erkenntnis von Naturgesetzen und ihrer Geltung hat er sich eingestellt. Bis dahin gab es keine sichere Einsicht in das, was möglich und unmöglich, was Regel und was Ausnahme sei. Wo darüber aber Unklarheit herrscht, bzw. wo diese Frage überhaupt noch nicht scharf gestellt wird, da gibt es keine Wunder im strengen Sinn des Wortes. Eine Durchbrechung des Naturzusammenhanges kann von niemandem empfunden werden, der noch nicht weiß, was Naturzusammenhang ist. So konnten die Mirakel für jene Zeit gar nicht die Bedeutung haben, die sie für uns hätten, wenn es welche gäbe. Für sie waren alle Wunder eigentlich nur außerordentliche Ereignisse, und bildeten sie auch eine Welt für sich, so stand es eben fest, daß diese andere Welt an unzähligen Stellen in die unsrige geheimnisvoll eingreift. Nicht nur Götterboten, sondern auch Magier und Charlatane beherrschen einen Teil der wunderbaren Kräfte. Welche Bedeutung „Wundertaten" haben, war daher eine Kontroverse, die nie zur Ruhe kam: bald wertete man sie sehr hoch und verknüpfte sie auch mit dem Kern der Religion, bald sprach man geringschätzig von ihnen ...

Wir sind der unerschütterlichen Überzeugung, daß, was in Raum und Zeit geschieht, den allgemeinen Gesetzen der Bewegung unterliegt, daß es also in diesem Sinn, d.h. als Durchbrechung des Naturzusammenhangs, keine Wunder geben kann. Aber wir erkennen auch, daß der religiöse Mensch – wenn ihn wirklich die Religion durchdringt und er nicht nur an die Religion anderer glaubt –, dessen gewiß ist, daß er nicht eingeschlossen ist in einen blinden und brutalen Naturlauf, sondern daß dieser Naturlauf höheren Zwecken dient, bzw. daß man ihm durch eine innere, göttliche Kraft so zu begegnen vermag, daß „alles zum Besten dienen muß". Diese

Erfahrung – ich möchte sie in das Wort zusammenfassen: wir können frei werden von der Macht und vom Dienst des vergänglichen Wesens – wird an den einzelnen Erlebnissen immer wieder wie ein Wunder empfunden werden; sie ist von jeder höheren Religion unabtrennlich ...

Walther: Das ist mehr als Verrat am Christentum. Das ist – wenn auch wohlgemeinter – Verrat am Gottesglauben. Da die Gegner des Christentums vor allem auf dieses ihnen am nächsten liegende Bollwerk, den Glauben an Gottes Wundermacht, ihren Angriff richten, so meint man durch Preisgabe dieses Außenforts sie beschwichtigen und die übrige Festung retten zu können. Man bedenkt nicht, daß von diesem den Feinden überlassenen Punkt aus alle übrigen Befestigungswerke beherrscht werden, daß nach Aufgabe des Wunderglaubens keine christliche Position mehr zu halten ist. Man hoffte, eine Versöhnung von Kultur und Religion, von Wissen und Glauben herbeizuführen. Aber indem man die Wunder als Opfer darbrachte, hat man die Religion selbst geopfert. Denn ein Gott, der durch die Naturgesetze gebunden ist, ist kein Gott. An einen solchen Gott glauben, heißt an keinen Gott glauben. Damit ist man *unter* diejenige Religion hinabgesunken, die der natürliche Mensch ohne eine Offenbarung zu finden vermag. Denn auch dem Heiden ist der Glaube an eine göttliche Wundermacht eigen. Dieser Glaube gehört zu dem festen Inventar des noch nicht der Plünderung ausgesetzten Menschenherzens ...

*

Harnack: Das Evangelium ist in den Merkmalen, die wir in den früheren Vorlesungen angegeben haben, erschöpft, und nichts Fremdes soll sich eindrängen: Gott und die Seele, die Seele und Gott. Jesus hat darüber keinen Zweifel gelassen, daß Gott im Gesetz und den Propheten gefunden werden kann und gefunden worden ist. „Es ist dir gesagt, Mensch, was dir gut ist und was dein Gott von dir fordert, nämlich Gottes Wort halten und Liebe üben und demütig sein vor deinem Gott.“. Der Zöllner im Tempel, das Weib am Gotteskasten, der verlorene Sohn sind seine Paradigmen; sie alle wissen nichts von einer „Christologie“; und doch hat der Zöllner die Demut gewonnen, der die Gerechtsprechung folgt. Wer daran dreht und deutelt, der verwundet die Schlichtheit und Größe der Predigt Jesu an einer ihrer wichtigsten Stellen. Es ist eine verzweifelte Annahme, zu behaupten, im Sinne Jesu sei seine ganze Predigt nur etwas Vorläufiges gewesen, alles in ihr müsse nach seinem Tode und seiner Auferstehung anders verstanden, ja einiges gleichsam als ungültig beseitigt werden. Nein – diese Verkündigung ist einfacher, als die Kirchen es wahrhaben wollten – einfacher, aber darum auch universaler und ernster ... Jesus hat den Menschen die großen Fragen nahe gebracht, Gottes Gnade und Barmherzigkeit verheißen und eine Entscheidung verlangt: Gott oder der Mammon, ewiges oder irdisches Leben, Seele oder Leib, Demut oder Selbstgerechtigkeit, Liebe oder Selbstsucht, Wahrheit oder Lüge. In dem Ring dieser Fragen ist alles beschlossen; der einzelne soll die frohe Botschaft von der Barmherzigkeit und der Kindschaft hören und sich entscheiden, ob er auf die Seite Gottes und der Ewigkeit tritt oder auf die Seite der Welt und der Zeit ... *Nicht der Sohn, sondern allein der Vater gehört in das Evangelium, wie es Jesus verkündigt hat, hinein.*

Aber so, wie er den Vater kennt, hat ihn noch niemand erkannt, und er bringt den andern diese Erkenntnis; er leistet damit „den vielen" einen unvergleichlichen Dienst. Er führt sie zu Gott, nicht nur durch sein Wort, sondern noch mehr durch das, was er ist und tut, und letztlich durch das, was er leidet. In diesem Sinn hat er sowohl das Wort gesprochen: „Kommet her zu mir alle, ... ", als auch das andere: „Des Menschen Sohn ist nicht gekommen, daß er sich dienen lasse, sondern daß er diene und gebe sein Leben zur Lösung für viele." Er weiß, daß eine neue Zeit jetzt durch ihn beginnt, in der die „Kleinsten" durch ihre Gotteserkenntnis größer sein werden als die Größten der Vorzeit; er weiß, daß Tausende an ihm den Vater finden und das Leben gewinnen werden – eben die Mühseligen und Beladenen –; er weiß sich als den Säemann, der den guten Samen streut: sein ist das Ackerfeld, sein der Same, sein die Frucht. Das sind keine dogmatischen Lehren, es ist die Aussprache eines *Tatbestandes,* den er schon werden sieht und mit prophetischer Sicherheit vorausschaut. Die Blinden sehen, die Lahmen gehen, die Tauben hören, den Armen wird das Evangelium gepredigt (Matth. 11,5) – *durch Ihn*: an dieser Erfahrung geht ihm unter der furchtbaren Last seines Berufs, mitten im Kampfe, die Herrlichkeit auf, die ihm der Vater gegeben hat. Und was es jetzt persönlich leistet, wird durch sein mit dem Tode gekröntes Leben eine entscheidende fortwirkende Tatsache bleiben auch für die Zukunft: Er ist der Weg zum Vater, und er ist, als der vom Vater Eingesetzte, auch der Richter.

Hat er nicht geirrt? Weder die nächste Folgezeit noch die Geschichte hat ihm unrecht gegeben. Nicht wie *ein* Bestandteil gehört er in das Evangelium hinein, sondern *er ist die persönliche Verwirklichung und die Kraft des Evangeliums gewesen und wird noch immer als solche empfunden.* Feuer entzündet sich nur an Feuer, persönliches Leben nur an persönlichen Kräften ...

Der Satz: „Ich bin Gottes Sohn" ist von Jesus selbst *nicht* in sein Evangelium eingerückt worden, und wer ihn als einen Satz neben anderen dort einstellt, fügt dem Evangelium etwas hinzu. Aber wer dieses aufnimmt und den zu erkennen strebt, der es gebracht hat, wird bezeugen, daß hier das Göttliche so rein erschienen ist, wie es auf Erden nur erscheinen kann, und wird empfinden, daß Jesus selbst für die Seinen die Kraft des Evangeliums gewesen ist. Was sie aber an ihm erlebt und erkannt haben, das haben sie verkündigt, und diese Verkündigung ist noch lebendig.

Walther: Weiß denn Harnack nicht, wie unendlich oft *Jesus* bei Verkündigung seiner freudebringenden Botschaft von *sich selbst* gesprochen hat? Gewiß; aber alle diese Aussagen des Herrn über sich selbst sollen nichts mehr als den einen Gedanken enthalten, er habe Gott besser erkannt als die anderen Menschen und lehre es sie. Danach würde die Stellung Jesu zu seinen Zuhörern etwa wie die eines Missionars zu den Heiden sein. Denken wir uns denn einen Missionar ...! Ohne Zweifel würde er nicht allein Gott lästern, sondern auch seine Überreife für das Irrenhaus beweisen, wenn er ihnen erklären wollte: Wer seinen Vater oder seine Mutter mehr liebt denn mich, der ist meiner nicht wert ... Wer sein Leben verliert um meinetwillen, der wird es finden ... Es werden viele zu mir ... sagen an jenem Tage: Herr, Herr ... dann werde ich bekennen: Ich habe euch noch nie erkannt, weichet alle von mir, ihr Übeltäter ... Ihr werdet mich sitzen sehen zur rechten Hand der Kraft und kommen mit des Himmels Wolken; und alsdann werde ich einem jeglichen vergelten nach seinen Werken ... Ich werde die Schafe zu meiner Rechten stellen und die Böcke zu meiner Linken ... (Mt. 10,37; 39; Mt 7,22f.; Mk. 14,62; Mt. 25,31f.)

Wie vermag Harnack all solchen, von einer wahrhaft blendenden Majestät durchstrahlten Aussprüchen Jesu gegenüber seine Schlußthese aufrechtzuerhalten, Jesus habe nichts weiter gesagt, als daß er anderen eine ihnen bisher noch fremde Erkenntnis des Vaters bringe? ...

Wir lesen nicht, sein Tod werde zur Bekräftigung seiner Lehre dienen, sondern er sei gekommen, um sein Leben hinzugeben. Und er hat auch gesagt, er müsse leiden, sterben und auferstehen. Für dieses „müssen" aber liegt gar kein Grund vor, wenn es sich nur um Bestätigung seiner Lehre gehandelt hat ... Gewiß durfte er seine Lehre nicht verleugnen, mußte vielmehr bereit sein, zu ihrer Behauptung auch den Tod zu erdulden. Aber so gut wie Luthers Lehre nicht dessen bedurft hat, daß er für sie starb, sondern nur dessen, daß er bereit war, für sie zu sterben, so hätte auch Jesus nicht sagen können, er müsse sterben oder er sei gekommen, sein Leben für die Vielen zu geben, wenn sein Tod nur die Bedeutung eines Märtyrertodes hatte. Endlich heißt es nicht, er wolle sein Leben zu einer Bestätigung seiner Lehre geben, sondern „zu einer Erlösung für die Vielen". Will man aber wissen, wovon er uns durch seinen Tod erlösen wollte, so hat er seinen Jüngern gesagt, sein „Blut werde für sie vergossen zur Vergebung der Sünden" ... Bedenken wir, daß das über seinen Tod Gesagte am Schlusse seiner Unterweisung der Jünger steht, so werden wir darin das Endziel, die Krönung seiner ganzen Verkündigung zu sehen haben.

155. Das Problem der Eschatologie

Aber kritisch standen der liberalen Theologie nicht nur die „altgläubigen" Dogmatiker gegenüber, sondern gerade auch fortschrittliche neutestamentliche Forscher, denen das, was Harnack als zeitbedingte „Schale" des Evangeliums abtat, vielmehr als zentrales Anliegen der Evangelien und wohl auch Jesu selbst erschien: die Verkündigung vom nahen Anbruch des Gottesreiches und das Bewußtsein von Jesu messianischer Rolle. So wurde die *Eschatologie* (Lehre von der Endzeit) zu dem Streitpunkt, an dem sich die Interpreten schieden:

Auch Jesus ist, wie alle in seinem Volke, die es ernst meinten, durchdrungen gewesen von dem großen Gegensatz des Gottesreiches und des Weltreiches, in welchem er das Böse und den Bösen regieren sah. Das war keine blasse Vorstellung, kein bloßer Gedanke, sondern lebendigste Anschauung und Empfindung. Dann war ihm auch gewiß, daß dieses Reich vernichtet werden und untergehen müsse. Dies aber kann nicht anders geschehen als durch einen Kampf. Kampf und Sieg stehen in großen, sicheren Zügen vor seiner Seele, in jenen Zügen, in denen sie die Propheten geschaut hatten ... Man kann nun so verfahren – und nicht wenige unter uns verfahren so – daß sie diese dramatischen Bilder für die Hauptsache erklären und für die Grundform der Verkündigung Jesu, der alle übrigen Aussagen unterzuordnen seien ... Ich vermag mich dieser Betrachtung nicht anzuschließen. Es gilt doch auch in ähnlichen Fällen für verkehrt, hervorragende wahrhaft epochenmachende Persönlichkeiten in erster Linie danach zu beurteilen, was sie mit ihren Zeitgenossen geteilt haben, dagegen das in den Hintergrund zu rücken, was eigentümlich und groß an ihnen war. ... Darüber kann kein Zweifel sein, jene Vorstellung von den zwei Reichen, dem Gottesreich und dem Teufelsreich, von ihren Kämpfen und von dem zukünftigen letzten Kampf, in welchem der Teufel ... nun auch auf der Erde besiegt wird – diese Vorstellung teilte Jesus einfach mit seinen Zeitgenossen. Er hat sie nicht heraufgeführt, sondern er ist in ihr groß geworden und hat sie beibehalten. Die andere Anschauung aber, daß das Reich Gottes nicht „mit äußerlichen Gebärden" kommt, daß es schon da ist, sie war sein wirkliches Eigentum ...

Wer wissen will, was das Reich Gottes und das Kommen dieses Reiches in der Verkündigung Jesu bedeuten, der muß seine Gleichnisse lesen und überdenken. Da wird ihm aufgehen, um was es sich handelt. Das Reich Gottes kommt, indem es zu den *einzelnen* kommt, Einzug in ihre *Seele* hält, und sie es ergreifen. Das Reich Gottes ist Gottes*herrschaft,* gewiß – aber es ist die Herrschaft des heiligen Gottes in den einzelnen Herzen, *es ist Gott selbst mit seiner Kraft.* Alles Dramatische im äußeren, weltgeschichtlichen Sinn ist hier verschwunden, versunken ist auch die ganze äußerliche Zukunftshoffnung. Nehmen Sie welches Gleichnis Sie wollen, vom Sämann, von der köstlichen Perle, vom Schatz im Acker ... – nicht um Engel und Teufel, nicht um Throne und Fürstentümer handelt es sich, sondern um Gott und die Seele, um die Seele und ihren Gott. *Harnack, Das Wesen des Christentums.*

*

Andere Forscher stellten aber gerade die uns *fremdartigen* Äußerungen über das Kommen des Reiches in den Mittelpunkt. Das eingehende Studium der *spätjüdischen apokalyptischen Literatur* mit ihren Vorstellungen vom Weltende, vom Weltgericht und dem Messias als dem Weltrichter, der „auf den Wolken des Himmels" kommt und „Menschensohn" (Dan. 7,13), gelegentlich wohl auch „Gottessohn" genannt wird, ergab zahlreiche Parallelen zu den Evangelien. Neu freilich und einzigartig ist die Überzeugung, daß der Messias in irdischer Gestalt erscheint und doch sich seiner Messiaswürde und Identität mit dem kommenden Weltenrichter bewußt ist und dies, wenn auch nur indirekt, zu erkennen gibt: wie dies die Evangelien von Jesus berichten. Umstritten war daher bei den Forschern, die die *eschatologischen* Aussagen betonten, die Frage: ist dieser Glaube auf Jesus selbst zurückzuführen oder wurde ihm diese Rolle erst nach seinem Tode von der Gemeinde zugesprochen?

William *Wrede* (1859–1906 vertrat die *zweite* These. In seinem Buch „Das Messiasgeheimnis in den Evangelien" (1901) wies er darauf hin, daß besonders im Markusevangelium Jesus seine Messiaswürde in seltsamer Weise verbirgt. Wrede führt neben vielen anderen Stellen den Befehl an, den Jesus nach der „Verklärung" auf dem Berge Tabor seinen Jüngern gibt: „Als sie von dem Berge herabstiegen, befahl er ihnen, niemand zu erzählen, was sie gesehen, außer wenn der Sohn des Menschen von den Toten auferstanden wäre" (Mark. 9,9). Dieses absichtliche

Verbergen seiner Messiaswürde ist nach Wredes Auffassung nur zu erklären, wenn Jesus selbst während seines Erdenlebens sich nicht als Messias ausgegeben hat, sondern erst seine Gemeinde nach Ostern ihm diese Würde zuerkannt hat. Der offene Glaube der Gemeinde wird, so meint Wrede, von dem Evangelisten Markus als geheimgehaltener Messiasanspruch in Jesu Leben zurückdatiert.

Genau die entgegengesetzte Auffassung vertrat Albert *Schweitzer* (1875–1964) in einer gleichzeitig erschienenen Schrift „Das Messianitäts- und Leidensgeheimnis", 1901; ausführlicher in seinem großen Werk „Geschichte der Leben-Jesu-Forschung", 1913. Schweitzer meint, der Messiasanspruch *und* seine Geheimhaltung gehe auf Jesus selbst zurück. Die Geheimhaltung erkläre sich aus den Vorstellungen des zeitgenössischen Judentums, das scharf unterschied zwischen dem durchaus menschlichen und von den meisten Zeitgenossen unerkannten Messias, der das nahe Kommen des Gottesreiches verkündet, und dem offenbaren Weltenrichter, der vom Himmel kommt.

Geschichtlich ist nur diejenige Auffassung, welche begreiflich macht, wie Jesus sich für den Messias halten konnte, ohne sich genötigt zu sehen, dieses sein Selbstbewußtsein in seiner öffentlichen Wirksamkeit zur Geltung zu bringen, ja, wie er geradezu gezwungen war, die messianische Würde seiner Person zu verschweigen! Warum war seine Messianität Jesu Geheimnis? – Dieses erklären, heißt das Leben Jesu begreifen . . .

Das Messianitätsbewußtsein Jesu war futurisch. Weder für ihn noch für seine Jünger lag darin etwas Auffälliges. Im Gegenteil: es entsprach ganz der jüdischen Vorstellung von dem *verborgenen* Wirken des Messias. Jesu irdische Laufbahn ging seiner Messianität in Herrlichkeit voraus. Der Messias mußte irdisch unerkannt auftreten und wirken, er mußte lehren und durch Tun und Leiden ein vollendeter Gerechter werden. Dann erst sollte die messianische Ära mit dem Gericht und der Aufrichtung des Reichs anbrechen . . . *Jesus war Messias vor der messianischen Ära*! Das ist die folgenschwere Verschiebung in der Perspektive.

Die Worte, die Wrede als Zufügung des Evangelisten erklärte, schreibt daher *Schweitzer* dem geschichtlichen Jesus selbst zu: die Bejahung des Petrusbekenntnisses (Matth. 16,13–20), die Erwählung und Aussendung der zwölf Jünger und ihre Vollmacht (Matth. 10; 18,18; 19,28), die Gerichtsreden, die Leidensverkündigungen. Nur auf diese Weise sei auch der rätselhafte Verrat des Judas erklärlich. Judas habe dem Hohenpriester das allein den Jüngern bekannte Geheimnis verraten, daß sich Jesus für den Messias hielt. Wie anders sei sonst die Frage des Hohenpriesters zu erklären (die durch die vorausgegangenen Zeugenaussagen nicht im geringsten begründet ist), ob Jesus „Christus (= Messias), der Sohn Gottes sei" (Matth. 26,63). Die Antwort Jesu (V. 64) zeige deutlich, daß es sich dabei um die überirdische Gestalt des Weltenrichters handle (Dan. 7,13f.; Ps. 110,3). Bei dem allen, so meint Schweitzer, war Jesus nicht passiv, sondern führte seine Verurteilung und seinen Tod willentlich herbei, weil er diesen als Bedingung für das Kommen des Gottesreiches ansah.

Kritisch wurde Schweitzer vorgehalten, daß seine Lösung des „Messiasgeheimnisses" eine gedankliche Konstruktion sei, wobei nun wiederum Wesentliches an dem Bild Jesu, wie es uns die Evangelien schildern, wegfällt: so die Verinnerlichung der jüdischen Ethik, die Predigt der Liebe, der Glaube an Gottes Barmherzigkeit. Das Pendel schlug nach der entgegengesetzten Seite aus: dem allzuvertrauten folgte der allzu fremdartige Jesus.

„Es ist der Leben-Jesu-Forschung merkwürdig ergangen. Sie zog aus, um den historischen Jesus zu finden, und meinte, sie könnte ihn dann wie er ist als Lehrer und Heiland in unsere Zeit hineinstellen. Sie löste die Bande, mit denen er seit Jahrhunderten an den Felsen der Kirchenlehre gefesselt war, und freute sich, als wieder Leben und Bewegung in die Gestalt kam und sie den historischen Jesus auf sich zukommen sah. Aber er blieb nicht stehen, sondern ging an unserer Zeit vorüber und kehrte in die seinige zurück. Er kehrte dahin zurück nicht durch Geistreichigkeit der Historiker, sondern mit derselben Notwendigkeit, mit der das befreite Pendel in seine ursprüngliche Lage zurückkehrt."
Schweitzer, Geschichte der Leben Jesu Forschung.

*

Die Intensität der eschatologischen Erwartung soll auch die Radikalität der christlichen Ethik und die *Weltverneinung* der frühen Christenheit erklären. Schon Jahrzehnte vor der Diskussion um die Bedeutung der Eschatologie hatte ein Schweizer Theologe, Franz *Overbeck* (1837–1905), ein persönlicher Freund Nietzsches, die Unvereinbarkeit des heutigen, in unsere Kultur hineingewachsenen und dieser Kultur verpflichteten Christentums mit dem die „Welt" verneinenden, ihren baldigen Untergang erhoffenden *Urchristentum* betont.

Overbeck, der sich als Theologe in seiner Zeit vereinsamt und unverstanden fühlte, hat zu seinen Lebzeiten wenig veröffentlicht. Der folgende Abschnitt stammt aus seinen nachgelassenen Schriften.

Das Christentum hat damit angefangen, eine *Geschichte* für sich abzulehnen und eine solche dann nur gegen seinen eigenen, uranfänglich ausgesprochenen Willen erlebt ... Das Christentum unter den Begriff des Historischen stellen, also zugeben, daß es historisch geworden, heißt zugeben, daß das Christentum von dieser Welt ist und in ihr, wie alles Leben, nur gelebt hat, um sich auszuleben. Der Kategorie der Entwicklung unterliegend, unterliegt es auch dem allgemeinen Schema der historischen Betrachtung der Dinge, in der man von einem Anfang, einem Blütezeitalter und einem Ende spricht, was echtes und reales Christentum nie anerkannt hat. Auf den Boden der geschichtlichen Betrachtung versetzt, ist das Christentum rettungslos dem Begriff der Endlichkeit oder auch der Decadenz verfallen. Das hohe Alter des Christentums ist für ernste geschichtliche Betrachtung das tödliche Argument gegen seine Ewigkeit. Im Leben gibt es kein Alter, das nicht Vorbote des Todes wäre. Das hat das Christentum stets gewußt und weiß es, soweit es lebt, noch jetzt. Hat die Theologie gegenwärtig vergessen, daß historische Betrachtung auf das Christentum anwenden nichts anderes heißt als den Unterschied von Jung und Alt darauf anwenden, so ist dies nur möglich, weil sie inzwischen noch etwas anderes geworden ist als christlich, nämlich modern! Aber vergeblich täuscht sie sich selbst und tut, als ob sie noch wirklich behaupten könnte, das Christentum sei in der heutigen Welt nichts anderes als in der Urzeit ...

An der Verwirrung, die gegenwärtig auf diesem Gebiet besteht, hängt auch die Unmöglichkeit für die moderne Theologie, sich noch mit dem urchristlichen Glauben an die *Wiederkehr Christi* zurechtzufinden. Mit dem Glauben an die

Parusie hat das alte Christentum zugleich den Glauben an seine Jugend verloren. Es ist nur noch dasselbe im gleichen Sinne, in welchem alle Dinge dieser Welt in deren Gebiete dasselbe bleiben: sie unterliegen unvermeidlicher Veränderung. Wer daher als Historiker das Christentum zu vertreten unternimmt, tut dies *gegen* den Willen des Christentums ... *Overbeck, Christentum und Kultur, hrsg. von C. A. Bernoulli, 1919.*

156. Die religionsgeschichtliche Schule

Das Interesse der neutestamentlichen Forscher hatte sich vorwiegend auf die synoptischen Evangelien konzentriert, nur das zeitgenössische jüdische Schrifttum hatte man zur Erklärung mit herangezogen. Andere Forscher aber spannten den Rahmen weiter und bezogen die gesamte religiöse Umwelt der frühen Christenheit und auch deren spätere Äußerungen in ihre Forschung ein, um nicht nur Jesu Verkündigung, sondern den Glauben der frühen Christenheit von dort aus besser zu verstehen. Man nennt diese Gruppe von Forschern die *religionsgeschichtliche Schule.* Die christliche Religion stellte sich ihnen dar als ein Teil der großen vielgestaltigen religiösen Bewegung, die den Osten des römischen Reiches durchzog und in die auch viele Anschauungen aus dem Iran eingeströmt waren. Sobald das Christentum über die Grenzen Palästinas hinausdrang – und das geschah ja schon um die Mitte des 1. Jahrhunderts – geriet es unter den Einfluß dieser Bewegung. Hier erst, so behauptete man, sei die kultische Verehrung Christi als des *„Herrn“* aufgekommen und also aus der Verkündigung Jesu die Verkündigung und Verehrung des Christus geworden. Aus der Notiz Apg. 11,26, wonach in Antiochien zuerst der Name „Christen“ aufkam, schloß man, daß hier zuerst Christus als „Herr“ angerufen und verehrt worden sei. Die Bezeichnung „Herr“ (Kyrios) stammt nicht aus den palästinensischen, sondern aus den heidenchristlichen Kreisen; ihnen war der Kult eines gottähnlichen Erlösers durch zahlreichen Mysterienreligionen vertraut. Paulus habe also diesen Glauben *vorgefunden* und in theologische Formeln gebracht und sei damit „als der zweite Stifter des Christentums zu betrachten.“ „Aus dem Eindruck der Persönlichkeit Jesu ist dieses Christusbild nicht entstanden . . . Jesus weiß von dem, was für Paulus das ein und alles ist – nichts“ *(Werde, „Paulus“, 1904).*

Was der Kyrios (Herr) für die ersten hellenistischen Gemeinden bedeutet, steht in hellen und lebendigen Farben vor uns. Um den „Herrn“ schließt sich die Gemeinde in gläubiger Verehrung zusammen, seinen Namen bekennt sie, unter Anrufung seines Namens tauft sie, sammelt sich um den Tisch des Herrn . . . Der Überblick zeigt, daß der Titel „Herr“ ein religionsgeschichtliches Gebiet umspannt, das sich noch ziemlich genau umgrenzen läßt. Er ist von Osten her in die hellenistisch-römische Religion eingedrungen, Syrien und Ägypten sind seine eigentlichen Heimatgebiete.

In dieser Atmosphäre ist das antiochenische Christentum und das der übrigen urchristlich hellenistischen Gemeinden geworden und gewachsen. In diesem Milieu hat sich die junge christliche Religion als Christuskult gestaltet, und aus dieser Umgebung hat man denn auch für die beherrschende Stellung Jesu im Gottesdienst die zusammenfassende Formel „Herr“ übernommen . . .

So wird es nunmehr auch klar, daß es kein Zufall war, daß wir dem Titel „Herr“ auf palästinensischem Boden nicht begegneten. Hier wäre eine derartige Entwicklung nicht möglich gewesen. Dieses Einrücken Jesu in das Zentrum des Kultus einer gläubigen Gemeinde, diese merkwürdige Verdoppelung des Objektes der gottesdienstlichen Verehrung ist erst in einer Umgebung denkbar, in welcher der alttestamentliche Monotheismus nicht mehr mit absoluter Sicherheit und Unbedingtheit herrschte ...

Der *Menschensohn* der Urgemeinde stammt aus der jüdischen Eschatologie und bleibt eine eschatologische Größe. Der *Kyrios* der hellenistischen Gemeinden aber ist eine im Kult und im Gottesdienst *gegenwärtige* Größe ... In dieser Gegenwart des Kyrios im Gottesdienst, in den Erlebnissen seiner greifbaren Wirklichkeit erwächst der urchristlichen Eschatologie ein gewaltiger Gegner. Ganz unmerklich beginnt sich das Schwergewicht aus der Zukunft in die Gegenwart zu verschieben. Kyrioskult, Gottesdienst und Sakrament werden die gefährlichsten und bedeutendsten Gegener der urchristlichen eschatologischen Grundstimmung." *Wilhelm Bousset, Kyrios Christos, 1913.*

Gegen diese zunächst so einleuchtenden Behauptungen sind kritische Gegenfragen erhoben worden, so insbesondere:
Wir kennen den Gegensatz von *Paulus* und der *jerusalemischen Urgemeinde:* er betraf die Einhaltung des mosaischen Gesetzes (vgl. Apg. 15); inbezug auf diese Frage ist Paulus mit Petrus zusammengestoßen (Gal. 2,11ff); niemals aber werden, weder in den Paulusbriefen noch in der Apostelgeschichte, *Unterschiede in der Christusauffassung* erwähnt, die zu einer Spannung zwischen den jüdisch-christlichen und den heidenchristlichen Gemeinden geführt hätten.
Der „*Herr*", den die heidnischen Mysterienreligionen verehrten, war eine mythische oder symbolische Gestalt, nicht aber eine *geschichtliche* Person. Es ist einmalig und fällt aus dem Rahmen der hellenistischen Kultlegenden völlig heraus, daß der sterbende und auferstehende Gott ein geschichtlicher Mensch ist wie Jesus von Nazareth.

Doch sind mit diesen Einwänden natürlich nur (voreilige) Schlüsse der religionsgeschichtlichen Schule getroffen, nicht aber das Prinzip selbst, d. h. die Aufgabe, die christliche Religion im Zusammenhang mit den anderen Religionen zu sehen. Diese Auffassung hat in ausführlichen systematischen, religionsphilosophischen Überlegungen Ernst *Troeltsch* vertreten.

Troeltsch

Ernst Troeltsch (1865–1923), Professor für Theologie, später für Philosophie an der Universität Berlin, war neben Harnack der bedeutendste Vertreter des sogenannten „Neuprotestantismus." In schroffem Gegensatz zur „positiven" Theologie und ihrem Festhalten am Absolutheitsanspruch der christlichen Religion suchte Troeltsch deren Entwicklung von ihren Ursprüngen an wie im gesamten Verlauf der Krichengeschichte als Teil der allgemeinen Religions-, Geistes- und Sozialgeschichte zu begreifen. Wie trotz solcher historischen

Relativität der christliche Glaube für den einzelnen Menschen unserer Zeit weiterhin Geltung behalten könne, war die große Frage, die er in seinen systematischen philosophisch-theologischen Arbeiten zu beantworten suchte.

157. Das Christentum als „relative" Erscheinung

Das Christentum ist in allen Momenten seiner Geschichte eine rein historische Erscheinung mit allen Bedingtheiten einer individuellen historischen Erscheinung wie die andern großen Religionen auch. Es ist nach der allgemeinen, bewährten Methode in jedem Moment seiner Geschichte zu erforschen ... Will man den Ausdruck gebrauchen, „das Christentum ist eine relative Erscheinung", so ist auch dagegen nichts einzuwenden ...

An diesem Ergebnis kann kein Zweifel sein. Aber dieses Ergebnis ist auch nichts weniger als entsetzlich. Nur eine schlechte Denkgewöhnung des Dogmatismus umgibt das Wort „relativ" mit allen Schrecken des Unsicheren, Haltlosen, Zwecklosen. Es kommt alles darauf an, was der Begriff „relativ" bedeutet ... Der unbegrenzte Relativismus, wonach die Geschichte an jeder Stelle aus besonderen Verhältnissen ein vergängliches Besonderes erzeuge und damit in unabsehbarer Mannigfaltigkeit wuchere, scheint vielen die Konsequenz des historischen Denkens überhaupt zu sein. Daran sind drei Dinge schuld. Einmal die zersplitternde Spezialisierung, die jede Einzelerscheinung in kleinere auflöst, um sie genauer erforschen zu können, und damit zu unabsehbaren Detaildarstellungen gelangt ... Sodann die naturalistische Gewöhnung der Ableitung und Erklärung, die alle Erscheinungen aus den Antizedentien und der Umgebung wie ein notwendiges Produkt ableitet ... Drittens hat die für die historische Erkenntnis grundlegende Kunst der hypothetischen Anempfindung an fremdartige Gebilde eine grenzenlose Virtuosität im Wechsel des Beurteilungsstandpunktes hervorgebracht, indem alles nur aus sich selbst verstanden und beurteilt wird ... Für schwache Naturen ist so die Historie identisch geworden mit Nachfühlung alles fremden Charakters und Verzicht auf den eigenen, ...

Aber all das gehört nicht unabtrennlich zum historischen Denken und ist von den großen Vertretern dieser Kunst stets beharrlich abgelehnt worden. Das *Spezialistentum* ist nichts als eine vielleicht unvermeidliche Kurzsichtigkeit oder eine Verdoppelung der Wirklichkeit. Alle Historie verwendet vielmehr die Detailarbeit nur als Mittel ... Geradesowenig ist die *kausal-mechanische Ableitung* und Erklärung, die Leugnung alles Neuen und Schöpferischen das Wesen historischer Denkweise. Das ist vielmehr nur die Übertragung der naturwissenschaftlichen Methode auf die Historie, wobei gerade das verloren geht, was das Wesentliche der Historie ist: das Individuelle und Besondere, das eben gerade nicht ableitbar, sondern eine, wenn auch in Relation mit dem gegebenen stehende, Neuschöpfung ist ... Schließlich ist die hypothetische Anempfindung und die historische Gerechtigkeit am wenigsten geeignet, einen ziel- und sinnlosen *Relativismus* zu begründen ... Die Geschichte schließt die Normen nicht aus, sondern ihr wesentliches Werk ist gerade die Hervorbringung der Normen und der

Kampf um die Zusammenfassung der Normen ... Nicht das Entweder-Oder von Relativismus und Absolutismus, sondern die Mischung von beiden, das Herauswachsen der Richtungen aus dem Relativen auf absolute Ziele hin: das ist das Problem der Geschichte. So erwächst aus der Historie selbst die zu ihr immer hinzuzudenkende und ihren Abschluß bildende Aufgabe einer geschichtsphilosophischen Zusammenfassung und Wertung, wobei von vorneherein nur die Höhepunkte der geistigen Bewegung in Betracht kommen ...

Es ist daher eine große Täuschung, den historischen Relativismus so zu verstehen, als gäbe es eine unbegrenzte Menge kämpfender Werte. Ganz im Gegenteil. Die Erfahrung zeigt, daß es überaus wenig solcher Werte gibt, und daß wirkliche Erschließungen neuer geistiger Ziele überaus selten gewesen sind. Nur auf den niedrigen Kulturstufen ist eine endlose Mannigfaltigkeit, die aber nur eine Mannigfaltigkeit des Äußern und der Formen ist und in Wahrheit eine große Monotonie bedeutet. Erst auf den höheren Stufen treten große bildende Mächte des inneren Lebens hervor, und die Druchbrüche zu solcher Stufe sind nicht allzu zahlreich. Diejenigen, die der Menschheit wirklich etwas Neues zu sagen hatten, sind immer überaus selten gewesen, und es ist erstaunlich, von wie wenig Gedanken die Menschheit in Wahrheit gelebt hat. So kommt denn auch in der Religionsgeschichte nicht eine Fülle mächtiger religiöser Kräfte in Betracht, zwischen denen die Entscheidung nie zu Ende kommen könnte, sondern nur wenige große Bildungen ...

Endlich schließt die historische Denkweise auch schlechterdings nicht aus, daß die großen Werte und Inhalte des geistigen Lebens miteinander verglichen und nach einem *Maßstab* beurteilt werden ... Dieser Maßstab ... ist nun freilich keine irgendwoher a priori zu deduzierende religiöse Theorie ... Der Maßstab kann sich vielmehr nur im freien Kampfe der Ideen miteinander erst erzeugen. Im Mitleben der großen menschlichen Kämpfe, im Nachempfinden der verschiedenen kämpfenden Gestaltungen muß er praktisch und persönlich immer neu gewonnen werden. Er liegt nicht mehr in der Selbstverständlichkeit der den eigenen Kulturkreis beherrschenden Idee, die daher als unmittelbar göttlich erschiene. So kannte ihn das Mittelalter. Er liegt aber auch nicht in einer zeit- und geschichtslosen Vernunft. So verstand ihn die Aufklärung ... Der Maßstab ist vielmehr selbst erst das Erzeugnis der besonderen geschichtlichen Lage ... Er wird in einer geschichtlich-positiven Religion wurzeln müssen und durch die Vergleichung (mit anderen Religionen) nur manches zurückstellen lernen, was in dieser bisher im Vordergrunde stand und manches betonen, was im Hintergrunde war. Ein solcher Maßstab ist dann freilich Sache der persönlichen Überzeugung und im letzten Grunde subjektiv. Allein anders kann ein Maßstab zur Entscheidung zwischen den kämpfenden historischen Werten überhaupt nicht beschaffen sein. Er ist eben selbst die im Vergleich und in der Abwägung gewonnene persönliche sittlich-religiöse Überzeugung ...

Freilich werden diese Entscheidungen nicht rein theoretisch in den Gedanken einiger europäischer Gelehrten und Denker getroffen, sondern sie werden in immer weiterem Umfang und praktischem Kampf der Religionen ausgekämpft werden müssen ...

Bildet sich aber so in der Vergleichung ein Beurteilungsmaßstab, so ist eben damit die Vergleichbarkeit und die gemeinsame Beziehung der verglichenen Gebilde auf ein ihnen einwohnendes *Gemeinsames und Allgemeingültiges* ausgesagt. Dieses Gemeinsame ist nun aber nicht der aus den tatsächlichen Übereinstimmungen abstrahierte Allgemeinbegriff ... es handelt sich vielmehr um jedesmal vorschwebende *Ziele und Ideale,* die in jeder Lebensform eine individuell geartete Verwirklichung finden, und die in keiner voll verwirklicht sind, sondern nur als letzter ... Endzweck vorschweben ... *Die Absolutheit des Christentums und die Religionsgeschichte, 1901.*

158. Religiöse und atheistische Ethik[1]

Das Verhältnis des Religiösen zum Sittlichen ist nicht bloß das der formellen Sanktion, sondern betrifft auch den *Inhalt* des Sittlichen ... Wo nämlich die religiöse Metaphysik eine vergeistigte und verinnerlichte Gottheit darbietet, ... wird auch das Wesen der sittlichen Zwecke und Güter verändert. Sie bestehen nicht mehr in erster Linie in den äußeren Gütern des irdischen Lebens, sondern in der Herstellung einer bestimmten Gemeinschaft mit der Gottheit, in einer inneren Gemütsverfassung und in einer Ordnung der menschlichen Beziehungen zueinander, die diesem Gemütszustand und seiner Bezogenheit auf die Gottheit entspricht. Erst von diesem Kerne der Moral aus erfolgt dann auch die Ordnung der äußeren Lebensverhältnisse und Zwecke. Alles kommt hierbei darauf an, wie die Gottheit empfunden wird ... Die christliche Ethik erkennt das Sittengebot als den Trieb des Geistes in den Herzen und das sittliche Ziel in der beseligenden Gottesgemeinschaft, von der aus dann auch das Verhältnis zu den Mitmenschen nur das der Liebe sein kann. *Nietzsche* ist der schlagende Beweis für die Folgen der Beseitigung dieses metaphysischen Elementes. Dann bleibt nicht Moral minus Religion, sondern dann erhebt sich die neue Moral jenseits von Gut und Böse, die mit vollem Bewußtsein aus dem neuen Grund auch völlig neue Folgen zieht. Gerade er hat unermüdlich die Leute verhöhnt, die gebildet genug sein wollen, um keine Religion zu haben, aber zugleich denkfaul genug seien, um dann doch eine Moral des Altruismus zu behalten, die jetzt kein Fundament mehr hat.

Es ist also ganz unmöglich, von den geschichtlichen Religionen ihre Metaphysik abzuschneiden und ihre Ethik an sich zu ziehen, um diese dann für den *Atheismus* sozusagen einzuheimsen. Der Atheismus kann nicht als Rechtsnachfolger der verstorbenen Religionen eintreten und einfach ihr ethisches Erbe übernehmen. Wenn ein derartiger Atheismus eine Ethik aufbaut und vertritt, so muß es eine wesentlich andere sein als die Ethik der Religionen, insbesondere als die

[1] Vgl. hierzu außer *Feuerbach* und *Nietzsche* insbes. *Stirner,* Nr. 122.

des Christentums gewesen war. So töricht es ist, dem Atheismus bestreiten zu wollen, daß er überhaupt eine Ethik besitzen könne, so irrig ist es, wenn der Atheismus meint, die Ethik der Religion einfach fortzusetzen und nur ihre unhaltbare Metaphysik aufzugeben. Das Sittliche hat allerdings seine selbständige Wurzeln in den Nötigungen des menschlichen Zusammenlebens; seine Verbindung mit der Religion ist anfangs eine äußerliche gewesen. Erst die weitere Entwicklung hat das Sittliche mit der Religion innerlich verbunden und einheitlich verschmolzen. Es ist daher wohl möglich diese Verbindung wieder aufzulösen und das Sittliche auf sich selbst zu stellen. Aber dieses so verselbständigte Sittliche ist dann etwas ganz anderes als die religiöse Moral. Wohl mag dabei das äußere Handeln in vieler Hinsicht gleichartig bleiben, aber die Seele der Moral wird verschieden. Wo Gott als Grund und als Ziel des Sittlichen wegfällt, muß beides anderswo aufgewiesen werden. Es wird auch tatsächlich in dem Wesen und dem Wohlfahrtsziel der menschlichen Gattung genau bestimmt. Die Verpflichtung des Individuums für die Gattung ist der ideale, durch sich selbst geltende Grund des Sittlichen, und das durch vernünftige Einsicht in ihre Lebensbedingungen bewirkte möglichste Gesamtwohl ist das Ziel. Das sind zweifellos ernste sittliche Grundsätze, aber ebenso zweifellos ganz andere als die irgend einer religiösen Ethik. Die Frage kann nur sein, ob diese Moral die inhaltlich reichere und tiefere ist. Ich glaube, diese Frage beantwortet sich von selbst. Man denke nur an Paulus und Augustin, an den heiligen Franz, an Luther, Kant und Schleiermacher. Eine Unermeßlichkeit unmittelbar empfundener sittlicher Güter und eine Verbindung der Menschen in den tiefsten und edelsten Regungen ihres Wesens, der Bau einer inneren geistigen Gemeinschaft über dem äußeren sozialen Bau der Gesellschaft und eine Versöhnung der Schmerzen und Leiden, die die Arbeit an jenem Bau mit sich bringt, wie sie nur die Liebe um Gotteswillen bringen kann! Wie nüchtern und kahl, wie berechnet und auf fernliegende Ziele gerichtet ist dagegen die atheistische Ethik des Gemeinwohls, die den einzelnen vor lauter Gemeinwohl nicht zu sich selber kommen läßt und über den Gütern einer Menschheit um 3000 die Güter der eigenen Seele zurückzustellen bereit ist. Sie ist allenfalls eine Ethik für Politiker und Sozialreformer, aber sie ist keine Ethik für die Seelsorger und für die Einkehr im eigenen Herzen und für die Sehnsucht nach einem vollkommenen Gehalt des individuellen Lebens. *Atheistische Ethik, Ges. Schriften, 2. Bd., 1913.*

Bultmann und das Problem der „Entmythologisierung"

Rudolf Bultmann (geb. 1884), seit 1921 Professor für neutestamentliche Theologie in Marburg, gehörte zu den führenden kritischen Neutestamentlern. Unter dem Eindruck der Theologie Barths hat er sich bemüht, die historische Auslegung mit dem Anliegen der Christusverkündigung zu verbinden. Daher einerseits klare Unterscheidung zwischen der Verkündigung Jesu und dem Glauben der Gemeinde an den auferstandenen Christus, andererseits der Versuch, gerade vom Kreuzestod Christi aus diesem Glauben gerecht zu werden und sich nicht, wie Harnack und die meisten Vertreter der liberalen Theologie, auf die (noch dazu verkürzte und modernisierte) *Lehre* Jesu zu beschränken. Grundlage für diese Verbindung ist für Bultmann das *eschatologische* Verständnis des Neuen Testaments.

1941, mitten in der Zeit des Kirchenkampfes (in dem Bultmann sehr entschieden für die Bekennende Kirche Stellung genommen hatte) erschien von ihm eine kleine Schrift *„Neues Testament und Mythologie"*, die alsbald, vor allem aber in den fünfziger Jahren eine lebhafte theologische Diskussion entfachte.

159. Die mythologischen Vorstellungen des Neuen Testaments

Bultmann spricht von mythologischen Vorstellungen, die nicht nur das alte sondern auch das neue Testament durchziehen. Was versteht Bultmann unter *Mythos*, welche Vorstellungen sind nach ihm *mythologisch*?

Mythologisch ist die Vorstellungsweise, in der das Unweltliche, Göttliche als Weltliches, Menschliches, das Jenseitige als Diesseitiges erscheint, in der z. B. Gottes Jenseitigkeit als räumliche Ferne gedacht wird; eine Vorstellungsweise, der zufolge des Kultus als ein Handeln verstanden wird, in dem durch materielle Mittel nichtmaterielle Kräfte vermittelt werden[1].

Mythisch ist das *Weltbild* des Neuen Testaments:
Die Welt gilt als in drei Stockwerke gegliedert. In der Mitte befindet sich die Erde, über ihr der Himmel, unter ihr die Unterwelt. Der Himmel ist die Wohnung Gottes und der himmlischen Gestalten, der Engel; die Unterwelt ist die Hölle, der Ort der Qual. Aber auch die Erde ist nicht nur die Stätte des natürlich-alltäglichen Geschehens, der Vorsorge und Arbeit, die mit Ordnung und Regel rechnet; sondern sie ist auch der Schauplatz des Wirkens übernatürlicher Mächte, Gottes und der Engel, des Satans und seiner Dämonen. In das natürliche Geschehen und in das Denken, Wollen und Handeln des Menschen greifen die übernatürlichen Mächte ein; Wunder sind nichts Seltenes. Der Mensch ist seiner selbst nicht mächtig; Dämonen können ihn besitzen; der Satan kann ihm böse Gedanken eingeben; aber auch Gott kann sein Denken und Wollen lenken, kann ihn himmlische Gesichte schauen lassen, kann ihm die übernatürliche Kraft seines Geistes schenken . . . Die Welt (dieser „Äon") steht unter der Macht des Satans, der Sünde und des Todes, die eben als „Mächte" gelten; sie eilt ihrem Ende zu, das sich in einer Weltkatastrophe vollziehen wird; es stehen nahe bevor die „Wehen" der Endzeit, das Kommen des himmlischen Richters, die Auferstehung der Toten, das Gericht.

Mythisch sind die Vorstellungen vom *Heilsgeschehen:*
In mythologischer Sprache redet die Verkündigung: Jetzt ist die Endzeit gekommen; „als die Zeit erfüllt war" (Gal. 4,4), sandte Gott seinen Sohn. Dieser, ein

---

[1] Bultmann denkt hier insbesondere an die Riten in den antiken Mysterienkulten, an die Auffassung der christlichen Taufe als „Bad" der Reinigung und Wiedergeburt oder an das Abendmahl als „Speise der Unsterblichkeit".

präexistentes Gottwesen, erscheint auf Erden als Mensch (Gal. 4,4; Phil. 2,6ff; Joh. 1,14), sein Tod am Kreuz, den er wie ein Sünder erleidet, schafft Sühne für die Sünden der Menschen (Röm. 3,23f., 4,25; 2. Kor. 5,19; Joh. 1,29). Seine Auferstehung ist der Beginn der Weltkatastrophe, durch die der Tod, der durch Adam in die Welt gebracht wurde, zunichte gemacht wird (Röm. 5,12 u. 17–19); der Auferstandene ist zum Himmel erhöht worden zur Rechten Gottes (Matth. 26,64; Apg. 1,9–11; 2,32f.), er ist zum Herrn und König gemacht worden (Apg. 2,36; Phil. 2,9ff.). Er wird wiederkommen auf den Wolken des Himmels, um das Heilswerk zu vollenden (Matth. 26,64), dann wird die Auferstehung der Toten und das Gericht stattfinden (1. Kor. 15,23f; 50ff.); dann werden Sünde, Tod und alles Leid vernichtet sein (1. Kor. 15, 26, Offenb. 21,4). Und zwar wird das in Bälde geschehen; Paulus meint dies Ereignis selbst noch zu erleben (1. Kor. 15,51; 1. Thess. 4,15–17; vgl. Mark. 9,1). *Neues Testament und Mythologie, 1941.*

*

Es ist unmöglich, ein vergangenes Weltbild durch einfachen Entschluß wieder aufzunehmen, und vor allem nicht das *mythische* Weltbild, nachdem unser aller Denken unwiderruflich durch die Wissenschaft geformt worden ist. Ein blindes Annehmen der neutestamentlichen Mythologie wäre Willkür; eine solche Forderung erfüllen wäre ein abgezwungenes Sacrificium intellectus, und wer es brächte, wäre eigentümlich gespalten und unwahrhaftig. Denn er würde für seinen Glauben, seine Religion ein Weltbild bejahen, das er sonst in seinem Leben verneint . . .
Man kann nicht elektrisches Licht und Radioapparat benutzen, in Krankheitsfällen moderne medizinische und klinische Mittel in Anspruch nehmen und gleichzeitig an die Geister- und Wunderwelt des Neuen Testaments glauben. Und wer meint, es für seine Person tun zu können, muß sich klar machen, daß er, wenn er das für die Haltung christlichen Glaubens erklärt, damit die christliche Verkündigung in der Gegenwart unverständlich und unmöglich macht . . .

Erledigt ist durch die Kenntnis der Kräfte und Gesetze der Natur der Geister- und Dämonenglaube . . . Krankheiten und ihre Heilungen haben ihre natürlichen Ursachen und beruhen nicht auf dem Wirken von Dämonen oder deren Vertreibung . . . Die Wunder des Neuen Testaments sind damit als Wunder erledigt, und wer sie auf hypnotische Einflüsse, auf Suggestion zurückführen und so ihre Geschichtlichkeit retten will, der bestätigt das nur . . . Erledigt ist die mythische Eschatologie, und zwar durch die einfache Tatsache, daß Christi Wiederkunft nicht, wie das Neue Testament erwartet, bald stattgefunden hat, sondern daß die Weltgeschichte weiterlief und – wie jeder überzeugt ist – weiterlaufen wird.

Man kann wohl darauf hinweisen, daß innerhalb des Neuen Testaments nicht alle mythologischen Aussagen gleich betont sind und mit gleicher Regelmäßigkeit von allen Schriften vertreten werden. Die Legenden von der Jungfrauengeburt und von der Himmelfahrt Jesu begegnen uns nur vereinzelt: Paulus und Johannes kennen sie nicht. Aber wenn man sie als späteren Zusatz ansieht, so ändert das nichts daran, daß das Heilsgeschehen seinen mythischen Charakter behält. Und wo wäre die Grenze bei solchem Verfahren des Abstreichens? Man kann das mythische Weltbild nur als ganzes annehmen oder verwerfen.

Hier schuldet der Theologe und Prediger sich und der Gemeinde und denen, die er für die Gemeinde gewinnen will, absolute Klarheit und Sauberkeit. Die Predigt darf die Hörer nicht darüber im Unklaren lassen, was sie nun eigentlich für wahr zu halten haben und was nicht. Vor allem darf sie den Hörer auch nicht darüber im Unklaren lassen, was der Prediger selbst heimlich ausscheidet, und auch er selbst darf darüber nicht im Unklaren sein . . .
Soll also die Verkündigung des Neuen Testaments ihre Gültigkeit behalten, so gibt es gar keinen anderen Weg, als sie zu *entmythologisieren.* *Ebd.*

160. Das existenziale-eschatologische Verständnis

Erst indem sich der Hörer freimacht von dem *mythologischen* Verständnis des Evangeliums, das sich bei dem großen Drama zwischen Gott und Teufel aufhält, gewinnt er das rechte persönliche oder *existenziale* Verständnis. Denn ob in mythologischer oder in unmythologischer Rede, immer spricht das Neue Testament von Tod und Wiedergeburt des Menschen: „Wer sucht seine Seele (sein Leben) zu erhalten, der wird sie verlieren; und wer sie verlieren wird, der wird ihr zum wahrhaften Leben helfen.“ (Matth. 10,39 u. Parall.) Diese Situation zwischen ewigem Tod und ewigem Leben nennt Bultmann *eschatologisch.* Das Wort „eschatologisch“ soll nicht die mythischen Ereignisse am Weltende bezeichnen – Bultmann wählt dafür den Ausdruck „apokalyptisch“ –, sondern den Glauben, daß unser menschliches Leben hier und heute in einer letzten Entscheidung steht, hier und heute gewonnen oder verloren wird, und zwar dadurch daß Gott uns durch Jesus Christus in diese Entscheidung stellt und von der Macht des Todes und der Sünde befreit.

Es kann kein Zweifel sein, daß Jesus wie seine Zeitgenossen ein gewaltiges eschatologisches Drama erwartet hat. Dann wird der „Menschensohn“ kommen, jene himmlische Messiasgestalt, die in den apokalyptischen Hoffnungen des späten Judentums die alte Messiasgestalt des David-Königs verdrängt, bzw. sich mit ihr verbunden hatte. Dann werden die Toten auferstehen, dann wird Gericht gehalten werden, dann wird für die einen die himmlische Herrlichkeit offenbar werden, während die anderen in das höllische Feuer verbannt werden, wo Heulen und Zähneknirschen sein wird. Den Glauben an all diese dramatischen Ereignisse hat Jesus offenbar mit seinen Zeitgenossen geteilt. Aber es ist bemerkenswert, daß er weder die Höllenstrafen ausmalt, noch prächtige Bilder von der himmlischen Herrlichkeit entwirft. Im Grunde verwirft er alle Vorstellungen, die sich menschliche Phantasie von der Gottesherrschaft machen kann, wenn er sagt: „Wenn sie von den Toten auferstehen, so freien sie nicht, noch werden sie gefreit, sondern sie sind wie die Engel im Himmel“ (Mk. 12,25), d.h. für den Menschen verbietet es sich, ein Bild von der jenseitigen Existenz zu machen . . .

Die eigentliche Bedeutung der „Gottesherrschaft“ liegt also für die Verkündigung Jesu nicht in den dramatischen Ereignissen ihres Kommens und in dem, was menschliche Phantasie über ihren Zustand auszumalen vermag. Sie interessiert ihn als Zustand überhaupt nicht, sondern als das wunderbare Ereignis, das für den Menschen das große Entweder-Oder bedeutet, das den Menschen in die *Entscheidung* hineinstellt ... Weil Jesus den Menschen so sieht als den in der Entscheidung vor Gott Stehenden, deshalb wird begreiflich, daß in ihm jene jüdische Hoffnung in der sicheren Gewißheit auftritt, daß *jetzt* die Stunde des Hereinbrechens der Gottesherrschaft gekommen ist. Steht der Mensch in der Entscheidung und charakterisiert ihn eben dies wesentlich als Menschen, so is ja *immer* „letzte Stunde", und es ist begreiflich, daß für Jesus die ganze zeitgeschichtliche Mythologie in den Dienst dieser Erfassung der menschlichen Existenz trat und er in ihrem Lichte *seine* Stunde als die *letzte* erfaßte und verkündigte. *Jesus, 1929.*

Die *eschatologische Existenz* ist für den Menschen also dadurch zur Möglichkeit geworden, daß Gott gehandelt und der Welt als „dieser Welt" ein Ende gemacht hat, indem er den Menschen selbst *neu* machte: „Ist einer in Christus, so ist er ein neues Geschöpf. Das Alte verging; siehe, es ward neu! (2. Kor. 5,17). So *Paulus.* Das Gleiche sagt in seiner Sprache *Johannes.* Er sagt, daß die Erkenntnis der in Jesus offenbaren Wahrheit Gottes den Menschen frei macht (8,32), nämlich von der Knechtschaft der Sünde (8,34). Aus dem Tode wird der Mensch durch Jesus zum Leben gerufen (5,25), aus dem Dunkel der Blindheit ins Licht (9,39) ... Der Glaubende *ist* „wiedergeboren" (3,3ff.), er hat einen neuen Ursprung erhalten ... er stammt nicht mehr aus der „Welt", gehört nicht mehr zu ihr, sondern hat sie im Glauben besiegt (1. Joh. 5,4).

Glaube an die Liebe Gottes ist so lange Eigenmächtigkeit, solange Gottes Liebe ein Wunschbild, eine Idee ist, solange Gott seine Liebe nicht *offenbart* hat. Christlicher Glaube ist deshalb Glaube an Christus, weil er der Glaube an die offenbare Liebe Gottes ist ... Nur wer schon geliebt ist, kann lieben; nur wem Vertrauen geschenkt ist, kann vertrauen; nur wer Hingabe erfahren hat, kann sich hingeben. „Darin gründet sich die Liebe, nicht daß wir Gott geliebt haben, sondern daß er uns liebte und seinen Sohn sandte als Sühne für unsere Sünden" (1. Joh. 4,10). „Wir lieben, weil er uns zuerst geliebt hat" (1. Joh. 4,19) ... Dies ist also das Entscheidende, das das Neue Testament von aller Philosophie, das den christlichen Glauben vom „natürlichen" Selbstverständnis des Menschen unterscheidet: das Neue Testament redet und der christliche Glaube weiß von einer *Tat Gottes,* welche die Hingabe, welche den Glauben, welche die Liebe, welche das eigentliche Leben des Menschen erst *möglich* macht.

*

Nun kann aber offenbar dieses Evangelium nur derjenige recht vernehmen, der von der Hinfälligkeit des menschlichen Daseins überzeugt ist. So kann eine philosophische Betrachtung des menschlichen Daseins, die diese Todesverfallenheit und Nichtigkeit zu Bewußtsein bringt, die innere Bereitschaft für die Aufnahme des Evangeliums stärken, während eine idealistische oder optimistische Lebensanschauung den Zugang zur „frohen Botschaft" gerade versperrt. Darum soll der christliche Theologe die Hilfe nichtchristlicher Philosophen nutzen, wenn diese, wie die Existenzphilosophie *Heideggers*, das menschliche Dasein als „Sein zum Tode", in seiner unausweichlichen Verfallenheit an die Äußerlichkeit des „Man", an die Vergänglichkeit und an die Schuld enthüllt. Aber die Bedeutsamkeit solcher „Anknüpfung" darf nicht vergessen lassen, daß der christliche Glaube vom Unterworfensein des Menschen unter Tod und Sünde nur spricht, indem er von der Wiedergeburt zum Leben kündet. Beides, Tod und Leben, Kreuz und Auferstehung gehören *zusammen:*

Es ist nicht etwa so, daß das Kreuz für sich gesehen werden könnte als der Tod und Untergang Jesu, welchem dann, den Tod rückgängig machend, die Auferstehung folgte. Der, der den Tod erleidet, ist ja schon der Gottessohn, und sein Tod ist schon die Überwindung der Todesmacht. Bei Johannes findet das seinen stärksten Ausdruck, wenn er die Passion Jesu als die Stunde seiner Verherrlichung darstellt (Joh. 17,1), wenn er das „Erhöht werden" Jesu doppelsinnig versteht: als die Erhöhung ans Kreuz und als die Erhöhung zur Herrlichkeit (Joh. 3,14; 8,28) . . . Der Auferstehungsglaube ist nichts anderes als der Glaube an das Kreuz als Heilsereignis, an das Kreuz als an das Kreuz *Christi.*

161. Der Einwand: Subjektivierung des christlichen Glaubens

Durch diese Ineinssetzung von Kreuz und Auferstehung Jesu Christi fällt für Bultmann die Frage fort, ob und wie die tatsächliche, die „leibliche" Auferstehung Jesu Christi, wie sie in den Evangelien berichtet und auch von Paulus als selbstverständlich immer wieder betont wird, Bestandteil oder gar Grundlage des christlichen Glaubens ist. Daß *für den Glaubenden* der Tod Jesu nicht Zeugnis der Vergänglichkeit und Vergeblichkeit, sondern Zeugnis des Lebens, des Heils, der Ewigkeit ist – das wird auch von Bultmann klar hervorgehoben. Aber genügt dies Glaubenszeugnis? *Bultmann* hat sich selbst diesen Einwand gemacht, und er ist dann erst recht von anderen Theologen erhoben worden.

Ist es richtig, daß von *Gottes Handeln* nur geredet werden kann, indem von mir und meinem Dasein geredet wird, so liegt die Frage nahe, ob nicht damit dem göttlichen Handeln überhaupt die „Objektivität" – als eine außerhalb meiner Subjektivität liegende Realität – abgesprochen ist. Ist Glaube dann nicht als bloßes *Erlebnis* verstanden? Gibt es dann nicht Gott nur im innerseelischen Vorgang des Erlebnisses, während doch der Glaube nur Sinn hat, wenn er sich auf den Gott richtet, der außerhalb des Glaubenden wirklich ist?

Da das Wort „Erlebnis" zweideutig ist – kann es doch ebensogut die bloß innerseelische Stimmung wie die Erfahrung und das Ergriffensein von einem Objektiven bezeichnet – bevorzugt Bultmann das Wort „*Begegnung*", worin der Wirklichkeitscharakter klar zum Ausdruck kommt. Begegnet mir Gott in der Verkündigung seines Wortes, so ist ja damit gerade nicht gemeint, daß er nur in der Verkündigung oder in meinem Glauben existiere. „Daß Gott außerhalb des Glaubens nicht *sichtbar* ist, bedeutet nicht, daß er außerhalb des Glaubens nicht *ist*", sagt Bultmann. Aber eben dies „Sein außerhalb des Glaubens" wird doch von ihm offenbar inbezug auf Jesu Taten und insbesondere die *Auferstehung* Jesu Christi geleugnet.

Bultmann „entmythologisiert" das Osterereignis, indem er es interpretiert als die Entstehung des *Glaubens* an den Auferstandenen ... Die Ostergeschichte ist dann nur die erste Glaubensgeschichte. Er, Jesus selber, ist in dieser Geschichte *nur* im Glauben seiner Jünger auf dem Plan. Es geschah nichts zwischen ihm und ihnen, worin dann ihr Glaube entstanden wäre. Nur *sie* waren in dieser Zeit. Er war es nicht. Ihr Glaube hatte keinen Grund, durch den er als Glaube allererst begründet gewesen wäre. Er stand souverän auf sich selber. Die „Tat Gottes" war identisch mit dem, daß sie glaubten: Und daß es geschah, daß sie glaubten, das ist der wirkliche Inhalt der Ostergeschichte, der Osterzeit, das ist der Inhalt der christlichen Verkündigung und der Existenzgrund der Kirche. Jesus selber war eben *nicht* auferstanden. In seinem einfältigen, über das alles hinausführenden Sinn ist dieser Satz nicht zu halten. *Karl Barth.*

Gewiß, das Anliegen Bultmanns, daß Kreuz und Auferstehung *zusammen* gesehen werden müssen, daß Ostern nicht einfach die Annullierung des Karfreitaggeschehens ist, das wird auch von Barth geteilt: „Der Gekreuzigte ist der Auferstandene und der Auferstandene ist der Gekreuzigte." Aber Barth fügt hinzu: „Die Auferstehung Jesu Christi ist freilich ein besonderes, von seinem Tode unterschiedenes, ihm zeitlich folgendes Ereignis." *(Credo, 1935, S. 75).*

Wenn die Reformatoren das „sola fide" (allein aus dem Glauben wird der Mensch gerecht) als den Artikel ansahen, mit dem die Kirche steht und fällt, dann meinten sie das so, daß dieser Glaube der Glaube an *Jesus Christus* . . . war. Es ging ihnen keineswegs um das Prinzip der Gläubigkeit, also einer Glaubens*haltung* . . . , sondern es ging ihnen um den an Jesus Christus objektiv gebundenen Glauben. Gerade Luther hat immer wieder darauf hingewiesen, daß es nicht um den Glauben als eine Eigenschaft des Subjekts gehe, sondern um den außerhalb von mir gelagerten *Gegenstand* des Glaubens. Und in der Auslegung des 90. Psalms hat er sogar das gewagte Bild geprägt, daß das Subjekt des Glaubens ein mathematischer Punkt . . . sei. So wenig wollte er den Glauben als Bewußtseinszustand . . . charakterisiert sehen, und so ausschließlich sollte er allein von seinem Gegenstand, vom geschichtlichen Christus her bestimmt sein . . .

Es würde also nur eine genauere und bessere Formulierung sein, wenn wir nicht nur vom „sola fide", sondern vom „sola fide Jesu Christi" sprechen. Nur dieser objektiv gebundene und christologisch fundierte Glaube bildet den Artikel, mit dem die Kirche steht und fällt. Damit gehört zum Stehen und Fallen der Kirche also nicht nur der Glaube, sondern vor allem auch der *geschichtliche Grund* des Glaubens. Dann aber rührt die Bultmann'sche Fragestellung . . . an die Fundamente der Kirche . . .

Wir stehen vor einer beängstigenden Eliminierung des Geschichtlichen. Kreuz und Auferstehung werden zu gegenwärtigen Phänomenen, ja man kann geradezu sagen: zu Momenten meines Selbstverständnisses . . . Damit stehen wir wieder vor der Frage, wie Bultmann ihren Ereignis- und Zeitcharakter noch festhalten kann . . .

Die neutestamentlichen Berichte werden zu Spukgestalten, die im Zwielicht zwischen Sein und Geltung, zwischen Wirklichkeit und bloßem Bewußtseinsinhalt geistern . . .

Stößt nicht jede Entmythologisierung, so gewiß sie auf die Scheidung zwischen Ewigem und Zeitbedingtem, zwischen Göttlichem und Menschlichem hinaus will, schließlich auf diese *gottgewollte Grenze,* wo sie nicht mehr weiterfragen darf? Diese Grenze ist das *Geheimnis des Gottmenschen.* Und es ist nicht umsonst, daß dieser Gottmensch für Bultmann selbst ein Produkt des Mythos ist. Darum gibt es für ihn die Grenze nicht. Darum ist das Schriftwort „Das Wort (Gottes) ward Fleisch" (Joh. 1,14) letztlich doch nicht ernst genommen. Die innerste Pointe der Bultmann'schen Arbeit scheint mir eine ... heillose Krisis der Christus-Tatsache zu sein. *Helmut Thielicke, Die Frage der Entmythologisierung des Neuen Testaments,* „Kerygma u. Mythos, S. 177 u. S. 193f.

Zurückhaltender äußerte sich die *theologische Fakultät der Universität Tübingen* in einem ausführlichen Gutachten.

Gewisse Äußerungen Bultmanns erwecken den Eindruck, als werde von ihm die *Auferstehung Jesu Christi* geleugnet . . . Es ist aber nachweislich falsch, wenn Bultmann die Absicht unterschoben wird, das Bekenntnis zu Jesus Christus als dem Auferstandenen zu streichen. Worum es ihm geht, ist offensichtlich dies, daß die Auferstehung nicht als eine Tatsache ausgegeben wird, die abzulösen wäre vom *Kreuz.* Würde die Verkündigung vom Auferstandenen in der Weise neben die vom Gekreuzigten treten, daß das Kreuz damit gewissermaßen überholt und nur noch der zurückliegende dunkle Hintergrund der Auferstehung wäre, so würde man am Entscheidenden vorbeigehen. Denn die Auferweckung Christi ist das göttliche Ja zum Kreuz. An Ostern ist nicht zu predigen, als wäre nun der Karfreitag erledigt, und am Karfreitag nicht so, als wüßte man nichts von Ostern. Sondern das, was sich gegenüber den Menschen notwendig in zwei Akte zerlegt und sich nur in zwei Aussagen bezeugen läßt, ist von Gott her eine einzig unauflösbare Tat und darum ein und dasselbe Wort, ein und dieselbe Offenbarung..." *Aus dem Gutachten der theologischen Fakultät der Universität Tübingen: „Für und wider die Theologie Bultmanns, 1952.*

Barth

162. Barths theologische Entwicklung

1919 erschien das Buch eines jungen und unbekannten Schweizer Pfarrers, das weit über den Kreis der zünftigen Theologen hinaus größtes Aufsehen erregte: Karl Barths[1] Auslegung des *Römerbriefes.* Zwei Jahre später, als Barth bereits an die Theologische Fakultät der Universität Göttingen berufen worden war, folgte die zweite, völlig veränderte Auflage, in der das Buch seitdem wieder und wieder, bald mit Bewunderung, bald mit Befremden, gelesen

[1] Karl Barth, geb. 1886 in Basel, studierte in Deutschland Theologie, vorwiegend bei Harnack, war seit 1911 Pfarrer in Safenwil (Aargau). Barth ist 1968 in Basel gestorben. Vgl. auch S. 244 und S. 250f.

und studiert worden ist. Es ist nicht zuviel gesagt, wenn man behauptet, daß dieses Buch eine neue Epoche in der protestantischen Theologie eingeleitet hat – ähnlich, wie dies reichlich hundert Jahre zuvor durch Schleiermachers „Reden über die Religion“ geschehen war. Worin lag das Neuartige und Erregende in Barths Buch? Barth hat fast vierzig Jahre später, im Rückblick auf dieses sein erstes Werk, die damalige Situation folgendermaßen gekennzeichnet:

„Die Wendung von damals hatte ausgesprochen kritisch-polemischen Charakter. Sie vollzog sich in einer jähen Absatzbewegung gegenüber der damals herrschenden mehr oder weniger liberalen Theologie . . . Was wußte und sagte diese noch von *Gottes Göttlichkeit?* An Gott denken hieß für sie, kaum verschleiert: an den Menschen, eben an den religiösen, den christlich religiösen Menschen denken. Keine Frage: hier wurde der Mensch groß gemacht auf Kosten Gottes . . . Hier erschraken einige von uns, hier meinten sie nicht mehr mitzukommen. War uns der fromme Mensch, war uns die Religion, von deren Geschichte und Gegenwart wir auf der Universität soviel Herrliches gehört und nachher selbst noch zu sagen versucht hatten, in unserer eigenen Person problematisch geworden? War es die Begegnung mit dem durch Kutter und Ragaz interpretierten Sozialismus, der uns die Augen dafür öffnete, daß Gott auch noch ganz anders als in dem dumpfen Gehäuse des christlich-religiösen Selbstbewußtseins Gott sein und als solcher handeln und reden möchte? War es der eben damals im Verhältnis zu der vorangegangenen langen Friedenszeit unserer Jugend so plötzlich verfinsterte Weltaspekt, der uns darauf aufmerksam werden ließ, daß des Menschen Not zu groß sein möchte, als daß ihm der Verweis auf seine religiöse Möglichkeit ein trostvolles und Weisung gebendes Wort sein könnte? Oder war es und gründlicher als all das andere die Entdeckung, daß das Thema der Bibel bestimmt nicht des Menschen Religion und religiöse Moral ist, sondern die Göttlichkeit Gottes, Gottes Eigenständigkeit und Eigenart nicht nur der natürlichen, sondern auch der geistigen Welt gegenüber, Gottes Macht und Initiative vor allem in seinem Verhältnis zum Menschen? So und nur so meinten wir die Stimme des Alten und des Neuen Testaments verstehen, von da und nur von da aus meinten wir fortan Theologen, und insbesondere Prediger, ministri Verbi Divini, sein zu können.“ *Karl Barth, Die Menschlichkeit Gottes, 1956.*

„Gottes Göttlichkeit“: das hieß für Barth vor allem Gottes *Jenseitigkeit.* „Gott ist im Himmel und Du auf Erden“, so faßte Barth selbst den Sinn seiner Auslegung zusammen. Will Paulus, wie er gleich im ersten Satz seines Briefes an die Römer sagt, „Gottes Heilsbotschaft“ verkünden, so liegt nach Barth hier der Akzent ganz auf dem Wort: *„Gottes“.*

„Die Heilsbotschaft Gottes hat Paulus auszurichten – aber eben: Gottes! Also keine religiöse Botschaft, keine Anweisungen über die Göttlichkeit oder Vergöttlichung des Menschen, sondern Botschaft von einem Gott, der ganz anders ist, von dem der Mensch als Mensch nie etwas wissen noch haben wird und von dem ihm eben darum das Heil kommt . . . Also nicht Erlebnisse, Erfahrungen und Empfindungen, und wären solche höchsten Ranges, sondern schlichte, objektive Erkenntnis dessen, was kein Auge gesehen, kein Ohr gehört hat.“ *Zu Röm. 1,1.*

*

Barth hat von 1921, als er auf den Lehrstuhl für reformierte Theologie nach Göttingen berufen wurde, bis zu seiner Emeritierung im Jahre 1961 als akademischer Lehrer gewirkt und eine ganze Generation von evangelischen Geistlichen durch seine Vorlesungen und Schriften geformt. Bis 1935 lehrte Barth in Deutschland (an den Universitäten Göttingen, Münster, Bonn); weil er sich weigerte, als Staatsbeamter den Eid auf Adolf Hitler zu leisten, wurde er entlassen und aus Deutschland ausgewiesen und lehrte seitdem an der Universität Basel. Nur kurz nach Beendigung des Krieges hielt er noch einmal ein Semester lang in Bonn eine Gastvorlesung, um seiner Verbundenheit mit der evangelischen Kirche in Deutschland und mit der deutschen Jugend gerade in jenen Zeiten äußerster Not und vielfacher Diffamierung Ausdruck zu geben. Aber längst war Barth ein „ökumenischer" Theologe geworden, der bei allen Nationen höchstes Ansehen genoß. Die reformierten Kirchen in Frankreich wie in Holland, in der Tschechoslowakei wie in Ungarn, die lutherischen Theologen in Skandinavien und die anglikanischen Theologen in England hörten auf ihn, und auf der Vollversammlung des Ökumenischen Rates 1948 in Amsterdam hielt er die Eröffnungspredigt. Seit Calvin hat es keinen Theologen von so weltweiter Wirksamkeit und Wirkung gegeben.

Dabei ist Barth und will sein nichts als Theologe. So leidenschaftlich er mahnend und angreifend zu den kirchlichen und politischen Geschehnissen Stellung genommen hat, seine Hauptarbeit galt dem großen Werk der „Kirchlichen Dogmatik", seit 1932 in 14 Bänden (mit etwa 12000 Seiten) erschienen, die umfassendste Darstellung der christlichen Glaubenslehre, vergleichbar nur Calvins „Institutio" oder den großen „Summen" der Scholastiker.

Barths Hauptanliegen ist, die gesamte Glaubenslehre von Christus als ihrem eigentlichen Mittelpunkt aus zu verstehen und darzustellen. Darum hat man seine Theologie mit Recht *christozentrisch* genannt.
Auch von Gott selbst, nämlich dem wirklichen Gott und nicht einer erahnten oder erdachten Gottheit, von Gott dem Vater, wissen wir allein durch Christus. Der *zweite* Artikel unseres Glaubensbekenntnisses ist für unsere Erkenntnis der *erste*, von dem aus die beiden anderen erst ihren rechten Sinn gewinnen.

„Die Anordnung der drei Artikel beschreibt nicht den Erkenntnisweg des Glaubens. Wenn das beabsichtigt wäre, dann müßte der zweite Artikel zweifellos der erste sein. Vielleicht hat es sehr alte Formen des Glaubensbekenntnisses gegeben, die tatsächlich diese Gestalt hatten. Wir hören 2. Kor. 13,13 die Reihenfolge: ‚Die Gnade des Herrn Jesus Christus, die Liebe Gottes, die Gemeinschaft des Heiligen Geistes.' Wenn es das Glaubensbekenntnis in seiner späteren Gestalt nach Mt. 28,19, Röm. 1,1–4; 11,33; 2. Thess. 2,13 anders hält, so will es offenbar die *Sachordnung* beschreiben, den herabsteigenden Weg, der der Inhalt der Offenbarung ist: Gott, der als Vater über dem Menschen ist im ersten, Gott, der als Sohn selbst Mensch wird im zweiten, Gott, der als Heiliger Geist mit dem Menschen ist, im dritten Artikel. Aber eben, wenn dies die Sachordnung ist, gehört der zweite Artikel an den Anfang der *Erkenntnisordnung.* Wäre Gott nicht Mensch geworden, wie es im zweiten Artikel erkannt und bekannt wird, so würde alles, was wir von Gott *über* den Menschen und von Gott *mit* dem Menschen uns ausdenken und sagen wollen, ebenso willkürlich, irrend und irreführend in der Luft stehen wie die entsprechenden Erwägungen, die man schließlich in allen Religionen und Weltanschauungen über Gott und den Menschen angestellt hat. Und darum muß uns die im zweiten Artikel bezeugte Tatsache:

daß Gott Mensch geworden ist, schlechterdings bestimmend sein für die Auslegung auch des ersten. *Credo, 1935.*

Auch die *Schöpfung* ist nur von Christus aus verständlich, nämlich als Erweis von Gottes Gnade. Eben darum weiß der christliche Glaube „besser als aller Optimismus, daß das letzte Wort über die Geschöpfwelt ein positives und nicht ein negatives ist." Hier setzt sich Barth mit dem Optimismus der *Aufklärung* auseinander. Er lehnt ihn nicht einfach ab, er wendet vielmehr ein, daß deren Optimismus, weil er an der Erlösungstat Jesu Christi vorbeiging, zu flach war: die Aufklärung mußte die Düsternis und Abgründigkeit des menschlichen Daseins verharmlosen, um an die Güte des Schöpfers glauben zu können. Diesem Optimismus der Aufklärung stellt Barth den „christlichen Optimismus" entgegen. In diesem christlichen Optimismus wird das menschliche Dasein gerade in seiner vollen Menschlichkeit und allen seinen Fehlern und Leiden bejaht.

*

Zur vollen Menschlichkeit des Menschen gehört nun vor allem, daß er *Mitmensch* ist, kein philosophischer oder religiöser Einsiedler, sondern zur Gemeinschaft mit seinesgleichen geschaffen. Eben diese Verbundenheit mit dem Mitmenschen erkennen wir an Jesus Christus, dem „wahren Menschen".

„Gottes Menschlichkeit" ist daher das Thema der christozentrischen Dogmatik Barths. Bedeutet dies, daß Barth seinen im „Römerbrief" so leidenschaftlich vorgetragenen Appell, daß die Theologie an Gottes Göttlichkeit nicht rühren dürfe, vergessen hat? Davon kann keine Rede sein. Barth nimmt nichts zurück, wohl aber ergänzt er und rückt zurecht, was er dort allzu einseitig vorgetragen hatte. Er bleibt dabei, daß die Theologie von Gottes „Göttlichkeit" auszugehen habe, aber er fügt hinzu – was er im Grunde auch damals wußte –, daß die Göttlichkeit Gottes uns allein in Jesus Christus entgegentritt. Sie ist im Christentum gerade nicht verstanden als „Absolutheit" Gottes, worin dieser in unnahbarer Ferne von den Menschen thront.

„Es ist also Gottes Göttlichkeit gerade kein Gefängnis, in welchem er nur in sich und für sich zu existieren vermöchte. Sie ist vielmehr seine Freiheit, in sich und für sich, aber auch mit uns und für uns zu sein, sich zu behaupten, aber auch sich hinzugeben, wie ganz erhaben, so auch ganz gering zu sein, Herr nicht nur, sondern auch Knecht, Richter nicht nur, sondern auch selber der Gerichtete, des Menschen ewiger König, aber auch sein Bruder in der Zeit. Das alles, ohne seiner Göttlichkeit auch nur im geringsten verlustig zu gehen!

Eben im Blick auf Jesus Christus ist darüber entschieden, daß Gottes Göttlichkeit seine Menschlichkeit nicht aus-, sondern in sich schließt. Wenn doch Calvin zu dieser Stelle in seiner Christologie, seiner Gotteslehre, seiner Prädestinationslehre und dann folgerichtig auch in seiner Ethik energischer weitergedacht hätte! Sein Genf wäre dann nicht eine so düstere Angelegenheit geworden. Seine Briefe hätten dann nicht soviel Bitterkeit enthalten." *Die Menschlichkeit Gottes, 1956.*

163. Kritik der Religion und der Kirche (aus dem Römerbriefkommentar):

Religion ist alles andere als Harmonie mit sich selbst oder gar noch mit dem Unendlichen. Hier ist kein Raum für noble Gefühle und edle Menschlichkeit . . . Mag romantische Psychologie es immer wieder versuchen, sich diesen Tatbestand zu verbergen, Religion zu feiern als die Fähigkeit, „wie eine heilige Musik alles Tun des Menschen zu begleiten" (Schleiermacher), Religion selbst, aktive, kombattante, nicht-ästhetische, nicht-rhetorische, nicht-fromme Religion, die Religion des 39. Psalms, Hiobs, Luthers und Kierkegaards, die Religion des Paulus wird sich gegen diese Verharmlosung ihres Ernstes immer wieder zur Wehr setzen: sie weiß sich selbst durchaus nicht als Krönung und Erfüllung wahrer Menschlichkeit, sondern ... als das allem Tun des Menschen gegenüber Unbegreifliche, Unerträgliche, Unannehmbare, als den Ort, wo nicht die Gesundheit, sondern die Krankheit des Menschen erkennbar wird ...

Die Wirklichkeit der Religion ist Kampf und Ärgernis, Sünde und Tod, Teufel und Hölle. Sie führt den Menschen durchaus nicht heraus aus der Problematik von Schuld und Schicksal, sondern erst recht in sie hinein. Sie bringt ihm keine Lösung seiner Lebensfrage, sie macht ihn vielmehr sich selbst zum schlechthin unlösbaren Rätsel. Sie ist weder seine Erlösung noch deren Entdeckung, sie ist vielmehr die Entdeckung seiner Unerlöstheit. Sie will weder genossen noch gefeiert, sondern als hartes Joch, das nicht abgeworfen werden kann, getragen sein. Religion kann man niemanden wünschen oder anpreisen: Sie ist ein *Unglück,* das mit fataler Notwendigkeit über gewisse Menschen hereinbricht und von ihnen auch auf andre kommt. Sie ist das Unglück, unter dessen Druck Johannes der Täufer in die Wüste geht, um die Buße und das Gericht zu predigen, unter dessen Druck ein solch erschütternder langgezogener Seufzer wie der zweite Korintherbrief zu Papier kommt, unter dessen unheimlichem Druck eine Physiognomie wie die Calvins so wird, wie sie zuletzt gewesen ist. Sie ist das Unglück, unter dem aber wahrscheinlich heimlich jeder zu seufzen hat, der Mensch heißt ...

Ein religiöser Mensch sein heißt ein zerrissener, ein unharmonischer, ein unfriedlicher Mensch sein. Einig mit sich selbst sein könnte nur der sein, in dem die große Frage seiner Einheit mit Gott noch nicht erwacht ist ... Wem an seiner persönlichen Ruhe, am schönen Gleichmaß der Humanität, an der Stetigkeit menschlicher Kultur ehrlich gelegen ist, der wird sich mit Lessing, Lichtenberg, Kant, Goethe, solange er irgend kann, gegen das Hereinstürmen der Religion in seine Kreise zu wahren suchen. Er wird damit mehr Einsicht und Sachlichkeit verraten als jene angeblichen Virtuosen der Frömmigkeit (in Wahrheit ihre blutigsten Dilettanten!) die, nicht wissend, was sie tun, mit ihrer romantischen Freude an der Religion Geistern rufen, die *sie* nicht beschwören werden. Er wird aber keinen Erfolg haben mit seinem Bemühen; denn die religiöse Möglichkeit sitzt tiefer im Menschen, als daß er davon lassen könnte, und die Kultur des modernen Abendlandes ist wahrlich nicht die Potenz, ihn vor jener Möglichkeit zu beschützen. *Zu Röm 7,13ff.*

*

Der Heilsbotschaft von Jesus Christus steht Israel, die *Kirche,* die Welt der Religion gegenüber, als die Verkörperung der letzten menschlichen Möglichkeit diesseits der unmöglichen Möglichkeit Gottes. Hier klafft der Abgrund wie nirgendwo. Hier kommt die Krankheit des Menschen an Gott zum Ausdruck ... Denn die Kirche ist der mehr oder weniger umfassende und energische Versuch, das Göttliche zu vermenschlichen, zu verdinglichen, zu verweltlichen, und das alles zum Wohl der Menschen, die nicht ohne Gott, aber auch nicht mit dem lebendigen Gott leben können (siehe „Großinquisitor“!), alles in allem: der Versuch, den unbegreiflichen und doch so unvermeidlichen Weg begreiflich zu machen. Wobei der katholischen Kirche entschieden besseres Gelingen beschieden ist, während der Protestantismus verhältnismäßig mehr zu leiden hat unter der Tatsache, daß, was der Mensch als Kirchenmensch so gerne möchte, letztlich nicht gelingen kann. Es ist klar, daß der Gegensatz von Evangelium und Kirche grundsätzlich und auf der ganzen Linie ein unendlicher ist. Das Evangelium ist die Aufhebung der Kirche, wie die Kirche die Aufhebung des Evangeliums ist ...

Was folgt daraus? ... Daß wir uns im vollen Bewußtsein des Gegensatzes zwischen Evangelium und Kirche der Kirche gegenüber *nicht* desinteressieren, nicht desolidarisieren, sondern zu ihr stellen und bekennen, mitbeteiligt, mitverantwortlich, mithaftbar für das was der Kirche fehlt und fehlen muß ... Wer das Evangelium hört und verkündigt, der steht nicht *neben* der Kirche, weder verständnislos ablehnend noch verständnisvoll sympathisierend; sondern persönlich beteiligt *in* der Kirche. Er weiß, um was es geht in der Kirche. Er nimmt sie ernst, bitter ernst. Er hat den billigen Trost nicht, daß sie ein menschliches Gebilde sei, das möglicherweise auch nicht da sein könnte, und daß das Pfarramt ein Beruf wie andere sei. Er weiß, daß geglaubt, gepredigt, gebetet sein *muß* ... Er weiß, daß ein unkirchliches Verhältnis des Menschen zu Gott jetzt und hier so wenig stattfindet wie paradiesische Unschuld überhaupt ... Trauernd, bedenklich, fragend, erschrocken steht er also in der Kirche, je mehr sie Kirche ist. Aber *in* der Kirche steht er, nicht als Zuschauer daneben. *Zu Röm. 9,1ff.*

164. Vom Glauben

Es sind, wo es zum *Glauben* kommt, die Wärme der Empfindung, die Wucht der Überzeugtheit, die erreichte Stufe von Gesinnung und Gesittung immer nur *begleitende,* diesseitige und darum an sich unwichtige Merkmale des eigentlichen Vorgangs ... Eben darum ist der Glaube niemals identisch mit der „Frömmigkeit“, und wenn sie die reinste und feinste wäre.

Wir können nur glauben, *daß* wir glauben. Eine anschauliche, historisch-psychologische Bestimmung und Abgrenzung der Glaubendem gegenüber den Nichtglaubenden ist unmöglich. *Römerbrief*

Ich glaube ... das ist meine, das ist eine *menschliche* Erfahrung und Tat, eine menschliche Daseinsform. Aber dieses „ich glaube“ vollzieht sich ganz und gar in einer Begegnung mit Einem, der *nicht* Mensch ist, sondern Gott und ich sehe mich, indem ich glaube, ganz und gar von diesem Gegenstand meines Glaubens erfüllt und bestimmt. Und was mich interessiert, das bin nicht ich selber mit meinem Glauben, sondern der, *an* den ich glaube. Und dabei darf ich erfahren, daß, indem ich an ihn denke und auf ihn blicke, aufs beste für mich gesorgt ist. Ich glaube an, credo in, das heißt eben: ich bin nicht allein ... Gott begegnet mir, ich bin unter allen Umständen mit ihm zusammen. *Dogmatik im Grundriß, 1949.*

... es geht im Glauben um eine Entscheidung ein für allemal ... Man kann gewiß verwirrt sein, und man kann zweifeln, aber wer einmal glaubt, der hat so etwas wie einen unaustilgbaren Charakter. Er darf sich dessen getrösten, daß er *gehalten* ist. Es ist jedem, der mit dem Unglauben zu ringen hat, zu raten, daß er seinen eigenen Unglauben nicht zu ernst nehmen solle. Nur der Glaube ist ernst zu nehmen, und wenn wir Glauben haben wie ein Senfkorn, so genügt das, daß der Teufel sein Spiel verloren hat ...

Es ist nicht an dem, daß der christliche Glaube ein dunkles Gefühl wäre, ein alogisches Fühlen, Erleben und Erfahren. Der Glaube ist *Erkenntnis*, er bezieht sich auf Gottes Logos (Wort) und ist darum eine durchaus logische Sache.

Gotteserkenntnis ist eine schlechterdings von ihrem Gegenstand, von Gott her gewirkte, bestimmte Erkenntnis. Aber gerade so ist sie echte Erkenntnis, gerade so ist sie im tiefsten Sinne freie Erkenntnis. Gewiß bleibt sie eine relative, eine in den Schranken des Geschöpflichen befangene Erkenntnis. Gewiß gilt gerade von ihr, daß wir einen himmlischen Schatz in irdenen Gefäßen tragen. Unsere Begriffe genügen nicht, diesen Schatz zu fassen. Gerade wo diese echte Gotteserkenntnis stattfindet, da wird auch Klarheit darüber herrschen, daß kein Anlaß ist für irgendwelchen Hochmut. Es bleibt immer der ohnmächtige Mensch, die geschöpfliche Vernunft mit ihren Grenzen. Aber in diesem Raum des Geschöpflichen, des Ungenügenden sich zu offenbaren, hat es Gott gefallen. Und indem der Mensch auch in dieser Hinsicht töricht ist, wird er weise sein; indem der Mensch klein ist, wird er groß; indem der Mensch nicht genügt, ist Gott genügend. „Laß dir an meiner Gnade genügen; denn meine Kraft ist in den Schwachen mächtig." Das gilt auch für die Erkenntnisfrage. *Ebd.*

Dietrich Bonhoeffer

165. Bonhoeffers Leben

Dietrich Bonhoeffer, geboren 1906, stammte aus einer Familie, die väterlicher- wie mütterlicherseits eine hohe geistige Tradition aufwies: bedeutende Maler, wie Graf Kalckreuth (1855–1928), Theologen wie Karl August von Hase (1800–1890), Politiker, Mediziner, wie der Vater selbst, der Professor für Psychiatrie an der Universität Berlin und einer der bedeutendsten Vertreter seines Faches war. Die glückliche Kindheit und Jugendzeit, die Dietrich Bonhoeffer inmitten eines großen Geschwisterkreises verlebte, und seine geistige Begabung gaben ihm früh ein ausgeprägtes Selbstbewußtsein, das er auch später keineswegs als Widerspruch zur christlichen Demut empfand.

Die Erziehung im Elternhaus war zwar nicht ausgesprochen unreligiös, aber völlig unkirchlich. So wirkte es überraschend, daß Dietrich Bonhoeffer schon früh seinen Vorsatz kundtat, Pfarrer zu werden. Der Entschluß war denn auch von ihm in tiefer Einsamkeit gefaßt worden, wurde aber von den Eltern sofort akzeptiert. Von 1923 bis 1927 studierte Bonhoeffer Theologie, erst in Tübingen, dann in Berlin, wo er sich 1930 habilitierte. Es folgte ein einjähriger Studienaufenthalt am Theologischen Seminar in New York.

Aber Einfluß auf sein theologisches Denken hatte weder die lieberale Theologie, die seit dem alten Adolf von Harnack die Berliner Fakultät beherrschte, noch gar der amerikanische Protestantismus, sondern nur ein einziger Theologe, den Bonhoeffer erst verhältnismäßig spät persönlich kennenlernte: *Karl Barth.* Von 1931 an hat Bonhoeffer mehrfach Barth aufgesucht und war glücklich, von ihm Bestärkung und Anregung für seine eigene theologische Arbeit zu empfangen.

„Ich habe, glaube ich, selten eine unterlassene Sache in meiner theologischen Vergangenheit so bereut, wie daß ich nicht früher zu Barth hingegangen bin ... Es ist in schönster Weise überraschend zu sehen, daß Barth noch jenseits seiner Bücher steht. Es ist da eine Offenheit, eine Bereitschaft für den Einwand und dabei eine derartige Konzentration und ein ungestümes Drängen auf die Sache ... Mehr noch als von seinen Schriften und Vorträgen bin ich von seiner Diskussion beeindruckt. Ich habe so etwas vorher nie gesehen noch für möglich gehalten."
Brief vom Juli 1931.

Seit 1931 war Bonhoeffer Leiter des Jugendsekretariats im „Weltbund für Freundschaftsarbeit der Kirche". Als solcher nahm er an verschiedenen internationalen Tagungen teil, bemüht, das theologische Anliegen im Weltbund stärker zur Geltung zu bringen. Der Erfolg war gering, von großer Bedeutung aber waren die persönlichen Beziehungen, die er hier mit Vertretern ausländischer Kirchen anknüpfen konnte: diese Beziehungen konnte er während der Jahre (1933–1935), die er als Pfarrer der deutschen Gemeinde in London wirkte, noch vertiefen. Damals gewann er das Vertrauen, ja die Freundschaft eines hohen englischen Geistlichen, George K. A. Bell (1883–1958), Bischof von Chichester und Präsident des Ökumenischen Rates. Bischof Bell hat von dem unbestechlichen Urteil Bonhoeffers im deutschen Kirchenkampf einen tiefen Eindruck empfangen:

„Ich lernte ihn in London kennen in den ersten Tagen des Hitlerregimes; von ihm mehr als von irgendeinem anderen Deutschen lernte ich den wahren Charakter des Konflikts, in einer intimen Freundschaft. Er war kristallklar in seinen Überzeugungen und so jung und so bescheiden er war, er sah die Wahrheit und sprach sie in voller Offenheit und ohne Furcht aus."

Bonhoeffer hatte sich mit jugendlicher Entschiedenheit an dem Widerstand der *Bekennenden Kirche* beteiligt. Mehr freilich als die anfänglichen Erfolge der Deutschen Christen bedrückte ihn die übergroße Vorsicht und der ihm oft naiv erscheinende Optimismus in den Reihen der Bekenntnispfarrer selbst.

„Obwohl ich mit vollen Kräften in der kirchlichen Opposition mitarbeite, ist es mir doch ganz klar, daß diese Opposition nur ein ganz vorläufiges Durchgangsstadium zu einer ganz anderen Opposition ist, und daß die Männer dieses ersten Vorgeplänkels zum geringsten Teil die Männer jenes zweiten Kampfes sind. Und ich glaube, die ganze Christenheit muß mit uns darum beten, daß das „Widerstehen bis auf Blut"[1] kommt und daß Menschen gefunden werden, die es erleiden. Einfach erleiden – darum wird es dann gehen – nicht Fechten, Hauen, Stechen – das mag für das Vorgefecht noch erlaubt und möglich sein, der eigentliche Kampf, zu dem es vielleicht später kommt, muß einfach ein glaubendes Erleiden sein und dann wird sich Gott wieder zu seiner Kirche mit seinem Wort bekennen, aber bis dahin muß viel geglaubt, viel gebetet, viel gelitten werden." *Brief im April 1934.*

Nach der kurzen Zwischenzeit in London übernahm Bonhoeffer im Frühjahr 1935 das Predigerseminar in Finkenwalde bei Stettin, in dem Pfarrvikare der Bekennenden Kirche ausgebildet wurden, welche nicht willens waren, sich dem Kirchenregiment der Deutschen Christen oder der Zöllnerschen Kirchenausschüsse unterzuordnen. Das war wohl Bonhoeffers glücklichste Zeit, erfüllt von einer Tätigkeit, die ihm besonders lag, da dabei wissenschaftliche und praktische Theologie, Reflexion und Seelsorge eng verbunden waren. Ein Kreis ernster und entschiedener junger Geistlicher war um ihn versammelt und hielt auch später die Verbindung, als der Krieg sie auseinanderriß. Aus dieser Zeit stammt das Buch, das zuerst Bonhoeffers Ruf begründete: „Nachfolge". Im Herbst 1937 wurde das Finkenwalder Seminar von der Geheimen Staatspolizei aufgelöst; Bonhoeffer führte die Arbeit im geheimen und in kleinerem Maße weiter, bis auch dies unmöglich wurde.

Bonhoeffer mußte seit 1938 mit seiner Einberufung zum Heeresdienst rechnen. Er war aber entschlossen, den Fahneneid auf Hitler zu verweigern, so bittere Folgen das für ihn haben mochte. Sorge bereitete ihm nur, daß seine Dienstverweigerung der Bekennenden Kirche allgemein zur Last gelegt werden und schaden könnte. Englische und amerikanische Feunde waren damals bereit, ihm in den Vereinigten Staaten eine neue Arbeitsmöglichkeit zu verschaffen. Als er im Juni 1939 nach New York kam, schlug man ihm vor, als Seelsorger für die zahlreichen deutschen Emigranten tätig zu sein. Das aber hätte bedeutet, daß ihm die Rückkehr in das nationalsozialistische Deutschland für immer verschlossen wäre. Konnte, wollte er sich von Auftrag und Not seiner Brüder in der Bekennenden Kirche und vom Schicksal seines Volkes trennen? So kehrte er am Vorabend des Zweiten Weltkrieges nach Deutschland zurück.

„Du mußt wissen, daß ich noch keinen Augenblick meine Rückkehr 1939 bereut habe, noch auch irgend etwas von dem, was dann folgte. Das geschah in voller Klarheit und mit bestem Gewissen. Daß ich jetzt sitze, rechne ich auch zu dem Teilnehmen an dem Schicksal Deutschlands, zu dem ich entschlossen war." *Brief aus dem Gefängnis, 1943.*

*

Die Bekennende Kirche hatte sich lange Zeit damit begnügt, für die Verkündigung des unverfälschten Evangeliums einzutreten; erst verhältnismäßig spät entschloß sie sich, den Mißbrauch der politischen Macht überhaupt zu rügen. Daß mit solcher Anklage Hitlers Diktatur nicht zu erschüttern war, war natürlich jedem Einsichtigen klar. Es gab nur ein Mittel, Deutschland von der Diktatur zu befreien und dem Elend, das sie über das Volk brachte, ein Ende zu setzen: einen Staatsstreich. Nur die Wehrmacht aber war damals dazu in der Lage. Eine Widerstandsgruppe, die dieses Ziel verfolgte, hatte sich seit längerem um die Person des Generaloberst Beck gebildet. Bonhoeffer war verhältnismäßig früh deren Mitwisser; aktiv teilgenommen an ihr hat er erst im Kriege.

---

[1] Hebr. 12,4: „Ihr habt noch nicht bis aufs Blut widerstanden beim Kampf gegen die Sünde."

Eine solche Teilnahme an einer politisch-militärischen Umsturzbewegung war nun freilich für einen evangelischen Geistlichen ein nicht leicht zu rechtfertigender Schritt; stand ihm doch nicht nur der Wortlaut von Röm. 13, sondern auch die allgemeine Überzeugung der Kirche entgegen: der Obrigkeit sei zu gehorchen, ganz gleich, ob sie christlich oder unchristlich, gut oder böse sei (vgl. S. 85ff., S. 104f.).

Bonhoeffer hat einmal im Gefängnis auf die Frage eines Mitgefangenen, ob er nicht mit seiner Beteiligung am gewaltsamen Umsturzversuch seinen Auftrag als Geistlicher überschritten habe, mit einem drastischen Vergleich geantwortet:

„Wenn ein Wahnsinniger auf dem Kurfürstendamm sein Auto über den Gehweg steuert, so kann ich als Pastor nicht nur die Toten beerdigen und die Angehörigen trösten; ich muß hinzuspringen und den Fahrer vom Steuer reißen".

Aber er war sich zugleich darüber klar, daß, wer an einer solchen Verschwörung teilnimmt, auch innerlich nicht unberührt bleiben kann:

„Wir sind stumme Zeugen böser Taten gewesen, wir sind mit vielen Wassern gewaschen, wir haben die Künste der Verstellung und der mehrdeutigen Rede gelernt, wir sind durch die Erfahrung mißtrauisch gegen die Menschen geworden und mußten ihnen die Wahrheit und das freie Wort oft schuldig bleiben, wir sind durch unerträgliche Konflikte mürbe oder vielleicht sogar zynisch geworden – sind wir noch brauchbar? Wird unsere innere Widerstandskraft gegen das uns Aufgezwungene stark genug und unsere Aufrichtigkeit gegen uns selbst schonungslos genug geblieben sein, daß wir den Weg zur Schlichtheit und Geradheit wiederfinden?"
„Nach zehn Jahren", an der Wende zum Jahr 1943.

1940 trat Bonhoeffer als V-Mann (Verbindungsmann) in die militärische Abwehr, deren Leiter, Admiral Canaris, zu den Führern der deutschen Widerstandsbewegung gehörte. Diese Stellung hatte ihm sein Schwager Dohnanyi, der schon lange aktiv in der Widerstandsbewegung arbeitete, vermittelt. Damals wuchs in Bonhoeffer jene ausgesprochene Sympathie für die „weltlichen" und eine gewisse Entfremdung von den „geistlichen" Brüdern.

Für die Zwecke der deutschen Widerstandsbewegung und getarnt als Beauftragter der Abwehr machte Bonhoeffer zahlreiche Reisen ins Ausland und konnte seine ökumenischen Beziehungen nutzen, um mit maßgebenden Männern der Feindstaaten in Fühlung zu kommen.
Ende Mai 1942 traf Bonhoeffer in Schweden mit Bischof Bell zusammen, der inzwischen Mitglied des Oberhauses geworden war und daher geeignet schien, eine Verbindung zur englischen Regierung herzustellen. Unmittelbar vor seiner Rückkehr nach Deutschland schrieb Bonhoeffer an Bell:

„Lassen Sie mich meine tiefe und aufrichtige Dankbarkeit für die Stunden aussprechen, die Sie mit mir verbracht haben. Es scheint mir noch immer wie ein Traum; ich glaube, ich werde diese Tage unter den größten meines Lebens im Gedächtnis behalten. Dieser Geist christlicher Bruderschaft wird mir durch die dunkelsten Stunden helfen ... Bitte, beten Sie für uns. Wir brauchen es."

Bischof Bell hat die Anfrage der deutschen Widerstandsgruppe sofort an den englischen Minister des Auswärtigen, Eden, weitergegeben, und sich damals und später dafür eingesetzt, die deutsche Opposition zu ermutigen und zu unterstützen. Allerdings vergeblich. Die englische Regierung gab keine Antwort und forderte bald darauf die bedingungslose Kapitulation. Den

20. Juli 1944 stellte Churchill als eine Verschwörung von Militaristen hin, „bei der sich die höchsten Persönlichkeiten des Reiches gegenseitig mordeten".

Am 5. April 1943 wurde Bonhoeffer verhaftet, gleichzeitig mit seinem Schwager Dohnanyi. Aber die Abwehrorganisation deckte beide so gut, daß es zunächst nicht gelang, sie des Hochverrats zu überführen. Freilich erfolgte auch keine Freilassung; so blieb Bonhoeffer vom April 1943 bis zum September 1944 im Untersuchungsgefängnis in Berlin-Moabit, wo es ihm äußerlich verhältnismäßig gut ging, zumal als bekannt wurde, daß der Stadtkommandant von Berlin, Generalleutnant v. Hase, sein Onkel war[1].

Bonhoeffer hatte eine Zelle für sich, in der er lesen und schreiben konnte; auch unter den Wachsoldaten fand er manchen, der ihm Gefälligkeiten erwies, Post hinein- und herausschmuggelte usw. Seine ruhige und überlegene Art, insbesondere auch bei den aufregenden Fliegeralarmen und Luftangriffen, verschaffte ihm bald besondere Hochachtung.

Wer bin ich?

Wer bin Ich? Sie sagen mir oft,
ich träte aus meiner Zelle
gelassen und heiter und fest,
wie ein Gutsherr aus seinem Schloß.

Wer bin ich? Sie sagen mir oft,
ich spräche mit meinen Bewachern
frei und freundlich und klar,
als hätte ich zu gebieten.

Wer bin ich? Sie sagen mir auch,
ich trüge die Tage des Unglücks
gleichmütig, lächelnd und stolz,
wie einer, der Siegen gewohnt ist.

Bin ich das wirklich, was andere von mir sagen? Oder bin ich nur das, was ich selbst von mir weiß? Unruhig, sehnsüchtig, krank, wie ein Vogel im Käfig, ringend nach Lebensatem, als würgte mir einer die Kehle, hungernd nach Farben, nach Blumen, nach Vogelstimmen, dürstend nach guten Worten, nach menschlicher Nähe ... müde und leer zum Beten, zum Denken, zum Schaffen, matt und bereit, von allem Abschied zu nehmen?

... Wer bin ich? Einsames Fragen treibt mit mir Spott. Wer ich auch bin, Du kennst mich, Dein bin ich, o Gott!

*

Nachdem er den ersten Schock überwunden hatte und die quälenden Verhöre zu Ende waren, machte sich Bonhoeffer in seiner einsamen Zelle an die Arbeit; die Briefe und Fragmente aus dem Tegeler Gefängnis gehören zu den tiefsten und erregendsten theologischen Reflexionen unserer Zeit (vgl. S. 307ff.).

Anfang Oktober 1944 wurde Bonhoeffer in ein Gestapogefängnis überführt. Im Verfolg der Fahndung nach den Mitwissern des Attentats vom 20. Juli hatte die Gestapo Akten gefunden,

---

[1] Im Verlauf der Ereignisse des 20. Juli 1944 hingerichtet.

die Dohnanyi und Bonhoeffer aufs schwerste belasteten. Und doch sah es so aus, als ob er mit dem Leben davonkäme; denn Anfang April 1945 wurde er mit einer Reihe von Gestapogefangenen nach Süddeutschland transportiert. Aus dieser Gruppe aber wurden unterwegs diejenigen, deren sofortige Hinrichtung Hitler persönlich angeordnet hatte, herausgeholt. Bonhoeffer hatte nur noch die Zeit, sich von einem Mitgefangenen, einem englischen Hauptmann, zu verabschieden und ihm Grüße an Bischof Bell aufzutragen: „Sag ihm, für mich ist dies das Ende und – der Beginn des Lebens!" Im Morgengrauen des 9. April wurden die Verurteilten in Flossenburg durch den Strang hingerichtet. Der Lagerarzt, der der Hinrichtung beiwohnte, hat darüber später berichtet:

„Am Morgen etwa zwischen 5 und 6 Uhr wurden die Gefangenen, darunter Admiral Canaris, General Oster und Reichsgerichtsrat Sack, aus den Zellen geführt und die kriegsgerichtlichen Urteile verlesen. Durch die halbgeöffnete Tür eines Zimmers im Barackenbau sah ich Pastor Bonhoeffer in innigem Gebet knien. Die hingebungsvolle und erhörungsgewisse Art des Gebetes dieses außerordentlich sympathischen Mannes hat mich auf das Tiefste erschüttert. Auch an der Richtstätte selbst verrichtete er noch ein kurzes Gebet und bestieg dann mutig und gefaßt die Treppe zum Galgen. Der Tod erfolgte nach wenigen Sekunden. Ich habe in meiner fast 50jährigen ärzlichen Tätigkeit kaum je einen Mann so gottergeben sterben sehen."

Bonhoeffers *Schriften* beschäftigen sich vor allem mit dem Problem des christlichen *Lebens*, der christlichen Ethik. Dabei können wir eine erstaunliche innere Entwicklung feststellen von einem an Kierkegaard erinnernden Ausgangspunkt („Nachfolge" 1937) über einen freieren, weltoffenen Standpunkt (in der unvollendeten „Ethik", 1940–43) bis zu jener Bejahung der Weltlichkeit, wofür Bonhoeffer in den Briefen und Aufzeichnungen aus seiner Haft selbst den Ausdruck von der „mündigen Welt" und dem „religionslosen Christentum" geprägt hat.

166. „Billige" und „teure" Gnade

Billige Gnade ist der Todfeind unserer Kirche. Billige Gnade heißt Gnade als Schleuderware, verschleuderte Vergebung, verschleuderter Trost, verschleudertes Sakrament; Gnade als unerschöpfliche Vorratskammer der Kirche, aus der mit leichtfertigen Händen bedenkenlos und grenzenlos ausgeschüttet wird; Gnade ohne Preis, ohne Kosten. Das sei ja gerade das Wesen der Gnade, daß die Rechnung im voraus für alle Zeit beglichen ist ...

Billige Gnade heißt Rechtfertigung der Sünde und nicht des Sünders. Weil Gnade doch alles allein tut, darum kann alles beim alten bleiben ... „Es ist doch unser Tun umsonst". Welt bleibt Welt, und wir bleiben Sünder „auch in dem besten Leben". Es lebe also der Christ wie die Welt und unterfange sich ja nicht – bei der Ketzerei des Schwärmertums! – unter der Gnade ein anderes Leben zu führen als unter der Sünde! Die Welt ist durch Gnade gerechtfertigt, darum lebe der Christ wie die übrige Welt! ...

Billige Gnade ist Predigt der Vergebung ohne Buße, ist Taufe ohne Gemeindezucht, ist Abendmahl ohne Bekenntnis der Sünden, ist Absolution ohne persönliche Beichte. Billige Gnade ist Gnade ohne Nachfolge, Gnade ohne Kreuz, Gnade ohne Jesus Christus.

Teure Gnade ist der verborgene Schatz im Acker, um dessentwillen der Mensch hingeht und mit Freuden alles verkauft, was er hatte; die köstliche Perle, für deren Preis der Kaufmann alle seine Güter hingibt; der Ruf Jesu Christi, auf den hin der Jünger seine Netze verläßt und nachfolgt ...

Mit der Ausbreitung des Christentums und der zunehmenden Verweltlichung der Kirche ging die Erkenntnis der teuren Gnade allmählich verloren. Die Welt war christianisiert, die Gnade war Allgemeingut einer christlichen Welt geworden. Sie war billig zu haben. Doch bewahrte die römische Kirche einen Rest der ersten Erkenntnis. Es war von entscheidender Bedeutung, daß das Mönchtum sich nicht von der Kirche trennte und daß die Klugheit der Kirche das Mönchtum ertrug. Hier war am Rande der Kirche der Ort, an dem die Erkenntnis wachgehalten wurde, daß Gnade teuer ist, daß Gnade die Nachfolge einschließt. So wurde das mönchische Leben ein lebendiger Protest gegen die Verweltlichung des Christentums, gegen die Verbilligung der Gnade. Indem aber die Kirche diesen Protest ertrug und nicht zum letzten Ausbruch kommen ließ, relativierte sie ihn, ja sie gewann nun aus ihm sogar die Rechtfertigung ihres eigenen verweltlichen Lebens; denn jetzt wurde das mönchische Leben zu der Sonderleistung Einzelner, zu der die Masse des Kirchenvolkes nicht verpflichtet werden konnte. Die verhängnisvolle Begrenzung der Gebote Jesu in ihrer Geltung auf eine bestimmte Gruppe besonders qualifizierter Menschen führte zu der Unterscheidung einer Höchstleistung und einer Mindestleistung des christlichen Gehorsams. Damit war es gelungen, bei jedem weiteren Angriff auf die Verweltlichung der Kirche hinzuweisen auf die Möglichkeit des mönchischen Weges innerhalb der Kirche, neben dem dann die andere Möglichkeit des leichteren Weges durchaus gerechtfertigt war ...

Luthers Weg aus dem Kloster zurück in die Welt bedeutete den schärfsten Angriff, der seit dem Urchristentum auf die Welt geführt worden war. Die Absage, die der Mönch der Welt gegeben hatte, war ein Kinderspiel gegenüber der Absage, die die Welt durch den in sie Zurückgekehrten erfuhr. Nun kam der Angriff frontal. Nachfolge Jesu mußte nun mitten in der Welt gelebt werden. Was unter den besonderen Umständen und Erleichterungen des klösterlichen Lebens als Sonderleistung geübt wurde, war nun das Notwendige und Gebotene für jeden Christen in der Welt geworden. Der vollkommene Gehorsam gegen das Gebot Jesu mußte im täglichen Berufsleben geleistet werden. Damit vertiefte sich der Konflikt zwischen dem Leben des Christen und dem Leben der Welt in unabsehbarer Weise. Der Christ war der Welt auf den Leib gerückt. Es war Nahkampf ...

Und dennoch bleibt der Sieger der Reformationsgeschichte nicht Luthers Erkenntnis von der reinen, teuren Gnade, sondern der wachsame religiöse Instinkt des Menschen für den Ort, an dem die Gnade am billigsten zu haben ist. Es bedurfte nur einer ganz leichten, kaum merklichen Verschiebung des Akzents, und das gefährlichste und verderblichste Werk war getan ... Daß die Gnade allein es tut, hatte Luther gesagt, und wörtlich so wiederholten es seine Schüler, mit dem einzigen Unterschied, daß sie sehr bald das ausließen und nicht mitdachten, was Luther immer selbstverständlich mitgedacht hatte, nämlich die Nachfolge ... Aus der Rechtfertigung des Sünders in der Welt wurde die Rechtfertigung der Sünde und der Welt. Aus der teuren Gnade wurde die billige Gnade ...

Ich kann nun auf diese Gnade hin sündigen, die Welt ist ja im Prinzip durch die Gnade gerechtfertigt. Ich bleibe daher in meiner bürgerlich-weltlichen Existenz wie bisher, es bleibt alles beim alten, und ich darf sicher sein, daß mich die Gnade Gottes bedeckt. Die ganze Welt ist unter dieser Gnade „christlich" geworden, das Christentum aber ist unter dieser Gnade in nie dagewesener Weise zur Welt geworden. Das christliche Leben besteht eben darin, daß ich in der Welt und wie die Welt lebe, mich in nichts von ihr unterscheide, ja mich auch gar nicht – um der Gnade willen! – von ihr unterscheiden darf, daß ich mich aber zu gegebener Zeit aus dem Raum der Welt in den Raum der Kirche begebe, um mich dort der Vergebung meiner Sünden vergewissern zu lassen ...

Wenn Faust am Ende seines Lebens in der Arbeit an der Erkenntnis sagt: „Ich sehe, daß wir nichts wissen können", so ist das etwas durchaus anderes, als wenn dieser Satz von einem Studenten im ersten Semester übernommen wird, um damit seine Faulheit zu rechtfertigen (Kierkegaard). Als Resultat ist der Satz wahr, als Voraussetzung ist er Selbstbetrug. Das bedeutet, daß eine Erkenntnis nicht getrennt werden kann von der Existenz, in der sie gewonnen ist. Nur wer in der Nachfolge Jesu im Verzicht auf alles, was er hatte, steht, darf sagen, daß er allein aus Gnaden gerecht werde. Wer sich aber mit dieser Gnade von der Nachfolge dispensieren will, betrügt sich selbst. *Nachfolge, 1937.*

167. Kirche und Humanität

Eine der erstaunlichsten Erfahrungen, die wir in den Jahren der Bedrängnis alles Christlichen gemacht haben, ist die folgende: es genügte gegenüber der Vergötterung des Irrationalen, des Blutes, des Instinktes, des Raubtiers im Menschen der Appell an die Vernunft, es genügte gegenüber der Willkür der Appell an Bildung und Humanität, gegenüber der Vergewaltigung der Appell an Freiheit, Toleranz und Menschenrechte, gegenüber der Politisierung von Wissenschaft, Kunst usw. der Hinweis auf die Eigengesetzlichkeit der verschiedenen Lebensbereiche, um sofort das Bewußtsein einer Art Bundesgenossenschaft zwischen den Verteidigern dieser unter Anklage geratene Werte und den Christen wachzurufen. Vernunft, Bildung, Humanität, Toleranz, Eigengesetzlichkeit – alle diese Begriffe, die noch bis vor kurzem als Kampfparolen gegen die Kirche, gegen das Christentum, gegen Jesus Christus selbst gedient hatten, fanden sich auf einmal überraschend dem Bereich des Christlichen ganz nahe gerückt. Dies geschah in einem Zeitpunkt, in dem alles Christliche wie nie zuvor in die Enge getrieben war, in dem die zentralen christlichen Glaubenssätze in härtester, kompromißloser und aller Vernunft, Bildung, Humanität und Toleranz anstößigster Form herausgestellt wurden. Ja, im genau umgekehrten Verhältnis zu der gewaltsamen Bedrängnis und Einengung alles Christlichen fiel diesem die Bundesgenossenschaft der genannten Begriffe zu, empfing es durch sie eine nicht geahnte Weite. Dabei war es deutlich, daß es nicht die Kirche war, die den Schutz und die Bundesgenossenschaft der genannten Begriffe suchte, sondern es waren umgekehrt diese Begriffe, die irgendwie heimatlos geworden waren und nun Zuflucht suchten im Bereich des Christlichen, im Schatten der christlichen Kirche. Es entspräche keineswegs der Wirklichkeit, diese Erfahrung so zu deuten, als hätte es sich dabei einfach um eine reine Kampfgenossenschaft gehandelt, also um eine Zweckgemeinschaft, die mit der Beendigung des Kampfes wieder aufgelöst würde. Das Entscheidende ist vielmehr, daß eine Rückkehr zum Ursprung stattfand. Die selbständig gewordenen und entlaufenen Kinder der Kirche kehren in der Stunde der Gefahr zu ihrer Mutter zurück. Wenn sich auch in der Zeit der Entfremdung ihr Aussehen und ihre Sprache sehr verändert hatte, so erkannten sich im entscheidenden Augenblick Mutter und Kinder wieder. Vernunft, Recht, Bildung, Humanität und wie die Begriffe alle heißen, suchten und fanden in ihrem Ursprung neuen Sinn und neue Kraft.

Dieser Ursprung ist Jesus Christus ... Zu ihm muß alles zurück, nur in seinem Schutz kann es leben. Es mag ein weithin unbewußtes Wissen sein, aus dem heraus in der Stunde der letzten Bedrohung alles, was nicht dem Antichristen verfallen ist, zu Christus Zuflucht nimmt ...

„Wer nicht wider uns ist, der ist für uns (Mk. 9,40). „Wer nicht für mich ist, der ist wider mich (Mt. 12,30) – es ist derselbe Jesus, der diese Worte spricht, und während für die Abstraktion hier ein unauflöslicher Widerspruch klafft, gehören in Wirklichkeit beide Sätze Jesu notwendig zusammen. Wir haben auch hier wieder die lebendige Erfahrung für uns: als sich unter dem Druck antichristlicher Gewalten klare bekennende Gemeinden sammelten, als diese in den Kampf gestellten bekennenden Gemeinden gerade in der Neutralität vieler Christen die allergrößte Gefahr der inneren Zersetzung und Auflösung der Kirche, ja die eigentliche Christusfeindschaft erkennen mußten, als die Ausschließlichkeit der Forderung eines klaren Christusbekenntnisses die Schar der bekennenden Christen immer kleiner werden ließ, als also das Wort: „Wer nicht für mich ist, der ist wider mich" für die christliche Gemeinde konkrete Erfahrung wurde –, da empfing sie gerade durch die Konzentration auf das Wesentliche eine innere Freiheit und Weite, die sie vor allen ängstlichen Grenzziehungen bewahrte, da sammelten sich um sie Menschen, die aus weiter Ferne kamen und denen sie ihre Gemeinschaft und ihren Schutz nicht versagen konnte, da fragte das verletzte Recht, die unterdrückte Wahrheit, die erniedrigte Menschlichkeit, die vergewaltigte Freiheit nach ihr oder vielmehr nach ihrem Herrn, Jesus Christus, da wurde das andere Wort Jesu zur lebendigen Erfahrung: „Wer nicht wider uns ist, der ist mit uns".

Beide Worte gehören notwendig zusammen, das eine als der Ausschließlichkeitsanspruch, das andere als der Ganzheitsanspruch Jesu Christi. Je ausschließlicher, desto freier. Der isolierte Ausschließlichkeitsanspruch aber führt zu Fanatismus und Sklaverei, der isolierte Ganzheitsanspruch zur Verweltlichung und Selbstpreisgabe der Kirche. Je ausschließlicher wir Christus als unseren Herrn erkennen und bekennen, desto mehr enthüllt sich uns die Weite seines Herrschaftsbereichs. *Ethik, 1940–1943, unvollendet.*

168. Die letzten und die vorletzten Dinge. Die Bedeutung des Alten Testaments

Ursprung und Wesen alles christlichen Lebens liegen beschlossen in dem einen Geschehen, das die Reformation Rechtfertigung des Sünders aus Gnade allein genannt hat ... Dies Geschehen ist ein *Letztes:* Gottes Barmherzigkeit will und kann nur als Gottes letztes Wort gehört werden, oder es wird gar nicht gehört. Die Letztlichkeit dieses Wortes enthält einen doppelten Sinn: es ist ein qualitativ, also seinem Inhalt nach letztes Wort. Es gibt kein Wort Gottes, das über seine Gnade hinausgeht ... Das rechtfertigende Wort Gottes ist aber auch *zeitlich* letztes Wort. Es geht ihm immer etwas Vorletztes voraus, ein Tun, Leiden, Gehen, Wollen, Unterliegen, Aufstehen, Bitten, Hoffen, also ganz ernstlich eine Spanne Zeit, an deren Ende es steht ...

Weil aber die Rechtfertigung aus Gnaden und Glauben allein in jeder Hinsicht letztes Wort bleibt, darum muß nun auch von den *vorletzten* Dingen gesprochen werden ... Es sei hier die Frage gestellt, ob der Mensch allein aus dem Letzten leben kann, ob der Glaube sozusagen zeitlich ausgedehnt werden kann oder ob er nicht immer nur als das Letzte einer Zeitspanne, vieler Zeitspannen im Leben wirklich wird. Wir sprechen hier nicht von der Erinnerung an vergangenen Glauben oder von der Widerholung von Glaubenssätzen, sondern von dem lebendigen Glauben, der ein Leben rechtfertigt. Wir fragen, ob dieser Glaube täglich, stündlich realisierbar ist und sein soll oder ob auch hier immer wieder die Länge des Vorletzten durchschritten werden muß, um des Letzten willen. Wir fragen also nach dem *Vorletzten im Leben des Christen,* ob es ein frommer Selbstbetrug sei, es zu leugnen, oder ob es eine Schuld sei, es in seiner Weise ernst zu nehmen ... Um es ganz deutlich werden zu lassen: Warum entscheide ich mich gerade in ganz ernsten Situationen, etwa angesichts eines durch einen Todesfall schwer Betroffenen, oftmals für ein „vorletztes" Verhalten, also etwa zu einer durch Schweigen bekundeten Gemeinschaft der Hilflosigkeit gegenüber so hartem Geschehen, statt die mir an sich bekannten und zur Verfügung stehenden Worte des biblischen Trostes auszusprechen, auch gerade Christen gegenüber? Ist es Mißtrauen gegen die Macht des letzten Wortes, ist es Menschenfurcht oder liegt die sachliche Berechtigung solchen Verhaltens darin, daß das Wissen und Zur-Verfügung-haben des Wortes, also sozusagen das geistliche Beherrschen der Situation nur den Schein des Letzten trägt, in Wirklichkeit aber selbst etwas ganz Vorletztes ist? Ist das bewußte Bleiben im Verletzten nicht hier und da vielleicht der echtere Hinweis auf das Letzte, das Gott zu seiner Zeit (freilich auch nur durch Menschenmund) sagt? Wird also nicht gerade um des Letzten willen das Vorletzte immer wieder einmal geboten sein und nicht mit belasteten, sondern mit gutem Gewissen getan werden müssen? *Ebd.*

*

Aus Tagebüchern und Briefen:
Ich spüre immer wieder, wie alttestamentlich ich denke und empfinde; so habe ich in den vergangenen Monaten auch viel mehr Altes Testament als Neues Testament gelesen. Nur wenn man die Unaussprechlichkeit des Namens Gottes kennt, darf man auch einmal den Namen Jesus Christus aussprechen; nur wenn man das Leben und die Erde so liebt, daß mit ihr alles verloren und zu Ende zu sein scheint, darf man an die Auferstehung der Toten und eine neue Welt glauben; nur wenn man das Gesetz Gottes über sich gelten läßt, darf man wohl auch einmal von Gnade sprechen, und nur wenn der Zorn und die Rache Gottes über seine Feinde als gültige Wirklichkeiten stehen bleiben, kann von Vergebung und von Feindesliebe etwas unser Herz berühren. Wer zu schnell und zu direkt neutestamentlich sein und empfinden will, ist m. E. kein Christ. Man kann und darf das letzte Wort nicht vor dem vorletzten sprechen. Wir leben im Vorletzten und glauben das Letzte. In der „Nachfolge" habe ich diese Gedanken nur angedeutet (im ersten Kap.) und nachher nicht richtig durchgeführt. *2. Advent 1943.*

*

Noch etwas zu unseren Gedanken über das Alte Testament. Im Unterschied zu den anderen orientalischen Religionen ist der Glaube des Alten Testaments keine Erlösungsreligion. Nun wird doch aber das Christentum immer als Erlösungsreligion bezeichnet. Liegt darin nicht ein kardinaler Fehler, durch den Christus vom Alten Testament getrennt und von den Erlösungsmythen her interpretiert wird. Auf den Einwand, daß auch im A. T. die Erlösung (aus Ägypten und später aus Babylon) eine entscheidende Bedeutung habe, ist zu erwidern, daß es sich hier um *geschichtliche* Erlösungen handelt, d. h. *diesseits* der Todesgrenze, während überall sonst die Erlösungsmythen gerade die Überwindung der Todesgrenze zum Ziel haben ...

Nun sagt man, das Entscheidende sei, daß im Christentum die Auferstehungshoffnung verkündigt würde, und daß also damit eine echte Erlösungsreligion entstanden sei. Das Schwergewicht fällt nun auf das Jenseits der Todesgrenze. Und eben hierin sehe ich den Fehler und die Gefahr. Erlösung heißt nun Erlösung aus Sorgen, Nöten, Ängsten und Sehnsüchten, aus Sünde und Tod in einem besseren Jenseits. Sollte dieses aber wirklich das Wesentliche der Christusverkündigung der Evangelien und des Paulus sein?

Ich bestreite das. Die christliche Auferstehungshoffnung unterscheidet sich von der mythologischen darin, daß sie den Menschen in ganz neuer und gegenüber dem Alten Testament noch verschärfter Weise an sein Leben auf der Erde verweist.
Der Christ hat nicht wie die Gläubigen der Erlösungsmythen aus den irdischen Aufgaben und Schwierigkeiten immer noch eine letzte Ausflucht ins Ewige, sondern er muß das irdische Leben wie Christus („Mein Gott, warum hast Du mich verlassen?") ganz auskosten und nur indem er das tut, ist der Gekreuzigte und Auferstandene bei ihm und ist er mit Christus gekreuzigt und auferstanden. Das Diesseits darf nicht vorzeitig aufgehoben werden. Darin bleiben Neues und Altes Te-

stament verbunden. Erlösungsmythen entstehen aus den menschlichen Grenzerfahrungen. Christus aber faßt den Menschen in der Mitte seines Lebens. *27. 6. 44.*

169. Christlicher Glaube in der „mündig gewordenen" Welt

... Was mich unablässig bewegt, ist die Frage, was das Christentum oder auch wer Christus heute für uns eigentlich ist. Die Zeit, in der man alles den Menschen durch Worte – seien es theologische oder fromme Worte – sagen könnte, ist vorüber; ebenso die Zeit der Innerlichkeit und des Gewissens, und das heißt eben die Zeit der Religion überhaupt. Wir gehen einer völlig religionslosen Zeit entgegen; die Menschen können einfach, so wie sie nun einmal sind, nicht mehr religiös sein. Auch diejenigen, die sich ehrlich als „religiös" bezeichnen, praktizieren das in keiner Weise; sie meinen also vermutlich mit „religiös" etwas ganz anderes. Unsere gesamte 1900 jährige christliche Verkündigung und Theologie baut auf dem „religiösen Apriori" der Menschen auf. „Christentum" ist immer eine Form (vielleicht die wahre Form) der „Religion" gewesen. Wenn nun aber eines Tages deutlich wird, daß dieses „Apriori" gar nicht existiert, sondern daß es eine geschichtlich bedingte und vergängliche Ausdrucksform des Menschen gewesen ist, wenn also die Menschen wirklich radikal religionslos werden – und ich glaube, daß das mehr oder weniger bereits der Fall ist (woran liegt es z. B., daß dieser Krieg im Unterschied zu allen bisherigen eine „religiöse" Reaktion nicht hervorruft?) –, was bedeutet das dann für das „Christentum"? Unserem ganzen bisherigen „Christentum" wird das Fundament entzogen und es sind nur noch einige „letzte Ritter" oder ein paar intellektuell Unredliche, bei denen wir „religiös" landen können. Sollten das etwa die wenigen Auserwählten sein? Sollen wir uns eifernd, piquiert oder entrüstet ausgerechnet auf diese zweifelhafte Gruppe von Menschen stürzen, um unsere Ware bei ihnen abzusetzen? Sollen wir ein paar Unglückliche in ihrer schwachen Stunde überfallen und sie sozusagen religiös vergewaltigen? Wenn wir das alles nicht wollen, wenn wir schließlich auch die westliche Gestalt des Christentums nur als Vorstufe einer völligen Religionslosigkeit beurteilen müßten, was für eine Situation entsteht dann für uns, für die Kirche? Wie kann Christus der Herr auch der Religionslosen werden? Gibt es religionslose Christen? Wenn die Religion nur ein Gewand des Christentums ist, was ist dann ein religionsloses Christentum? Barth, der als einziger in dieser Richtung zu denken angefangen hat, hat diese Gedanken dann doch nicht durchgeführt, sondern ist zu einem Offenbarungspositivismus gekommen, der letzten Endes doch im wesentlichen Restauration geblieben ist. Für den religionslosen Arbeiter oder Menschen überhaupt ist hier nichts Entscheidendes gewonnen ...

Die paulinische Frage, ob die Beschneidung Bedingung der Rechtfertigung sei, heißt m. E. heute, ob Religion Bedingung des Heils sei. Die Freiheit von der Beschneidung ist auch die Freiheit von der Religion. Oft frage ich mich, warum mich ein „christlicher Instinkt" häufig mehr zu den Religionslosen als zu den Religiösen zieht, und zwar durchaus nicht in der Absicht der Missionierung, sondern ich möchte fast sagen „brüderlich". Während ich mich den Religiösen gegenüber oft scheue, den Namen Gottes zu nennen – weil er mir hier irgendwie falsch zu klingen scheint und ich mir selbst etwas unehrlich vorkomme –, kann ich den Religionslosen gegenüber gelegentlich ganz ruhig und wie selbstverständlich Gott nennen. Die Religiösen sprechen von Gott, wenn menschliche Erkenntnis zu Ende ist oder wenn menschliche Kräfte versagen – es ist eigentlich immer der deus ex machina, den sie aufmarschieren lassen, immer also an den menschlichen Grenzen; das hält zwangsläufig immer nur solange vor, bis die Menschen aus eigener Kraft die Grenzen etwas weiter hinausschieben und Gott als deus ex machina überflüssig wird; das Reden von den menschlichen Grenzen ist mir überhaupt fragwürdig geworden (ist selbst der Tod heute, da die Menschen ihn kaum noch fürchten, und die Sünde, die die Menschen kaum noch begreifen, noch eine echte Grenze?), es scheint mir immer, wir wollten dadurch nur ängstlich Raum aussparen für Gott; – ich möchte von Gott nicht an den Grenzen, sondern in der Mitte, nicht in den Schwächen, sondern in der Kraft, nicht also bei Tod und Schuld, sondern im Leben und im Guten des Menschen sprechen. An den Grenzen scheint es mir besser, zu schweigen und das Unlösbare ungelöst zu lassen. Der Auferstehungsglaube *ist* nicht die „Lösung" des Todesproblems. Das „Jenseits" Gottes ist nicht das Jenseits unseres Erkenntnisvermögens! Gott ist mitten in unserm Leben jenseitig. Die Kirche steht nicht dort, wo das menschliche Vermögen versagt, an den Grenzen, sondern mitten im Dorf. So ist es alttestamentlich und in diesem Sinne lesen wir das Neue Testament noch viel zu wenig vom Alten her. *30. 4. 44.*

*

Die etwa im 13. Jahrhundert (ich will mich auf den Streit über den Zeitpunkt nicht einlassen) beginnende Bewegung in der Richtung auf die menschliche Autonomie (ich verstehe darunter die Entdeckung der Gesetze, nach denen die Welt in Wissenschaft, Gesellschafts- und Staatsleben, Kunst, Ethik, Religion lebt und mit sich selbst fertig wird) ist in unserer Zeit zu einer gewissen Vollständigkeit gekommen. Der Mensch hat gelernt, in allen wichtigen Fragen mit sich selbst fertig zu werden ohne Zuhilfenahme der „Arbeitshypothese: Gott" ...

Katholische und protestantische Geschichtsschreibung sind sich nun darüber einig, daß in dieser Entwicklung der große Abfall von Gott, von Christus, zu sehen sei, und je mehr sie Gott und Christus gegen diese Entwicklung in Anspruch nimmt und ausspielt, desto mehr versteht sich diese Entwicklung selbst als antichristlich ... Man versucht, der mündig gewordenen Welt zu beweisen, daß sie ohne den Vormund „Gott" nicht leben könne. Wenn man auch in allen weltlichen Fragen schon kapituliert hat, so bleiben doch immer die sogenannten „letzten Fragen" – Tod, Schuld – auf die nur „Gott" eine Antwort geben kann und um derentwillen man Gott und die Kirche und den Pfarrer braucht. Wir leben also gewissermaßen von diesen sogenannten letzten Fragen der Menschen. Wie aber, wenn sie eines Tages nicht mehr als solche da sind, bzw. wenn sie „ohne Gott" beantwortet werden? *8. 6. 44.*

Ich will versuchen, das neulich abgebrochene theologische Thema weiterzuführen. Ich ging davon aus, daß Gott immer weiter aus dem Bereich einer mündig gewordenen Welt hinausgeschoben wird, und seit Kant nur noch jenseits der Welt der Erfahrung Raum behalten hat.

Die Theologie hat sich einerseits apologetisch gegen diese Entwicklung gesträubt und ist gegen Darwinismus etc. – vergeblich – Sturm gelaufen; andererseits hat sie sich mit der Entwicklung abgefunden und Gott nur noch bei den sogenannten letzten Fragen als deus ex machina fungieren lassen, d. h. Gott wird zur Antwort auf Lebensfragen, zur Lösung von Lebensnöten und -konflikten. Wo also ein Mensch nichts Derartiges aufzuweisen hat bzw. wo er sich weigert, sich in diesen Dingen gehen und bemitleiden zu lassen, dort bleibt er eigentlich für Gott nicht ansprechbar oder es muß dem Mann ohne Lebensfragen etc. nachgewiesen werden, daß er in Wahrheit tief in solchen Fragen, Nöten, Konflikten steckt ... Gelingt es aber nicht, den Menschen dazu zu bringen, daß er sein Glück als sein Unheil, seine Gesundheit als seine Krankheit, seine Lebenskraft als seine Verzweiflung ansieht und bezeichnet, dann ist das Latein der Theologen am Ende.

Sieh, das ist die Einstellung, gegen die ich mich zur Wehr setze. Wenn Jesus Sünder selig machte, so waren das wirkliche Sünder, aber Jesus machte nicht aus jedem Menschen zuerst einmal einen Sünder ... Niemals hat Jesus die Gesundheit, die Kraft, das Glück eines Menschen an sich in Frage gestellt und wie eine faule Frucht angesehen; warum hätte er sonst Kranke gesund gemacht, Schwachen die Kraft wiedergegeben? *30. 6. 44.*

Wo behält nun Gott noch Raum? fragen ängstliche Gemüter und weil sie darauf keine Antwort wissen, verdammen sie die ganze Entwicklung, die sie in solche Notlage gebracht hat ...

Aber wir können nicht redlich sein, ohne zu erkennen, daß wir in der Welt leben müssen – *„etsi deus non daretur“*. Und eben dies erkennen wir – vor Gott! Gott selbst zwingt uns zu dieser Erkenntnis. So führt uns unser Mündigwerden zu einer wahrhaftigen Erkenntnis unserer Lage vor Gott. Gott gibt uns zu wissen, daß wir leben müssen als solche, die mit dem Leben ohne Gott fertig werden. Der Gott, der mit uns ist, ist der Gott, der uns verläßt (Markus 15,34)! Vor und mit Gott leben wir ohne Gott ... Hier liegt der entscheidende Unterschied zu allen Religionen. Die Religiosität des Menschen weist ihn in seiner Not an die Macht Gottes in der Welt, Gott ist der deus ex machina. Die Bibel weist den Menschen an die Ohnmacht und das Leiden Gottes. Insofern kann man sagen, daß die beschriebene Entwicklung zur Mündigkeit der Welt, durch die mit einer falschen Gottesvorstellung aufgeräumt wird, den Blick freimacht für den Gott der Bibel. *8. 7. 44.*

Quellennachweis

Nr. 1 1. Clemensbrief, Kap. 42,1–4 und 44,1–3, E. Hennecke, Neutestamentl. Apokryphen, 2. Aufl. 1924, S. 495f. **Nr. 2** Zwölfapostellehre, Kap. 14,1–2, Kap. 9,1–4, Kap. 10,1–6, Hennecke, S. 565 u. 563.
Nr. 3 Hippolyt, Elenchos V, 10,2, H. Leisegang. Die Gnosis (Kröners Taschenausg. Bd. 32), 4. Aufl. 1955, S. 137f. **Nr. 4** R. A. Lipsius, Die apokryphen Apostelgeschichten und Apostellegenden 1, 1883, S. 292–296. **Nr. 5** Ignatius, Brief an die Smyrnäer 1–2, 4–7, Hennecke, S. 531f.
Nr. 6 Aus der Gegenschrift von Origines (185–254) „Contra Celsum"; die Schrift von Celsus selbst ist nicht erhalten. Bibl. der Kirchenväter 52, S. 28, 172ff., 254f., 261f., 275ff. **Nr. 7** Der heidnische Rechtsanwalt Caecilius in dem Dialog „Octavius" des Minucius Felix, um 200 n. Chr.; Bibl. der Kirchenväter 14, 1913, S. 31f. **Nr. 8** Die Bekenntnisschriften der evang.-luth. Kirche, hrsg. vom Deutschen Evang. Kirchenausschuß, 6. Aufl. 1967, S. XIff. **Nr. 9** Athanasius, De incarnatione verbi, hrsg. von A. Robertson, London 1893, S. 16, 20, 68, 82. **Nr. 10** Bekenntnisschriften der ev.-luth. Kirche, S. 26.
Nr. 11 Augustin, Confessiones III,4, übers. von A. Hoffmann, Bibl. der Kirchenväter 7, S. 44; De civitate Dei VIII,1, übers. von A. Schröder, Bibl. der Kirchenväter 1, S. 387; VIII,8, Schröder, S. 401. **Nr. 12** Conf. VIII,5 und 9, Hoffmann, S. 169 und 177. **Nr. 13** De civ. Dei XII,8, Schröder II, S. 214; XV,22, Schröder II, S. 413; Conf. IV,12, Hoffmann, S. 71; Sermo 34, IV,7, Migne SL 38, Sp. 211f., nach St. Gilson, Der heilige Augustin, Übers. von Ph. Böhner u. T. Sigge, 1930, S. 239. **Nr. 14** Conf. IX,10, Hoffmann S. 205ff. **Nr. 15** Briefe des Hieronymus, Ep. 1, Kap. 2, Migne SL 30, Sp. 16; Akten von Diospolis, bei Augustin, De gestis Pelagii, Corpus Scriptorum Ecclesiasticorum Latinorum 42, S. 68f.; Augustin, Ep. 178, Corp. Script. Eccl. Lat. 44, S. 689; Enchiridion ad Laurentium, Kap. 30, Migne SL 40, Sp. 246f.; De dono perseverentiae, Kap. 7,14, Migne SL 45, Sp. 1001; Ep. 186,25, Corp. Script. Eccl. Lat. 57, S. 65. **Nr. 16** De civ. Dei XIV,28, Corp. Script, Eccl. Lat. 40,2, S. 56f.; XV,1 u. 5, S. 58ff.; XIX,12 u. 7, S. 404.
Nr. 17 Mainzer Krönungsordo von 961, P. E. Schramm, Die Krönung in Deutschland bis zum Beginn des salischen Hauses, Zeitschr. der Savigny-Stiftung für Rechtsgesch. 55, kanon. Abt. 24, 1935, S. 318f.; Papst Gelasius I., Hugo Rahner, Abendländische Kirchenfreiheit, 1943, S. 216f.; Gregor VII., Übersetzung von G. Erler, nach A. Läpple, Kirchengeschichte in Dokumenten, 1958, S. 108ff.; Innozenz III., Sermo de diversis 2, C. Mirbt, Quellen zur Geschichte des Papsttums, 5. Aufl. 1934, Nr. 326; Bonifatius VIII., Mirbt, Nr. 372. **Nr. 18** Benedikt, übers. von P. Pius Bihlmeyer, Bibl. der Kirchenväter 20, S. 241u. S. 259ff.; Franziskus, Hans-Urs von Balthasar, Menschen der Kirche in Zeugnis und Urkunde 8, Die großen Ordensregeln, 1948, S. 237ff. **Nr. 19** Gregor d. Gr., Dialoge IV, Kap. 58, Migne SL 77, Sp. 425f.; 4. Laterankonzil, Mirbt, Nr. 329; Konzil von Trient, Mirbt, Nr. 452; Berthold von Regensburg, Predigten 1, hrsg. von Fr. Pfeiffer, 1862, S. 164f. **Nr. 20** Konzil von Trient, Mirbt, Nr. 454; Berthold von Regensburg, Pfeiffer, S. 348f. **Nr. 21** Gregor d. Gr., Migne SL 77, Sp. 396; Geiler von Kaisersberg, Christliche Pilgerschaft zum ewigen Vaterland, 1512, Hasak, Der christliche Glaube des deutschen Volkes, 1868, S. 431ff.; Konzil von Trient, Mirbt, Nr. 475.

Nr. 22 Anselm von Canterbury, Migne SL 158, Sp. 376f., 392, 403f.; Johann Gerhard, Postille, 1. Teil, hrsg. von G. Schlaritz, 1870, S. 74f. **Nr. 23** Thomas von Aquin, Summa Theologica I,2,3, Pariser Ausg., 1. Bd. S. 26; aus dem „Thomasbrevier" von J. Pieper (Ordnung und Geheimnis, 2. Aufl. 1949), a) 469, 44, 43, 6, 451, 421, 477; b) 49, 56, 65, 71, 82, 86, 87, 92, 94, 95, 97,102; c) 502, 412, 417, 404, 406, 248, 247, 441; d) 526–529, 215, 204; e) 423, 425, 431, 433, 462, 463. **Nr. 24** Meister Eckeharts Schriften und Predigten 2, übers.

und hrsg. von H. Büttner, 1919, S. 10, 20f., 44f., 19. **Nr. 25** Aus der Predigt „Beati oculi qui vident quae vos videtis" (Luk. 10,23); Johann Tauler, Predigten, ausgewählt und übertragen von L. Naumann, 1923, S. 153f.; aus der Predigt „Carissimi, estote unanimes in oratione" (1. Petr. 3,8), S. 126ff. **Nr. 26** „Theologia deutsch", übertragen von J. Bernhart, 1922, S. 95, 148f., 179. **Nr. 27** Nach W. James, Die religiöse Erfahrung, deutsche Bearbeitung von G. Wobbermin, 3. Aufl. 1920, S. 321ff. **Nr. 28** Nach M. Buber, Ekstatische Konfessionen, 1909, S. 157f.; nach James-Wobbermin, S. 325f. **Nr. 29** Angelus Silesius, Der Cherubinische Wandersmann, hrsg. von Th. Rody, 1947. **Nr. 30** F. Schulze-Maizier, Mystische Dichtung aus sieben Jahrhunderten, 1925, S. 323, 326ff.

Nr. 31 Luthers Sämtl. Werke, Weimarer Ausgabe 7, S. 27f.; W. A. 15, S. 32; W. A. 3, S. 257ff. **Nr. 32** W. A. 54, S. 185ff.; W. A. 10,I,2, S. 171f.; W. A. 39,I, S. 82ff. **Nr. 33** Bekenntnisschriften der ev.-luth. Kirche, S. 560ff.; Das Neue Testament mit den Vorreden Luthers, Stuttgart (Priv. Württ. Bibelanstalt) 1936, S. 339f. **Nr. 34** W. A. 6, S. 204ff.; Bekenntnisschriften der ev.-luth. Kirche, S. 72ff. **Nr. 35** W. A. 7, S. 20–38.

Nr. 36 Bekenntnisschriften der ev.-luth. Kirche, S. 654ff., 59f.; W. A. 6, S. 292ff., 407.

Nr. 37 W. A. 6, S. 358ff.; Bekenntnisschriften der ev.-luth. Kirche, S. 65f., 709. **Nr. 38** W. A. 2, S. 727f.; W. A. 6, S. 534; Glaubenszeugnisse oberdeutscher Taufgesinnter I, hrsg. von Lydia Müller, (Quellen und Forschungen zur Reformationsgeschichte 20) 1938, S. 233f. u. 232. Luther, Gr. Katechismus, Bekenntnisschriften der ev.-luth. Kirche, S. 700f.; Melanchthon, Loci communes, Corpus Reformatorum 21, S. 859f. **Nr. 39** W. A. 6, S. 511, 513ff.

Nr. 40 W. A. 11, S. 249ff.; Auslegung der Bergpredigt, 1532, Luthers Werke 20, hrsg. von O. v. Gerlach, 1848, S. 147ff. **Nr. 41** W. A. 19, S. 648f., 625f., 645, 656. **Nr. 42** a) Aus den zwölf Artikeln der Bauernschaft, nach H. J. Hillerbrand, Brennpunkte der Reformation, 1967, S. 107ff.; b) Luther, W. A. 18, S. 300ff. **Nr. 43** Luther, W. A. 11, S. 266f.; Calvin, Institutio christianae religionis IV, 20, 22–25 u. 30, deutsch von O. Weber, 2. Aufl. 1963, S. 1050ff.; De jure magistratuum in subditos, nach E. Troeltsch, Die Soziallehren der christlichen Kirchen und Gruppen, Ges. Schriften 1, 3. Aufl. 1923, S. 689; Mayhew, Discourse concerning unlimited submission and non-resistance to the higher power, nach Ralph Barton Perry, Puritanism and democracy, deutsch: Amerikanische Ideale 1, übers. von E. Stark, 1947, S. 238ff. **Nr. 44** Luther, W. A. 10,I, S. 306ff.; W. A. 30, II, S. 573ff. **Nr. 45** W. A. 15, S. 293ff.; Erlanger Ausg. 23, S. 283f.

Nr. 46 Corpus Reformatorum 88, S. 458ff. **Nr. 47** Zwingli, Hauptschriften, Teil II, bearb. von O. Farner, Zürich 1941, S. 20ff. **Nr. 48** Kurze und klare Erklärung des von Huldrych Zwingli gepredigten Glaubens an Franz I., 1531, Hauptschriften, Teil III, bearb. von Pfister, Zürich 1948, S. 261f. **Nr. 49** Corpus Reformatorum 90, S. 342ff. **Nr. 50** W. Köhler, Das Marburger Religionsgespräch 1529, Versuch einer Rekonstruktion (Schriften des Vereins für Reformationsgeschichte 48) 1929, S. 7ff., 37f.

Nr. 51 Calvin, „Um Gottes Ehre", hrsg. von M. Simon, 1924, S. 9ff.; Calvin, Unterricht in der christl. Religion, übers. und bearbeitet von O. Weber, 1955, S. 2f. **Nr. 52** A.a.O. S. 615, 651, 652. **Nr. 53** Predigt über 1. Mose 15,6, 1560. Joh. Calvin, Diener am Wort. Eine Auswahl seiner Predigten von E. Mühlhaupt, 1934, S. 155ff. **Nr. 54** Johannes Calvins Lebenswerk in seinen Briefen 1, Auswahl und Übersetzung von R. Schwarz, 1961, S. 370. **Nr. 55** Corpus Reformatorum 38, S. 5ff. **Nr. 56** O. Weber, S. 561f., 804ff.

Nr. 57 O. H. Brandt, Thomas Münzer. Sein Leben und seine Schriften, 1933, S. 59f. **Nr. 58** Nach H. J. Hillerbrand, S. 267f. **Nr. 59** Nach Josef Neuner und Heinrich Roos, Der Glaube der Kirche in den Urkunden der Lehrverkündigung, 4. verb. Aufl. hrsg. von Karl Rahner, 1954, Nr. 80 (S. 72), Nr. 86 (S. 74), Nr. 713 und 714 (S. 403); Nr. 738ff. (S. 416f.), Nr. 420 (S. 275); Nr. 512 (S. 310); Nr. 523 (S. 316). **Nr. 60** Die Indices librorum prohibitorum des sechzehnten Jahrhunderts, hrsg. von F. Reusch, 1886, nach Hillerbrand, S. 385f. **Nr. 61** Die geistlichen Übungen des hl. Ignatius von Loyola. Nach dem spanischen Urtext übersetzt von A. Feder, S. J., 1922, S. 155ff.

Nr. 62–68 Blaise Pascal, Pensées et Opuscules, éd. Hachette, hrsg. von Léon Brunschvicg, 1900 (danach die Numerierung der Fragmente).

Nr. 69 I. Kant, Beantwortung der Frage: Was ist Aufklärung?, Werke IV, hrsg. von E. Cassirer, 1922, S. 169ff. **Nr. 70** G. W. Leibniz, Die philosophischen Schriften VI,5, hrsg. von C. J. Gerhardt, S. 600f.; G. W. Leibniz, Théodicée, 1710, Opera Erdmann 1840, S. 535; Voltaire, Dictionnaire philosophique, 1764, (Les meilleurs auteurs classiques, Ed. Flammarion, Paris o.J.), Artikel „Bien" (Tout est bien).

Nr. 71 J. J. Rousseau, Emile (1762), 4. Buch, deutsch von E. Sckommodan, (Reclam) 1963, S. 563ff.; Brief an Malesherbes (1762), Correspondance Générale VII, S. 73. **Nr. 72–75** Emile, 4. Buch, deutsch von E. Sckommodan, S. 574f., 598ff., 585–593, 603–607, 618f., 625ff.

Nr. 76 Friedrich d. Gr., Gespräche mit Catt, übers. von W. Schüssler (Sammlung Dieterich), 1940, S. 133ff., 331f.; D. Hume, nach E. Hirsch, Die Umformung des christlichen Denkens in der Neuzeit, 1938, S. 77.

Nr. 77 G. E. Lessing, Sämtliche Schriften XII, hrsg. von K. Lachmann, 1897, S. 352f., 428f. **Nr. 78** Theol. Schriften I, hrsg. von L. Zscharnack, 1910, S. 193f. **Nr. 79** Sämtl. Schriften XIII, hrsg. von K. Lachmann, 1897, S. 416ff. **Nr. 80** Die Hauptschriften zum Pantheismusstreit, hrsg. von H. Scholz, 1916, S. 72ff. **Nr. 81** J. W. Goethe, Gedenkausgabe 10, hrsg. von E. Beutler, (Artemisverlag) Zürich 1949, S. 536ff. **Nr. 82** J. K. Lavater, Ausgew. Werke 2, hrsg. von E. Staehelin, 1943, S. 47f.; Goethe, Gedenkausgabe 18, S. 680, 686f. **Nr. 83** Gedenkausgabe 4, S. 270f., 315f.; Werke 8, hrsg. von R. A. Schröder, (Müller- und Kiepenheuer-Verlag) Bergen II (Obb.) 1949, S. 437ff. **Nr. 84** Gedenkausg. 1, S. 509, 629, 668; 9, S. 651, 608f., 534, 589. **Nr. 85** Gedenkausgabe 24, S. 93; 5, S. 504f.; 24, S. 503f., 115, 308. **Nr. 86** Werke 2, S. 134f.; Gedenkausgabe 24, S. 769ff.

Nr. 87 I. Kant, Werke 4, hrsg. von A. Buchenau und E. Cassirer, 1922, S. 249; 5, S. 95f., 254. **Nr. 88** Schillers Werke, Nationalausgabe 20, Weimar 1962, S. 283–288; Kant, Werke 6, 1923, S. 161f. **Nr. 89** A.a.O. 7, S. 250. **Nr. 90** A.a.O. 5, S. 174. **Nr. 91** A.a.O. 4, S. 274 und 279, 256, 287. **Nr. 92** A.a.O. 6, S. 157f., 172f., 179ff. (Vom Ursprung des Bösen in der menschlichen Natur). **Nr. 93** A.a.O. 6, S. 184ff. („Von der Wiederherstellung der ursprünglichen Anlage zum Guten"). **Nr. 94** A.a.O. 6, S. 191f., 247ff., 320ff., 345ff. („Vom Afterdienst in einer statutarischen Religion").

Nr. 95 J. G. Fichtes Werke 3, hrsg. von F. Medicus, Neudruck 1962, S. 5, 58ff. **Nr. 96** A.a.O. S. 124f.

Nr. 97 G. W. F. Hegel, Sämtliche Werke. Kritische Ausgabe, neu herausgegeben von G. Lasson: Vorlesungen über die Philosophie der Weltgeschichte IV, (Philos. Bibliothek 171) 2. Aufl. 1923, S. 879f. **Nr. 98** Sämtliche Werke, hrsg. von H. Glockner, (Jubiläumsausgabe) 1939, 15, S. 142ff.; 16, S. 385f.; 20, S. 17ff. **Nr. 99** A.a.O. 15, S. 37ff.; 16, S. 352f. **Nr. 100** A.a.O. 16, S. 289ff.

Nr. 101 J. G. Herder, Sämtliche Werke, hrsg. von B. Suphan, 1877ff., 5, S. 475ff. **Nr. 102** A.a.O. 31, S. 106, 110ff. **Nr. 103** Sämtliche Werke, Religion und Theologie, 3. Teil: Christliche Reden und Homilien, Karlsruhe 1826, S. 253f., 302f. **Nr. 104** Sämtliche Werke, hrsg. von Suphan, 13, S. 154ff. u. 194f.

Nr. 105 Fr. E. D. Schleiermacher, Ausgewählte Werke, hrsg. von O. Braun und J. Bauer, 4: Über die Religion. Reden an die Gebildeten unter ihren Verächtern, 1799. 2. Rede: „Über das Wesen der Religion", 1911, S. 235f., 240ff.; 285ff. **Nr. 106** A.a.O. S. 288. **Nr. 107** An Fr. H. Jacobi. Briefe Schleiermachers, ausgew. von H. Mulert, 1923, S. 337f. **Nr. 108** Der christliche Glaube nach den Grundsätzen der evangelischen Kirche im Zusammenhange dargestellt, Berlin 1821; Einleitung, § 6–9; 1. Teil: „Entwicklung des frommen Selbstbewußtseins als eines der menschlichen Natur einwohnenden, dessen entgegengesetzte Verhältnisse zum sinnlichen Selbstbewußtsein sich erst entwickeln sollen", § 36–39. **Nr. 109** Über die Religion. 5. Rede: „Über die Religionen", a.a.O., S. 357ff., 367f. **Nr. 110** Zwei Sendschreiben an Lücke, 1829, Sämtl. Werke, 1. Abt. 2, 1836, S. 612ff.

Nr. 111 Sören Kierkegaard, Christliche Reden, übers. u. hrsg. von Chr. Schrempf, 1929, S. 233f. und 226. **Nr. 112** Einübung im Christentum, 1850, übers. von Chr. Schrempf, 1924, S. 18f., 25, 30ff., 58, 61, 208 und 210f. Tage- und Nächtebücher, übers. von R. Dollinger,

1938, S. 66. **Nr. 113** Leben und Walten der Liebe, übers. von A. Dorner und Chr. Schrempf, 1924, S. 31ff., 38ff.; 48, 56, 73, 66. **Nr. 114** Sämtl. Werke, übers. von H. Gerdes, 1959, S. 44f., 245ff. **Nr. 115** A.a.O., S. 238f.; 48ff.

Nr. 116 Schopenhauer, Sämtliche Werke (Cottasche Buchhandlung), 11, S. 75f.; 10, S. 101.

Nr. 117–120 L. Feuerbach, Das Wesen der Religion, hrsg. von H. Floerke, (Deutsche Bibl.) 1913, S. 17ff., 26ff., 53f., 85f., 36ff., 112f., 120f., 192, 251ff. **Nr. 121** Das Wesen des Christentums, hrsg. von K. Quenzel (Reclam), S. 43f.; Wesen der Religion, S. 310ff.

Nr. 122 Max Stirner, Der Einzige und sein Eigentum, 1845; Neudruck, Leipzig 1929, S. 49.

Nr. 123 Ludwig Büchner, Kraft und Stoff, 1855, Volksausgabe, Leipzig 1902, S. 1 u. 3, 60ff., 147ff. **Nr. 124** Heinrich Heine, Werke, (Insel Verlag) 1968, 4: Schriften über Deutschland, S. 98ff. **Nr. 125** A.a.O. 4, S. 46–48; 1, S. 229f.

Nr. 126 Friedrich Nietzsche, Werke, hrsg. von A. Baeumler, (Kröner) 1930, 3, S. 78; 5, S. 235. **Nr. 127** A.a.O. 4, S. 200ff.; 5, S. 43ff. **Nr. 128** A.a.O. 4, S. 58ff.; 3, S. 116f. **Nr. 129** A.a.O. 4, S. 8f.; 317ff. **Nr. 130** „Die Unschuld des Werdens“. Der Nachlaß ausgewählt und geordnet von A. Baeumler, 1956, 2, S. 324f.; Werke 4, S. 64, 210f.; „Die Unschuld des Werdens“ 1, S. 382; Werke 6, S. 138, 116, 119; 5, S. 228, 232f.; 6, S. 117.

Nr. 131 G. W. F. Hegel, Werke 11, hrsg. von Glöckner, 1939, S. 58ff.; Marx und Engels, Ausgewählte Schriften, Berlin (Ost) 1955, 2, S. 365f. **Nr. 132** Karl Marx, Die Frühschriften, hrsg. von S. Landshut, 1953, S. 340f., 207ff. **Nr. 133** A.a.O. S. 347, 545f.; Marx und Engels, Ausgewählte Schriften 1, S. 337ff. **Nr. 134** Brief von Engels an Bloch, Redakteur der „Sozialistischen Monatshefte“, vom 21. Sept. 1890, Ausgew. Schriften 2, S. 458ff.; Grundlagen der marxistischen Philosophie, aus dem Russischen, 7. Aufl. Berlin (Ost) 1966, S. 631f. **Nr. 135** A.a.O. S. 622f.

Nr. 136 Die Innere Mission der deutschen evangelischen Kirche. Eine Denkschrift an die deutsche Nation im Auftrage des Zentralausschusses für Innere Mission verfaßt von J. H. Wichern, 1849. J. H. Wichern, Gesammelte Schriften 3, 1922, S. 358. **Nr. 137** F. Naumann, Briefe über Religion, 1903, S. 35ff. **Nr. 138** Leonhard Ragaz, Weltreich, Religion und Gottesherrschaft, 1922, 2, S. 16; 1, S. 142ff.; 2, S. 35ff., 38ff. **Nr. 139** Christentum und Marxismus – Heute, hrsg. von E. Kellner, 1966, S. 59, 62f., 81ff., 111f., 202, 252ff., 310, 319ff.

Nr. 140 A. Rosenberg, Der Mythos des 20. Jahrhunderts, 17.–20. Aufl. 1934, S. 129, 602, 607, 635. **Nr. 141** Kirchl. Jahrbuch für die Ev. Kirche in Deutschland 1933–1944, Gütersloh 1948, S. 4ff., 29f.; Karl Barth, Theologische Existenz heute, 1933, S. 23, 25, 39f. **Nr. 142** Bekenntnissynode der Deutschen Evangelischen Kirche Barmen 1934, hrsg. von K. Immer, 1934, S. 9f., 16f.

Nr. 143 J. Neuner und H. Roos, Der Glaube der Kirche in den Urkunden der Lehrverkündigung, 3. Aufl. 1949, Nr. 325 (S. 200); Nr. 334b (S. 207f.). **Nr. 144** A.a.O. Nr. 388 (S. 244); Nr. 388a (S. 245ff.). K. Barth, Kirchliche Dogmatik I2, 1938, S. 598, 607ff., 628ff. **Nr. 145** Dogmatische Konstitution über die göttliche Offenbarung, 1. Kap. „Die Offenbarung“, 2. Kap. „Die Weitergabe der Offenbarung.“ Die Autorität der Freiheit – Gegenwart des Konzils und Zukunft der Kirche im Ökumenischen Disput, hrsg. von J. Chr. Hampe, 1, 1967, 6. Kap.: „Die heilige Schrift im Leben der Kirche“, S. 151f. **Nr. 146** Dogmatische Konstitution über die Kirche. 3. Kap.: „Die hierarchische Verfassung der Kirche, insbesondere das Bischofsamt“, Nr. 18–25, a.a.O. 2, 1967, S. 382ff. **Nr. 147** A.a.O. S. 243f. **Nr. 148** Dekret über den Ökumenismus, 3. Kap.: „Die getrennten Kirchen und kirchlichen Gemeinschaften im Abendland“. A.a.O. 2, S. 583ff., 621ff. **Nr. 149** A.a.O. 3, S. 586ff., 601ff., 609f.

Nr. 150 F. Siegmund-Schultze, Die Weltkirchenkonferenz in Stockholm, 1925, S. 100ff.

Nr. 151 Wilhelm Mann, Die ökumenische Bewegung 1932–48, 1950, S. 73ff.; Amsterdamer Dokumente. Berichte und Reden auf der Weltkirchenkonferenz in Amsterdam, hrsg. von F. Lüpsen, (1. Beiheft zur Zeitschrift Ev. Welt) 1948, S. 63ff. **Nr. 152** O. Tomkins, Um die Einheit der Kirche, 1951, S. 15ff., 134ff.

Nr. 153 David Friedrich Strauß, Das Leben Jesu, kritisch bearbeitet 1, 1835, Vorrede; Albert Schweitzer, Geschichte der Leben-Jesu-Forschung, 2. Aufl. 1913, S. 631f. **Nr. 154** Adolf von Harnack, Das Wesen des Christentums, 5. Aufl. 1901, S. 8f., 14ff., 90ff.; Wilhelm

Walter, Adolf von Harnacks Wesen des Christentums, 5. Aufl. 1904, S. 7, 13f., 36f., 110, 113. **Nr. 155** Harnack, S. 34ff. Albert Schweitzer, Das Messianitäts- und Leidensgeheimnis. Eine Skizze des Lebens Jesu, 1901; Geschichte der Leben-Jesu-Forschung, 1913, S. 390ff.; Franz Overbeck, Christentum und Kultur. Gedanken und Anmerkungen zur modernen Theologie. Aus dem Nachlaß herausgegeben von C. A. Bernoulli, Basel 1919, Fotomech. Nachdruck 1963, S. 7ff. **Nr. 156** Wilhelm Wrede, Paulus, 1904, S. 84; Wilhelm Bousset, Kyrios Christos. Geschichte des Christusglaubens von den Anfängen des Christentums bis auf Irenäus (1913), 2. Aufl. 1921, S. 99ff.

Nr. 157 Ernst Troeltsch, Die Absolutheit des Christentums und die Religionsgeschichte, 2. Aufl. 1911, S. 42ff. **Nr. 158** Gesammelte Schriften 2, 1913, S. 546ff.

Nr. 159 Rudolf Bultmann, Neues Testament und Mythologie. Das Problem der Entmythologisierung der neutestamentlichen Verkündigung (1943). In: Kerygma und Mythos, hrsg. von H. W. Bartsch, 1, 1948, S. 15ff., 22. **Nr. 160** Jesus, 1929, S. 38ff.; Neues Testament und Mythologie, S. 42, 48; Zum Problem der Entmythologisierung, (1952). In: Kerygma und Mythos 2, S. 198. **Nr. 161** Karl Barth, Kirchl. Dogmatik III 2, S. 531ff. (abgedruckt in: Kerygma und Mythos 2, S. 102ff.); Helmuth Thielecke, Die Frage der Entmythologisierung des Neuen Testaments. In: Kerygma und Mythos 1, S. 177ff.

Nr. 162 Karl Barth, Die Menschlichkeit Gottes, 1956; Der Römerbrief, 2. Aufl. 1922, S. 6; Credo, 1935, S. 38f. **Nr. 163** Der Römerbrief, S. 237, 242f., 251f., 318ff. **Nr. 164** Römerbrief, S. 128; Dogmatik im Grundriß, 2. Aufl. 1949, S. 15, 25f.

Nr. 165 D. Bonhoeffer, Widerstand und Ergebung. Briefe und Aufzeichnungen aus der Haft, hrsg. von E. Bethge, 1952, S. 31, 129, 301. **Nr. 166** Nachfolge (1937), 9. Aufl. 1967, S. 13ff. **Nr. 167** Ethik, zusammengestellt und herausgegeben von E. Bethge, 7. Aufl. 1966, S. 58–62. **Nr. 168** Widerstand und Ergebung, S. 112f., 225ff. **Nr. 169** A.a.O. S. 178ff., 215f., 229ff., 235ff.